Erlebniswelten

Herausgegeben von
W. Gebhardt, Koblenz-Landau
R. Hitzler, Dortmund
F. Liebl, Berlin

In allen Gesellschaften (zu allen Zeit und allerorten) werden irgendwelche kulturellen Rahmenbedingungen des Erlebens vorproduziert und vororganisiert, die den Menschen außergewöhnliche Erlebnisse bzw. außeralltägliche Erlebnisqualitäten in Aussicht stellen: ritualisierte Erlebnisprogramme in bedeutungsträchtigen Erlebnisräumen zu sinngeladenen Erlebniszeiten für symbolische Erlebnisgemeinschaften. Der Eintritt in dergestalt zugleich ‚besonderte' und sozial approbierte Erlebniswelten soll die Relevanzstrukturen der alltäglichen Wirklichkeit – zumindest partiell und in der Regel vorübergehend – aufheben, zur mentalen (Neu-)Orientierung und sozialen (Selbst-)Verortung veranlassen und dergestalt typischerweise mittelbar dazu beitragen, gesellschaftliche Vollzugs- und Verkehrsformen zu erproben oder zu bestätigen.

Erlebniswelten können also sowohl der ‚Zerstreuung' dienen als auch ‚Fluchtmöglichkeiten' bereitstellen. Sie können aber auch ‚Visionen' eröffnen. Und sie können ebenso ‚(Um-)Erziehung' bezwecken. Ihre empirischen Erscheinungsweisen und Ausdrucksformen sind dementsprechend vielfältig: Sie reichen von ‚unterhaltsamen' Medienformaten über Shopping Malls und Erlebnisparks bis zu Extremsport- und Abenteuerreise-Angeboten, von alternativen und exklusiven Lebensformen wie Kloster- und Geheimgesellschaften über Science Centers, Schützenclubs, Gesangsvereine, Jugendszenen und Hoch-, Avantgarde- und Trivialkultur-Ereignisse bis hin zu ‚Zwangserlebniswelten' wie Gefängnisse, Pflegeheime und psychiatrische Anstalten.

Die Reihe ‚Erlebniswelten' versammelt – sowohl gegenwartsbezogene als auch historische – materiale Studien, die sich der Beschreibung und Analyse solcher ‚herausgehobener' sozialer Konstruktionen widmen.

Herausgegeben von

Winfried Gebhardt
Universität Koblenz-Landau
gebhardt@uni-koblenz.de

Franz Liebl
Univ. der Künste Berlin
franzl@udk-berlin.de

Ronald Hitzler
TU Dortmund
ronald@hitzler-soziologie.de

Richard Bettmann · Volker Hinnenkamp
Agnieszka Satola · Norbert Schröer
(Hrsg.)

Die Hochschule als interkultureller Aushandlungsraum

Eine Bildungs-Exploration am Beispiel eines internationalen Studiengangs

Springer VS

Herausgeber
Dr. Richard Bettmann
FernUniversität in Hagen
Deutschland

Dr. Agnieszka Satola
Hochschule Fulda
Deutschland

Prof. Dr. Volker Hinnenkamp
Hochschule Fulda
Deutschland

Prof. Dr. Norbert Schröer
Hochschule Fulda
Deutschland

Erlebniswelten
ISBN 978-3-658-17046-2 ISBN 978-3-658-17047-9 (eBook)
DOI 10.1007/978-3-658-17047-9

Die Deutsche Nationalbibliothek verzeichnet diese Publikation in der Deutschen Nationalbibliografie; detaillierte bibliografische Daten sind im Internet über http://dnb.d-nb.de abrufbar.

Springer VS

Lektorat: Katrin Emmerich

Gedruckt auf säurefreiem und chlorfrei gebleichtem Papier

Springer VS ist Teil von Springer Nature
Die eingetragene Gesellschaft ist Springer Fachmedien Wiesbaden GmbH
Die Anschrift der Gesellschaft ist: Abraham-Lincoln-Str. 46, 65189 Wiesbaden, Germany

Inhalt

Die Hochschule als interkultureller Aushandlungsraum

Einführung in die Exploration

Richard Bettmann, Volker Hinnenkamp, Agnieszka Satola und Norbert Schröer

1 Internationalisierung der Hochschulen und interkulturelle Hochschuldidaktik

An der Hochschule Fulda sind wir als Lehrende und Forschende in gleicher Weise herausgefordert wie auch KollegInnen an anderen Hochschulen, die sich der Internationalisierung von Forschung und Lehre verschrieben haben. Die Internationalisierung wird auch von uns als politisches Entwicklungsprogramm verstanden. Es geht um eine lokalsensitiv umzusetzende interkulturelle Hochschuldidaktik, die Bezug nimmt auf die zunehmende Heterogenisierung und Diversifizierung der Studierendenschaft.

Interkulturelle Hochschuldidaktik beinhaltet zunächst ganz grob und allgemein die Entwicklung und Erprobung von Lehrformen und Lehrzielen an einer sich zunehmend sowohl internationalisierenden Hochschule als auch an einer Hochschule im Kontext von Europäischer Einheit und – noch weiter gefasst – der Globalisierung. Damit ist Internationalisierung zunächst einmal ein Reizwort für neue Herausforderungen an die Organisation Hochschule, im Lehr- und Forschungsbereich wie auch im administrativen Bereich.

Die „interkulturelle Didaktik", die ja auch Grundlage einer „interkulturellen Hochschuldidaktik" ist, ist eine Art Sammelbegriff, unter dem sich alle möglichen Lehr- und Lernformen zur Interkulturalität subsummieren lassen. Eine sehr allgemein gehaltene Antwort gibt Flechsig (1999), wenn er schreibt, sie „ordnet und verbreitet Wissen, das für diejenigen von Bedeutung ist, die als didaktisch Handelnde in interkulturellen Kontexten professionell oder semiprofessionell arbeiten oder selbsttätig lernen. (…) Gegenstand interkultureller Didaktik im weiteren Sinne ist somit didaktisches Handeln in interkulturellen Kontexten oder die Vorbereitung auf solches Handeln. Es geht dabei um didaktisches Handeln im Kontext von globalem Lernen sowie Lernen und Lehren in Übergangsgesellschaften, in multikulturellen Gesellschaften, in Bereichen des Kulturaustauschs, in internationalen Organisationen, in der Privatwirtschaft und in Projekten interkultureller Bildungsforschung." (http://wwwuser.gwdg.de/~kflechs/iikdiaps1-99.htm). Rezenter, in dem 2013 erschienenen „Handbuch interkulturelle Didaktik" von Ursula Bertels und Claudia Bußmann heißt es auf der Verlagsseite „Ziel des Handbuchs Interkulturelle Didaktik ist es, die theoretischen Hintergründe des interkulturellen und globalen Lernens sowie die praktischen Umsetzungsmöglichkeiten aufzuzeigen." Im mit „Interkulturelle Didaktik in der Schule" überschriebenen Kap. 4 beschäftigen sich die Autorinnen vor allem mit ethnozentristischen Darstellungen in Schulbüchern (S. 123ff.). In den meisten Fällen – so auch dort – stehen Fragen der Entwicklung interkultureller Kompetenz und interkultureller Sensibilisierung angewandt auf unterrichtliche Situationen im Vordergrund. Für eine „interkulturelle Hochschuldidaktik" könnte dies zunächst auf Hochschulebene Ähnliches bedeuten. Dennoch müssen u.E. diese jeweils um „interkulturell" bereicherten Begriffe in den jeweiligen sich internationalisierenden Hochschulkontexten konkretisiert und erweitert werden.

Beschränkt auf den personell beweglichen Anteil der Internationalisierung umfasst diese zunächst die sog. *In-comings,* also internationale Studierende, die ihr gesamtes oder einen Teil ihres Studiums an einer deutschen Hochschule verbringen, sowie *Out-goings,* in der Regel diejenigen Studierenden, die sich für einen Teil ihres Studiums – etwa im Rahmen von Erasmus – an einer ausländischen Hochschule einschreiben. Natürlich umfasst Internationalisierung mehr als das. Sie ist auch administrativ-organisatorisch, (lehr-)inhaltlich und berufsperspektivisch aufzufassen. An der Hochschule Fulda finden sich internationale Studierende generell in allen Fachbereichen und in allen Studiengängen. Allerdings konzentrieren sie sich auch in sog. internationalen Studiengängen, die durch Programm und Unterricht in englischer Sprache explizit auf eine Internationalisierung ausgerichtet sind. Der Studiengang „Intercultural Communication and European Studies – Interkulturelle Kommunikation und Europastudien", kurz ICEUS – ausgesprochen [ikéus] – am „Fachbereich Sozial- und Kulturwissenschaften" der Hochschule ist ein solcher auf eine internationale Studierendenschaft ausgerichteter Studiengang, der zudem zweisprachig deutsch-englisch angelegt ist. Die explorativen Beiträge in diesem Band: die didaktische Erfahrungsberichte, die Eigen- und Fremddarstellungen des Studienalltags sowie die interkulturellen Lehrinhalte beziehen sich auf den ICEUS-Studiengang. Im Mittelpunkt stehen neben organisatorischen Rahmengebungen vor allem die Lehr- und Lernsituationen im Studienalltag der internationalen Studiengruppe. Mithin wird der Versuch unternommen, auch lebensweltlichen Aspekten der Studiengruppe nahe zu kommen und aus diesen Einsichten zu gewinnen, die, so unsere Annahme, auch für didaktische Anregungen relevant sein dürften. Ron Scollon und Suzanne Wong Scollon weisen in ihrem einführenden

Band „Intercultural Communication – A Discourse Approach" (2011) ausdrücklich darauf hin, dass es nicht Kulturen sind, die miteinander kommunizieren, sondern Menschen – auch wenn „intercultural" anderes suggerieren mag. Für die Beiträge zum Studiengang ICEUS heißt das: Die Einblicke, Porträts, Erzählungen und Analysen aus diesem Studiengang sind in vielerlei Weise verallgemeinerbar, gleichzeitig sind sie personen- und gruppengebunden. Die Studierenden, die in einigen der folgenden Beiträge zu Wort kommen, sind nie Repräsentanten von Kulturen, sondern Individuen. Eine Gruppe – mag sie auch kulturell, sprachlich noch so heterogen sein –, besteht aus Individuen. Und diese Individuen mit ihren Biografien, ihren Erwartungen und Formen des Miteinanderumgehens „machen" die Gruppe, bringen diese kommunikativ hervor. Das heißt, dass je nach Gruppe und Jahrgang andere soziale Dynamiken und damit unterschiedliche Gruppeneigenschaften bestehen. ICEUS gibt es seit 1999 und befindet sich mittlerweile im 18. Studienjahr, der im Wintersemester 2016/17 begonnen hat. Jeder Jahrgang ist anders, jede Studiengruppe entwickelt eine andere interne Beziehungsdynamik, sie reicht von konkurrenzlichem Verhalten bis hin zu starker, fast großfamiliärer Gruppenkohärenz und einer sog. „community of practice" (Wenger 2000). Gruppenbildungen können ethnisch, sprachlich oder national ausfallen, aber genauso auch nach Vorlieben und gemeinsamer Freizeitgestaltung. Auch studienphasenweise kann sich diese Dynamik vehement verändern, etwa durch interne Gruppenkonflikte oder aus schwer ersichtlichen Gründen nach der im Studium eingelassenen Praktikumsphase, vielleicht, weil die Studierenden in der dann bevorstehenden Studienabschlussphase dem Arbeitsmarkt mit seinem inhärenten, auf Konkurrenzstreben ausgerichteten Charakter immer näher kommen und es ggf. dann mehr um die Erreichung einer guten Note geht, als um Zusammenhalt und dergleichen.

Dass Gruppen ganz unterschiedliche Beziehungs- und Aushandlungsdynamiken ausprägen, ist mittlerweile ein bekanntes Phänomen, und es ist natürlich von besonderem Interesse, diese Aushandlungen in internationalen Studiengruppen zu beobachten und zu beschreiben. Besonders interessant ist dies in Bezug auf die Konzeptualisierung einer interkulturellen Hochschulbildung und -didaktik. So schlicht der Hinweis zur interaktiven und kommunikativen Dynamik interkultureller Gruppenbildung in Seminar- und Studiengangsgruppen auch daher kommt, so sehr kann diese dann in der Tat hochirritierende Folgen haben.

Die Konzepte einer interkulturellen Hochschulbildung und -didaktik werden bislang in unterschiedlichen Varianten eher von einem kulturkontrastiv strukturalistischen als von einem prozessualem interaktionistischen Verständnis von Interkultureller Kommunikation getragen. Oder in einer anderen differenzorientierten Gegenüberstellung: Differenz wird eruiert und beschrieben, aber der Blick auf den interaktiven Umgang mit Differenz sowohl im lebensweltlichen Bereich des

Studienalltags als auch in der Didaktik kommt dabei nicht zum Zuge. Wir kommen auf diese Diskrepanz zurück und werden von ihr aus dann das Anliegen und die Konzeption dieses Bandes vorstellen. Vorbereitet werden muss das aber mit einer eingehenderen Erörterung dieser beiden alternativen Konzepte zur Interkulturellen Kommunikation. Damit geht es uns um die Adäquanz der Gegenstandsbeschreibung und um die Konsequenzen für unsere Überlegungen zur interkulturellen Hochschulbildung und -didaktik.

2 Interkulturelle Kommunikation in strukturalistischer und prozessanalytischer Betrachtung – grundlagentheoretische Vorüberlegungen

Wir greifen auf einen Aspekt zurück, der uns als Autorinnen und Autoren des Bandes durchgehend Diskussionen abverlangt, der einerseits zentral ist für die gesamte Fragestellung, der aber andererseits eine multiple, variable und auch diffuse Semantik mit sich bringt: Der Komplex „Interkulturalität" mit all seinen Implikationen, Ableitungen und Matrixbegriffen stellt sich durchweg dar als ein „fuzzy concept", will sagen: als ein Konzept, dessen Anwendungsgrenzen je nach Kontext stark variieren, somit nicht starr ist, folglich vage und diffus daherkommt, dabei aber stets einen Wiedererkennungswert besitzt und nach weiterer Konkretisierung schreit (Ragin 2008).

Interkulturelle Hochschuldidaktik beinhaltet das Adjektiv „interkulturell", in dem sich „kulturell" als vom Nomen „Kultur" abgeleitet findet. Auf den Begriff „Kultur" und die damit verbundene Problematik soll an dieser Stelle nicht eingegangen werden. Nur so viel: Der Kulturbegriff ist kaum tauglich für eine Entlastung der Komplexität und Vagheit von „Interkulturalität". Erstaunlicherweise hatte das Adjektiv „interkulturell" eine Karriere lange vor seinen nominalen Derivationen wie „Interkulturalität" oder rezent schlicht „Interkultur" zu verzeichnen. Daher soll hier mit dem Adjektiv „interkulturell" angefangen werden. Dabei ist es eben nicht nur ein Adjektiv, dessen Karriere mittlerweile zu konjunktureller Blüte gelangt ist, sondern dient sehr wohl auch als ein Indiz der „Transformation der Wissensordnungen in Europa", wie der Philosoph Elberfeld (2008: 7) überzeugend nachweist.

Die frequenteste Verbindung ging „interkulturell" mit „Kommunikation" ein. In dieser Kombination hat sie sich weit über Sprache und sprachliche Interaktion hinaus Bedeutung verschafft, mitunter auch ganz ohne Bezugnahme zu sprachlicher Interaktion – nicht nur weil „Kommunikation" generell Übermittlung und Austausch von Informationen auch jenseits von Sprache beinhaltet, sondern weil es der zunächst prägendste Begriff war, der einer weiteren Ausdifferenzierung nach Ansatz und Disziplin noch harrte – ein Prozess, der bis dato keineswegs abgeschlossen ist. Die Diskussion um Werte, die in einem kulturellen Eisbergmodell ganz tief und unsichtbar unter der Wasseroberfläche lauern oder bei einem Zwiebelmodell die innerste Schicht ausmachen, fielen (und fallen) genauso unter diese begriffliche Kombination wie unterschiedliche Denkstile. Gleichwohl sich heute „Interkulturalität" zunehmend als generalisierender Überbegriff etabliert, bleibt „Interkulturelle Kommunikation" weiterhin keineswegs auf eine Fachdisziplin beschränkt, sondern findet sich in allen Sozial- und Kulturwissenschaften, zudem in der Psychologie, der Philosophie, in den Erziehungs- und Religionswissenschaften, den Wirtschaftswissenschaften, in den Bereichen der Kunst, der Medien etc., und zwar durchgängig in den Versuchen der Theoriebildung als auch in Praxisansprüchen.

Die Bildungen von Spezialbereichen mit dem Adjektiv „interkulturell" ist aber auch gleichzeitig Ausdruck der zunehmenden Akzeptanz dieses Begriffs nicht nur in der Wissenschaft, sondern auch im Alltag. In fast allen sozial- und kulturwissenschaftlichen Disziplinen, in den musischen Fächern, in den Geisteswissenschaften, der Pädagogik, Psychologie, Philosophie – um nur einige Disziplinen und Fachgebiete zu nennen –, wächst somit die Bedeutung von interkulturellen Ansätzen. Fernerhin finden sich zunehmend übergreifende individuelle wie institutionelle Praxen – sie schließen selbstverständlich theoretische Ansätze nicht aus – wie „Interkulturelle Kompetenz", „interkulturelle Bildung" oder „interkulturelle Öffnung" – und natürlich auch die „interkulturelle Didaktik". Auch im nichtwissenschaftlichen alltagssprachlichen Bereich vermehrt sich die Anzahl solcher Kombinationen à la „interkulturelles Quiz", „interkultureller Stadtplan", „interkultureller Tanzabend" oder auch „interkulturelles Begegnungszentrum". Schließlich hat auch die Politik die Relevanz von Interkulturalität entdeckt. Die „Tage des ausländischen Mitbürgers", erstmalig im Oktober 1975 als ökumenische Initiative durchgeführt, heißen heute – 2016 – selbstverständlich „Interkulturelle Woche" und werden vom Bundespräsidenten eröffnet. Der „Interkulturelle Rat", 1994 als überregionale Initiative gegründet, berät u.a. auch die Politik.[1]

1 „Im Interkulturellen Rat arbeiten seit seiner Gründung im Jahre 1994 Menschen unterschiedlicher Herkunft und Nationalität sowie aus verschiedenen gesellschaftlichen Gruppen wie Gewerkschaften, Arbeitgeberverbänden, Religionsgemeinschaften, Migranten- und Menschenrechtsorganisationen, Kommunen und staatlichen Stellen, Medien, Wissenschaft und Sport zusammen." (http://www.interkultureller-rat.de/wir-ueber-uns/) – „Der Interkulturelle Rat tritt für die Entwicklung und Umsetzung einer interkulturellen Politik ein, er fördert und initiiert Dialogstrukturen und -foren und führt Veranstaltungen durch. Darüber hinaus bildet die Vernetzung auf nationaler und

Publikationen zum Thema Interkulturalität – jeglichen fach-und populärwissenschaftlichen Genres – gehen heutzutage ins Unübersehbare. Ein Blick in die größte Onlinesuchmaschine reicht, um die Bedeutung von „interkulturell" zu ermessen. Neben dem frequenten Gebrauch des Adjektivs „interkulturell" finden auch die Nomen „Interkulturalität" und neuerdings auch „Interkultur" immer häufiger Verwendung. Unsere eigenen Beiträge in diesem Band machen ebenfalls Gebrauch von dieser (und weiterer einschlägigen) Begrifflichkeit und es ist Ziel dieses Einleitung, ein wenig Ordnung in die multiple, variable und auch diffuse Semantik der unterschiedlichen Verwendungen zu bringen.

Wie schwierig die Klärung eines die unterschiedlichen Verwendungen überspannenden Konzepts von „interkulturell" oder „Interkulturalität" ist, wird aus ihrem vielseitigen Gebrauchskontexten deutlich. Auch in den wenigen Zitaten zeigt sich ihre Vagheit, wenn Flechsig etwa von „didaktischem Handeln in interkulturellen Kontexten" spricht. Wann ist z. B. ein Kontext interkulturell? Sind es bestimmte Orte? Akteurskonstellationen? Fokussierungen? Prozesse? Viele reden von „kulturellen Überschneidungssituationen", also Situationen, in denen Dinge im Guten wie im Schlechten sich überschneiden, die offensichtlich der kulturellen Zugehörigkeit geschuldet sind. Andere schaffen Dialogstrukturen über kulturelle Differenzen hinweg. Beim näheren Betrachten sind diese kulturellen Differenzen anscheinend manifest in unterschiedlichen Zugehörigkeiten, ethnischer, nationaler, linguistischer, religiöser Art und bedürfen der Vermittlung, des Dialogs. Aber wodurch wird eine Zugehörigkeit manifest? Wodurch manifest als ethnisch oder religiös? Werden im Dialog dann kulturelle Grenzen beseitigt oder werden sie sichtbar gemacht? Schafft der Dialog die Interkulturalität oder macht die Interkulturalität den Dialog notwendig? Sind kulturelle Differenzen gleich interkulturelle Differenzen? Oder ist Interkulturalität eine angestrebte Perspektive, womöglich eine Lösung, ein Zustand nicht nur des friedlichen Nebeneinanders, sondern eines sich austauschenden Miteinanders? In neueren Arbeiten zur Interkulturalität oder interkulturellen Kommunikation wird das textuelle, mediale und interaktionale Konstruieren von Fremdheit, damit einhergehend auch Mechanismen von Ausgrenzung des/der Anderen in den Mittelpunkt gestellt, mithin stereotypisierende, diskriminierende und rassifizierende Verfahren, kurz „othering" oder „otherization"-Prozesse betrachtet (vgl. Holliday et al. 2016, Theme 2).[2] Ist das Teil der

---

europäischer Ebene einen Schwerpunkt der Arbeit." (http://www.interkultureller-rat.de/wir-ueber-uns/jahresberichte/).

2 Angeblich geht dieser Begriff zurück auf Spivak, die ausführt wie durch den imperialen Diskurs der Andere kreiert wird (Spivak 1985, S. 252ff). Allgemeiner beschreibt Othering den Prozess, die eigene Gruppe bzw. deren soziales Image zu erhöhen,

interkulturellen Praxis oder widerspricht es ihr? Deutlich wird, dass spätestens an dieser Stelle ganz offensichtlich ungleich verteilte Ressourcen und Zugänge zu diesen eine wichtige Rolle spielen, also Asymmetrien, womöglich auch Aspekte von Macht und Herrschaft wirksam werden (Hinnenkamp 1989: 4; 96ff.). Ist also der „interkulturelle Blickwinkel" auch ein soziologischer? Oder anders gefragt: Muss er nicht immer auch ein solcher sein, weil was immer wir als „kulturell"/ oder „kulturell different" betrachten, nicht aus einer neutralen, herrschaftsfreien Position aus betrachtet werden kann? In diesen Fragen finden sich ganz unterschiedliche Ansätze aufgehoben, differenztheoretische, sozialpsychologische, konstruktivistische und vielleicht noch weitere.

Diese Ansätze sind in sich untergliedert, wobei gerade „Differenz" als hypostasierter Ausgangspunkt, nämlich „kulturelle Differenz" den umfassendsten Ansatz darstellt – immer vorausgesetzt, wir wissen wann eine Differenz „kulturell" ist, also der Kultur bzw. der kulturellen Zugehörigkeit geschuldet ist. „Kulturelle Differenz" kann sich in verschiedenster Weise manifestieren, statisch in Formen der Beschreibung und damit der Fokussierung von Differenz – zumeist in so allgemeinen Formeln wie „kulturdifferenter Hintergrund". Dann ist sie nicht mehr reflexiv, sondern konstativ. Interaktiv kann sie sich z. B. in Form von Missverständnissen, von Konflikten, von Verstehensaushandlungen oder auch Verständigungsabbrüchen ausdrücken. Aber auch diese sind nicht eindeutig der kulturellen Differenz zuordbar (vgl. Hinnenkamp 2001). Der methodologische Zugang kann in unterschiedlicher Weise empirisch sein, z. B. durch Befragungen, durch Interviews, durch Experimente, durch Beobachtungen oder durch Aufzeichnen und Nachvollzugsverfahren situierter Kommunikationsinteraktionen. Hypostasierte oder aposteriori als solche „dingfest" gemachte kulturelle Differenzen können codeförmig sein, also beispielsweise durch eine Vergleichsperspektive von bestimmten sprachlichen Verhaltensweisen der Xe mit den Yen, ohne dass die Xe und Ye jemals aufeinander treffen. „Komplimente machen" wäre ein schönes Beispiel, für das man vielleicht je nach untersuchter kultureller Gruppe unterschiedliche Muster findet, also Verwendungsweisen und Erwartungen der Verwendung gegenüber unterschiedlich sind. Codes sind nicht unbedingt verbal; sie können auch nonverbal sein, etwa die Verbreitung und der Gebrauch bestimmter Gesten. Codes können auch die Kleiderordnung betreffen, z. B. im Vergleich stilisierter Formen des sich Kleidens als Ausdruck von Männlichkeit und Weiblichkeit. Was Männlichkeit und Weiblichkeit ausmacht, kann wiederum bestimmten kulturellen Vorstellungen über Geschlechterdifferenzierung, Geschlechterrollen etc. entsprechen.

---

indem man die Fremdgruppe als andersartig herabsetzt, sie aufgrund kategorialer Zugehörigkeitskonstruktion als fremd und minderwertig klassifiziert.

Nun ist es ein Unterschied, ob man solche codeförmigen Differenzen auf einer theoretischen Vergleichsebene oder sie im interaktionalen Vollzug betrachtet. Sobald wir mit sog. situierten Interaktionsdaten arbeiten, werden Codes, die im Vergleich noch als diskrete, eigenständige Einheiten betrachtet werden und denen wir eine Bezeichnung zuordnen konnten (wie „Komplimente", „Danksagung", „Doof zeigen" etc.) eingebettet in komplexe Handlungszusammenhänge, in denen viele Dinge auf ganz unterschiedlichen Ebenen der Interaktionsstruktur auf einmal geschehen, die wir nunmehr im Visier haben müssen und bei denen wir am besten auch rekonstruktiv miteinbeziehen, wie die jeweiligen Kommunikationspartner sie aufnehmen, interpretieren, daran im nächsten Handlungszug anschließen etc. Wir sind dann keinesfalls mehr in der Vergleichsebene der Xe mit den Yen, sondern müssen den Vollzug eines X mit einem Y in seiner ganzen Komplexität unter die Lupe nehmen. Aus diskreten Einheiten werden mit dem Fokus auf den Vollzug nun fließende, kontinuierliche Einheiten – ab wann ist eine Bewegung mit dem Finger zur Stirn als Beleidigung zu verstehen? Von wem aus gesehen? Der/die BetrachterIn von außen darf jetzt nur noch nachvollziehen, wie der Kommunikationspartner diesen „Fingerzeig" versteht – als Geste, als Übersprungshandlung, oder fällt sie womöglich gar nicht ins Gewicht? War es eine intentionale Beleidigungsgeste oder ein Akt der Verlegenheit und wo fing sie an und wo hörte sie auf? Hatten wir in der Vergleichsperspektive noch bestimmte Codes als „kulturelle" Eigenart definieren können, so müssen wir nun wesentlich feinere Einheiten bestimmen, Zusammenhänge aufzeigen und kühnere Annahmen zur Kulturgebundenheit von Handlungen vornehmen (Hinnenkamp 2001).

Bleiben wir bei der Differenz. Wie schon erwähnt sind Werte ein beliebtes Untersuchungsgebiet interkultureller Forschung.[3] Bei Forschern wie Hofstede (2001) bilden sie das Zentrum kultureller Differenz. Sie liegen tief in der „kulturellen Programmierung" verborgen, äußern sich aber in vielerlei Weise durch Vorlieben, Einstellungen und Verhalten und können – wie alle Meinungs- und MarketingforscherInnen es gerne tun – durch Einstellungsfragebögen zu ganz unterschiedlichen Dingen erhoben werden. Zumeist hat man die Wahl zwischen einer überschaubaren Anzahl von Optionen. Durch solche Fragen kann man zu Einstellungen kommen, zumindest zu Einstellungen zum Zeitpunkt der Befragung und unter der Annahme, dass man eine ehrliche Antwort erhält – wobei wir bei Ehrlichkeit sogleich bei einem Wert sind. Forscher wie Hofstede haben Tausende

3 Um hier einen Klassiker zu Wort kommen zu lassen: Kluckhohn (1951) beschreibt den Begriff des Werts als„explizite oder implizite, für ein Individuum oder eine Gruppe charakteristische Konzeption des Wünschenswerten, die die Selektion von vorhandenen Arten, Mitteln und Zielen des Handelns beeinflusst."

von Antworten durch diese multiple-choice-Fragebögen zu ganz unterschiedlichen Sphären der Gesellschaft erhalten, von Einstellungen gegenüber Vorgesetzten bis hin zu Familie und Politik. Diese Antworten wurden dann zu den hinlänglich bekannten Wertedimensionen – erst vier, mittlerweile sechs – gebündelt, die seit dieser Untersuchung (1960er und 1970er Jahren) und den Folgeuntersuchungen auch als Dimensionen von „Nationalkulturen" gehandelt werden. Denkt man sich dieses Modell weiter, so müsste bei der Interaktion von AkteurInnen aus unterschiedlichen Nationalkulturen deren Verhalten aufgrund der differenten Ausprägung der Dimensionen quasi hypostasierbar sein. Daraus ergeben sich viele Fragestellungen, denen hier nicht nachgegangen werden soll (vgl. aber Behrends 2007). Wie alle statistischen Erhebungen haben wir es mit Mittelwerten zu tun und was das Umsetzen von Werteorientierungen in Sprechen und Handeln, zudem in realen Interaktionssituationen, angeht, bedarf es einer wiedererkennbaren Übersetzung in das Handeln der beteiligten AkteurInnen. Je weniger alternative Wertedimensionen zur Verfügung stehen, umso grobrastiger werden die Übersetzungen in diese ausfallen, umso geringer der Erklärungswert.

Kulturelle oder interkulturelle Differenzen, so haben wir oben gesagt, müssen als solche identifizierbar sein, müssen sich irgendwie als solche manifestieren, zumindest soweit, dass wir sagen können, dass wir es in erster Linie mit kulturellen Phänomenen zu tun habe, nicht etwa mit psychologischen, soziologischen, sozialpsychologischen etc. Andererseits – und hier berühren wir die konstruktionstheoretische Ebene – ist es der interkulturelle Blick, ein bestimmter Fokus, der auf zwischenmenschliche Zusammenhänge angewendet wird, der uns sagt, was relevante Facetten einer Begegnung, einer Einstellung, einer Zuschreibung etc. sind. Erst intersektionale Forschungsperspektiven würdigen hier das Neben- und Ineinander ganz unterschiedlicher Wirkkräfte.

Bleiben wir der Einfachheit halber bei klaren kulturellen Manifestationen. Das nordamerikanische Forscherehepaar Suzanne Wong und Ron Scollon (Scollon & Scollon 1981) hat bei seiner Untersuchung der alaskischen Athabaskan-Ethnie festgestellt, dass diese etwa schweigen, um einander kennen zu lernen – ganz im Gegensatz zu den meisten anderen Kulturen, die redend einander kennen zu lernen bevorzugen. Wir könnten das als (differente) kulturelle Regel, als Teil eines kulturellen Codes bezeichnen (des Kennenlern-Codes), könnten systematisch der Frage nachgehen – in ganz unterschiedlichen kulturellen Gemeinschaften forschend: Wie lernt man in der Kultur X sich kennen? Oder wie erwirbt man in einer kulturellen Gemeinschaft die Fähigkeit, das Richtige zu tun, um sich kennen zu lernen? Aber wer wann was tun muss, welche Rechte und Pflichten mit diesem Kennenlernprozess verbunden sind, könnte auch eine genuin soziologische Fragestellung sein. Dass diese Fähigkeit unter anderem existenziell für die Errichtung von sozialen Netzwerken ist, sollte klar sein. Untersuchungsleitende Fragen dieser Art sind Klassiker der Ethnographie. Nun wissen wir, je komplexer Gemeinschaften strukturiert sind, umso vielfältiger und differenzierter auch die Möglichkeiten z. B. sich kennen zu lernen, Netzwerke aufzubauen etc.

Ein weiteres Beispiel für kulturell differente Manifestationen, auch von darunterliegenden bzw. damit verknüpften Werten, stellt der Begriff bzw. das Konzept „Respekt" dar. Seine Verwendungsweise bzw. damit verbundene Werte und deren manifeste Ausprägungen sind uns vertraut, im Guten wie im Schlechten. Natürlich heißt Respekt nicht in allen Sprachen Respekt und auch eine 1:1-Übersetzung ist nicht immer möglich, aber viele Verwendungsbedingungen sind doch vergleichbar. Benjamin Bailey (2000) hat in seiner Studie über Konflikte zwischen koreanischen Ladeninhabern und afroamerikanischen Kunden in Los Angeles gezeigt, dass sich beide Seiten über „lack of respect" der jeweils anderen Seite beschweren; die Koreaner erwarten Respekt durch distanziertes Verhalten, die Afro-Amerikaner hingegen durch „involvement", durch kommunikativen Einbezug. Beide Seiten verwenden also im Englischen denselben Begriff, jedoch mit einem unterschiedlichen Konzept dahinter. Bailey zeigt auf, dass die jeweiligen historischen und kulturellen Prägungen für diese unterschiedliche Verwendungsweisen verantwortlich zeichnen.

All die genannten Manifestationen sind eng mit Wissen der AkteurInnen verknüpft, einem Wissen, dass sich in der Regel im Sozialisations- oder Enkulturationsprozess aufbaut und ein – zumeist implizites – Wissen über soziokulturelle Regeln, Konventionen und Normen darstellt. Wenn wir gefragt werden, warum wir das eine tun und das andere lassen, dann können wir das möglicherweise mit der Gewohnheit oder der Angemessenheit begründen, aber im seltensten Fall können wir so etwas wie eine kulturelle Rationalität dahinter erklären. Es ist wie mit der Sprache, die wir von Kind auf erlernt haben: Wir beherrschen sie zwar, aber wenn uns jemand nach den grammatischen Regeln fragt, sind wir zumeist aufgeschmissen.

Die Untersuchung der Scollons war eine vergleichende. Kennenlernsituationen von Athabaskan-Indianern mit weißen Nordamerikanern standen nicht im Mittelpunkt. Anders bei Bailey, der authentische Begegnungen zwischen koreanischen Ladenbesitzern und afroamerikanischen Kunden gefilmt und diese zur Grundlage der Analyse gestörter Kommunikationsabläufe gemacht hat. In beiden Fällen handelt es sich um manifeste kulturelle Wissensbestände, zum einen in der beobachteten Differenz aus der Vergleichsperspektive, zum anderen in der beobachteten Differenz aus der interaktiven Perspektive, also dem manifesten Aushandlungsprozess zwischen AkteurInnen, die im Nachhinein mit den unterschiedlichen Respekt-Konzeptualisierungen (in Interviews) einen Namen bekommen hat. In beiden Fällen sind die genannten kulturellen Verhaltensweisen eng mit Wertevorstellungen der AkteurInnen verbunden, nur dass nicht von vornherein festgelegte Werteunterstellungen mit Evidenz belegt werden, sondern dass aus manifesten Verhaltensweisen und Gesprächen oder Erzählungen darüber auch damit verbundene Wertevorstellungen offengelegt werden können.

Den Dingen einen Namen geben und sie in eine Ordnungskategorie der Differenzbeschreibung einfügen zu können, sind eine nicht zu unterschätzende Orientierungshilfe, eben auch für die Sichtung und Beschreibung von kultureller Differenz. Je tiefer wir in eine Interaktion hineinzoomen, je feingliedriger unsere Sezierung von Interaktionssituationen wird, umso diffiziler aber auch umso genauer wird das Erkennen von kleinsten Differenzen und umso interkultureller kann eine solche Situation mitunter auch erst werden. Die mikroethnografischen Studien von Erickson und Shultz (1982) von „gatekeeping"-Situationen zwischen Studierenden und StudienberaterInnen haben etwa gezeigt, wie geringfügigste körpersprachliche Differenzen beim Signalisieren von Verstehensfeedback zwischen US-AmerikanerInnen unterschiedlicher Hautfarbe und ethnischer Herkunft – diesen Kategorien unterschiedliche kulturelle bzw. kommunikative Gewohnheiten unterstellend – bereits zu unterschiedlichen Schlussfolgerungen (Inferenzen) und – in Folge – zu durchaus gewichtigen Entscheidungen führen können, weil sie auf der Folie der je eigenen Konventionen und Erwartungen interpretiert werden (Erickson & Shultz 1982). Nun sind „gatekeeping"-Situationen schon strukturell asymmetrisch und nicht erfüllte Erwartungen mögen Vorurteile bestärken. Wichtig ist, dass etwa nonverbale Verstehenssignale wie rhythmische Kopfbewegungen bereits bestimmten Synchronisierungserwartungen unterliegen. Werden sie nicht erfüllt, kommt es zu wahrgenommenen Störungen, die aber nicht „dingfest" gemacht werden können als Vollzug unterschiedlicher Konventionen, sondern als Indiz für – beispielsweise – Unaufmerksamkeit verstanden werden. Die Studien von John Gumperz haben das in Folge an Interviewsituationen zwischen angelsächsischen Briten und asiatischen und westindischen Briten weiter belegt und die Ergebnisse führten zu seiner Theorie der „konversationellen Inferenzen", die aufzeigt, dass wir als KommunikationsteilnehmerInnen fortwährend involviert sind, sinnhafte Kontexte oder Rahmungen zu konstruieren, sowohl in der Weise wie und was wir sagen als auch wie und was wir verstehen. Diese Kontextualisierungen unterliegen bereits Konventionen auf der Mikroebene, z. B. auf der prosodischen Ebene des Sprechens (vgl. Gumperz 1982; 2001). Differenz greift also bereits in diesem Kleinstbereich kommunikativer Konventionen. Sie ist manifest ohne dass wir sie als HörerInnen „dingfest" machen können, ohne dass wir sie in einen eindeutigen Rahmen packen können, denn dieser Kleinstbereich kommt natürlich kumulativ, im Huckepackverfahren daher: Prosodische Elemente zusammen mit weiteren verbalen und nonverbalen Signalen. Eines von Gumperz bekannten Beispielen zeigt, wie (weiße anglobritische) Fahrgäste auf einen Busfahrer aus den Westindies reagieren, diesen der Ungeduld und Unhöflichkeit bezichtigen, weil er das „please" nach „correct fare" erst mit kleiner Verzögerung sagt. Dass sein „please" verzögert ist, registrieren sie nicht – nur dass es nicht ihren Erwartungen entspricht, wie er dies sagt! Was für den Busfahrer Konvention ist, interpretieren die anglobritischen Fahrgäste als mahnenden und überflüssigen Druck, ja das entsprechende Kleingeld bereit zu halten (Gumperz 1982, S. 168).

Ab wann aber werden diese Differenzen ruchbar? Basieren solche Deutungen nicht bereits auf einer Vorurteilsmatrix, sodass Differenz nicht gleich Differenz ist? Oder ist Differenz ‚objektiv' vorhanden? Denn anders herum ließe sich fragen, ob nicht diejenigen ein Bonus haben müssten, die offensichtlich nicht der erforderlichen Sprache oder kulturellen Regeln mächtig sind, womöglich als Lernende angesehen werden, weil das Wissen, dass der/die Andere etwas nicht weiß doch zu entsprechenden Ausgleichshandlungen führen müsste. Mitunter reicht doch bereits der Akzent als Hinweis aus. Und reagieren nicht viele native SprecherInnen auf die mit der reduzierten Sprachkenntnis ihres Gegenübers wahrgenommene Fremdheit mit einer versuchten Anpassung ihres eigenen Sprechstils, langsamer zu sprechen, deutlicher zu sprechen, mitunter gar vereinfachte Syntax zu verwenden usw. (vgl. Hinnenkamp 1982)? Andererseits können bereits identifizierbare Akzente zu weiterführenden Inferenzen führen und damit auch zur Bestätigung von Vorurteilen. Somit kann Differenz, zumindest die wahrgenommene, gleichzeitig der Konstruktion von Differenz auf einer anderen, allgemeineren Ebene dienlich sein (vgl. Hinnenkamp 1989, Kap. 4ff.).

Die Kommunikation zwischen KommunikationspartnerInnen als native speaker und non-native speaker wie auch die Kommunikation zwischen nicht-nativen KommunikationspartnerInnen (in dem Sprache dann als Verkehrssprache, als „Lingua franca" fungiert), wirft natürlich viele Fragen auf.[4] Die erste und wichtigste ist, ob es sich bei dieser zunächst ja einmal strukturell beschriebenen Situation ebenfalls um eine interkulturelle handelt. Sie ist in der Differenzhaftigkeit einerseits deutlich manifest, andererseits verdeckt der oft instrumentelle Charakter wie der Kampf, sich verständlich zu machen, den Fokus auf andere – wie die oben beschriebenen – Differenzen.

Nun ist der Grad der Sprachkompetenz auf der Interlanguage-Skala ja hoch differenziert anzusetzen und es ist ein Unterschied, ob ich auf einer frühen Stufe rudimentärster Kenntnis mich befinde oder als fortgeschrittene/r LernerIn in einem internationalen Studiengang auf einem B2/C1-Niveau (nach dem europäi-

4 Wir möchten die hoch problematischen und mittlerweile in Frage gestellten Konzepte von ‚nativ' hier nicht diskutieren, verweisen aber auch den rezenten Artikel von Jaspers 2016.

schen Referenzrahmen) agiere. Kulturelle Differenzen, die sich in der Interaktion manifestieren, können aber dennoch auf allen Sprachniveau-Ebenen wirksam werden, aber inwieweit sie gedeutet werden, inwieweit Schlussfolgerungen daraus abgeleitet werden, ist eine andere Frage. Es ist anzunehmen, dass Ausdrucks-, Formulierungs- und Verstehensbemühungen andere Aspekte dabei überlagern können. Interkulturell – so könnte man argumentieren – wird Nichtmuttersprachlichkeit dann, wenn sie im Sinne des Othering zu einer ideologischen Ressource der Aus- und Abgrenzung wird (Hinnenkamp 2003; Shuck 2006).

Nun ist allerdings davon auszugehen, dass auch die eigene Position als Sprechender in der fremden Unterrichts- und Alltagssprache den eigenen Handlungshorizont und damit auch das Selbstbewusstsein beeinflussen kann, dass also diese psychologischen Bedingungen ebenfalls interkulturelles Handeln tangieren. Während also kulturelle Codes in der einen oder anderen Weise wirksam werden und sich auch als manifeste Differenz in der Kommunikation niederschlagen können, spannt sich mit der Annahme eines tangierten Selbstbewusstseins der Sprecher ein ganz anderes Element auf, das nicht in kulturellen Wissensbeständen oder in kulturellen Konventionen zu verorten ist, sondern in der situativen und psychologischen Verfasstheit der AkteurInnen bzw. eines Teils der AkteurInnen. Sie kann sich als Vermeidung, als Unsicherheit, gar als Angst bemerkbar machen und berührt womöglich unmittelbar das Selbstbild eines/r Sprechers/in, mithin Fragen der Identität. Letztere sind nicht nur lokal, also z. B. durch Situationen von Ausdrucks- oder Verstehenshemmnissen hervorgerufen, sondern können Teil der gesamten inneren Verfasstheit werden, können gar ein Bewusstsein der Machtlosigkeit oder des permanenten Ungenügens schaffen. Der Sozialpsychologe Henri Tajfel hat diese Verfasstheit dem Gefühl zu einer Minderheit zu gehören als quasi immanent beschrieben (1982); Erving Goffman (1972) ist soweit gegangen, Stigma-Management bis hin zur Kultivierung von Stigmata (Defizitzuschreibung als produktive Ressource des Selbst) als Teil dieser grundlegenden Verfasstheit zu beschreiben. Dieserlei wahrgenommene oder vermeintlich zugeschriebene Positionierungen müssen natürlich als interkulturelle Faktoren ernst genommen werden. Sie sind keine unmittelbaren kulturellen Faktoren, sie sind nicht manifeste Erscheinungen kultureller Codes, doch berücksichtigt man die Erzählungen von Fremdheitsgefühlen und Defizitwahrnehmungen der eigenen Handlungsoptionen, dann bilden sie einen wichtigen Aspekt interkultureller Handlungsräume. Es ist insbesondere die sog. Kulturschock-Forschung, die sich diesem Ensemble an erfahrenen Problemen und Einschränkungen widmet (Zhou et al. 2008). Einige der Beiträge in diesem Band rekurrieren genau auf diese Erfahrungsdarstellungen.

Können sprachliche Kompetenzen noch durchweg manifest gemacht werden, auch wie sie interaktional ausgehandelt werden (vgl. exemplarisch viele der Beiträge in Mackey 2007), so bleiben psychologische Verfasstheiten der genannten Art jedoch im Hintergrund wirksam und können kaum lokal „dingfest" gemacht werden. Deswegen „leben" sie – die Gefühle der Unzulänglichkeit, der Defizite, der Angst, der Zugangsbeschränkungen zu Ressourcen – vor allen in Interviews, in Erfahrungserzählungen oder unter Umständen auch in Rationalisierungen von (öffentlichen) Selbstermächtigungsbestrebungen (die ein großes „Wir"-Potenzial besitzen (vgl. Orbe 1997)). Erfahrungserzählungen bieten über die Unzulänglichkeitsgefühlsbeschreibungen hinaus aber durchaus auch Schilderungen erfolgreicher sprachlicher und anderer – auch kulturdifferenter – Bewältigungsstrategien sowie alltagstheoretische Rationalisierungen im Umgang mit Differenz (vgl. Kapinus 2015; Veyaunik 2015). Sie bilden ebenfalls einen wichtigen Aspekt interkulturellen Handelns, nämlich Ermächtigungserfahrungen bzw. Ermächtigungsdeutungen.

Dieser Blick auf Interkulturalität ist ein anderer, er gesellt sich dem differenztheoretischen und differenzpraktischen Begriff hinzu. Er kann nicht ignoriert werden, auch wenn es sich nicht um „mitgebrachte" kulturelle Phänomene handelt. Sie sind neben der allgemeinen psychologischen Verfasstheit einer Person natürlich den allgemeinen strukturellen und speziellen situativen sozialpsychologischen Bedingungen sprachlich und kulturell heterogener Akteurskonstellationen geschuldet und somit strukturell als auch situativ „hervorgebracht". Natürlich können „mitgebrachte" kulturelle Gewohnheiten sozialpsychologische Aspekte verstärken, sich mit ihnen verzahnen, wenn etwa „Bescheidenheit" als zurückgenommenes Agieren im öffentlichen und institutionell-hierarchischen Raum mit Unsicherheit zusammenfällt oder anders herum, wenn von „Selbstbewusstseinsdemonstrationen" als anerkanntes Muster sozialer Kohäsion ausgegangen wird.

Der radikalste Zugang zu Interkulturalität als Konstrukt könnte lauten: „Interkulturell ist das, was wir als interkulturell betrachten". Dies beträfe die Außenperspektive und es ist nicht abwegig, viele kursierende Wissensbestände über kulturelle Differenz hier zu verorten. Dies betrifft z. B. die üblicherweise in binärer Form präsentierten Listen von interkulturellen Differenzen, die als Allgemeingut in vielen nicht- und semiprofessionellen (und manchmal auch professionellen) Kreisen kursieren und mehr mit Stereotypen gemeinsam haben als mit differenzierter Erkenntnis. Darunter fallen binäre Paare wie „monochron" versus „polychron" oder „Individualismus" versus „Kollektivismus" oder „Direktheit" versus „Indirektheit" oder „linearer" versus „zirkulärer Denkstil". Nicht dass diese Begriffe prinzipiell untauglich sind, es stehen ja oftmals in langen Prozessen gewonnene Erkenntnisse dahinter, aber sie taugen nicht als Erklärungen für hochdifferenzierte Prozesse in authentischen Interaktionssituationen. Diese Begriffe werden Handlungen übergestülpt, aber nicht aus Handlungszusammenhängen abgeleitet, denn in der Regel lassen sie derartig klare Zuordnungen von Makrostereotypen kultureller Differenz kaum zu. Eine weitere Außenperspektive blendet Komplexität aus und reduziert Zusammenhänge und Dynamiken von kulturellen, sozialen und psychologischen Facetten allein auf scheinbare Kulturgebundenheit, gleichwohl diese durchaus mit anderen Erklärungsmustern konkurrieren mag. Dahinter steht die Idee, dass Interkulturalität allein einem kulturellen Differenzkonzept (zudem einem orthodoxen Kulturkonzept) geschuldet sein müsse.

Tatsächlich können ganz unterschiedliche Facetten im Zusammenspiel durchaus einen „interkulturellen Raum“ bilden. Uns ist bewusst, dass diese Metapher nicht unheikel ist, denn ihr wohnt eine Subsumptionskraft inne, die letztlich doch „Kultur“ als dominante Definitionsanleihe zeichnet. Das könnte zum einen auf unserer Willkür beruhen, zum anderen eine Abkürzungsstrategie sein, mit der wir auf die Internationalität der Gruppe Bezug nehmen und deren Heterogenität an Sprachen und kulturellen Hintergründen sozusagen wider besserer Erkenntnis apriorisch als Deutungshorizont einspannen, was aber einer gefährlichen Gleichsetzung von „international“ mit „interkulturell“ gleichkäme. Sie impliziert aber noch keinen nationalkulturellen Ansatz, weil einzelne nationale Zugehörigkeiten in der Gruppe damit noch nicht mit kulturellen Eigenheiten gleichgesetzt werden. Vielmehr speist sich eine solche Subsumptionsannahme aus der Erkenntnis, dass die sozialen Prozesse stark heterogener Gruppen unter prinzipiell gleichen Handlungsbedingungen – wie das bei ICEUS der Fall ist – zu permanenten Aushandlungsprozessen hinsichtlich einer gemeinsamen Verständigungsbasis oder zumindest dem Versuch dahin zu gelangen geprägt sind. Diese Annahme bewegt sich in die Richtung dessen, was der Ethnograf Michael Agar mit seinem ganz speziellen Kulturbegriff aufzeigen will: „Culture is not something people *have*; it is something that fills the spaces *between* them“ und „*Culture* is created knowledge that shows why problems occurred when a group of ‚different‘ people tried to do something together“ (Agar 1994: 236). Nicht kulturelle Eigenheiten im anfangs beschriebenen Sinn eines kulturdifferenten Ansatzes kommen dabei zur Geltung, sondern der Prozess der Verständigung mit seiner für die Gruppe je eigenen Interaktionsgeschichte, in der z. B. Vertrautheit oder Handlungsroutinen genauso wie Sympathien und Abneigungen geregelt werden und zu einer gemeinsamen – ja, so wollen wir es nennen – „interkulturellen Lebenswelt“ führen können.

3 Die lebensweltliche Grundlegung Interkultureller Hochschulbildung

Zur Einführung in unsere Bildungs-Exploration

Dieses interaktive, auf wechselseitige Verständigung abhebende prozessuale Interkulturalitäts-Verständnis – wie es von Michael Agar prägnant herausgestellt wird – ist zwar mehr und mehr in den fachlichen Diskurs zur Interkulturellen Kommunikation eingegangen (Hinnenkamp 1989; Schröer 2002, 2009; Wimmer 2005; Bettmann 2016), auf den Diskurs zur interkulturellen Hochschuldidaktik, auf den wir nun wieder zurück kommen möchten, hat dieses Verständnis bislang noch keinen Einfluss genommen. Will sagen: Die für den Globalisierungsprozess typische und allgegenwärtige Herausbildung glokaler „interkultureller Aushandlungsräume", die sich dann – so lässt sich im Anschluss an Benita Luckmann und Anne Honer sagen – zu „kleinen interkulturellen sozialen Lebenswelten" verdichten, ist natürlich auch und nicht zuletzt in den Hochschulen und Universitäten zu beobachten. Seminargruppen sind zunehmend interkulturell aufgestellt, ganze Studiengänge, wie der Studiengang ICEUS – sind von vornherein für internationale/interkulturelle Studiengruppen konzipiert. Die somit verfasste Interkulturalität der Hochschulen und Universitäten schreitet unaufhaltsam voran. Mit der Zunahme der Internationalisierung an den deutschen Hochschulen zeichnet sich ein Bedeutungszuwachs für die Interkulturalität im Hochschulalltag und in der Hochschulbildung ab: Der kontingente interkulturelle Aushandlungsraum, die jeweilige Gestaltung der kleinen interkulturellen Lebenswelten, fundiert letztlich den interkulturellen Bildungsprozess auf je eigene Weise. Das heißt: Die Gestaltung der interkulturellen Lebenswelt prädisponiert jeweils die Chancen und den Erfolg interkulturellen Lernens in einer Gruppe. Und: Die einhergehenden praktischen Erfahrungen beim Aufbau einer gemeinsamen kleinen interkulturellen Lebenswelt bieten sich als Ausgangspunkt für eine reflexive und theoriegenerierende und somit besonders nachhaltige Erfahrungsbildung an. Im einschlägigen Diskurs bleiben die kleinen interkulturellen sozialen Lebenswelten, von denen die didaktischen Maßnahmen im Bildungsalltag erst ihre spezifische Bedeutung erhalten, allerdings weitgehend unberücksichtigt. So lässt sich festhalten: Die Hochschulen bilden zunehmend interkulturelle soziale Lebenswelten heraus, die sich als Nachhaltigkeit versprechende Lernressourcen geradezu anbieten. Für die Konzeptualisierung einer interkulturellen Hochschuldidaktik bleibt das bislang folgenlos (siehe Schröer/Bettmann in diesem Band).

Hier nun setzen unsere Überlegungen zur Herausgabe des vorliegenden Bandes an. Wir vier HerausgeberInnen haben alle zum Teil langjährig Erfahrung in der interkulturellen Lehre im Rahmen des Studienganges ICEUS sammeln können.

Wir haben erlebt, wie sich interkulturelle Studiengruppen ihre interkulturellen Lebenswelten aufbauen, mehr noch: wir waren als Lehrende selbst Teil dieser Lebenswelten. So konnte uns aus der Mitarbeit im Studiengang und aus unserer Lehrpraxis heraus nicht entgehen, dass die Aushandlungsprozesse in den interkulturellen Lerngruppen, die zur Konstitution geteilter Lebenswelten führten, den Bildungsprozess in der Gruppe beeinflussten und so zugleich bei den Studierenden zu der Sensibilität führten, die den nachhaltigen reflexiven Erwerb von interkultureller Kompetenz möglich machte. Die Befragung der Alumnis bestätigte uns diesen Eindruck. Bei der Seminargestaltung wurden diese Erfahrungen dann immer wieder berücksichtigt. Es wurden beispielsweise Lehrforschungsprojekte eingerichtet, die die ICEUS-Lebenswelt zum Gegenstand hatten und aus denen einige Beiträge zu diesem Band hervorgegangen sind. Allerdings waren wir da sehr auf uns allein gestellt. Weiterführende konzeptionelle Unterstützung von Seiten der interkulturellen Hochschuldidaktik war nicht zu erhalten.

Da der Studiengang ICEUS hier über besonders günstige Voraussetzungen verfügt – sie werden mit dem einleitend orientierenden Beitrag von *Ilka Gersemann* zum Ursprung, zur Entwicklung und zur konzeptuellen Struktur von ICEUS erkennbar – kam dann auch bald die Idee auf, den Studiengang ICEUS (in einer Art Selbsthilfe) für eine entsprechende empirische Untersuchung zur Bedeutung der interkulturellen Lebenswelt von Studiengruppen für die didaktische Gestaltung der Hochschullehre zu nutzen. Im Mittelpunkt unseres Interesses stand und steht die Frage, aus welchen interaktiven und kommunikativen Zusammenhängen sich für die interkulturellen Studiengruppen welche gruppen- bzw. lebensweltkonstitutiven und orientierenden Relevanzen des Bildungsprozesses herausbilden. Wir möchten in Erfahrung bringen, welche Form der Hochschulbildung sich aus welcher kleinen sozialen Lebens-Welt in Anbetracht welcher Problemlagen wie durchsetzt, um so sensibilisiert später zu verfeinerten Konzepten von interkultureller Hochschulbildung und -didaktik gelangen zu können. Eine solche Studie bedarf der Vorbereitung. Die verlief in unserem Fall in zwei Etappen, die mit dem vorliegenden Band dokumentiert sind.

Etappe 1: Explorative Lehrforschung

Im ersten Zug geht es um Exploration und Sensibilisierung. Lehrende und Studierende des Studiengangs ICEUS haben Facetten ihrer Lehr-, Lern- und lebensweltlichen Aushandlungserfahrungen zu analytischen Beschreibungen zusammengefasst. Mit den einzelnen Beiträgen wurde auf Bruch-, Konvergenz- und Emergenzstellen, die sich aus der Internationalisierung der Hochschule im Alltag der Hochschullehre zwischen den kulturell verschiedenen AkteurInnen ergeben können und ergeben mit Blick auf die Voraussetzungen einer interkulturellen Hochschuldidaktik aufmerksam gemacht.

Der autobiographische Bericht von *Anastasija Belastocka* über das ICEUS-Studium und -Leben an der Hochschule Fulda zeigt exemplarisch, dass vor allem die internationalen Studierenden bei der Aufnahme ihres Studiums eine Verortungskrise durchmachen können, weil sie zwangsläufig aus ihren bekannten sozialen Kreisen und kulturellen Kontexten heraustreten (müssen). Sie wechseln für das Studium in eine für sie fremde Umwelt, in der ihre gewohnten Handlungs- und Wahrnehmungsroutinen nicht mit den lokalen Handlungs- und Deutungsmustern bzw. mit den lokalen Wirklichkeitskonstruktionen passfähig sind und in der die alten Regeln aus der eigenen Kultur nicht mehr gelten. Dann stellt sich ein Gefühl ein, dass etwas fehlt, wenn etwas anders ist und damit soll man weiterleben, anders leben, weil es unveränderlich ist. Diese Erfahrung verbindet sich dann schnell mit einem Gefühl mangelnder Akzeptanz, und dies führt in Folge zu einer Eruption der Lebenswelt. Diese Eruption stellt sich als Kulturschock dar, von dem das Studium nach einer euphorischen Einstiegsphase allzu häufig überschattet ist. Kennzeichnend ist ein Orientierungsvakuum oder eine Orientierungsdiversion. Anastasija Belostocka zeigt auch, dass die aktive, offene und reflexive Auseinandersetzung mit den neuen Lebens- und Lernumständen und den MitstreiterInnen der neuen Lebenswelt dabei helfen kann, die Verortungskrise abzumildern und den Kulturschock produktiv zu bewältigen.

Richard Bettman, Volker Hinnenkamp, Melissa Laufer und *Norbert Schröer* thematisieren in ihrem Beitrag „Interkulturelle Gruppenarbeit als Herausforderung" zunächst die kooperativen und koordinativen Bruchstellen im seminaristischen Alltag innerhalb des Studiengangs ICEUS. Im Rückgriff auf studentische Erfahrungsberichte wird vorgeführt, welche kooperativen bzw. kommunikativen Brüche im Alltag der interkulturellen Seminare zwischen den Studierenden entstehen können, wenn sie zur Bewältigung eines studentischen Projektes dazu angehalten werden, miteinander zu kooperieren. Deutlich gemacht wird, dass die Zusammenarbeit in der Regel von Konflikten begleitet ist, die über die Probleme sprachlicher Anschlussfähigkeit und die einer differenten Positionierung in der Sache hinausgehen. Gemeint sind Konflikte, die sich aus kulturellen Nichtpassungen ergeben, die sich also aufgrund der Begegnung unterschiedlicher Umgangsformen, Orientierungsstile und Lernkulturen aufbauen. Gezeigt werden kann aber auch, über welches ‚Verfahren' das Zusammenspiel in Anbetracht kultureller Differenz gelingen kann und dann zu entsprechenden Lerneffekten führt. Demnach scheint es erforderlich, dass sich aus dem kommunikativen Zusammenspiel in der internationalen Studiengruppe ein auf wechselseitiger Akzeptanz beruhender situativer Kontext aufbaut, der dann von Vertrauen getragen nur über situativ-reflexive Lehrformen gesteuert und als Bildungsressource genutzt werden kann. Der Aufbau von Vertrauen und wechselseitiger Akzeptanz hin zu einem gewinnbringenden dialoggetragenen Bildungsprozess – das deutet sich vor allem mit den oben vorgetragenen Beispielen interkultureller Zusammenarbeit an – ist im Kern nicht didaktisierbar. Er ergibt sich vielmehr aus den gemeinsamen reflexiven Hinwendungen zu sich kontingent in Anbetracht der Differenzerfahrung aufbauenden und dabei den formellen Seminarbetrieb durchaus überschreitenden interkulturellen Gruppenkonstellationen.

Mit dem Aufsatz „Interkultureller Unterricht als interkulturelle Praxis? ‚Rich Points' als niedrigschwellige Forschungspraxis von ‚languaculture'-Erkundungen" greift *Volker Hinnenkamp* auf das in dieser Einleitung bereits erwähnte Kultur-Konzept von Agar zurück und führt vor, wie in einem theoretisch angelegten Seminar zur Interkulturellen Kommunikation über sog. Rich Points interkulturell herausfordernde Phänomene als kulturell ‚reichhaltiges' Hintergrundwissen erschlossen werden können. Der Sinn dieser Übung ist es sich den eigenen Erfahrungen im neuen interkulturellen Lebensraum empirisch und reflexiv anzunähern und somit Erfahrung und Theorie miteinander zu verknüpfen. In vielen Fällen wird der theoretische Anspruch jedoch selbst zum Stolperstein, überformt das auf Agars ethnografischen Ansatz fußende Rich Point-Konzept die Reflektion der eigenen Erfahrung. Dennoch wird damit ein nachhaltiger Blickwinkel begründet, auf den die Studierenden im Laufe des Studiums immer wieder zurückkommen.

Das Thema Vertrauen, das auch in dem Aufsatz „Interkulturelle Gruppenarbeit als Herausforderung" stark akzentuiert wird, steht dann auch im Zentrum der explorativen Analyse „Wir sind alle ein Stück zusammengewachsen" von *Agnieszka Satola*. Vorgeführt wird hier, inwiefern die Forschungswerkstatt als Mittel des forschenden Lernens im Rahmen einer interkulturellen Hochschuldidaktik verstanden werden kann und welche Vorteile sie mit sich bringt, nicht nur im Hinblick auf die Gewinnung praktischer Forschungskompetenzen, sondern auch mit Blick auf das interkulturelle Lernen und die daran gebundene Ausbildung interkultureller Handlungskompetenzen. Die Forschungswerkstatt bietet als eine situativ flexible Lehrform die Möglichkeit, im Forschungsprozess individuelle als auch kollektive Erfahrungen zu machen. Die Studierenden konzentrieren ihr Erkenntnisinteresse auf einen Untersuchungsgegenstand und lernen dabei nicht nur die Methoden der – in diesem Fall – Sozialforschung kennen, sondern erwerben auch Kompetenzen im Hinblick auf Perspektivenübernahme und Reflexion. Wenn Forschungswerkstätten dementsprechend gut, d. h. sensibel und mit Blick auf die Dynamiken innerhalb der Gruppen angeleitet werden, können sie einen gruppenkohäsiven lebensweltkonstitutiven Effekt haben, und zum Erwerb interkultureller Handlungskompetenzen beitragen. Auch hier ist für die Kohäsion der Gruppe der bereits im vorherigen Beitrag erwähnte Aufbau von Vertrauen zentral.

Während die vorangestellten Beiträge das Geschehen innerhalb der interkulturellen Hochschulbildung vornehmlich aus Sicht der Studierenden behandeln, wird das Geschehen in dem Beitrag von *Richard Bettmann* „Lehrstile im international classroom" nunmehr aus Sicht der Lehrenden in den Mittelpunkt gestellt. In Rückgriff auf die Analyse von fokussierten Interviews, die mit Lehrkräften des Studiengangs ICEUS in Bezug auf ihre Erfahrungen in interkulturellen Seminarsettings geführt wurden, erarbeitet der Autor, welchen Problemen sich die Lehrenden aus ihrer Sicht in interkulturellen Seminaren stellen müssen, und welche – mehr oder minder auch – impliziten Lehrstrategien sie neben der Anwendung didaktischer Unterrichtsformen im Rahmen der Seminargestaltung zum Einsatz bringen bzw. aus der Arbeit heraus entwickeln. Gezeigt wird, dass Lehrformen seitens der Lehrkräfte nicht nur in Rückgriff auf formale, didaktische Ablaufprozesse entwickelt werden, sondern dass diese immer auch an die jeweilige fachliche Identität der Lehrkraft gebunden sind. Auf der explorativen Suche nach den ‚Lehrtypen' im international classroom wird deutlich, dass das jeweilige fachliche Vorverständnis der Lehrkraft, die daran geknüpften Erwartungen an die Studierendengruppe, der personale Umgangsstil mit Irritationen im Lehrbetrieb, die lehrfördernde Überbrückung divergenter Handlungsroutinen und Wissensbestände im und die Fruchtbarmachung dieser Ressourcen für den laufenden Lehrbetrieb, also lebensweltliche Dispositionen im weitesten Sinne, neben dem jeweiligen Kontext maßgebend sind, für die Ausgestaltung der jeweiligen Lehrstrategie(n) und Agenden.

Norbert Schröer betrachtet in seinem darauf folgenden Beitrag „Teaching Intercultural Communication" die Möglichkeiten und Grenzen der Improvisation als didaktisches Stilmittel in interkulturellen Seminarsettings aus Sicht der Lehrkraft. Ziel improvisatorisch didaktischen Handelns ist es, Interkulturalität für die Studierenden im Rahmen eines ‚situierten Lernens' reflexiv erfahrbar und theoretisch begreifbar zu machen. Es geht darum, aus den realen Situationen heraus möglichst viele Verknüpfungen zwischen den interkulturellen Erfahrungen der Studierenden und der praktischen Ausgestaltung der jeweiligen Lehragenden herzustellen. Mit der Improvisation als didaktisches Stilmittel begibt sich der Lehrende – anders als bei der Einrichtung einer Forschungswerkstatt, die ja bereits als vorgefertigtes didaktisches, wenn auch sehr offenes Konzept verstanden werden kann – aus dem situativ sich ergebenden Dialog mit den Studierenden heraus auf die Suche nach geeigneten didaktischen Verfahren zur Eröffnung interkultureller Erfahrungsräume, in denen der reflexive Erwerb interkultureller Handlungskompetenzen dann möglich wird und der lebensweltliche Erfahrungsraum der Studierenden sensibel genutzt werden kann.

Oben wurde bereits angedeutet, von welchen interkulturellen Belastungen die Aufnahme eines Studiums im Ausland begleitet ist. Ziel der Fallanalyse von

Sviatlana Pisaryk, ist es, die Typik einer ‚Verhärtung' aufzuzeigen, die in unterschiedlichen Graden nicht gerade selten dann auftritt, wenn ein Mensch mit einer ihm fremden Lernkultur konfrontiert wird und sich mit ihr arrangieren muss. In dem Beispiel von Sviatlana Pisaryk deutet sich gerade in der durchgehaltenen Dialogverweigerung einer Studierenden an, dass internationale Studierende aus einem ihnen selbstverständlichen lernkulturellen Verständnis heraus irritiert sein müssen. Zugleich wird deutlich, vor welcher Aufgabe sie stehen: Sie müssen sich mit der neuen Lernkultur auseinanderzusetzen und sich deshalb auf den Studiengang und die sie tragende Lebenswelt einlassen. Sviatlana Pisaryk zeigt in ihrem Beitrag exemplarisch und mit einem methodischen Kunstgriff – sie präsentiert einen Fall von Verweigerung – indirekt und überzeichnend, welche Herausforderungen gerade von den internationalen Studierenden zu bewältigen sind und welche Folgen eine Dialogverweigerung für den interkulturellen Bildungsprozess nach sich ziehen kann.

In ihrem Beitrag „Learning from others not about others" beschreibt *Melissa Laufer* den Prozess der Einsozialisation in den bereits erwähnten interkulturellen Erfahrungsraum aus Sicht der Studierenden. In diesem Zusammenhang geht sie der Frage nach, wie Studenten in diesem interkulturellen Erfahrungsraum interkulturelle Kompetenzen ausbilden können und welche motivationalen und gruppenbezogenen Faktoren diesen Erwerb beeinflussen. Materiale Basis für den Bericht sind fünf Interviews, die die Autorin mit StudentInnen des Masterstudiengangs ICEUS geführt hat. Neben der Entwicklung eines Phasenmodells in Bezug auf die Ausbildung interkultureller Handlungskompetenzen macht sie deutlich, dass die Studenten zum Erwerb dieser Kompetenzen auf ein Lernfeld angewiesen sind, in dem nicht nur Menschen aus unterschiedlichen Kulturen zusammenkommen, sondern in dem ihnen genügend Möglichkeiten zur interkulturellen Begegnung geboten werden, und dass der Erwerb dieser Kompetenzen nicht nur in den Seminaren, sondern maßgeblich durch die Vergemeinschaftungsprozesse geschieht, die quasi parallel zu dem Studium erfolgen. Nimmt man diese Feststellung ernst, dann muss konstatiert werden, dass interkulturelle Handlungskompetenzen nicht in einem Lehnstuhlstudium erworben werden können. Der Erwerb ist vielmehr unmittelbar an den Umgang mit Menschen aus anderen kulturellen Kontexten gebunden, sowie an die Möglichkeit, diese praktisch gewonnenen Umgangserfahrungen reflexiv zu be- und verarbeiten.

Etappe 2: Lebensweltverankerte Hochschulbildung?

Lässt man die explorativen Beiträge Revue passieren, dann kann man den Eindruck gewinnen, als sei interkulturelle Hochschulbildung deutlich mehr und vielleicht auch etwas anderes als didaktisch vor- und aufbereitetes seminaristisches Lehren und Lernen. Es kann einem die Idee kommen, als sei sie, die interkulturelle Hochschulbildung, zuallererst eingebettet in den mit einem Studiengang gegebenen und sich in ihm konstruierenden und ausdifferenzierenden interkulturellen Erfahrungsräumen, deren Gestaltung sich einer didaktischen Strukturierung im Kern entzieht, in deren Gestaltung aber zu einem großen Teil der Erfolg oder Misserfolg der interkulturellen Bildung beschlossen ist. Wie oben bereits angedeutet, würden wir uns sogar soweit vorwagen und annehmen, dass die interkulturelle Hochschulbildung von einer von allen Beteiligten miteinander aufgebauten kleinen sozialen Lebenswelt getragen ist.

Diese Annahme ist durch unsere explorativen Untersuchungen bislang keineswegs hinreichend und auch nicht annähernd gedeckt. Sie ist eine Idee, die es u.E. allerdings wert ist, eingehender erforscht zu werden. Denn würde die Idee, die Interkulturelle Hochschulbildung ist in der sich herausbildenden jeweiligen Lebenswelt des Studiengangs grundgelegt, zutreffen, dann zöge das eine Neujustierung der interkulturellen Hochschuldidaktik nach sich. Die Konzentration auf didaktische Konzeptualisierungen für geschlossene Seminargruppen wäre dann nicht mehr haltbar.

Eine Idee von dieser Tragweite muss allerdings erst empirisch geprüft und in der Sache detailliert ausgearbeitet werden. So haben wir nach der Sensibilisierungsphase in einem zweiten Zug ein Forschungskonzept entwickelt, in dessen Umsetzung die Triftigkeit unserer Vermutung empirisch überprüft werden soll. Nach unserem Verständnis sollte eine solche Untersuchung ethnografisch angelegt sein. Gerade bei ethnografisch orientierten Untersuchungen stellt sich zu Beginn die Frage nach dem Feldzugang. Wir haben uns – wie bereits angedeutet – dafür entschieden, die Ethnographie am Studiengang ICEUS unseres Fachbereichs durchführen. Das ist ungewöhnlich, bietet sich aus praktischen und auch aus methodologischen Überlegungen aber durchaus an. Denn: Zunächst einmal bekommen wir (nur) auf diesem Wege den unbedingt erforderlichen vertrauensvollen Zugang, der uns tiefgehende Einblicke in die verschiedensten Bereiche der komplexen Lebensweltkonstruktion der Studiengruppe gestattet. Zum zweiten können wir als TeilnehmerInnen des Feldes und mit Unterstützung der Studierenden im Sinne einer Lebensweltanalytischen Ethnographie (Honer 1993; Hitzler/Eisewicht 2016: Hitzler/Honer in diesem Band) aus einer existentiellen Involviertheit, aus einem existentiellen Engagement heraus kollaborativ (Lassiter 2005; Bettmann/Schröer 2016) eine an den wechselseitigen Sinnorientierungen anschließende und somit besonders sensible Erhebung vornehmen. Wir werden uns also methodologisch und methodisch an den Prinzipien einer Lebensweltanalytischen Ethnographie, wie sie von Anne Honer und Ronald Hitzler entworfen wurden, orientieren.

Wir haben unsere Forschungsstrategie akribisch zu einem Forschungsantrag ausgebaut, der dann auch helfen soll, die nötigen Mittel für die Durchführung einer solch komplexen Ethnographie einzuwerben. Den von *Norbert Schröer* und *Richard Bettmann* ausgearbeiteten Antragstext mit dem Titel „Die lebensweltliche Grundlegung Interkultureller Hochschulbildung. Eine ethnografisch hermeneutische Fallanalyse" haben wir in diesen Band aufgenommen. Mit ihm schließt die explorative Phase unserer Untersuchung ab. Mit diesem Antragstext wird im Detail nachvollziehbar, aus welchen Überlegungen heraus die empirische Untersuchung unserer Annahme zur lebensweltlichen Fundierung der interkulturellen Hochschulbildung sich an der Lebensweltanalytischen Ethnographie (Honer 1993; Hitzler/Eisewicht 2016) orientiert und wie dieses methodologische Konzept im Falle unserer Untersuchung als kollaborative Ethnographie umgesetzt werden kann. Wir haben dem Forschungsantrag einen Text von Ronald Hitzler und Anne Honer vorangestellt, in dem vorbereitend das Konzept der kleinen Lebenswelt und das der Lebensweltanalytischen Ethnographie prägnant erläutert ist.

Literatur

Agar, Michael (1994). The Intercultural Frame. In: International Journal of Intercultural Relations, Vol. 18(2), S. 221-237

Bailey, Benjamin (2000). Communicative behavior and conflict between African-American customers and Korean immigrant retailers in Los Angeles. In: Discourse & Society, Vol. 11(1); S. 86-108

Behrends, Leila (2007). Konservierung von Stereotypen mit Hilfe der Statistik. Geert Hofstede und sein kulturvergleichendes Modell. Arbeitspapier Nr. 51 (Neue Folge), Allgem. Sprachwissenschaft, Institut für Linguistik, Universität zu Köln

Bertels, Ursula & Bussmann, Claudia (2013). Handbuch interkulturelle Didaktik. Münster: Waxmann

Bettmann, Richard (2016). Interkultur in Organisationen. Zur kommunikativen Konstruktion interkultureller Teams. Wiesbaden: Springer VS

Bettmann, Richard & Schröer, Norbert (2016). „Kollaborative Ethnographie" oder: Qualitative Sozialforschung als komplexe lebensweltanalytische Teamarbeit. In: Hitzler Ronald et al. (Hrsg.). Old School New School. Zur Frage der Optimierung ethnographischer Datengenerierung. Essen: Oldib, S. 163-175

Elberfeld, Rolf (2008). Forschungsperspektive Interkulturalität – Transformationen der Wissensordnungen in Europa. In: Zeitschrift für Kulturphilosophie 2(1), S. 7-36

Erickson, Frederick & Shultz, Jeffrey (1982). The Counselor as Gatekeeper. Social Interaction in Interviews. New York: Academic Press

Flechsig, Karl-Heinz (1999). Interkulturelle Didaktik. http://wwwuser.gwdg.de/~kflechs/iikdiaps1-99.htm (15.09.2016)

Goffman, Erving (1972). Stigma. Über Techniken der Bewältigung beschädigter Identität. Frankfurt am Main: Suhrkamp

Gumperz, John J. (1982). Discourse Strategies. Cambridge: Cambridge University Press
Gumperz, John J. (2001). Contextualization and Ideology in Intercultural Communication. In: di Luzio, A.; Günthner, S. & Orletti, F. (Hrsg.). Culture in Communication. Analyses of Intercultural Situations. Amsterdam & Philadelphia: J. Benjamins, S. 35-53
Hinnenkamp, Volker (1982). Foreigner Talk und Tarzanisch. Eine vergleichende Studie über die Sprechweise gegenüber Ausländern am Beispiel des Deutschen und des Türkischen. Hamburg: Buske
Hinnenkamp, Volker (1989). Interaktionale Soziolinguistik und Interkulturelle Kommunikation. Gesprächsmanagement zwischen Deutschen und Türken. Tübingen: Niemeyer
Hinnenkamp,Volker (2001). Constructing Misunderstanding as a Cultural Event. In: di Luzio, A.; Günthner, S. & Orletti, F. (Hrsg.). Culture in Communication. Analyses of Intercultural Situations. Amsterdam & Philadelphia: J. Benjamins, S. 211-243
Hinnenkamp, Volker (2003). Misunderstandings: Interactional structure and strategic resources. In: House, J.; Kasper, G. & Ross, S. (Hrsg.). Misunderstanding in social life. Discourse approaches to problematic talk. Harlow, UK: Longman/Pearson Education, S. 57-81
Hitzler, Ronald & Eisewicht, Paul (2016). Lebensweltanalytische Ethnographie: Im Anschluss an Anne Honer. Weinheim: Beltz Juventa
Hofstede, Geert (2001). Culture's Consequences – Comparing Values, Behaviors, Institutions and Organizations Across Nations. 2nd edition. Thousand Oaks [etc.]: SAGE
Holliday, Adrian; Hyde, Martin & Kullman, John (2016). Intercultural Communication: An Advanced Resource Book for Students. 3rd edition. London & New York: Routledge
Honer, Anne (1993). Lebensweltliche Ethnographie. Ein explorativ-interpretativer Forschungsansatz am Beispiel von Heimwerker-Wissen. Wiesbaden: DUV
Jaspers, Jürgen (2016). (Dis)fluency. In: Annual Review of Anthropology, Vol. 45, 10.1-10.16
Kapinus, Darya (2015). „Der Tag des Dialogs" in Solingen – Analyse einer kommunalen interkulturellen Begegnungsveranstaltung. HS Fulda, Fachbereich SK, Master's Thesis
Kluckhohn, Clyde (1951). Values and value-orientation in the theory of action: An exploration in definition and classification. In: Parsons, T. & Shils, E. (Hrsg.). Toward a General Theory of Action. Cambridge, MA: Harvard University Press, S. 388-433
Lassiter, Luke Eric (2005). The Chicago Guide to Collaborative Ethnography. Chicago: Chicago University Press
Leitbild der HS Fulda. https://www2005.hs-fulda.de/index.php?id=2184 (15.9.2016)
Mackey, Alison (Hrsg.). (2007). Conversational Interaction in Second Language Acquisition. Oxford [etc.]: Oxford University Press
Orbe, Mark P. (1997). Constructing Co-Cultural Theory: An Explication of Culture, Power, and Communication. Thousand Oaks [etc.]: SAGE
Ragin, Charles (2008). Redesigning Social Inquiry: Fuzzy Sets and Beyond. Chicago: Chicago University Press
Schröer, Norbert (2002). Verfehlte Verständigung? Kommunikationssoziologische Fallstudie zur interkulturellen Kommunikation. Konstanz: UVK
Schröer, Norbert (2009). Interkulturelle Kommunikation. Eine Einführung. Essen: Oldib
Scollon, Ron & Scollon, Suzanne B.K. (1981). Narrative, literacy, and face in interethnic communication. Norwood, NJ: Ablex
Scollon, Ron & Wong-Scollon, Suzanne (2011). Intercultural Communication: A Discourse Approach, 3rd edition. Oxford [etc.]: Wiley-Blackwell

Shuck, Gail (2006). Racializing the Nonnative English Speaker. In: Journal of Language, Identity and Education, Vol.5(4), 259-276

Spivak, Gayatri C. (1985). The Rani of Simur: An Essay in Reading the Archives. In: History and Theory, Vol. 24(3), S. 247-272

Tajfel, Henri (1982). The social psychology of minorities. In: Husband, Charles (Hrsg.). 'Race' in Britain. Continuity and Change. London [etc.]: Hutchinson, S. 216-258

Veyaunik, Aliaksandra (2015). The Acquisition of Intercultural Competence in the Labour Market Integration Process of Migrants in Germany. HS Fulda, Fachbereich SK, Master's Thesis

Wenger, Etienne (2000). Communities of Practice: Learning, Meaning, and Identity. Cambridge: Cambridge University Press

Wimmer, Andreas (2005). Kultur als Prozess: Zur Dynamik des Aushandelns von Bedeutungen. Wiesbaden: Springer VS

Zhou, Yuefang; Jindal-Snape, Divya; Topping, Keith & Todman, John (2008). Theoretical models of culture shock and adaptation in international students in higher education. In: Studies in Higher Education, Vol. 33(1), S. 63-75

Der Studiengang „Intercultural Communication and European Studies (ICEUS)"

Ursprung, Entwicklung, Struktur

Ilka Gersemann

Im Wintersemester 1999/2000 wurde am Fachbereich Sozial- und Kulturwissenschaften der Hochschule Fulda der internationale Studiengang „Intercultural Communication an European Studies" (kurz: ICEUS) eröffnet. In ICEUS kommen Studierende aus allen Regionen der Welt zusammen, um gemeinsam ihr Studium zu absolvieren. ‚Gemeinsam' heißt: Die jeweils rund 30 Studierenden (meist etwa ein Drittel deutsche, zwei Drittel internationale Studierende) studieren als relativ geschlossene Gruppe, die sich nur für einzelne Wahlpflichtveranstaltungen teilt. Für den Studiengang ICEUS wurde ein eigenes modulares Seminarangebot konzipiert. Für das Verständnis des in diesem Band im Zentrum stehenden Lehr-, Lern- und Bildungsumfeldes des Studiengangs ICEUS ist dieser Sachverhalt bedeutsam. Bis heute haben rund 400 deutsche und internationale Studierende das Masterstudium erfolgreich abgeschlossen.

1 Der Fachbereich Sozial- und Kulturwissenschaften und sein erster Studiengang: ICEUS

Die Einrichtung des Studiengangs ICEUS ist für den Fachbereich Sozial- und Kulturwissenschaften von besonderer Bedeutung. Als ICEUS im Wintersemester 1999/2000 eröffnet wurde, war er der erste eigene Studiengang des Fachbereichs. Die grundständigen Studienprogramme Sozialrecht (SR) und Sozialwissenschaften mit Schwerpunkt Interkulturelle Beziehungen (BASIB) gingen erst 2003 und 2004 an den Start. Ein kooperativer Masterstudiengang in Sozialrecht und Sozialwirtschaft wurde 2010 eingeführt. Wie es dazu kam, dass ausgerechnet ein internationales Masterprogramm als erster eigener Studiengang am Fachbereich etabliert wurde, soll hier zumindest kurz erläutert werden.

Mit der Einführung neuer und innovativer Studiengänge hatte sich der Fachbereich Sozial- und Kulturwissenschaften Ende der 90er Jahre gewissermaßen neu erfunden. An allen hessischen Fachhochschulen wurden bei deren Gründung vor gut 40 Jahren Fachbereiche für Sozial- und Kulturwissenschaften eingeführt. Diese wurden unter Ludwig von Friedeburg, dem damaligem hessischem Kultusminister, als Einrichtungen mit Querschnittsfunktionen ohne eigene Studiengänge und somit ohne eigene Studierende konzipiert: Die Professorinnen und Professoren dieser Fachbereiche sollten etwa zehn Prozent der Lehre in jedem der anderen Fachbereiche übernehmen, um so eine sozial- und kulturwissenschaftliche Basisbildung der Studierenden in den Studienbereichen Wirtschaft, Technik und Soziales sicherzustellen. Allerdings war in den 90er Jahren deutlich geworden, dass das Gründungskonzept einer Gewährleistung von sozial- und kulturwissenschaftlicher Basisbildung über Lehrverflechtung von den Fachbereichen nicht mehr akzeptiert wurde. Die Frage war nun auch in Fulda, ob der Fachbereich Sozial- und Kulturwissenschaften aufgelöst werden oder ob er auf die Betreuung neu einzurichtender eigener Studiengänge umstellen sollte. In dieser Lage beschlossen die Mitglieder des damals schon interdisziplinär zusammengesetzten Fachbereichs, eigene innovative und tragfähige Studienprogramme zu entwickeln, und damit die bisherige Sonderstellung innerhalb der Hochschule aufzugeben. Inspiriert wurde diese Umstrukturierung des Fachbereichs nicht zuletzt durch den Bologna-Prozess, der mit der Bologna-Erklärung im Sommer 1999 offiziell eingeleitet wurde. Unter dem Eindruck dieser Erklärung konnte das hessische Fachhochschulgesetz damals neu gerahmt werden, und als Folge wurden international ausgerichtete Studienprogramme, in denen die international üblichen akademischen Grade Bachelor und Master verliehen werden können, möglich. Die Eröffnung eines entsprechenden Studiengangs im Fachbereich Sozial- und Kulturwissenschaften erschien attraktiv und in Anbetracht der durch die Professuren abgedeckten Fächer möglich. Hilfreich war in diesem Zusammenhang auch, dass der Deutsche Akademische Austauschdienst sein Programm zur Förderung „Auslandsorientierte(r) Studiengänge" aufgelegt und damit eine umfangreiche Anschubfinanzierung für internationale Studienprogramme in Aussicht gestellt hatte. Vor diesem Hintergrund entwickelten die seinerzeit am Fachbereich tätigen sechs Professoren und eine Professorin (aus den Disziplinen Kommunikationswissenschaft, Philosophie, Politikwissenschaft, Soziologie, Sportpädagogik und Recht) die Idee für ein neues, innovatives und internationales Studienprogramm. Das so entstandene internationale und bilinguale Studienprogramm Intercultural Communication and European Studies (ICEUS) wurde 1999 in die Förderung des DAAD aufgenommen und konnte (bzw. musste, denn so sah es die Förderung vor) noch im Wintersemester 1999/2000 an den Start gehen – schon damals mit einem hohen Anteil internationaler Studierender, die innerhalb von wenigen Monaten weltweit rekrutiert wurden. In den folgenden Jahren waren die Akkreditierung des Studiengangs, neue Vorgaben zur Modularisierung, die Verstetigung des Studiengangs nach Auslaufen der Anschubfinanzierung, die Weiterentwicklung zu einem konsekutiven Studienprogramm, die in die Entwicklung und Einführung des Bachelorprogramms Sozialwissenschaften mit Schwerpunkt Interkulturelle Beziehungen (BASIB) mündete, die Einführung von Langzeitstudiengebühren in Hessen und die erste Reakkreditierung wichtige Themen und Herausforderungen, die zu bewältigen waren. In der Zwischenzeit veränderte sich auch der Fachbereich Sozial- und Kulturwissenschaften erheblich, denn mit der Einführung des Bachelorprogramms BASIB (2004) und der Einführung des Diplom- und später Bachelorprogramms Sozialrecht (2003) wurden weitere Professorinnen und Professoren berufen und die Studierendenschaft des Fachbereichs wuchs stetig an. Das ist an dieser Stelle und für den vorliegenden Band insofern bedeutend, als dass sich das soziale und akademische Umfeld der ICEUS-Studierenden damit veränderte. Dies wiederum hatte Auswirkungen auf die Betreuungsstrukturen am Fachbereich, denn mit der wachsenden Studierendenzahl entwickelte sich auch ein höherer Grad an Selbstorganisation, unter anderem durch eine aktive Interessenvertretung durch die Fachschaft und den Fachschaftsrat.

2 Zielsetzung und thematische Schwerpunkte des Studiengangs

Ziel des Studiengangs ist es, Hochschulabsolventen für eine Tätigkeit im Bereich supranationaler Organisationen oder für den Einsatz in nationalen Organisationen mit stark internationalem, v. a. europäischem Bezug, aber auch für das Forschen zu interkulturellen und europabezogenen Themenfeldern zu qualifizieren.

Der Studienbereich „*Interkulturelle Kommunikation*“ soll den Studierenden das Wissen und die Fähigkeiten vermitteln, sich in berufsbezogenen, interkulturell geprägten Begegnungssituationen qualifiziert, souverän und umsichtig verhalten zu können. Die systematische Auseinandersetzung mit methodischen und theoretischen Ansätzen und aktuellen Forschungsfragen interkultureller Kommunikation bildet hierfür die Grundlage und dient darüber hinaus der Befähigung zur vertiefenden wissenschaftlichen Arbeit. Strukturmerkmale der Seminarkonzeption sind eine *kommunikations- und interaktionstheoretische Fundierung* des Phänomenbereichs Interkulturelle Kommunikation durch Seminare zur Interaktionstheorie, Anthropologie und Ethnographie der Kommunikation, eine vertiefende Auseinandersetzung mit Methoden, Forschungsansätzen und Theorien interkultureller Kommunikation sowie die Reflexion exemplarischer Themenfelder in interdisziplinärer Perspektive. Darüber hinaus sind auch *Wahrnehmungs- und Verhaltenstrainings* in interkulturellen Begegnungssituationen sowohl unter allgemein kultursensibilisierender Zielsetzung als auch zur konkreten Vorbereitung auf interkulturelle Begegnungen Teil des Lehrplans.

Der Studienbereich *„Europa-Studien“* soll die grundlegenden historischen, gesellschaftlich-kulturellen, ökonomischen und politischen Dimensionen des europäischen Integrationsprozesses vermitteln. Er soll zum reflektierten berufsbezogenen Handeln in konkreten Feldern und Anwendungsbezügen gemeinschaftlicher Rechtsetzung und europäischer Politik sowie zur wissenschaftlichen Analyse im Themenfeld „regionale Integration“ befähigen. Insbesondere sollen Kenntnisse vermittelt werden über die europäische Ideen- und Mentalitätsgeschichte, die historische Entwicklung des europäischen Integrationsprozesses im Spannungsfeld von Vertiefung und Erweiterung, die Entwicklung und Ausformung der Kompetenzen, Institutionen und Entscheidungsverfahren der Europäischen Union, die Ausgestaltung und die praktischen Anwendungsbezüge gemeinschaftlicher Politik in konkreten Handlungsfeldern, die Grundlagen des Europa- und Völkerrechts sowie über die Rechtssetzung und -wirkung in den maßgeblichen Feldern der wirtschaftlichen, monetären und politischen Integration, und über grundlegende Theorien regionaler Integration und aktuelle integrationswissenschaftliche Forschungsansätze.

Der Studienbereich *„Organisationen und Internationalisierung“* soll die Studierenden für die besonderen Herausforderungen sensibilisieren, vor denen internationale oder stark international ausgerichtete Organisationen stehen, und sie mit den Gestaltungsansätzen vertraut machen, mit denen diesen Herausforderungen begegnet wird. Insbesondere sollen Kenntnisse vermittelt werden über die supranationalen Rahmenbedingungen organisationalen Handelns vor allem mit Blick auf die Prozesse der Globalisierung, über die Entwicklungsgeschichte, die Aufgaben, die Bedeutung sowie die Organisationsstrukturen ausgewählter internationaler Organisationen staatlichen, marktwirtschaftlichen oder intermediären Charakters (z. B. UNO, UNESCO, UNCED, OECD, ILO, Europäische Zentralbank, Europäisches Patentamt, Internationales Rotes Kreuz, Greenpeace), und über die Formen und Spezifika der Verfassung stark international ausgerichteter Organisationen, einschließlich deren Besonderheiten auf den Ebenen Organisationskultur, Organisationsstruktur, Mikropolitik und Personalwirtschaft.

Im Rahmen von darüber hinaus konzipierten *Integrierten Studien* werden unterschiedliche Formen von Veranstaltungen angeboten, in denen die Trennung der oben genannten Studienbereiche aufgehoben ist und kommunikative, organisationale und europabezogene Inhalte in ihrem inneren Zusammenhang thematisiert und unter methodischen und theoretischen Vorzeichen reflektiert werden. In diesem

Studienbereich erhalten die Studierenden etwa eine Einführung in das Master-Studium sowie in den Studienalltag am Fachbereich Sozial- und Kulturwissenschaften (Orientation Week and Study and Career Orientation) sowie in die Theorie und Methoden interdisziplinärer Forschung. Foren und Sonderveranstaltungen, bei denen die Studierenden an der Konzeption und Organisation mitwirken, sollen Bezüge zu möglichen Berufssparten und Kontakte zu VertreterInnen aus der Praxis sowie zu ICEUS-Alumni herstellen. Das integrierte und zwischen dem zweiten und dritten Semester terminierte, zehnwöchige berufspraktische Studium (Praktikum) dient dem Erwerb praktischer Erfahrungen in einem studienfachrelevanten Einsatzgebiet mit besonderer Berücksichtigung der im Master-Programm vereinten Studienbereiche. Dieses soll außerhalb des Heimatlandes der Studierenden in einschlägigen Praxisstellen (gesellschaftliche oder wirtschaftliche Organisationen mit besonderem internationalen Bezug, z. B. Internationale Organisationen wie die Vereinten Nationen, Europäische Institutionen, dezentrale Einrichtungen der EU, Abgeordnetenbüros, Stiftungen, Forschungseinrichtungen, Kulturinstitute, NGOs, Botschaften und Konsulate etc. oder auch international tätigen Unternehmen) absolviert werden.[1]

Das in hohem Maße interdisziplinär ausgerichtete Studienprogramm kombiniert sozial- und politikwissenschaftliche Fächer sowie eine rechtliche Komponente (Europarecht) mit kultur-, sprach- und kommunikationswissenschaftlich ausgerichteten Lehrangeboten. Flankiert wird dies durch die Ausbildung von Methodenkompetenzen für die Empirische Sozialforschung und ein umfangreiches Angebot zum Erwerb und zur Vertiefung von weiteren Fremdsprachen. Die Internationalität der Studierenden sowie die Zweisprachigkeit des Programms bilden den formalen Rahmen der interkulturellen Studiengangskonzeption ab. Generelles Leitprinzip der didaktischen Anlage aller Lehrveranstaltungen ist es, das interkulturelle Potenzial, das sich aus der Internationalität und interkulturellen Erfahrung der Studierenden ergibt, als Ressource in Lehre und Forschung auszuschöpfen, d. h., dass die Studierenden mit Blick auf die Ausbildung interkultureller Handlungskompetenzen auch von- und miteinander lernen sollen.

1 Informationen zum Studienprogramm finden sich unter www.hs-fulda.de/iceus in den für den Studiengang geltenden Prüfungsordnungen sowie u. a. im Antrag zur Reakkreditierung des Studiengangs vom 30.11.2011.

3 Exkursionen

Regulärer Bestandteil des Curriculums sind zwei Fachexkursionen. Im ersten Semester verbringen die Studierenden einige Tage auf der Burg des Internationalen Forums Bad Liebenzell, um dort ein Simulationsseminar zum europäischen Gesetzgebungsverfahren durchzuführen. Mit inbegriffen ist eine Tagesfahrt nach Straßburg zum Europäischen Parlament sowie ein Besuch des Europäischen Gerichtshof für Menschenrechte. Im zweiten Semester fahren die Studierenden für vier Tage nach Brüssel. Dort haben sie die Gelegenheit, die Europäische Kommission, den Ministerrat sowie den Europäischen Wirtschafts- und Sozialausschuss zu besuchen und eine politische Stiftung kennenzulernen und dort mit ReferentInnen zweier in Brüssel ansässige Interessenvertretungen (z. B. aus der Automobilindustrie und von Umweltverbänden) zu diskutieren. Die Exkursionen werden jeweils im Rahmen eines Seminars vor- und nachbereitet und von mindestens einem hauptamtlich Lehrenden begleitet. Die Erfahrungen zeigen, dass durch diese Unterrichtsformen nicht nur das fachliche Interesse vertieft, sondern auch das Gemeinschaftsgefühl der Studierenden deutlich gestärkt wird. Zugleich ergeben sich während der Exkursionen zahlreiche Möglichkeiten, mit verschiedenen BerufsvertreterInnen über Karrierewege, Praktikumsmöglichkeiten für das berufspraktische Studium u. ä. zu sprechen. Anwendungsmöglichkeiten der im Studium erworbenen Kompetenzen werden greifbarer, was sich erfahrungsgemäß ermutigend und motivierend auf die Studierenden auswirkt.

Neben den curricular eingebundenen Exkursionen findet im Rahmen der Einführungsveranstaltungen am Beginn des ersten Semesters ein Studieneinführungsworkshop mit Übernachtung in einer Bildungsstätte außerhalb von Fulda statt (näheres unter ‚Betreuungskonzept'‘).

Darüber hinaus werden bei sich bietenden Anlässen und Gelegenheiten Fahrten zu Fachkongressen und Tagungen ermöglicht sowie studentische Initiativen für Exkursionen fachlich unterstützt und – soweit möglich – finanziell gefördert.[2] Diese weiteren Exkursionen, die infolge von studentischen Initiativen stattfinden, wurden und werden zwar von einer Professorin oder einem Professor begleitet und fachlich betreut, die Konzeption, Planung und Durchführung liegt jedoch in studentischer Hand. Diesbezüglich hat sich gezeigt, dass die Studierenden dabei i.d.R. mit großem Engagement elaborierte inhaltliche Programme entwickeln, selbst die fachlichen

2 Zu Beginn der Jahre 2014 und 2015 konnten beispielsweise von studentischer Seite initiierte Fachexkursionen nach Israel und Palästina für Studierende der Programme BASIB und ICEUS durchgeführt werden. 2016 fanden Exkursionen nach Griechenland und Jordanien statt.

Kontakte im Zielland herstellen und die Kommunikation und Moderation von Vorbereitung und Durchführung übernehmen. Das Ergebnis sind Studienreisen, die die Entwicklung vielfältiger organisatorischer und planerischer Fähigkeiten und auch interkulturelle Kompetenzen fördern. Die gewonnenen Erfahrungen können in Seminaren reflektiert werden. Es geht somit um viel mehr als um das Kennenlernen eines Landes unter bestimmten fachlichen Aspekten. Diese das Curriculum flankierenden, ungeplant sich ergebenden Qualifizierungs- und Bildungschancen sind nicht nur erwünscht, sondern sie machen einen Teil des Kompetenzerwerbs im ICEUS-Studium aus. Auch ein durch den Bologna-Prozess stark durchstrukturiertes und formalisiertes Hochschulstudium kann den Studierenden so wertvolle Chancen zur Aufarbeitung lebens- und berufsrelevanter Erfahrungen jenseits des Lehrplans geben und zum Erwerb entsprechender Kompetenzen beitragen.

4 Das akademische Umfeld: Lehrende am Fachbereich

Die vertretenen Fachdisziplinen im Fachbereich, aus denen sich das Studium zusammensetzt, sind Soziologie, Rechtswissenschafen, Politikwissenschaften, Soziolinguistik und Kommunikationswissenschaften. An der Lehre für den Studiengang ICEUS sind im Wesentlichen acht Professorinnen und Professoren beteiligt, die teilweise in deutscher, teilweise in englischer Sprache unterrichten. Hinzu kommen einige Lehrkräfte für besondere Aufgaben und wissenschaftliche Mitarbeiterinnen und Mitarbeiter, die in die Lehre involviert sind und zahlreiche Lehrbeauftragte im Fremdsprachenbereich. Außerdem werden regelmäßig internationale Gastdozentinnen und -dozenten für Vorträge und Seminare eingeladen, vor allem von Partnerhochschulen in den USA und Europa. Einige der Lehrenden von amerikanischen Partnerhochschulen übernehmen schon seit Jahren immer wieder Seminare, vor allem für den Studiengang ICEUS. Auch ausgewiesene Vertreterinnen und Vertreter einschlägiger Organisationen (Vereinte Nationen, Goethe Institut, Europäische Institutionen) werden im Rahmen von Blockseminaren in die Lehre integriert.

5 Das vielsprachige Setting des Studiengangs

Die bilinguale Konzeption des Studiengangs sieht vor, dass die Lehrveranstaltungen zu jeweils etwa 50 % in deutscher und zu 50 % in englischer Sprache durchgeführt werden. Dies erfordert von den Studierenden ein hohes Sprachniveau (B.2 / C.1 gemäß Gemeinsamem Europäischen Referenzrahmen für Fremdsprachen (GER)) in beiden Seminarsprachen, was sich in den Zulassungsbedingungen ausdrückt. Somit ist das Sprachniveau sowohl der deutschen als auch der internationalen Studierenden verhältnismäßig hoch. Dennoch gilt anzuerkennen, dass viele der internationalen Studierenden gleich in zwei Fremdsprachen studieren, was zweifelsohne eine besondere Herausforderung für die meisten darstellt. Trotz guter Sprachkompetenzen sind bei der Kommunikationspraxis im Studienalltag häufig Anpassungsschwierigkeiten zu überwinden.

In den Lehrveranstaltungen, vor allem in Prüfungssituationen, kann bei Bedarf flexibel mit der Seminarsprache umgegangen werden. Haben einzelne Studierende etwa den Wunsch, die Prüfung in einer deutschsprachigen Lehrveranstaltung auf Englisch zu schreiben, zum Beispiel in Form einer Hausarbeit, so wird dies zumeist ermöglicht.

Welche der beiden Unterrichtssprachen sich als Verkehrssprache unter den Studierenden eines Jahrgangs durchsetzt, ist nie vorhersehbar. Da jedoch alle Studierenden mindestens gute bis sehr Sprachkenntnisse nachweisen müssen, kann von einem Setting zum nächsten oder sogar innerhalb eines Gesprächs häufig gewechselt werden. Viele der Studierenden beherrschen noch weitere Sprachen neben Deutsch und Englisch, etwa Spanisch, Französisch oder Italienisch. Welche Sprache in einem Setting verwendet wird, ist somit auch immer wieder Gegenstand von Verhandlungen: Ist es beispielsweise in Ordnung für die Mitstudierenden, wenn sich eine Clique von Russisch-Mutter- bzw. ZweitsprachlerInnen in der Mensa oder vor dem Seminarraum auf Russisch unterhält, während die übrigen Anwesenden nichts verstehen? Oder soll bei Anwesenheit von Austauschstudierenden, die noch keine oder nur geringe Deutschkenntnisse haben, grundsätzlich zu Englisch als Lingua Franca gewechselt werden? Die entsprechenden Konstellationen und auch die Meinungen dazu und das daraus abgeleitete Verhalten variieren.

6 Zusammensetzung der Studierendenschaft

Zur Aufnahme des Masterstudiums ICEUS ist ein erster Hochschulabschluss in einem sozial-, kultur-, rechts- oder geisteswissenschaftlichen Fach erforderlich. Somit kommen bei ICEUS unterschiedliche Disziplinen zusammen: Das Erststudium wurde beispielsweise in Philologien, Politikwissenschaften, Sozialwissenschaften, Kulturwissenschaften, Geschichte, Kommunikationswissenschaften, Internationalen Beziehungen, Internationalem Handel und häufig auch in Zwei-Fächer-Programmen absolviert. Nicht zuletzt die hohen sprachlichen Anforderungen haben Einfluss auf die Zusammensetzung der Studierendenschaft: Den größten Teil stellen Studierende mit einem ersten Abschluss in Philologien. Rund 30 Studierende beginnen jedes Jahr das viersemestrige Studium. Die Studienplätze werden je zur Hälfte an deutsche BewerberInnen bzw. BewerberInnen aus der EU vergeben und zur Hälfte an internationale BewerberInnen aus Nicht-EU-Ländern. In der Regel kommt es zu einem Verhältnis von einem Drittel deutscher Studierender zu zwei Dritteln internationaler Studierender. Besonders hoch war die Nachfrage nach ICEUS-Studienplätzen in den vergangenen Jahren bei Graduierten aus Ländern Osteuropas (z. B. Russland, Belarus und Ukraine) und Zentralasiens (z. B. Kasachstan, Kirgisien, Turkmenistan). Ebenfalls erhält der Fachbereich viele Bewerbungen aus anderen Ländern Asiens (z. B. China und Indonesien). Ansonsten verteilt sich die Zusammensetzung der BewerberInnen mehr oder weniger gleichmäßig über die Kontinente (mit Ausnahme von Australien) hinweg. Eine geographisch und kulturell möglichst vielseitige Zusammensetzung der Studienkohorten ist ausdrücklich erwünscht und wird bei Marketingmaßnahmen und Rekrutierungsbemühungen, auch in Anbetracht der didaktischen Vorhaben innerhalb des Studiums, explizit berücksichtigt. So kommen bei einer Kohorte erfahrungsgemäß etwa 15 verschiedene Nationalitäten zusammen, manchmal noch mehr, insbesondere, wenn noch Gaststudierende (z. B. Austauschstudierende von Partneruniversitäten) berücksichtigt werden. Letztere können vor allem wegen des englischsprachigen Lehrangebots teilweise in das Programm integriert werden.

Die Voraussetzungen, unter denen die rund 30 ICEUS-Studierenden eines Jahrgangs ihr Studium aufnehmen, sind recht unterschiedlich. Die meisten der deutschen Studierenden haben schon dadurch einen Heimvorteil, dass sie bereits ein Studium an einer deutschen Hochschule absolviert haben und dass eine der beiden Unterrichtssprachen ihre Muttersprache ist. Darüber hinaus bilden sie die größte Gruppe Studierender eines Landes. Daneben gibt es meist eine kleinere Gruppe Studierender, die Englisch als Muttersprache oder Zweitsprache spricht. Diese Gruppe hat ebenfalls den Vorteil, in zumindest einer der Unterrichtssprachen muttersprachliche Kenntnisse zu besitzen. Studierende dagegen etwa aus anderen europäischen oder asiatischen oder afrikanischen Ländern studieren in zwei Fremdsprachen und haben größtenteils noch keine Studienerfahrung in Deutschland oder sie haben bislang nur ein oder zwei Semester an einer deutschen Hochschule verbracht.

In den Jahren seit Einführung des Studienprogramms hat sich auch das Gesamtbild der Studierendenschaft verändert, ohne dass bewusst bzw. beabsichtigt eine andere Zielgruppe angesprochen wurde. In den allerersten Jahrgängen waren zum Beispiel die deutschen Studierenden häufig schon einige Jahre älter als die Mehrheit der deutschen Studierenden, die sich in der jüngeren Vergangenheit für das Studium beworben hat. Viele hatten ein vier- oder fünfjähriges Diplom- oder Magisterstudium abgeschlossen und waren berufstätig gewesen. Das ICEUS-Studium hatten sie möglicherweise vor allem aus besonderem Interesse heraus und zur eigenen Weiterbildung aufgenommen, und weniger, um damit eine höhere Qualifikationsstufe zu erreichen. Zu Beginn des Bologna-Prozesses gab es eben – zumindest in Deutschland, aber auch in vielen anderen Ländern – noch keine oder nur wenige B.A.-AbsolventInnen, für die ein Masterstudium die ideale Weiterqualifikation darstellte. Somit bewarben sich zunächst mehr InteressentInnen mit höheren akademischen Abschlüssen. Weiterhin ist zu beobachten, dass das Bewerberverhalten in den Herkunftsländern gelegentlich von Trends beeinflusst zu sein scheint; so gibt es immer wieder kürzere Perioden, in denen es bei den Studienanfragen oder Bewerbungen zu gewissen Häufungen aus bestimmten Ländern kommt. Nur in einigen Fällen, z. B. bei besonderen Marketingmaßnahmen oder speziellen Stipendienprogrammen, sind die Gründe dafür nachzuvollziehen. Auch das Umfeld der ICEUS-Studierenden am Fachbereich hat sich gewandelt: Waren sie bis 2003 noch die einzigen Studierenden am Fachbereich Sozial- und Kulturwissenschaften, sind die ICEUS-Studierenden heute Teil einer Studierendenschaft, die sich aus drei Studiengängen zusammensetzt und sich zunehmend selbst organisiert hat, unter anderem durch die Wahl von FachschaftsvertreterInnen und die Einrichtung eines Fachschaftsrates, der vielfältige fachliche, kulturelle oder soziale Aktivitäten initiiert.

Man kann davon ausgehen, dass die ICEUS-Studierenden ihr Studienfach meist aus einem besonderen Interesse an Interkultureller Kommunikation und / oder Europa-Studien heraus wählen. Viele haben vor Beginn des Studiums bereits umfassende interkulturelle Erfahrungen gesammelt, z. B. bei Studienaufenthalten, Praktika oder Freiwilligendiensten im Ausland, und sind so an internationale Kontakte und interkulturelle Begegnungen gewöhnt. Unserer Beobachtung nach gehen die Studierenden gleich zu Studienbeginn offen und neugierig aufeinander zu, so dass es meist schnell zu einer Durchmischung von deutschen und internationalen Studierenden kommt. Die zahlenmäßige Übersichtlichkeit der Studiengruppe sowie das Bemühen, die Studierenden gleich zu Beginn des Studiums zueinander zu bringen und als Lerngruppe zu etablieren sind weitere Faktoren, die dazu beitragen dürften, dass sich Studiengruppen bilden, die sich gemeinhin auch als solche empfinden.

Das Bemühen um die Entstehung einer gut funktionierenden *Learning Community* hat dennoch nur einen bedingten Einfluss auf die Dynamik der Studiengruppe. Wie die Erfahrung mit mittlerweile 18 Kohorten zeigt, entwickelt sich in jeder Gruppe eine eigene, sich überdies im Laufe des Studiums noch wandelnde Arbeitsatmosphäre. Die Zusammensetzung, die einzelnen Persönlichkeiten, die ersten gemeinsamen Studienerfahrungen, eine erste gemeinsame Exkursion, die aktuellen Studienbedingungen[3] können sich in der einen oder anderen Weise auf das Befinden der Studierenden und damit auf das Gruppengefüge auswirken. Zudem sind es Individuen, die mit ihren jeweils eigenen Biografien, Erwartungen und Sozialformen die Gruppe bilden, so dass je nach Gruppe und Jahrgang andere soziale Dynamiken entstehen. Jeder der bisher 18 ICEUS-Jahrgänge ist anders, und jede Studiengruppe entwickelt eine andere interne Beziehungsdynamik, die sich zudem im Studienverlauf noch stark verändern kann.

7 Betreuungskonzept

Mit der für den Studiengang eingerichteten Position der Studiengangskoordination[4] haben die Studierenden bereits mit der ersten Kontaktaufnahme zur Hochschule eine zentrale Ansprechpartnerin für alle Belange ihres Studiums über die gesamte Studienzeit. Dazu gehören auch die Übermittlung von Informationen zur Bewerbung schon vor Beginn des Studiums sowie die Nachbetreuung im Rahmen der Alumni-Arbeit. Daneben gibt es eine Reihe von Fachstellen, die weiterführende

3 Gemeint sind hier beispielsweise Einschränkungen durch Baumaßnahmen, die an der Hochschule Fulda in den vergangenen Jahren, vor allem zwischen 2012 und 2014, vorgenommen wurden, bundes- und landesweite Studierendenstreiks, wie sie zwischen 2003 und 2006 als Protest gegen die Einführung von Studiengebühren organisiert wurden, sowie andere aktuelle Themen, oder die Haushaltslage.

4 Die Position der Studiengangskoordination wurde mit Einführung des Studiengangs eingerichtet. Am Fachbereich Sozial- und Kulturwissenschaften sind in allen Studiengängen StudiengangskoordinatorInnen tätig, schwerpunktmäßig mit den Aufgaben Betreuung und Beratung von BewerberInnen und Studierenden, Marketing, Praxisbetreuung, Stundenplanung, Koordination von GastdozentInnen und Lehrbeauftragten, Alumni-Arbeit u. a.. Diese Aufgaben werden in den meisten Fachbereichen der Hochschule Fulda von StudiengangskoordinatorInnen wahrgenommen.

Aufgaben wahrnehmen und verschiedene Angebote für Studierende bereithalten, v. a. das International Office, aber auch die Schreibwerkstatt oder das Selbstlernzentrum. Mit den internationalen Studierenden entsteht der erste Kontakt oftmals schon ein Jahr vor Studienbeginn, wenn interessierte Studierende oder Graduierte aus dem Ausland Informationen zu Voraussetzungen und Bewerbungsmodalitäten suchen. Das Angebot zum Nachkontakt im Rahmen der Alumni-Maßnahmen besteht dauerhaft.

Die Studienzeit in Fulda beginnt mit einer Einführungswoche des Fachbereichs / der Studiengänge bzw. für internationale Studierende schon einige Tage früher mit entsprechenden Orientierungsveranstaltungen des International Office für internationale Studierende. Die ICEUS-Einführungswoche dient der Einführung in den Hochschulalltag sowie der Erklärung des Studienverlaufs, der Vorstellung der relevanten Einrichtungen und Ressourcen, der Vorstellung von Lehrenden und MitarbeiterInnen, der Einführung in die Nutzung von Bibliothek, E-Learning-Plattform u. a. und dem Kennenlernen der Organisation Hochschule und den Möglichkeiten der Partizipation durch studentische Gremienarbeit. Daneben wird besonderes Augenmerk darauf gelegt, dass die Studierenden sich kennenlernen können: zum einen innerhalb der Fachschaft des gesamten Fachbereichs, zum anderen – und vor allem – innerhalb der eigenen Studienkohorte. Diese bewusste Förderung einer *Learning Community* ist in den vergangenen Jahren zunehmend in den Fokus gerückt, hat sie doch eine spürbare Wirkung auf die Lern- und Arbeitsatmosphäre innerhalb des Studienbetriebs. Besonders gefördert wird das Zusammengehörigkeitsgefühl innerhalb einer ICEUS-Studienkohorte – wie bereits angedeutet – über die Durchführung einer kleinen, eineinhalbtätigen Exkursion während der Einführungswoche in eine Bildungsstätte in der Nähe von Fulda. An dieser Fahrt nehmen nach Möglichkeit alle neuen Studierenden teil sowie der Studiengangsleiter und die Studiengangskoordinatorin. Vor Ort wird ein Studieneinführungsworkshop durchgeführt, der interkulturelle Trainingseinheiten umfasst und in dem das Thema Interkulturalität im Hochschulalltag ausführlich bearbeitet wird, teilweise im Plenum, teilweise in kleineren Arbeitsgruppen. Durch die Diskussion von *Critical Incidents* aus dem Hochschulalltag, kleinen Geschichten über interkulturelle Kontaktsituationen, die zumindest aus der Sicht eines der Interaktionspartner als „kritisch" oder problematisch empfunden wurden, wird das Gespür der Studierenden für möglicherweise in ihrem Studium auftretende Konfliktsituationen und Missverständnisse geschärft. Die interkulturell ohnehin erfahrene oder zumindest interessierte Studierendenschaft entwickelt schon hier Kompetenzen im Umgang mit Irritationen oder Problemlagen, die sich aus der interkulturellen Zusammensetzung der Studienkohorte ergeben könnten. In den Pausen, bei den gemeinsamen Mahlzeiten, der gemeinsamen Unterbringung der

Studierenden in Zwei- bis Vierbettzimmern und im Rahmen eines interkulturellen Filmabends bieten sich außerdem vielfältige Möglichkeiten, miteinander ins Gespräch zu kommen, sowohl unter KommilitonInnen als auch mit Studiengangsleitung und -koordination. Brennende Fragen zum Studienverlauf, zu Studienanforderungen und zu organisatorischen Angelegenheiten können ohne große Hürden gestellt und geklärt werden.

Ein möglichst angenehmer und ermutigender Studienbeginn ist ein zentrales Anliegen des Betreuungskonzepts, da für viele, besonders für die internationalen ICEUS-Studierenden, die Ankunft in Fulda noch mit vielen organisatorischen Aufgaben, Fragen und Herausforderungen verbunden ist. Ein Gefühl der Desorientierung, Irritationen, besondere Anstrengungen durch die Verwendung einer oder zweier Fremdsprachen als Unterrichts- und Umgangssprachen, ständiges Wechseln der Sprachen und Heimweh lassen sich durch einen geordneten und betreuten Studienbeginn nicht gänzlich vermeiden, deswegen soll den neuen Studierenden das Gefühl vermittelt werden, dass sie willkommen sind an ihrer neuen Hochschule und dass es seitens der Studienleitung und der Lehrenden Verständnis für die besonderen Herausforderungen gibt, die der Studienbeginn in Fulda mit sich bringt.

Die zentrale Aufgabe der Studiengangskoordination ist es, die Studierenden durch alle Phasen des Studiums organisatorisch zu begleiten. Während des ersten Semesters wird dies unter anderem durch die wöchentlich stattfindende Lehrveranstaltung „Study and Career Orientation" gewährleistet, die der Einführung der neuen Studierenden in den Studienalltag des ICEUS-Studiums dient. Fragen zur Studienorganisation werden ebenso behandelt wie die Organisation und Durchführung des obligatorischen Praktikums. Gemeinsam werden mögliche Praxis- und Berufsfelder recherchiert und diskutiert sowie Einsatzgebiete und Fördermöglichkeiten für ICEUS-PraktikantInnen vorgestellt. Die Studierenden des dritten Semesters geben ihre Erfahrungen im Hinblick auf die Organisation des Praktikums im Rahmen der Veranstaltung weiter an die Erstsemester. Auch Bewerbungsstrategien werden erörtert und erprobt. Zugleich dient die von der Studiengangskoordination durchgeführte Veranstaltung als Forum für Fragen und Probleme, die mit dem Studium auftreten können. Ergänzt wird die Möglichkeit der Klärung von Fragen durch Sprechzeiten an mehreren Tagen in der Woche. Der Beratungsbedarf und die Inhalte der Fragen, die hier thematisiert werden, sind vielfältig: Neben den oben genannten Themen haben Studierende auch Fragen zur Studienfinanzierung, zum Umgang mit Notlagen (z. B. finanzieller oder familiärer Art), zum Verständnis von bürokratischen Angelegenheiten oder zu Vorgaben der Prüfungsordnung, oder sie suchen Rat zum Umgang mit Problemen in der Studiengruppe, in einer Arbeitsgruppe oder mit Lehrenden. Bei alldem wird den Studierenden vermittelt, dass die tatsächliche Inanspruchnahme von Beratung – sei es von Lehrenden, MitarbeiterInnen des Fachbereichs oder von anderen Einrichtungen der Hochschule – als Ausdruck von Kompetenz zu begreifen ist und nicht als Schwäche oder als ein Defizit an Kompetenz. Dennoch ist der Studiengangsleitung wie auch den Lehrenden bewusst, dass trotzdem Unsicherheiten bestehen bleiben – sei es über den angemessenen Umgang mit ProfessorInnen, die erwartete Häufigkeit von Sprechstundenkonsultationen, den Umgang mit Vorgaben und Freiheiten oder das richtige Maß an Eigenverantwortung in der Ausgestaltung von studentischen Arbeiten und Leistungsnachweisen.

Die Entwicklung des Fachbereichs in den letzten rund 15 Jahren und das Anwachsen der Studierendenschaft hat auch zu einer Veränderung der Betreuungsarbeit geführt. Nahm in den ersten Jahren des ICEUS-Studienbetriebs die soziale Betreuung noch einen hohen Stellenwert ein (z. B. die Initiierung und Unterstützung von gemeinsamen Aktivitäten und Feiern seitens der Studiengangskoordination), konnte in jüngerer Vergangenheit mehr Gewicht auf Studien- und Karriereorientierung sowie Alumni-Aktivitäten gelegt werden. Die Integration der ICEUS-Studierenden in eine größere Fachschaft, die ein breites Angebot an sozialen Aktivitäten bereit hält und neue Studierende schon in der Einführungswoche für Erstsemester anspricht und aufnimmt, führte zu einem deutlich geringeren Bedarf an angeleiteten oder organisierten sozialen Aktivitäten für ICEUS-Studierende, da es in diesem Bereich viele studentische Initiativen gibt, die auch von ICEUS-Studierenden mitgetragen und -gestaltet werden.

Die Formung der Studiengruppe als *Learning Community* war so nicht von Beginn an im Betreuungskonzept für den ICEUS-Studiengang angelegt. Auch sollte sie nie, wie etwa an einigen amerikanischen Colleges, als flankierende Betreuungsmaßnahme fest installiert werden. Dennoch beschreiben Konzepte von kooperativen Lerngemeinschaften ganz gut, was bei den ICEUS-Gruppen in der Regel entsteht und in den vergangenen Jahren auch zunehmend gefördert wurde, ermöglicht es doch in besonderem Maße die Nutzung des interkulturellen Potenzials der Gruppe. Die Gelegenheit, in einer solchen Gruppenzusammensetzung an internationalen Themen, insbesondere an interkulturellen Themen zu arbeiten, ermöglicht zum einen interessante Einsichten in Lern- und Arbeitsstrategien außerhalb des eigenen Kulturraums, zum anderen können Praktiken der interkulturellen Zusammenarbeit und Verständigung erprobt und trainiert werden. Die ICEUS-Lerngemeinschaft ist eine Konstellation, die durch das gemeinsame Studium entsteht und in ihrer Genese auch unterstützt, aber nicht als Technik oder Methode „von oben" erzwungen wird. Vielmehr geht es darum, Rahmenbedingungen und Gelegenheiten zu schaffen, die es den Studierenden ermöglichen, sowohl in formellen, als auch in informellen Umgebungen, ihre Gruppe als Ressource zu nutzen. Man kann keineswegs davon ausgehen, dass es in einer solchen Gemeinschaft stets vollkommen reibungslos und harmonisch zugeht. Das Vertrauen in die KommilitonInnnen als Lern- und Arbeitspartner, in die Expertise der anderen Gruppenmitglieder muss zum einen erst entstehen, zum anderen auch gelegentlich neu verhandelt werden. Zuweilen wird hierzu auch Unterstützung von Seiten der Studiengangsleitung oder -koordination angefragt, die auch gewährleistet werden kann, so lange die beschriebene Problematik nicht den privaten Bereich bzw. Freizeitbereich der beteiligten Personen betrifft. Die Bildung einer sozialen und lernförderlichen Gemeinschaft in der ICEUS-Gruppe wird also weniger als Technik verstanden, der ein formaler Rahmen gegeben werden und den Studierenden vermittelt werden muss, sondern eher als Ziel, dem sich durch die Förderung und Organisation von Gelegenheiten zur Interaktion innerhalb wie außerhalb des Unterrichts angenähert wird.

Fester Bestandteil des Betreuungskonzepts ist das Alumni-Programm für den Studiengang. Verschiedene Maßnahmen wurden auch bereits durch den DAAD gefördert. Ziele des Alumni-Programms sind vor allem die Kontaktpflege zu Absolventinnen und Absolventen, um die berufsbiografische Entwicklung der Alumni zu verfolgen und Informationen über individuelle Karrierewege, die eingenommenen beruflichen Positionen und die damit verbundenen Aufgabenzuschnitte zu erhalten, die Förderung von Kontakten und Netzwerken zwischen Studierenden und Alumni sowie Alumni untereinander und die Einbindung von Alumni in die Lehre, u.a. auch zur Herstellung des Praxisbezugs im Studium. Die aus Befragungen gewonnenen Informationen sind zum einen als Qualitätssicherungsmaßnahme und zur Sicherstellung der Verwertbarkeit der Qualifikationen nötig, zum anderen, um Studierende zu Karriereoptionen angemessen beraten zu können.

In einem mindestens jährlich erscheinenden Alumni-Newsletter berichten Alumni über ihre beruflichen Tätigkeiten und ihre Erfahrungen beim Berufseinstieg. Die Studiengangsleitung informiert im Newsletter über neue Personen, Projekte und Entwicklungen am Fachbereich. Studierende können hier über Exkursionen, Studienfahrten, Tagungen oder Lehrforschungsprojekte berichten. Neben dem Alumni-Newsletter werden auch regelmäßige Mailings mit Hinweisen auf aktuelle und einschlägige Stellenausschreibungen angeboten, die den Alumni als Karriereorientierung dienen und den Berufseinstieg erleichtern sollen.

Im Rahmen der Veranstaltungsreihe *Alumni Lectures* werden Absolventinnen und Absolventen des Studiengangs wieder nach Fulda eingeladen, um Studierenden und Lehrenden über ihren Berufseinstieg, ihren Karriereweg und ihre beruflichen Projekte zu berichten. Da sehr viele auch der internationalen Absolventinnen und Absolventen nach Studienabschluss zunächst in Deutschland arbeiten, wurden anfangs vornehmlich Alumni aus Deutschland eingeladen. Die Förderung im Rahmen des Alumni-Programms des DAAD machten es für die Jahre 2015 und 2016 aber auch möglich, Alumni einzuladen, die wieder in ihre Heimatländer, wie

z. B. Brasilien, Jordanien, Georgien, oder Turkmenistan zurückgekehrt sind, um mitunter viele Jahre nach Abschluss ihren alten Fachbereich zu besuchen und hier über ihre Berufserfahrungen im Heimatland zu berichten. Die Veranstaltungsreihe ist inzwischen so gut etabliert, dass sie sowohl bei BASIB als auch bei ICEUS in das Curriculum integriert werden konnte.

Darüber hinaus finden Alumni-Treffen in Form von Seminaren, Workshops oder – wie anlässlich des 15. Geburtstages von ICEUS und des 10. Geburtstages von BASIB im Jahr 2014 – einer Jubiläumstagung statt, die von den Alumni des Fachbereichs gern besucht werden und wofür mitunter weite Reisen angetreten werden.[5]

8 Evaluation

Das für die Studiengänge des Fachbereichs bewährte Verfahren der dialogisch orientierten Programmevaluierung wird im Studiengang ICEUS jährlich, also für jede Studiengruppe ein Mal durchgeführt. Hier werden die Studierenden zunächst mittels eines kurzen Fragebogens zu ihrer Gesamtzufriedenheit mit dem Programm befragt sowie zu einzelnen Aspekten des Programms. Diese betreffen die Lehrinhalte, die Lehrmethoden und –formen, die Betreuung der Studierenden, den Umgang der Professoren mit Studierenden, dem Arbeiten und Lernen in einer multinationalen Gruppe, und der Ausstattung mit Literatur und mit Computer-Arbeitsplätzen. Anschließend werden in einem moderierten Workshop Stärken und Schwächen des Studienprogramms herausgearbeitet, Probleme oder Handlungsbedarf identifiziert und im Rahmen von Arbeitsgruppen Lösungsvorschläge erarbeitet. Diese dialogorientierte Verfahrensweise ermöglicht nicht nur einen guten Einblick in mögliche Problematiken, weil zum besseren Verständnis nachgefragt werden kann, sondern schult auch die Studierenden in einem konstruktiven Umgang mit Kritik und ermöglicht die Entwicklung eigener Lösungsvorschläge. Einige Teilnehmerinnen und Teilnehmer finden dieses Verfahren durchaus befremdlich, aber auch diese Einschätzungen können im Rahmen der Diskussionen um interkulturelle Herausforderungen und Fremdheitserfahrungen thematisiert und aufgearbeitet werden. Für die Evaluierung von Lehrveranstaltungen wählen die Lehrenden im Studiengang ICEUS selbst geeignete Methoden (z. B. Feedback-Gespräch oder Fragebögen mit offenen oder geschlossenen Fragen).

5 Nähere Informationen zur Jubiläumstagung u. a. können in den Alumni-Newslettern nachgelesen werden: www.hs-fulda.de/iceus

9 ICEUS als Lebenswelt

Das ICEUS-Studium ist nicht nur ein in Modulen organisiertes Programmstudium, sondern wird immer auch von einer sich entwickelnden gemeinsamen Lebenswelt getragen, über die nicht unbedingt intendiert, aber doch reflexiv aufarbeitbar wertvolle Kompetenzen erworben werden.

Das Studium und die Studieneinstiegsphase sind so strukturiert, dass das Studium (nach Möglichkeit) nicht durch bürokratische oder organisatorische Belange gestört wird. Probleme können jederzeit und gezielt bei Evaluationen thematisiert werden, auch ohne Lehrende / Prüfende direkt ansprechen zu müssen. Mit der Position der Studiengangskoordination gibt es eine zentrale Anlaufstelle für Fragen und Probleme. Auch das Fachbereichssekretariat ist bei alltäglichen, praktischen und akuten Anfragen eine wichtige Anlaufstelle für Studierende, die vor allem auch die Sicherheit bietet zu üblichen Dienstzeiten stets erreichbar zu sein. Lehrende können bei wöchentlichen Sprechzeiten kontaktiert werden sowie am Rande von Lehrveranstaltungen oder anderen Fachbereichsveranstaltungen (z. B. Vortrags-Reihen). Der persönliche Kontakt zwischen Lehrenden und Studierenden und die bestärkende Haltung der Fachbereichsangehörigen gegenüber den Studierenden ist sicherlich ein besonderes Merkmal des Fachbereichs, das sich in vielerlei Hinsicht äußert und auswirkt.

Darüber hinaus entsteht in der Studierendenschaft eine eigene Lebenswelt, die hier teilweise von einem Zusammengehörigkeitsgefühl in der Studiengruppe geprägt ist, aber im Falle jeder Studierenden / jedes Studierenden vielfältige weitere Elemente von studentischer, beruflicher und privater Lebenswelt enthält. Für die einzelnen Studierenden dürfte sich somit jeweils ein eigenes, nicht immer kohärentes Bild über die Rahmenbedingungen des Studiums ergeben. Mit verbleibenden Unsicherheiten umzugehen und leben zu lernen ist Teil eines Entwicklungsprozesses, den Studierende, vor allem internationale Studierende, durchlaufen müssen und der ihnen auch durch Betreuungsmaßnahmen nicht vollständig abgenommen werden kann (und soll). Vielmehr gilt es, eine Balance zu finden zwischen Information und Orientierung einerseits und Förderung von Eigenständigkeit andererseits, und dies für jede/n Studierende/n, denn das Empfinden von Unsicherheit fällt je nach Persönlichkeit, Herkunftsland, erstem Studienabschluss und Ort der ersten Studienerfahrungen, Sprachkenntnissen, interkulturellen Vorerfahrungen etc. unterschiedlich aus.

Ein Eindruck, der bei aufmerksamer Kenntnisnahme von Evaluationsergebnissen, Rückmeldungen von Alumni und auch bei der Lektüre von entsprechenden Haus- oder Abschlussarbeiten, entsteht, ist der, dass das Studium in der interkulturellen Zusammensetzung, in dieser interkulturellen ICEUS-Gruppe, eines der wichtigsten und am nachhaltigsten wirkenden Merkmale der Masterstudienzeit gewesen ist. Die beruflichen und privaten Lebenswege entwickeln sich höchst unterschiedlich, aber bezüglich dieser intensiven interkulturellen Studienzeit besteht weitgehend Einigkeit darüber, dass sie sehr prägend war und die Möglichkeit, mit Menschen der unterschiedlichsten Herkunft zusammen zu studieren und zu arbeiten, als sehr wertvoll empfunden wird. Eine Frage, die sich stellt, ist, ob dieses Empfinden sich ebenso eingestellt hätte, wenn das Thema Interkulturelle Kommunikation nicht Studienfach und damit ein nahezu omnipräsentes Motiv gewesen wäre. Oder anders herum: Was hätte es für den Studienerfolg bedeutet, wenn die Zusammensetzung weniger international oder in den einzelnen Jahrgängen weniger Gemeinschaft entstanden wäre? Weitere Untersuchungen zu diesem Themenkomplex, ob mit oder ohne Bezug zum Studiengang ICEUS, und der Austausch mit vergleichbaren Studienprogrammen können darüber sicher zu neuen Erkenntnissen verhelfen.

Explorative Lehrforschung 1

Kulturschockerfahrung und Kulturschockbewältigung in Fulda

Autobiographischer Bericht einer ICEUS-Studierenden

Anastasija Belostocka

Mein Name ist Anastasija Belostocka. Ich bin mit 24 Jahren zum Studieren nach Deutschland gekommen. Ich bin nach Deutschland gekommen, um *ICEUS* – Interkulturelle Kommunikation und Europäische Studien – zu studieren. Mein Studium ist angesiedelt im Bereich Europäische Politik und Interkulturelle Kommunikation an der Hochschule Fulda. Das Studium schließt mit einem Masterabschluss ab. Zusammen mit dem Abschluss „Master of Arts" bekommt man auch eine Zertifizierung, dass man im europäischen öffentlichen Dienst arbeiten kann. Meinen Bachelor-Abschluss absolvierte ich im Bereich Öffentlichkeitsarbeit in meiner Heimatstadt Riga, Lettland. Danach arbeitete ich 1,5 Jahre im Tourismus und in Nichtregierungsorganisationen bzw. in internationalen Jugendaustauschorganisationen. Im September 2009 kam ich nach Fulda als Studentin.

Ich bin in Riga, Lettland, geboren und aufgewachsen. Meine Muttersprache ist aber Russisch, da ich und meine Familie zu der bedeutenden russischen Minderheit in Lettland gehören. Die Amtssprache Lettisch beherrsche ich fließend in Wort und Schrift. Dazu spreche ich gut Deutsch und Englisch. In diesem Beitrag möchte ich meine Kulturschock-Erfahrungen, die ich im Zusammenhang mit den Lern- und Lebenserfahrungen in Fulda gemacht habe, ansatzweise autoethnographisch beschreiben. Die „Autoethnografie ist ein Forschungsansatz, der sich darum bemüht, persönliche *Erfahrung (auto)* zu beschreiben und systematisch zu analysieren (*grafie*), um kulturelle Erfahrungen (*ethno*) zu verstehen." (Ellis et. al. 2010: 345)

1 Erste Zeit

Die ersten sechs Monate in Fulda waren sehr gut. Ich fühlte mich wohl. Ich mag Veränderungen im Leben und freue mich auf alles Neue, was mir das Leben bringt. Das erste Semester in Fulda war ähnlich dem Erasmus-Austauschsemester in Bamberg (Bayern), das ich schon einmal vor einigen Jahren in Deutschland erlebt hatte. Ich hatte dort viele neue Leute kennengelernt, hatte immer etwas vor, Reisen nach Frankfurt, Berlin und Straßburg unternommen und ständig neue Lebensorte entdeckt. Das hat mir Spaß gemacht. Ich freute mich auf die schöne Lage meiner Unterkunft in Fulda und darauf, dass die für das Leben wichtigsten Plätze wie Läden, Geschäfte, Bahnhof, Innenstadt und anderes so nah sind. Ich kann überall hinlaufen und bin so unabhängig vom öffentlichen Nahverkehr. Es gibt keine so großen Entfernungen, wie es in meiner Heimatstadt Riga, eine mittlere Großstadt, der Fall ist. Ich mietete ein Apartment im renovierten studentischen Wohnheim, das in guter Lage zur Innenstadt liegt, durch das *International Office* der Hochschule Fulda. Die Innenstadt, die Altstadt in Fulda, habe ich in dieser Zeit mit langen Spaziergängen und anderen Beschäftigungen besucht und genossen. Die Sehenswürdigkeiten fand ich sehr schön: das Stadtschloss, den Schlosspark, den Dom und das Bonifatius-Denkmal, die ganze Altstadt mit vielen Barockdenkmälern der Architektur. Die Architektur ist ‚die starre Musik'. So konnte ich lange durch diese romantische Stadt spazieren. Das waren meine ersten Monate in Fulda, die ich immer mit schönen Erinnerungen verbinden werde. Man könnte diesen Zeitraum wie eine Euphorie bezeichnen. Die erste Phase des Kulturschocks, der sehr positiv war, ging zu Ende.

2 Erste *Bemerkung* – Klimaänderung

Den ersten Monat der Semesterferien nach dem ersten Semester verbrachte ich in Riga. Zu meinem Erstaunen war alles in ein paar Tagen in Riga so geworden, wie es immer war, so als ob ich nur ein paar Wochen nicht da gewesen wäre. Es lag nur viel Schnee, und es war viel kälter als in Deutschland. Früher hatte ich nicht gemerkt, dass es so kalt ist. Ich habe aber festgestellt, dass mir das Klima in Deutschland ganz gut passt. Es ist ein wenig wärmer in den kalten Jahreszeiten als in Lettland, und es gibt keine große Hitze im Sommer, wie es in Lettland sein kann. Die Kalenderjahreszeiten sind wie in Deutschland gehalten. In Riga schneit es ab Oktober bis manchmal Mitte April und diese ständige Kälte ist manchmal ganz unerträglich für die vielen Menschen, die sich nach der Sonne sehnen. Klimatisch gefiel es mir in Deutschland also besser, aber auch das kam nicht sofort, sondern brauchte eine gewisse Adaption, eine gewisse Zeit des bewussten Vergleichs, des körperlichen Bemerkens.

> „Menschen verschiedener Kulturen unterscheiden sich voneinander in der Art und Weise, wie sie die Welt wahrnehmen. Das heißt, dass aus verschiedenen kulturbedingten Wahrnehmungsunterschieden bei interkulturellen Begegnungen Kommunikationsprobleme resultieren können. Z. B. für Eskimos ist es wichtig, Schnee und Eis hochdifferenziert wahrzunehmen; für Araber dagegen ist die Farbe des Sandes bedeutsam." (Maletzke 1996:135)

In diesem Sinne ist es mir deutlich geworden, warum ich und andere Leute, die aus dem Ausland kommen, so empfindlich auf Klimaveränderungen reagieren. Es scheint eine Kleinigkeit, aber es ist im Grunde eine große physische Veränderung für unseren Körper. Es ist nicht so ein großer Klima-Unterschied zwischen Lettland und Deutschland, aber sogar so ein kleiner Unterschied beeinflusst das ganze körperliche Wohlgefühl und damit letztlich den ganzen Menschen. Dann versteht man ganz deutlich, dass es nicht mehr so ist, wie es ca. 23 Jahre lang zuvor im Leben war. Man bemerkt in diesem Moment, wenn man mehr Sonne fühlt als Regen oder Schnee, dass man jetzt unter anderen Bedingungen wirklich und endlich in einem anderen Land weiterlebt. Ich bin wirklich weg von zu Hause. Ich bin wirklich im Ausland. Das kommt nicht im Flughafen, wenn man ankommt oder wenn man die Euphorie hat, wieder in dem Land zu sein, wo man im Urlaub ein paar Wochen war. Das kommt, wenn etwas fehlt, wenn etwas anders ist und damit soll man weiterleben. Anders leben, weil es unveränderlich ist.

Da das Wetter so bedeutsam das Körpergefühl beeinflusst, fühlt man sich mitunter müde und unmotiviert, wenn man lernen muss. Man hat sich auch einem anderen, unbekannten Lernsystem anzupassen. Es gibt andere Bewertungssysteme, eine andere Diskussionskultur während der Seminare, andere Arten und Weisen der Zusammenarbeit. In Lettland muss man beispielsweise die Vorlesungen obligatorisch besuchen, den Lernstoff konspektieren, den Lernstoff für die Prüfungen auswendig lernen. In Deutschland konspektiert man zwar auch während der Vorlesungen, man hat aber mehr Seminare, bei denen man viel diskutiert und verschiedene Meinungen betrachtet. Man hat viele Gruppenarbeiten und interaktive Veranstaltungen. Das hat man kaum an lettischen Universitäten. Man braucht Zeit, um das neue Lernsystem kennenzulernen und sich selbst ein wenig umzustellen, damit man daran teilnehmen kann. Da in meinem Studiengang viele einheimische Studenten mitstudiert haben, war es leichter zu verstehen, wie man in Deutschland lernt.

Man kann erfolgreich lernen, arbeiten, studieren, wenn man sich munter, gesund und physisch gut fühlt. Die Klimaänderung muss zunächst aufgenommen und verarbeitet werden. Wenn man dazu dann in ein neues Lernsystem fußfassen muss, ist es eine doppelt schwierige Aufgabe. Erst nach der Klimaadaptation fühlt man sich viel besser und konzentriert sich leichter auf die neuen Lernaufgaben. Einen großen Unterschied macht auch die Tatsache aus, dass im Juli alle Schüler und Studenten in Lettland frei von ihren Lernpflichten sind. Die Leute versuchen so viel wie möglich, in diesem Monat Urlaub zu nehmen, weil es der heißeste Monat im Jahr ist. Man hat das Gefühl in Lettland, dass der Sommer sehr kurz ist und wenn die Sonne scheint, soll man diese Tage, diese Momente ‚greifen', sonst wird es wieder kalt. Die klimatischen Gegebenheiten wirken also auch unmittelbar auf das Leben, die Zeiteinteilung oder Lern- und Lebenszeiten. In Deutschland habe ich das Gefühl, dass die Sonne ab März bis Oktober genug scheint, um sie immer wieder genießen zu können, wenn man Zeit dazu hat. Man muss keine Angst haben, dass es so selten ist. Das ist ein wichtiger Grund für die Umstellung vielleicht des ganzen Lebens. Dafür braucht man Zeit, und das kann dauern.

Deshalb war es ungewöhnlich und schwer für mich in Deutschland im heißesten Monat des Jahres die Prüfungen zu haben, wie es im deutschen Lernsystem ganz üblich ist. Das Studium war aber der Grund, warum ich gekommen bin, es war daher wichtig für mich durchzuhalten. Auch wenn es nicht leicht war, sich in so kurzer Zeit umzustellen, habe ich durchgehalten und meine Studiumziele erreicht. Ich habe mir immer verdeutlicht, dass ich mich bewusst dazu entschieden habe, das Studium im Ausland aufzunehmen. Daher war es mir bewusst, dass ich auf Neues und Anderes treffen würde.

3 Die nächsten Schwierigkeiten. Das Leben in Fulda

Ich bin ein mobiler, aktiver Mensch, der fast immer ‚rennt' und fast immer in Bewegung sein möchte. Mein Gang ist eilig, auch wenn ich nicht in Eile bin. Ein Grund für meine Eile liegt sicherlich auch darin, dass ich in Riga groß geworden bin. In Riga und Umgebung leben fast eine Million Menschen (fast die Hälfte der Bevölkerung Lettlands) und die Stadt ist der zentrale Ort in vielen Bereichen im Land. Natürlich sind nicht alle Letten so wie ich und nicht alle sind in der Hauptstadt geboren und aufgewachsen. Es gibt auch jene, die auf dem Lande geboren und aufgewachsen sind und dort gerne weiterleben. Bei diesem Aspekt spielen meine persönlichen Eigenschaften eine größere Rolle als meine kulturelle Identität und die Tatsache, dass ich aus der Hauptstadt komme und nicht aus der Peripherie. Kulturschock ist daher in seiner Ausprägung eine persönliche und individuelle Sache. Fulda ist wiederum auch nicht stellvertretend für die gesamte deutsche Kultur.

Das ist eine Variation der deutschen Kultur, eine Form, wie man in Deutschland lebt. In Frankfurt, Berlin, München, Ruhrgebiet, Bamberg oder irgendwo anders ist das Leben der Deutschen entsprechend anders und dort würde ich ganz andere Kulturschock-Erfahrungen haben. Fulda ist eine kleine, schöne Residenzstadt, mit schöner Natur, einem kleinen Gebirge in der Nähe, wo man Urlaub machen und Erholung finden kann. Fulda ist aber auch sehr konservativ. Ich vermute, dass dies so ist, weil Fulda genau eine Provinz und die Peripherie ist, von der nächsten Großstadt jeweils mehr als 100 km entfernt (Frankfurt, Kassel, Erfurt). Daher ist es mir wichtig, darauf hinzuweisen, dass ein Mensch, der aus einer kleinen Metropole und für längere Zeit nach Fulda kommt, zwangsläufig mit Konflikten konfrontiert wird zwischen der eigenen, vorgeprägten Persönlichkeit und den Eigenarten der Stadt. Dieser Aspekt und die beschriebene Klimaveränderung sind sicherlich die ersten Punkte, die dem Kulturschock den Weg geebnet haben. Die Menschen in Fulda und in der Umgebung scheinen nicht daran gewöhnt zu sein, junge, ausländische Menschen in ihrer Umgebung bzw. Nähe zu sehen. So frage ich mich zum Beispiel bis heute, warum ich jeden Tag neugierige und oft unfreundliche Blicke auf den Straßen ernte. Dies passiert sowohl im öffentlichen Verkehr als auch, wenn ich einkaufen gehe, ausgehe oder durch die Stadt laufe, einfach irgendwo bin, wo Menschen sind. In den ersten Zeiten dachte ich, es komme mir einfach nur so vor oder ich werde mich daran gewöhnen. Aber es hat sich nicht geändert. Es hat mich schon sehr gestört, als ich diese abweisende Einstellung zunehmend bemerkte. Ich bekam das Gefühl, dass ich nicht toleriert bin, unerwünscht bin und von der Gesellschaft nicht akzeptiert werde. Ich fragte mich ständig, warum mich die Leute die ganze Zeit so anschauen? Ich sehe doch europäisch genug aus, vielleicht ein bisschen anders als die Leute hier, aber doch nicht so ungewöhnlich. Ich erlebte das immer wieder, dass die Autofahrer sich zweimal umdrehen, um mich noch näher anzuschauen. Auch im Geschäft wird mir manchmal ins Gesicht gestarrt, was ganz unangenehm ist. Ich bemerkte, wenn ich mit jemandem auch aus dem Ausland unterwegs bin, dass wir ein Objekt einer ‚Untersuchung' sind. Zu Beginn habe ich dem nicht so viel Aufmerksamkeit gewidmet, man merkt auch nicht alles. Aber nach der ersten Zeit wurde es schon nervig. Ich gehe gerne viel spazieren, auch alleine, das macht die Gedanken klar, aber diese „Begleitung" der Blicke ließ mich damals manchmal schon zögern, so dass ich einfach anfing, weniger spazieren zu gehen. Es war in meinen Augen schade, weil Fulda sehr schön ist. Zudem dachte ich auch, dass es für diejenigen, die noch fremder aussehen als ich, noch deutlicher spürbar sein und stärkere Reaktionen in der Öffentlichkeit geben müsse. Ich kann verstehen, dass man in der Provinz ist und die Menschen dort vielleicht nicht so viele Erfahrungen mit Ausländern haben. Aber in einem so entwickelten und globalisierten Land wie Deutschland hat es mich überrascht und deprimiert. Solche ‚Ungastfreundlichkeit' wollte ich aber auf keinen Fall akzeptieren und annehmen.

Der andere Aspekt, der mit der Tatsache einer kleineren Stadt wie Fulda zusammenkommt, ist der ganz andere Rhythmus. Der Lebensrhythmus ist bedächtiger, ruhiger und hat ein geringeres Tempo. Das steht natürlich ganz im Gegensatz zu meiner Persönlichkeit, wie oben bereits erwähnt, und der Stadt, wo ich herkomme. Es ist nicht unbedingt ein sehr interkultureller Aspekt, aber er beeinflusste mich in dieser Zeit stark und steigerte meine Kulturschock-Gefühle. Mein gewöhnlicher Rhythmus aus meiner Heimatstadt passte nun nicht mehr, stattdessen musste ich in einem anderen, neuen Rhythmus leben. Ohne die vielen Menschen auf den Straßen, ohne ewiges Hin und Her rund um die Uhr, ohne ‚was los' in der Stadt, ohne Möglichkeit wegzugehen, wann man möchte, besonders am Sonntag oder am Montag, falls man Lust dazu hat. Und nicht, wie es die Stadt einem vorgibt. Denn die Leute sind nicht immer da in der Stadt. Ich bemerkte, dass Fulda häufig leer sein kann. Deshalb war es schwierig, mich an den Rhythmus der neuen Stadt zu gewöhnen. Ich wollte einerseits in diesem für mich neuen Ort leben, andererseits meinen eigenen Rhythmus behalten. Das war aber nicht leicht. Man schläft langsam einfach ein und wird auch so ruhig, bedächtig und passiv, nicht so eilig laufend. So wollte ich aber eigentlich nicht werden. Diese ewige Ruhe und Schläfrigkeit von Fulda störte mich anfangs sehr. Die Klimaänderung, die unangenehmen Blicke herum, die Notwendigkeit im Sommer zu studieren und der Kampf, meinen eigenen schnellen Rhythmus zu behalten, haben mein enthusiastisches Lebensgefühl von Beginn an nach und nach verändert. Ich machte noch immer die Sachen durcheinander, versuchte mich noch immer schnell zu bewegen, wollte viel unternehmen, hatte viel vor mit meinen neuen Freunden. Aber ohne meinen sonstigen Enthusiasmus, ohne meine sonstige Energie. Was mir noch fehlte, war die sprudelnde, belebende Energie der Großstadt, die rund um die Uhr immer lebendig ist, so wie es für mich in Riga war. Ich wurde unmotiviert, passiv und ab und zu auch ohne Grund traurig. Um von solchen negativen Gedanken weg zukommen, wollte ich die Stadt Fulda und meine Wohnumgebung genauer erkunden. Ganz vieles war hier neu für mich. Wie gesagt, Fulda ist eine schöne Residenzstadt, mit einem UNESCO-Kulturerbe, das Weltbedeutung hat, und schöner Natur in der Umgebung. Die Gebirge sind ebenfalls in Reichweite. Solche Städte besucht man für einen Urlaub und zur Erholung. Aber ob man hier ganz normal leben und arbeiten kann? Ich habe einige Freunde, die aus Fulda stammen und hier leben, kennengelernt, und die Stadt wurde mir durch sie von einer ganz anderen Seite geöffnet. Ich entdeckte zum Beispiel, dass die Menschen, auch wenn sie von außen betrachtet oft mürrisch aussehen, oft auch hilfsbereit und nett sein können.

Es gibt Hotels und Restaurants in historischen Gebäuden, wie der „Museumskeller“ in der Mitte der Stadt, wo Veranstaltungen in den Museumsräumen stattfinden, oder das sehr schöne prächtige Stadtschloss, in dem auch eine Theatertruppe arbeitet. Solche kulturellen Aspekte haben mir sehr gut gefallen. Das finde ich spannend und ungewöhnlich. In der Großstadt dominieren moderne Gebäude aus Glas und Beton. Umgekehrt gibt es in kleineren Städten oft keine große *Shopping*-Möglichkeiten oder Nachtklubs, die bis zum frühen Morgen geöffnet haben, wie in der Großstadt. Ein Stadtbummel besteht aus ein paar Straßen. Alles andere ist typisch regional: Bäckerei, Metzgerei – bestimmt sind es „Familienunternehmen“. Ich bemerkte, dass es viele solcher Familien gibt, die von diesen Erwerbstätigkeiten leben. Sie haben Stammkunden. Man kennt sich. So baut sich ein Netzwerk auf. Es gibt nicht so viele große Konzerne und multinationale Kooperationen. Dann sieht man natürlich die deutschen Bierstuben mit deutschem Bier, man lernt Unterschiede zwischen Weizen und Pils kennen, probiert ungewöhnliche Sorten des Bieres, wie z. B. Bananenweizen. In meinem Land gibt es zum Beispiel kein Weizenbier. Am Wochenende findet ein Bauernmarkt mit den frischen Waren direkt aus der Region statt. So einen guten und frischen Käse bekommt man nicht im Geschäft. Die Straßen heißen auch oft entsprechend: Buttermarkt, Gemüsemarkt, Paulustor, Schlossstraße. Man bekommt das Gefühl, dass man in einem fest umgrenzten historischen und regionalen Ort lebt. Das alles schließt ordentlich täglich um 19.00 Uhr. Frühere Arbeitszeiten mit Mittagspausen sind fast überall bevorzugt, nachmittags arbeiten die Leute nicht lange, der Freitag ist gekürzt oder frei. Unter der Woche geht man selten weg. Näher zu den Wochenenden wird es langsam laut in den Straßen, aber nur bis zu bestimmten Nachtstunden und in bestimmten Straßen. Dann gibt es wieder Ruhezeit. „Fulda feiert friedlich“ – wie es auf einem der letzten Wahl-Plakate vor den Kommunalwahlen zu lesen war. Für jede Aktion gibt es eine bestimmte Zeit. Man lebt geplant und vorhersehbar. Es ist viel los in diesen bestimmten Zeiten, und für die Leerzeiten ist es auch so. Man bewegt sich ruhig, bedächtig, man schafft alles, man hat viel Zeit dafür, weil alles erreichbar, in der Nähe ist. Es gibt kaum Verkehrstaus oder lange Schlangen in Geschäften. Oder man hat einfach auch nicht so viel zu tun. Für große Geschäftigkeit und Eile gibt es andere Städte in Deutschland. Man muss auch nicht weit wegfahren. Das finanzielle Zentrum Europas und eine der bedeutsamsten Städte in Deutschland sind gleich um die Ecke, in einer Stunde zu erreichen, Frankfurt am Main. Ich finde es unglaublich, wie nah, aber doch so unterschiedlich die beiden Orte sind. Mit dem studentischen Semesterticket, das den Studenten eine kostenlose Verkehrsmöglichkeit im Rhein-Main-Gebiet ermöglicht, konnte ich ganz oft Frankfurt und andere Städte in Hessen besuchen. Kassel, Wiesbaden, Gießen, Marburg, Mainz habe ich gerne gesehen. Die Möglichkeit mich zu bewegen und die Erkenntnis, dass man ab und zu weg kann, verringerte natürlich meine Kulturschock-Gefühle. In Gießen studierte ein Freund von mir aus Lettland, der auch 2009 in Deutschland das Studium angefangen hatte. Auch er ist in eine kleine Stadt gekommen. Mit dem Semesterticket war es leicht für uns, uns oft am Wochenende und während der Semesterferien zu treffen, zusammen zu reisen und über unsere interkulturellen Erfahrungen zu sprechen. Es war eine gute freundliche Unterstützung zwischen zwei Landsleuten, die bestimmt geholfen hat, den Kulturschock leichter zu erleben.

Dem, was Karin Schreiner über die Psychologie des Kulturschocks bezüglich der Ortsveränderung schreibt, stimme ich völlig zu. „Durch die Verlagerung des Wohnortes in eine andere Kultur kommt es zu massiven Veränderungen. Auf der Wahrnehmungsebene ist man zunächst mit einer völlig neuen Umgebung konfrontiert – neue Landschaft, anderes Stadtbild, ungewohnte Architektur. Neue Situationen – die Menschen sehen anders aus, sind anders gekleidet, verhalten sich anders, bewegen sich anders oder in einem anderen Tempo fort. [...]." (Schreiner 2007: 33-35) Zur Wahrnehmungsebene gehören auch die kulturell unterschiedliche Wahrnehmung von Zeit und ein anderer Umgang mit Zeit. Oder an einer anderen Stelle: „Durch den Ortswechsel verändern sich auch Gewohnheiten und alltägliche Handlungen. Der Anpassungsprozess an die neue Umgebung wird durch ständiges Vergleichen mit dem Heimatort erschwert oder erleichtert, je nachdem wie sich die neue Umwelt mit persönlichen Vorlieben und Gewohnheiten verbinden lässt" (ebenda: 35)

4 ICEUS-Studium und Kulturschock

Gegensätzlicher Ortswechsel, eine allgemein nicht immer sehr freundliche Stadt herum, der Bedarf, den eigenen schnellen Rhythmus nicht zu verlieren, immer mit sich zu kämpfen, weil es im ruhigen Urlaubsmodus schwieriger ist, die Studienleistungen besonders in anderer Sprache und im Rahmen des anderen Hochschulsystems erfolgreich zu erbringen, die Perspektive, sich für eine wichtige Prüfung unter der Hitze vorzubereiten, allgemein im Sommer zu studieren, Verlust des Enthusiasmus, der Motivation und der Energie, Passivität. Das alles brachte mich zu einem intensiven Kulturschock, der sich bis zum neunten Monat meines Aufenthaltes besonders aufbaute. Dazu haben auch weitere Ereignisse eine Rolle gespielt.

Ich kam nach Fulda, um das interkulturelle Studium ICEUS zu absolvieren. Das wurde eine große Herausforderung. Der Studiengang selbst konnte keine kulturelle Gewöhnung an Deutschland hervorbringen, da man mit 18 anderen Nationen studieren musste. Jeder Kommilitone hat sein Bachelor-Abschluss im

Heimatland gemacht und hatte zuvor seine eigenen Lernerfahrungen gesammelt und eine Lernkultur gelernt. Daher ergaben sich oft interkulturelle Missverständnisse während der Zusammenarbeit mit anderen Studierenden, da auch sie aus anderen Ländern nach Deutschland gezogen waren. Bei der Ankunft in Deutschland versteht man auch, dass das Deutsch, das man in der Schule gelernt hat, anders ist, als das tatsächlich gesprochene Deutsch in Deutschland. Es ist auch sehr herausfordernd, in der Fremdsprache zu studieren, weil man sehr viel vom Lernstoff übersetzen muss, so dass man am Ende eher die Sprache lernt, als den Lernstoff selbst. Das erschwert den Lernprozess, auch weil nie sicher ist, dass man das Lernmaterial richtig verstanden hat. Auf jeden Fall fällt den Muttersprachlern das Studium viel leichter und sie haben die Möglichkeit die dominante Rolle bei den Seminardiskussionen einzunehmen, weil sie sich mehr auf den Lernstoff konzentrieren können.

Am Anfang ist es toll, die eigene Kultur zu präsentieren, einige kulturelle Aspekte mitzuteilen, schließlich bin ich Studentin der Interkulturellen Kommunikation. Später wird es aber anstrengender, weil man endlich eine normale Person sein möchte, wie man es immer ist und vorher war, die vollständig am Lernprozess teilnehmen kann. Stattdessen soll man entweder zu viel erklären oder es passiert beispielsweise ein nächstes Missverständnis in der Gruppenarbeit und man versteht nicht, was der Grund dafür war. Dann überlegt man oft, was man sagt und wie man sich benimmt. Das Studium war interkulturell genug, aber ob es interkulturell erfolgreich war, darüber bin ich mir nicht sicher. Ich freute mich natürlich auf das interkulturelle Lernen und die Zusammenarbeit in den kulturell gemischten Gruppenarbeiten. Ich wollte mich gerne auf die unterschiedlichen und neuen Studierenden einlassen, aber nicht alle Kommilitonen wollten unbedingt für Gruppenarbeiten von ihrer (nationalen) Gruppe getrennt werden. Es gab daher auch viele mononationale Arbeitsgruppen. Deshalb fragte ich mich oft im Laufe des Studiums, wenn man so etwas wie Interkulturalität studiert, weshalb man so geschlossen ist und keine Lust darauf hat, andere Kulturen näher durch eine gemeinschaftliche Zusammenarbeit kennenzulernen? In einer Gruppenarbeit gab es aber auch viel Spaß beim Zusammenlernen. Wir entschieden uns, dass jeder zu unserem Arbeitstermin etwas aus seinem Heimatland kocht. So hatten wir feines chinesisches, indonesisches, belorussisches und mein lettisches Essen zusammen. Nach so einem abwechslungsreichen Essen fiel die gemeinsame Arbeit im Anschluss wesentlich leichter. Es wäre insgesamt schöner gewesen, wenn es mehr Spaß im Studium gegeben hätte.

Es war tägliche interkulturelle Arbeit an der Hochschule in unserer internationalen Gruppe aus 30 Leuten. Manchmal hätte ich mir mehr Mühe geben müssen, was die Sprache angeht, weil ich oft Kommunikationsprobleme wegen sprachlicher Unvollständigkeiten hatte. Wenn man mir z. B. etwas sagt und ich denke, ich habe es richtig verstanden, mache es aber anders, als von dem/der Kommunikationspartner/in erwartet wurde, ärgert er/sie sich, warum ich das nicht rückfrage, bis ich es richtig verstanden habe. Wenn man ein Gespräch mit anderen Leuten hat und man versteht nicht alle Wörter, doppelsinnigen Redewendungen oder Witze, dann sagt man auch weniger. Dazu fühlte ich mich auch unwohl, weil das Gespräch weiter ging und ich nach einiger Zeit das Verständnis vom Gespräch verlor. Ich hatte Deutsch 11 Jahre in der Schule als erste Fremdsprache, aber es war offensichtlich nicht genug, um mich völlig sicher im Studium und im Gespräch mit deutschen Kommilitonen zu fühlen. Daher ist es schwer, ein richtiges Bild von sich abzugeben, da man sich sprachlich nicht immer richtig äußern und damit darstellen kann. Die anderen kennen einen nicht, weil man sich selbst nicht richtig ausdrücken kann, so, wie man es in seiner Muttersprache gewöhnt ist. Man wird falsch von anderen eingeschätzt und bleibt des Öfteren unverstanden. Daher hat man dann solche Gedanken wie, „Ich bin doch anders, als ihr denkt". Aufgrund der mangelnden Sprachkenntnisse konnte ich mein Selbstbild nicht richtig vermitteln und weniger und anders an der zwischenmenschlichen Kommunikation teilnehmen, als ich es gewohnt war. Das führte im Ergebnis auch zu mangelndem Selbstbewusstsein. Ich wurde mental schnell müde, wegen der ständigen hohen Konzentration darauf, was man sagt und ob ich den Gesprächspartner richtig verstanden habe und ob ich selbst richtig verstanden wurde. Ich wollte einfach endlich einmal verstanden werden, wie es zu Hause üblich ist. Ich wollte durch die zwischenmenschliche Kommunikation diejenige Anastasija vermitteln, die ich bin. Ich hatte das Gefühl, dass die Leute mich nicht kennen. „Lack of self-confidence, distrust of others. [...] Furthermore, people appear to lose their intentiveness and spontaneity and become obsessively concerned with orderliness" (Furnham/Bochner 1986: 49). Ich fühlte mich ähnlich.

Ich verstand, dass ich offensichtlich meine Deutschkenntnisse überschätzt hatte. Natürlich sehe ich auch, wie weit meine Deutschkenntnisse noch ausbaufähig sind und so gebe ich mir Mühe. Solange man nicht fließend die lokale Sprache spricht, hat man all diese sprachlichen Probleme, die so im alltäglichen Leben im Ausland in der zwischenmenschlichen Kommunikation stören. Wenn man kurzfristig ins Ausland mit nicht ausreichenden Sprachkenntnissen kommt, fällt das nicht so ins Gewicht. Und wenn man länger im Ausland bleibt, wünscht man sich, sein Leben etwas nach seinen Gewohnheiten zu gestalten. Gleichzeitig ist es wichtig, auch Anerkennung von der Gesellschaft zu bekommen, akzeptiert zu werden, damit man das Gefühl bekommt, dass man so wie man ist, *richtig* ist. Deshalb spielen diese sprachlichen Schwierigkeiten eine so große Rolle und man macht sich die Mühe, diese zu vermeiden. Für mich ist es wichtig, in allen Bereichen eine richtige Anastasija zu sein, mich integriert zu fühlen und zu werden und ein richtiges Bild von mir zu vermitteln. Ich verstehe, dass es ohne verbesserte Sprachkenntnisse nicht geht. Was ich mir von der Umgebung wünschen würde, wäre etwas mehr Toleranz und Geduld für die Menschen, die kleine grammatische Fehler haben und mit Akzent sprechen.

Auf jeden Fall habe ich in solchen Situationen ganz gut verstanden und am eigenen Leib gespürt, dass die Interkulturelle Kommunikation unbehaglich sein kann. Ich meine, dass ich ganz gut verstanden habe, dass Interkulturelle Kommunikation, die ich aus großem Interesse studiere und als meine berufliche Zukunft sehe, nicht nur Austausch von gemeinsamem Essen aus den verschiedenen Ländern ist oder eine Power-Point-Präsentationen über einen Reisebericht über dieses oder jenes Land. Deswegen spreche ich über Kulturschock, der *praktisch* in diesem Prozess im Rahmen des Lebens in einer anderen Kultur anfängt. Vielleicht wollten deswegen manche Studenten nicht so gerne mit anderen Kulturen zusammenarbeiten. Weil es schwierig ist. Man muss sich Mühe geben, immer etwas Neues zu lernen und Stress zu überwinden, wenn alles anders passiert, als erwartet. Andere Kulturen sind in gewisser Hinsicht unvorhersehbar, die alten Regeln aus der eigenen Kultur gelten nicht mehr. Es kann zu Missverständnissen kommen, auch sprachliche Unstimmigkeiten sind ein Grund dafür. Es kann mehr Stress und Belastung sein, als Spaß und Freude. Aus diesem Grund bevorzugen die Menschen Kontakte zu Menschen ihrer eigenen Kultur, wenn sie im Ausland sind. So geht es leichter und einfacher, man ist nicht immer mental müde, man fühlt sich wie zu Hause in seiner kleinen Welt. Von Anfang an wollte ich dies aber auf keinen Fall. Ich möchte mich überall dort, wo ich gehe und bin, frei fühlen und ich bin bereit, dafür die allgemeinen Regeln, wie die Sprache zum Beispiel, anzunehmen. Deswegen war die Integration für mich wahrscheinlich so schwer, weil ich auf die Kulturen zugehen wollte und nicht nur mit den Leuten aus meiner Kultur leben und arbeiten wollte. Es ist immer schwieriger, mit solchen Hindernissen zu leben, zu studieren oder zu arbeiten. Ich glaube aber, dass man am Ende viel gewinnt, weil man, egal unter welchen Bedingungen, sich letztlich einlebt und die kulturellen Unterschiede kein Hindernis mehr sind. Wie schreibt Elisabeth Marx: „Vielmehr ist der Kulturschock in all seinen verschiedenen Formen (…) Teil eines erfolgreichen Eingewöhnungsprozesses. (…) Diejenigen, die das höchste Bewusstsein für sich selbst und ihre Gefühle hatten, erfuhren den intensivsten Kulturschock. Aber gerade die Fähigkeit, Unterschiede besonders deutlich zu erfahren, machte es ihnen später möglich, sich gut einzugewöhnen.“ (Marx 2000: 20f)

Diese Erfahrung fördert auch meine interkulturelle Kompetenz. „Individuals who respond to second-culture influences by selecting, combining and synthesizing the appropriate features of their respective social systems, without losing their cultural cores or myths. (…) called such individuals mediating persons bridge cultural gaps by introducing, translating, representing and reconciling the respective societies to each other." (Furnham/Bochner 1986: 31)

Solche Gedanken sind mir natürlich später gekommen. Damals hatte ich mich noch nicht an die neue Umgebung gewöhnt, versuchte meinen eigenen Rhythmus zu behalten. Ich hatte Sprachprobleme, daher Kommunikationsprobleme, Selbstwertgefühl und Selbstbewusstsein wurden dadurch gestört. Das Studium war dadurch weniger spannend, als es am Anfang war. Dazu musste ich ganz viele Studienleistungen im Juni bringen und mich für die wichtigste Prüfung des ganzen Studiums unter erheblicher Hitze im Juli vorbereiten. Das war das Fach Europarecht. Eine schöne Erinnerung aus damaliger Zeit war die Fahrt nach Brüssel Anfang Juni im Rahmen des Studiums, nach der ich den ganzen Monat nur am Schreibtisch verbrachte. Das Problem war, dass wegen der o.g. Gründe und der zu warmen Jahreszeit ein Mangel an Motivation in mir genau zu dieser Prüfungszeit herrschte. In dieser Zeit wurde ich etwas unorganisiert im Studium, war müde von allem, oft nicht froh wegen all dieser Ereignisse im Alltag, die mir passierten. Ich wusste, dass ich kurz nach den Prüfungszeiten nach Hause gehe, und ich freute mich sehr darauf. Vielleicht zum ersten Mal überhaupt wollte ich so stark nach Hause gehen.

5 Transition. Zwischendrin

Zu Hause war es natürlich schön. Ich sprach tagelang und konnte nicht aufhören zu genießen, dass alles begreiflich ist und alle mich so gut verstehen. Die ständige mentale Müdigkeit und erhöhte Konzentration im Alltag auf die sprachliche und zwischenmenschliche Kommunikation waren vorbei. Hinzu kam auch die schöne Sommerzeit am Meer, am Strand, in der Altstadt von Riga, wo immer alles im Gang rund um die Uhr ist, egal ob am Wochenende oder unter der Woche. Ich wurde langsam wieder *Ich*, aber ich war zu kurz in Riga, um komplett raus aus dem Kulturschock zu kommen. Mit dem Aufenthalt zu Hause ging er nicht weg.

Nach zwei Wochen war ich wieder in Fulda. Dort verbrachte ich einen Monat. Ab September musste ich nach Berlin für ein Praktikum in einer europäischen Institution für 2,5 Monate. Dieser Monat in Fulda war irgendwie unklar. Ich war einerseits wie erstarrt und auch mein Kulturschock schwankte zwischen An- und Abwesenheit. Da schon Semesterferien waren, konnte ich mich ein bisschen erholen und mich für mein Praktikum in Berlin vorbereiten. Ich hatte das Gefühl, dass ich noch immer von Fulda müde bin, und die kurze Pause zu Hause löste dieses Gefühl nicht auf. Es war, als ob man in Urlaub fährt und wenn man zurückkommt, bleibt alles beim Alten. Ich brauchte diese lange Pause von Fulda. Mir wurde klar, dass ich mich sonst nicht gut weiterentwickeln kann. Ich bemerkte an mir Veränderungen wie Gleichgültigkeit und Passivität, also recht untypische Eigenschaften für mich. Ich bin normalerweise engagiert, lebendig, froh und energiegeladen. So *bin* ich. Ich brauchte definitiv eine Veränderung, die mir meine Frische zurückbringen sollte. Ich wusste nicht, ob mir diese Berlinreise dabei wirklich hilft, weil ich nicht genau wusste, wie es mit dem Praktikum geht und mit den Leuten dort. Man macht nicht oft das Praktikum an so einem Platz, wie der Vertretung der Europäischen Kommission in Berlin. Deshalb machte ich mir schon etwas Sorgen über die Herausforderungen dort. Und meine größten Sorgen waren, ob ich alles richtig und schnell verstehe, damit ich keine Kommunikationsprobleme bekomme, wie es oft hier in Fulda der Fall war. Im Ausland wurde man vorsichtiger und einfach unsicher. Dennoch freute ich mich schon auf eine große Chance des Lebens und ich hoffte, dass es meine unbehaglichen Gefühle und Unsicherheit auflösen konnte.

6 Berlinreise. Raus aus dem Kulturschock

Ich könnte sagen es war eine kurze Euphorie eines neuen Kulturschocks im tiefen Kulturschock. Berlin hat mir sehr gut gefallen. In der zweiten oder dritten Woche war es wie ein „Klick“ in mir und etwas wurde irgendwie in mir ausgeschaltet. Ich war wie ausgewechselt. Ich war nur unterwegs, ganz selten zu Hause, dreimal zog ich um während dieser 2,5 Monate, immer neue Wohnorte, neue S-Bahnlinien, neue Gesichter und es war immer etwas Neues in Berlin zu entdecken, als interkulturelle Großstadt mit dem eigenen Stil. Es war kein Moment der Gewohnheit und das fand ich hervorragend. Dort fühlte ich mich oft so wie in meiner Heimatstadt, also wieder wie die „alte“ Anastasija, die ich herzlich willkommen hieß. Die Straßen sind breit, der schnelle Rhythmus ist mir bekannt, mein Gang ist so schnell wie bei den anderen, er ist *normal*. Die Stadt ist in Bewegung, rund um die Uhr, was mir ein sicheres Gefühl gab. Und die Hauptsache war: keine unverständlichen Blicke in der Umgebung mehr. Ich fühlte mich wirklich froh. Ich habe ganz schnell viele tolle, interessante und vielseitige Leute kennengelernt, andere deutsche junge Leute, aber auch aus ganz anderen Kulturen. Alle schienen so offen und *open-minded* und auch interessiert an den Leuten anderer Kulturen. Ich hatte viel Spaß mit den Leuten zusammen, die ich gerade erst ein paar Tagen zuvor kennengelernt hatte. Es war Leichtigkeit in allem. Die Lage des Praktikums war am Brandenburger Tor, im Herzen der Stadt, am Pariser Platz, wo an jedem Tag immer etwas Interessantes passierte. Während ich zu meinem Praktikum marschierte, konnte ich das alles jeden Tag beobachten. Die Demonstranten von „Greenpeace" und die Vorbereitung für die Nationalfeier, singende Kinder und Künstler bzw. die Maler mit der Malstaffelei oder Tänzer in Aktion, öffentliche Medien für Interviews oder Abgeordnete aus dem Bundestag in der Nähe, die kurz Mittagspause hatten. Dazu sind dort immer Touristen mit den Kameras, die das beste Foto von dem Brandenburger Tor aufnehmen möchten, junge Leute, die sich für ein Rendezvous oder für die Freizeittermine treffen. Es ist bestimmt nie langweilig in dieser Stadt.

Nach einer Weile verstand ich, dass alles, was so neu für mich in Fulda war, nämlich in einer kleinen Stadt zu wohnen – überschaubar und ruhig –, auch ein Vorteil sein konnte. Es konnte auch praktisch sein, in einer kleinen Stadt zu wohnen. Unmerklich hatte ich mich daran gewöhnt, dass ich in Fulda keine großen Wege zu überbrücken hatte, anders als in Berlin. Die Eile, die ich zunächst in Fulda vermisst und in Berlin wieder etwas genossen hatte, stellte sich nun auch etwas anders dar. Alles ist in Berlin zwar gut erreichbar, aber das dauert doch auch einige Zeit. Man hat nie genug Zeit, um all das zu machen, was man muss oder möchte. Wenn man dazu noch Vollzeit beschäftigt ist, bleibt nicht viel Zeit übrig. Das Leben in der großen Stadt macht auch müde und überfordert, nur auf einer anderen Art und Weise. Aufgrund der Entfernungen und der Menschenmengen herum verliert man kostbare Zeit, die man für seine persönlichen Dinge nutzen könnte. Nach einem langen Arbeitstag in der Vertretung hatte ich Termine, Kultur- und Stadtbesuche. Für die persönlichen Dinge zum Beispiel war nie Zeit, wie in Fulda. Einmal hatte ich drei Arbeitstage mit 12 Stunden pro Tag in einer Woche und arbeitete danach noch am Samstag auf einer Messe. Im Vergleich zu Fulda, wo man fast immer Zeit für sich selbst hatte, war dies schon ein wesentlicher Unterschied. Wenn man in Fulda studiert, kann man zwischendurch nach Hause gehen, sich ausruhen, umziehen und abends geht es wieder los. In Berlin musste ich um 8 Uhr morgens die Wohnung verlassen und kam erst am späten Abend müde zurück. Und das tagtäglich. In Riga hatte ich einen ähnlichen Lebensstil geführt wie in Berlin. Fulda habe ich nun dafür schätzen gelernt, dass man auch einmal stehenbleiben und sich selbst wichtige Fragen stellen kann: Wohin gehe ich? Was möchte ich? Ist mein Weg richtig? D. h., erst durch den Kontrast des Fuldaer Lebens, ist mir dies deutlich geworden. Im rastlosen Rennen kann man sich selbst einmal vergessen und diese Fragen nicht stellen. Natürlich sind ein Vollzeitpraktikum und ein Studium in Berlin nicht das Gleiche. Aber vielleicht macht es dennoch Sinn, sich etwas Ruhigeres für die Zeit des Studiums zu wählen.

Aber zu jener Zeit spielte dies kaum eine Rolle. Ich erlebte diese interessante Stadt intensiv Tag für Tag, weil ich wusste, dass ich hier nur für kurze Zeit sein werde. Und erst allmählich habe ich entdeckt, dass mir doch etwas aus Fulda fehlt und mich die Rückkehr nicht mehr ängstigt. Ich würde wieder dorthin gehen und mich dort wohlfühlen. So, wie ich mich in Berlin fühlte. In Berlin war ich wieder ich, wie es vor Fulda war. Ich habe mich wieder gefunden. Die alte Anastasija war wieder da und ich fühlte mich wieder selbstbewusst, wieder froh, so engagiert, spontan und chaotisch, wie ich mich gut kannte. Dadurch wurde mein Kulturschock, wie ich glaube, bewältigt. Tag für Tag in Berlin wurde mein Kulturschock weniger, gleichzeitig konnte ich das Leben in Fulda schätzen lernen. Wenn ich weiter in Fulda geblieben wäre, ohne die Pause für Berlin, wäre ich vielleicht noch tiefer in einen Kulturschock gefallen und hätte mich wahrscheinlich noch schlechter gefühlt. Nun aber waren die Gleichgültigkeit, Passivität und pessimistischen Gefühle vorbei. Zudem war Fulda kein neuer Ort mehr für mich, ich konnte meine restlichen Studienzeiten dort vorhersehen und einschätzen. Einem Kulturschock werden wir ausgesetzt, wenn wir in einen ganz neuen kulturellen Zustand und eine neue Situation kommen, die wir vorher weder intellektuell, sprachlich noch somatisch kannten. Eine relative Eingewöhnung in Fulda war schon dabei. Aber erst meine Zeit in Berlin hat mir dann als „Pause" von Fulda meine Eingewöhnung und Anpassung an das Fuldaer Leben verdeutlicht.

Ich bin sehr froh, dass ich diese Pause dazwischen in meinem Studium in Berlin hatte und nicht mein ganzes Studium nur in Fulda verbrachte. Mein Verständnis wurde über das Leben in Deutschland allgemein verbreitert. Und jetzt konnte ich wählen, was besser zu mir passt, für die Zeit nach dem Abschluss meines Studiums. Ich möchte noch immer in Deutschland bleiben und im interkulturellen Bereich arbeiten, wenn ich einen Job finde. Jetzt kann ich wählen, ob ich gleich in die große Stadt umziehe oder ob ich das Leben „im Grünen" in der Nähe von der Großstadt wähle, wo ich beides haben kann: eiligen Rhythmus für das Berufsleben und die schöne gemütliche Altstadt in der Nähe am Wochenende. Auf jeden Fall war ich froh, nach dem Praktikum wieder nach Fulda zurückzukehren.

Ab Mitte November wohnte ich wieder in Fulda. Ich wohnte nicht mehr in dem studentischen Wohnheim am Heinrich-von-Bibra-Platz, weil kein freies Zimmer mehr da war. Aber ich bedauerte es nicht. Ich mietete eine gemütliche Einzelzimmer-Wohnung in einem Haus in Petersberg, wo noch zwei Familien wohnen, deren Kinder bereits erwachsen sind. Die Vermieter sind sehr nett zu mir und die Beziehung untereinander ist wie bei guten Nachbarn. Sie sind ganz hilfsbereit, offen, fragen oft, ob ich was für meine Wohnung brauche, fahren mich gerne ab und zu, wenn ich in Eile bin. Ansonsten laufe ich gerne aus Petersberg herunter oder fahre Fahrrad. Meine Nachbarn laden mich auch manchmal zu den Feiern ein, wie Geburtstage, Fasching oder zum Grillen. Beim Osterbesuch von meiner Familie waren sie ganz begeistert, haben uns viele Tipps gegeben, was noch in der Umgebung außerhalb Fuldas für Sehenswürdigkeiten interessant sind. Das ist auch ein gutes Beispiel dafür, dass die Menschen in Fuldaer eigentlich ganz nett sind, auch wenn man das nicht so ohne weiteres auf den Straßen sieht. Die „komischen" Blicke, die in Berlin nicht vorhanden waren, waren nun zwar wieder da, aber sie störten mich weniger, da ich auf sie vorbereitet war und die freundlichen Menschen in meiner Umgebung solch schlechte Gedanken, wie am Anfang vergessen ließen. Ich merkte auch, dass ich keine Freunde in Fulda vermisste. Einige von ihnen waren auch weggegangen und kamen im Frühling zurück. Andere sind noch unterwegs, kommen aber ebenfalls bald zurück. Und ich freue mich schon auf ihre Erzählungen und Berichte über ferne Länder, wie Brasilien, Korea oder Mosambik und ihren Erfahrungen über das Leben in anderen Kulturen. Wenn ich aber doch einmal die Stadtluft vermisse und lange spazieren möchte, pendele ich gerne nach Frankfurt und genieße dort die Skyline der berühmten Hochhäuser und den Uferweg des Mains. Der Besuch meiner Familie ist aber die beste Unterstützung. Ich war sehr froh, dass sie kürzlich bei mir waren. Mir geht es gut.

Mein letztes Studiensemester endete im Januar. Jetzt ist es Zeit, sich Gedanken über die Zukunft zu machen, neue Pläne zu entwickeln. Aber hinter mir liegen wertvolle Erfahrungen, die mich weiter gebracht haben. Durch diese Kulturschock-Erfahrung habe ich verstanden, dass man trotz allem immer weiter vorwärtsgehen muss. Die Lösung der Probleme entwickelt sich dann von allein, wie meine Berlinreise, die mein Problem, meinen Kulturschock in interkultureller Begegnung löste. Es war eine Erfahrung, die mich zu mir selbst zurückbrachte. Hinzu kam, dass ich mich langsam sicherer mit meinen Deutschkenntnissen fühlte. Interkulturelle Missverständnisse und Kommunikationsprobleme können noch immer passieren, aber das bewältige ich mittlerweile mit einem kühlen Kopf. Unsicherheiten versuche ich gar nicht erst aufsteigen zu lassen. Ich fühle mich selbstbewusst und innerlich gut und bin froh, dass ich mein Studium weitergeführt und meine Ziele erreicht habe. Nun kann es weitergehen.

7 Der Kulturschock. Ein Fazit

Was brachte mich zum Kulturschock? Und was bedingte die Bewältigung meines Kulturschocks? Was passierte mit mir im Laufe all dieser Zeit, was führte zu den Tiefen und Höhen? Auf diese Fragen soll hier nochmals zusammenfassend eingegangen werden. Die Gründe der unangenehmen Phase des Kulturschocks nach den erstmaligen positiven Eindrücken und Emotionen lassen sich wie folgt beschreiben: die Erkenntnis des Wechsels des Wohnortes zu einem gegensätzlichen Ort mit einem ganz anderen Tempo des Lebens, einen für mich eher langsamen und passiven Rhythmus der Umgebung, ein anderes Klima, das auch zu einem gewissen

Zeitschock führt, zudem eine äußerliche Unfreundlichkeit der Menschen vor Ort. Daraus resultierte ein Gefühl der mangelnden Akzeptanz und mithin kein positives Lebensgefühl. Daran anschließend wirkte die ständige mentale Müdigkeit, die auch durch die fortwährend erhöhte Konzentration aufgrund der anderen Sprache im Alltag verstärkt wurde, deprimierend. Darüber hinaus kam es zu sprachlichen Schwierigkeiten und Kommunikationsproblemen. Das interkulturelle Studium war auch eine Herausforderung, da es selbst zu interkulturellen Missverständnissen führt. Die kurze Rückkehr in die eigene Kultur brachte nicht die Genesung für Körper und Geist. Man fühlte sich weiterhin nicht glücklich. Nachdem man eine weitere kardinale Lebensveränderung an einem ähnlichen Ort – nämlich Berlin – wie den Heimatort, aus Studiumsgründen unternahm, brachte das plötzlich die unerwartete Lösung des Problems bzw. der tiefen, kritischen Phase des Kulturschocks. Und im Anschluss daran, nach der Rückkehr zum eigentlichen Studienort nach Fulda, kam es zu einer positiven Wendung des Kulturschocks. Man fühlt sich nun wohl und gut und geht weiter. Der kritische Punkt des Kulturschocks ist vorbei. Man adaptiert sich ohne große Spannungen weiter, und es kommt nicht mehr zur Krise.

Die Effekte des Kulturschocks sind aber nicht vollständig vorbei. Es kommt beispielsweise bei mir noch immer zu sprachlichen Missverständnissen und dann auch zu Verunsicherungen. Aber trotzdem fängt jetzt ein anderer Teil des Lebens an, der nach dem Kulturschock folgt, der in der Theorie als interkulturelle Adaptation bezeichnet wird.

Literatur

Ellis, Carolyn & Adams, Tony E. & Bochner, Arthur (2010). Autoethnographie. In: May, Günter & Mruck, Katja (Hrsg.). Handbuch Qualitative Forschung in der Psychologie. Wiesbaden: VS Verlag

Furnham, Adrian & Bochner, Stephan (1986). Culture Shock. Psychological reactions to unfamiliar environments. Philadelphia: Routledge

Maletzke, Günter (1996). Interkulturelle Kommunikation. Zur Interaktion zwischen Menschen verschiedener Kulturen". Opladen: Westdeutscher Verlag

Marx, Elisabeth (2000).Vorsicht Kulturschock: So wird Ihr beruflicher Auslandseinsatz zum Erfolg". Frankfurt a. M.: Campus

Schreiner, Karin (2007). Die Psychologie des Kulturschocks und die Situation der „Trailing Spouse. Frankfurt a. M.: IKO-Verlag für Interkulturelle Kommunikation

Interkulturelle Gruppenarbeit als Herausforderung

Vermeidungsstrategien und Chancen

Richard Bettmann, Volker Hinnenkamp, Melissa Laufer und Norbert Schröer

1 Der ,Fall' ICEUS

Für den Studiengang ,Intercultural Communication and European Studies (ICEUS)' an der Hochschule Fulda besteht der Anspruch, die kulturelle Diversität und Heterogenität der Studiengruppe – an einem Studiengang nehmen Studierende aus etwa fünfzehn unterschiedlichen Nationalitäten teil – gerade auch in Verbindung mit dem inhaltlichen Schwerpunkt Interkulturalität zu nutzen und fruchtbar zu machen (Hinnenkamp/Platzer 2013). Die Studierenden finden mit den international zusammengesetzten Seminargruppen für ihr Studium der Interkulturalität eine ,laborähnliche Echtsituationen' vor, und es bleibt die Frage, wie das auf Dialogizität und wechselseitige Anerkennung ausgerichtete Konzept interkulturellen Lernens (Mall 2000; 2006; Auernheimer 2006) in diesem Labor entsprechend gestaltet werden kann.[1]

In vielen Seminaren geht es im Kern nicht nur um die Vermittlung von interkultureller Kompetenz sondern auch um deren reflexive Aufarbeitung. Das heißt: Da die erforderlichen Kenntnisse und Fertigkeiten zur Bewältigung interkultureller Situationen rahmenbezogen und situativ variieren, allzu oft sogar erst in den Situationen im kreativen Zusammenspiel entwickelt werden (müssen), geht es nicht einfach um die Erörterung von Kulturwissenstools oder um die Aneignung mechanischer, interkulturell kompatibler Verständigungsverfahren. Es geht vielmehr um die Entwicklung und um die reflexiv-theoretische Aufarbeitung von Fähigkeiten eines dynamischen und situativ angemessenen Sich-Zurechtfindens in interkulturellen Lebenskontexten (vgl. zusammenfassend Weidemann 2007:

1 Zur Veranschaulichung des Untersuchungsfeldes siehe Gersemann & Hinnenkamp in diesem Band.

494). Will man nun hier das interkulturelle Potenzial, „das sich aus der Internationalität und interkulturellen Erfahrung der Studierenden ergibt, als Ressource in Lehre und Forschung ausschöpfen" (Fachbereich Sozial- und Kulturwissenschaften 2008: 2), dann gelingt das nach unserer Erfahrung nur, wenn zuerst ein entsprechender *interkultureller Erfahrungsraum* geschaffen wird, der sich dann für eine reflexiv-theoretische Aufarbeitung nutzen lässt.

Ein solcher Erfahrungsraum entsteht nicht per se dann, wenn eine international zusammengesetzte Studiengruppe sich in einem Studiengang zusammen findet. Er baut sich erst auf, wenn diese Studiengruppe durch entsprechende Vermittlung und Anleitung begleitet wird. Nur so sind die möglicherweise mit der Heterogenität der Studiengruppe einhergehenden Hindernisse und die Hilflosigkeiten zu überwinden und zu bewältigen. Die ‚laborähnliche Echtsituation' muss also erst entsprechend eingerichtet und didaktisch aufbereitet werden!

Interkulturelle Erfahrungsräume bieten sich im internationalen Studienalltag in verschiedenen Bereichen an. Was einen „interkulturellen Erfahrungsraum" ausmacht, ist natürlich keinesfalls im Vorfeld zu definieren, aber es ist anzunehmen, dass er einhergeht mit den je wechselseitigen Wahrnehmungen, Deutungen und Unterstellungen von Heterogenität als kulturelle Differenz bzw. als Aushandlungskategorie derselben – also diskursiv und dialogisch gestaltet ist. Eine der intensivsten Formen, in der dieser interkulturelle Erfahrungsraum nicht nur theoretisch sondern zum großen Teil auch existentiell praktisch erlebt wird, ist die Gruppenarbeit (Fischer/Kallinikidou/Stimm-Armingeon 2007; Cathcart/Dixon-Dawson/Hall 2006).

Wie sich ein solcher Erfahrungsraum im Einzelnen manifestiert, ob und wie beispielsweise situativ Thematisierungen vorgenommen werden oder lokal-interaktionale Anspielungen verarbeitet werden, muss zunächst offen bleiben. Wir wollen das, was wir hier „interkulturell" nennen, vorsichtig im Sinne Michael Agars als eine spezifische Form des „created knowledge" verstanden wissen, „that shows why problems occurred when a group of ‚different' people [try] to do something together" (Agar 1994: 236). Denn Agar zufolge ist „Culture […] not something people *have*; it is something that fills the spaces *between* them. And culture is not an exhaustive description of anything; it focuses on differences, rich points[2], differences that can vary from task to task and group to group" (1994: 236).

In der ja zumeist verschriebenen Gruppenarbeit zu einem zu präsentierenden Thema kommen die Studierenden nicht umhin, sich aufeinander zu beziehen,

2 Rich points beziehen sich auf Manifestationen von kulturell eingebettetem Wissen, die in anderen Kulturen unter Umständen kein korrespondierendes Echo hervorrufen (Agar 1994: 231). Individuen können mit rich points in Kontakt kommen, wenn sie mit Individuen aus einer anderen kulturellen Gruppe interagieren.

ihre unterschiedlichen Arbeitsgepflogenheiten und -mentalitäten zur Kenntnis zu nehmen und in Aushandlungsprozesse zu treten, um so ein gemeinsames Ergebnis erstellen und vorstellen zu können. Zugleich verlangt die Gruppenarbeit in einer internationalen Studiengruppe den Teilnehmenden ungemein viel ab – als ein Beispiel unter vielen sei hier die Aushandlung der Verhandlungssprache genannt. Als Folge von negativen Erfahrungen sind Studierende bei der Suche nach Lösungen unter Umständen geneigt, die Umsetzung einer ‚echten' Gruppenarbeit zu unterlaufen. Denn Gruppenarbeit stellt eine ungemein schwierige und nur schwer durchzuhaltende didaktische Form dar; sie mag bei den einen auf schon in der Bildungssozialisation systematisch eingeübte Kooperationsformen beruhen, während andere diesen Erfahrungsraum nie erlebt haben und folglich als didaktische Lernform auch nicht kennen.

Im Rahmen einer anwendungsorientierten Ethnographie haben wir auch Fragen der Gruppenarbeit untersucht und möchten anhand von Fallfragmenten einige dieser für die Beteiligten wahrgenommenen Schwierigkeiten illustrieren. Aus der Darstellung einer weiteren Form der nicht verschriebenen, sondern forschenden Gruppenarbeit möchten wir dann Anregungen gewinnen, wie in Gruppenarbeit möglicherweise eine kreative Nutzung der Zusammenarbeit im internationalen Studienalltag gelingen kann.

Unsere *anwendungsorientierte Ethnographie* ist im Rahmen eines Lehrforschungsprojekts von den ICEUS-Studierenden selbst, also mit Bezug auf ihre eigenen Gruppenarbeitserfahrungen, betrieben worden. Von vornherein verfolgten wir das Ziel, auch einen didaktischen Nutzen für die Gestaltung der Seminare zu erzielen. Gegenstand der Auswertung waren (i) Erinnerungs- und Beobachtungsprotokolle von eigenerlebten Erfahrungen sowie (ii) eine zweieinhalbstündige Audioaufzeichnung von einer von den Studierenden eigenständig durchgeführten Gruppensitzung. In diesem Sinne wurde also mit autoethnographischen Daten gearbeitet (Chang 2008; Ellis et al. 2010), die wir in Form von exemplarischen Beobachtungsfragmenten und einer verdichtenden Zusammenfassung präsentieren werden. Die Auswertung der Daten erfolgte – angeleitet durch die Lehrenden – dialogisch hermeneutisch. Das heißt: Die in der Teilhabe an der ICEUS-Lebenswelt von den Studierenden wie von den Lehrenden erworbene Mitspielkompetenz war bei der Lesartenbildung leitend. Die Analyse erfolgte somit insgesamt aus einer praktischen Mitgliedschaft am relevanten Geschehen heraus, und sie erfüllt so das zentrale Kriterium einer Lebensweltanalytischen Ethnographie: das Getragensein von einem existentiellen Engagement (Honer 1993; 2000).

2 Geschichten im Fall

Die Schwierigkeit, eine Zusammenarbeit der Studierenden in den ICEUS-Seminaren zu initiieren, die eine in unserem Sinne beschriebene ressourcenorientierte und ressourcenausschöpfende „Interkulturalität" beinhaltet, setzt schon bei den divergierenden lernkulturbedingten Erwartungen ein. Viele der internationalen Studierenden stehen der an sie gerichteten Erwartung, gemeinsam und dennoch eigenständig wissenschaftliche Ergebnisse zu erzielen, zusammenzutragen und dann in der Großgruppe zu präsentieren, zunächst irritiert und verständnislos gegenüber. Viele der Studierenden aus dem ost- und südeuropäischen sowie aus dem asiatischen Raum, sind es eher gewohnt, die Lehrinhalte von den Seminarleitern vorgegeben zu bekommen und strikte Arbeitsanweisungen zur Aufarbeitung des Lehrstoffes zu erhalten (vgl. z. B. Xun Luo/Kück 2011). Die Erarbeitung eigener Ergebnisse oder die eigenständige Stellungnahme zu von wissenschaftlichen Autoritäten veröffentlichten Theorien oder empirischen Erträgen gilt als hochmütig, anmaßend und respektlos. Nicht selten wird die Einrichtung von Gruppenarbeit auch als milde Form der plenaren Arbeitsverweigerung oder Bequemlichkeit von Seiten der Lehrenden eingestuft. Einsozialisiert in eine eher hierarchische Lernkultur fehlt es vielen Studierenden so an einem Verständnis für eine kreative Teilnahme an einer Seminargruppenarbeit.

Wenn dann – trotzdem – in den Seminaren Arbeitsgruppen zusammengestellt werden, kommt es nicht selten zu einer kommunikativen Bezugnahme aufeinander, die sich aus unserer Perspektive etwas salopp als „interkulturelles Fremdeln" beschreiben lässt. Gemeint ist damit, dass die Beteiligten an den Arbeitsgruppen im Arbeitskontakt befangen miteinander umgehen, in der Befangenheit zu verharren drohen und zu keiner brauchbaren Arbeitskoordination kommen und sich dann – vor allem wenn Konflikte im Raum stehen – in eine formale, berührungsarme Arbeitsteilung zurückziehen und so eine ‚echte' Zusammenarbeit verhindern. Zur Illustration hierzu die angekündigten Fragmente eigenerlebter Fallbeschreibungen:

Fallgeschichte 1

Eine Studentin berichtet von der Zusammenarbeit in einer Zweiergruppe. Es ging um die Vorbereitung eines gemeinsamen Referates, für das gemeinsam Literatur aufgearbeitet und thematisch fokussiert eine Präsentation ausgearbeitet werden musste. Die Berichterstatterin war mit der Arbeitshaltung ihrer Kommilitonin unzufrieden. Für sie wurde die Zusammenarbeit zusehends problematisch und nur schwer zu ertragen, was an der folgenden, autoethnographisch anmutenden Beschreibung deutlich wird:

„Die Schwierigkeiten und vor allem die Tatsache, dass ich das Vorgehen und die Arbeitsweise meiner Kollegin teilweise unfair und unverständlich fand, entpuppten sich natürlicherweise als Hindernisse für eine Annäherung oder gar Freundschaft. Da ich meine Kommilitonin davor kaum kannte, begegnete ich ihr von Anfang an mit neutralen Gefühlen, mit einer Tendenz zum positiven, was ihre Kenntnisse und Fähigkeiten anging (...). Unsere Beziehung blieb während der ganzen Zusammenarbeit sehr neutral – zumindest nach außen hin. Manchmal ärgerte ich mich über ihre Vorgehensweise und Ausreden, doch ich hatte auch ständig im Kopf, dass ich wahrscheinlich an diesem Punkt andere Kulturgewohnheiten antreffe und so blieb ich sehr höflich und ruhig ihr gegenüber. (...) Den Frust und den Stress habe ich aber bei mir behalten. (...)
Interessant fand ich, dass wir unsere kleinen Probleme nur über Email ausgetragen haben, obwohl wir uns eigentlich täglich in der Hochschule gesehen haben. Wir hatten kein Freundschaftsverhältnis und es blieb die ganze Zeit über bei einfacher Begrüßung und gegenseitigem Anlächeln, wenn sich unsere Blicke gekreuzt haben. Ich glaube, wir fanden beide den Emailkontakt neutraler und sicherer als direkte Konfrontation, welche zu einer Eskalation führen könnte, auf die wir beide überhaupt keine Lust hatten. Innerhalb der Emailkorrespondenz waren wir zwei Menschen, die sich nicht verstehen oder aneinander vorbei reden. Im realen Leben, in der Hochschule, waren wir zwei Menschen, die sich flüchtig kennen und nichts miteinander zu tun haben. Die Kommunikation per Email entstand eher spontan und hatte sich sicherlich verstärkt, nachdem wir bemerkt haben, dass wir uns nicht verstehen. Sie diente zuerst dazu, Grundsätzliches zu besprechen und etwas später unsere Konflikte ohne direkte Konfrontation auszutragen."

Es sind also unterstellte „Kulturgewohnheiten", die die Schreiberin zitiert, die sie dazu führen, der Kommilitonin gegenüber „sehr höflich und ruhig" zu bleiben, „[d]en Frust und den Stress" bei sich zu behalten. Zu einer produktiven Auseinandersetzung darüber kommt es jenseits des kulturellen Deutungsmusters nicht. Vielmehr dominieren Vermeidungsstrategien und eine „neutralisierte" Beziehungsebene auf der Grundlage zugestandener Toleranz gegenüber sogenannten „Kulturgewohnheiten".

Fallgeschichte 2

In dem zweiten hier zu schildernden Fragment kommt es zu Unstimmigkeiten im Rahmen der Zusammenarbeit, die dann aber schon deutlich zu einem Zerwürfnis führten. Hier der Bericht einer internationalen Studentin:

„Die deutsche Studentin hat auch an sich eine dominante Rolle angenommen und hat ständig gefragt, ob ich alles richtig verstehe und ob ich einige Ideen habe. Wenn wir uns an der Hochschule getroffen haben, hat sie mich mehrmals gefragt, ob ich alles gut verstehe und vielleicht noch die Übersetzung von ihr brauche oder Erklärungen: ‚Ich habe den Bericht gelesen, ich finde ihn schwer, vielleicht wirst Du das nicht verstehen, dann kann ich gerne helfen. Wenn Du Fragen hast, schreib mir Email oder frag einfach'. Wieso hat sie sofort sich entschieden, dass ich erstmal Hilfe brauche? Ich würde sagen, dass erstmal müssen wir zusammen Bericht besprechen, wenn Fragen kommen, werden wir zusammen Antwort finden. Erstmal so, dann mal sehen. Ich war nicht irritiert und habe das ruhig angenommen. Ich hab gedacht, dass sie nur so ein Typ von hilfsbereitem Mensch ist. Und erstmal muss ich selbst gucken, ob der Text wirklich so schwer ist oder ist es nur so ein hochnäsiges Verhalten von ihr. Ich kann sagen, dass der Text nicht kompliziert war. Ich konnte alles verstehen. Natürlich habe ich klar alles langsamer gemacht als sie. Deswegen war ich erstmal nicht irritiert, weil ich das Motiv verstehen wollte, aber später war das schon unangenehm für mich. (…) Aber später, wenn die deutsche Studentin alles allein und schnell gemacht hat und mir ihren Text per Email geschickt hat, war ich überrascht. Ich hab gedacht, dass Gruppenarbeit von Anfang an zusammen sein soll. Als ich ein Email mit ein paar Vorschlägen geschickt habe, hat meine Partnerin mir abgesagt, das wäre zu ausführlich. Ich hab auch das ruhig angenommen, obwohl ich wusste, dass die Vorschläge wichtig sind. Ich habe mir gesagt: ‚Ich hab die Gründe gegeben, wenn es nicht überzeugend ist, sollte ich nicht mehr dafür Zeit verlieren. Sie will nicht so tief darin gehen. O.K., ich werde auch nicht.' Ich wollte einfach nicht darüber streiten und versuchen etwas zu beweisen. Vielleicht war das mein Fehler auch, weil ich schon darüber informiert bin, dass die deutsche Kultur direkt ist. Deswegen wenn man richtig verstanden werden möchte, soll man es sich ohne Zweifel aus der Seele reden. Hier aber vielleicht hat meine Kultur in mir ‚gesprochen', weil man bei uns mit Schweigen man auch ziemlich viel zeigt. Dieses Schweigen erkennen Finnen schnell und normalerweise heißt das, dass etwas im Dialog schief geht. (…).
Schließlich kam es zur Präsentation. Nach Ende des Vortrags wurden an meine Kommilitonin noch Fragen zu meinen zwei von ihr zuvor abgelehnten Vorschlägen gerichtet. Hier wollte ich jetzt nichts sagen, weil ich ihr alles schon früher erzählt hatte. Ich habe einfach geschwiegen. Ich wusste, dass für deutsche Studentin das sehr peinlich war, nicht antworten zu können. Sie wollte gerne, dass ich antworte. Und ich wollte einfach nicht antworten, weil sie ständig mir zeigen wollte, dass sie darüber mehr versteht. Und jetzt konnte sie selbst

> *sehen, dass manchmal die anderen auch etwas wissen. Sie war über meine Weigerung sehr irritiert, hat dann meine Tabelle gefunden und die Information abgelesen. Sie war dabei verlegen. Direkt nach unserer Präsentation sind wir auf unsere Plätze gegangen, und ich hab nicht mehr mit ihr geredet. Die deutsche Studentin wollte auch offensichtlich nicht mit mir kommunizieren und die weiteren Vorlesungen haben wir in gegenüber liegenden Ecken des Raumes verbracht. Wir haben auch später versucht, eine Party zusammen zu organisieren, aber die Spannung ist immer noch zwischen uns geblieben".*

Deutlich wird an diesem Auszug, dass sich die Studentin einerseits konfrontiert sieht mit einer Haltung, dass sie sich von der „deutschen Studentin" unterschätzt fühlt, dass ihr sozusagen ein paternalistisches Fürsorgeverhalten entgegengebracht wird, das sie klar als „dominante Rolle" definiert. Andererseits schafft sie selbst eine native-nichtnative Differenz zwischen sich und der Kommilitonin, nimmt stets Bezüge auf „deutsch", auch auf „deutsche Kultur", der sie eine als bekannt akklamierte „Direktheit" zuspricht und auf das Verhalten der Kommilitonin überträgt und dem ein „bei uns" und „meine Kultur" und „Finnen" gegenüberstellt. Die Schreiberin hat zwar klare Ansprüche an und Vorstellungen von Gruppenarbeit, überwindet aber selbst nicht die ‚otherization', sondern ‚kulturalisiert zurück'. Das heißt, die wahrgenommene und unterstellte kulturelle Differenz wird wie ein Schutzraum gegen weiteres Handeln, entgegen einer möglichen weiteren Auseinandersetzung instrumentalisiert[3]. Und natürlich geschieht dies auch aus der Not einer verschriebenen Aufgabenfixierung, die schon im Ansatz so etwas wie interkulturelle Differenz entweder ignoriert oder als gruppen- und interaktionsdynamischen Posten unterschätzt.

Beide Fälle zeigen deutlich, dass die Zusammenarbeit der Studierenden häufig von unterschwelligen Konflikten begleitet wird, in Bezug auf die dann also keine Verständigung erfolgt, die mit Rückzug beantwortet und nicht produktiv genutzt wird. Es ist somit verständlich, dass viele Studierende dann dazu tendieren, von vornherein eine berührungsarme Gruppenarbeit zu installieren, wie sie mit dem dritten Beispiel noch einmal deutlich umrissen wird.

---

3 Siehe dazu in ähnlicher Form Bettmann (2016), S. 207f.

Fallgeschichte 3

„Die Seminarleiterin hat eine Tabelle mit Themen von Präsentationen ins Internet gestellt, damit jeder von uns selbst ein Thema wählen und sich für ein Thema eintragen kann. Die Vorgaben: Jede Gruppe musste aus drei Studenten bestehen und die Präsentation sollte 15-30 Minuten dauern.
Mein Interesse hat sich auf das Thema ‚Environmental Politics in the EU' gerichtet. Dann habe ich gesehen, dass dieses Thema von zwei meiner Kommilitoninnen aus Serbien und Italien gewählt wurde. Ich habe mich darüber gefreut. Vorher habe ich mit keiner von ihnen zusammen gearbeitet, aber mit beiden war ich in guter Beziehung. Für die Vorbereitung hatten wir ca. 3 Wochen Zeit. Zwei Wochen vor der Präsentation habe ich angefangen, die passende Information zu suchen. Ich habe eine gute Zusammenfassung von den Hauptaspekten der Umweltpolitik der EU gefunden und habe das per E-Mail meinen Kommilitoninnen geschickt, damit sie den Text auch lesen und ihre Meinung und Ideen dazu äußern konnten. Die Studentin aus den Serbien hat mit unserer Seminarleiterin gesprochen, und die hat ihr dann noch einen Text mit „case studies" geschickt. Sie wollte mit diesem Text weiter arbeiten und ihn für unsere Präsentation nutzen. Die Studentin aus der Italien hat selbst auch recherchiert und interessante Information mit ausgeführter Beschreibung von Umwelt-Policies gefunden. Sie hat uns ein Interviewvideo mit einem Koordinator für EU Umweltpolitik geschickt und empfohlen, dass wir das in der Präsentation benutzen. Alle waren dabei. Ca. 1 Woche vor der Präsentation haben wir uns nach dem Vorlesungen getroffen, um noch einmal festzustellen, wer welchen Teil vorbereitet. Nach der kurzen Besprechung waren wir uns einig, wer was von uns macht. Im Laufe der kommenden Woche hat jede von uns ihren eigenen Teil vorbereitet und die Präsentation war fertig".

In diesem Arrangement kommt es trotz der „guten Beziehung" und der als erfolgreich hingestellten Zusammenarbeit tatsächlich nicht zu einer wirklichen, kreativen, gemeinsam ausgehandelten Zusammenarbeit. Der gemeinsam zu bearbeitende Gegenstand wird nicht situativ und kommunikativ verhandelt: es gibt kein Brainstorming, kein Ideenworkshop, mithin keine kreativ entwickelte Form der Arbeitsteilung und der Generierung von Themenaspekten und Präsentationsformen. Stattdessen wird einer eher pragmatisch-kompositionellen Form der Zusammenarbeit der Vorzug gegeben. Eine Konfrontation und Auseinandersetzung mit unterschiedlichen Stilen und unterschiedlichen Herangehensweisen bleibt folglich ausgespart.

Mit diesen drei Beispielen möchten wir zumindest angedeutet haben, wie die Probleme der Zusammenarbeit von Studierenden im internationalen Studienalltag sich darstellen. Umrissen und illustriert ist auch das favorisierte Bewältigungsmuster: Konflikte werden nicht veröffentlicht, sondern distanziert gemanagt und selbst bei einem Zerwürfnis verdeckt gehalten. Arrangiert in Form einer minimalistischen Zusammenarbeit kommt es so zu einer allmählichen Aushöhlung der Arbeitsbeziehungen. Die Probleme werden über Kontaktvermeidungsstrategien bewältigt. Diese Neigung zur Aushöhlung des Miteinanderarbeitens – das ergaben die gemeinsamen Auswertungsgespräche – wird noch durch den Druck gefördert, zu Bewerbungszwecken eine möglichst gute Note erreichen zu müssen. Von einem solchen Notendruck geht die Gefahr aus, dass die ohnehin anstrengende Interkulturalität endgültig als Ärgernis betrachtet wird. Der Blick auf die Lernressource Interkulturalität droht den Studierenden damit vollends verstellt zu werden. Als Folge besteht die Gefahr, dass sich die Lerngruppe tendenziell in kulturelle Einheiten segregiert. Dass diese Neigung zur Aushöhlung des interkulturellen Miteinanderarbeitens bei der Gruppenarbeit mit internationalen Studierenden nicht zwangsläufig ist, wird kontrastierend mit dem letzten deutlich abweichend kontextualisierten Fall nun etwas ausführlicher verdeutlicht.

Fallgeschichte 4

Im Rahmen unseres Lehrforschungsprojekts befassten wir uns in einem anderen Teilprojekt auch mit der alltäglichen Lebenserfahrung der internationalen Studierenden. Die Gruppe bestand aus einer Chinesin, einer Brasilianerin, einer Taiwanesin und einer Dänin. Die vier Gruppenmitglieder hatten bislang noch nicht miteinander gearbeitet und kannten sich auch ansonsten nicht gut.

Einer der beiden Seminarleiter setzte sich zu Beginn mit der Gruppe zusammen, um das Vorgehen zu erörtern. Die erste Frage war, welche Datensorte brauchbar sein könnte und von uns erhoben werden sollte. Natürlich boten sich hier Interviews mit Mitstudierenden an. Es bestand aber die Befürchtung, dass so gewonnene Daten nicht hinreichend sensibel ausfallen könnten. Dann wurden Selbstbeobachtungen angedacht. In dem Zusammenhang kam dann beim Seminarleiter die Idee auf, dass die vier Studentinnen doch in Anbetracht ihrer eigenerlebten Erfahrungen ein gemeinsames Gespräch zu dem alltäglichen Lebenserfahrungen von ICEUS-Studierenden führen könnten. Die Studentinnen waren von der Idee angetan, weil – so ihre Überlegungen – sie unter diesen Bedingungen sicherlich hochmotiviert und ehrlich Auskunft geben würden darüber, wie sie sich an dem neuen Studienort eingefunden haben und welche Erfahrungen sie dabei gemacht haben. Zudem böte ein Gespräch die Möglichkeit, sich gegenseitig zu inspirieren, noch genauere Auskünfte zu geben. Das Gespräch sollte audiotechnisch aufgezeichnet und dann zum Zwecke der Auswertung transkribiert werden.

Für diese Zusammenkunft beschlossen sie, sich nicht in der Hochschule, sondern in der Wohnung einer der Kommilitoninnen zu treffen. Alle vier, so schilderten sie in ihrem Untersuchungsbericht, waren vor dem Gespräch sehr aufgeregt, konnten sich – jede für sich – eigentlich nicht vorstellen, gemeinsam so ein Gespräch zu führen – zumal das Gespräch noch aufgezeichnet werden sollte. Sie beschlossen von daher, mit einem gemeinsamen Essen die atmosphärische Grundlage zu schaffen und dann das Gespräch durchzuführen. Das Gespräch wurde in deutscher Sprache geführt, die für alle vier Beteiligten nicht die Muttersprache ist, sondern eben eine der beiden Studiersprachen im Master-Studiengang ICEUS. So wurde Sprachdemokratie hergestellt.

Das Gespräch selbst verlief dann – so die einhellige Meinung – erfolgreich. Die vier Studentinnen begegneten sich zunächst recht vorsichtig und abtastend. Sie setzten mit einer etwas hölzernen Vorstellungsrunde ein. Dies änderte sich jedoch, als von einer der Teilnehmerinnen die Frage aufgeworfen wurde, warum die Einzelnen Deutschland zum Studienort ausgewählt haben. Mit dieser initiierenden Eingangsfrage wurde das Gespräch allmählich dynamischer. Die Gesprächsbeiträge griffen stärker ineinander, die Teilnehmerinnen konnten erstmals erkennen, dass sie viele ihrer Probleme teilten. Thematisch ging es zu Beginn sehr stark um das Gefühl des Sich-Fremdfühlens und des Allein-Seins gegenüber ‚den Deutschen' und in Deutschland, aber auch um das Allein-Sein in der ICEUS-Gruppe. Die Gruppe sei zwar im Ganzen recht freundlich, aber man pflege dann doch nur oberflächliche Beziehungen. Ein tiefgehender Erfahrungsaustausch in persönlichen Belangen sei demnach kaum möglich. Gemeinsame Aktivitäten unternehme man häufig, um nicht allein zu sein. Als problematisch wurde allerdings durchweg die Beziehung zu ‚den Deutschen' und zu den deutschen Kommilitonen geschildert. Beanstandet wurden einige bekannte, als typisch ‚deutsch' etikettierte Gepflogenheiten, beispielsweise dass es sehr schwer sei, zu ‚den Deutschen' Kontakt zu bekommen. Deutsche seien sehr reserviert und zurückgenommen. In diesem Zusammenhang bestünden die größten Probleme im Zusammenhang mit dem Gebrauch der deutschen Sprache. Gerade weil man die deutsche Sprache nicht auf Muttersprachenniveau beherrsche, ergäbe sich grundsätzlich ein Gefühl der Unzulänglichkeit. Man könne sich nicht angemessen präsentieren und verständlich machen. Stets sehe man in den Gesichtern der anderen Ungeduld und Fragezeichen. Man versuche es weiter – was solle man auch anders machen – und erlebe dabei, dass man Gedanken so ausdrücke, dass der andere sie im Detail nicht verstehe. Man gehe beim Sprechen Kompromisse ein und erlebe dann schon beim Reden, dass man nicht das sage, was man wolle. So habe sich bei allen allmählich ein Gefühl von Identitätsverlust eingestellt. In der Selbstdarstellung erlebe man sich nicht mehr als die, die man sei.

In etwa dieser Ertrag ergab sich aus der gemeinsamen Analyse des Gesprächstranskipts später. Im Vordergrund stand das Erleben des Sich-Fremdfühlens, des Allein-Seins und des drohenden Identitätsverlustes. In einem eigenartigen

Kontrast zu dieser gemeinsamen Erörterung eines in vielerlei Hinsicht problematisch geschilderten Studiums in Deutschland gestaltete sich dann der Schluss des Gesprächs. Die vier Teilnehmerinnen schlossen mit einem Abschlussstatement zu dem gemeinsamen Gespräch und zeigten sich von dem gemeinsamen Gespräch – jede für sich – hoch berührt. Sie bedankten sich wechselseitig für das entgegengebrachte Vertrauen, wünschten sich, solche Gespräche öfter führen zu können und beschrieben ihr Gespräch als Mini-Therapie – bevor sie dann alle gemeinsam ihr Gespräch beklatschten.

Offensichtlich ist es den vier Studentinnen in dem gemeinsamen Gespräch gelungen, das auf der Erzählebene reklamierte Grundgefühl des Allein-Seins, des Sich-Fremdfühlens und des Identitätsverlustes ein wenig aufzuheben. Sie haben Kontakt zueinander bekommen und waren in der Lage, sich trotz sprachlicher Probleme sensibel miteinander auszutauschen und ein intensives Wir-Gefühl zu entwickeln.

Dieses Spannungsverhältnis von Erzähl- und Beziehungsebene wurde den Studentinnen bei der Analyse des Transkripts recht bald klar. Darüber haben wir uns dann auch in gemeinsamen Auswertungssitzungen unterhalten. Was sie nicht gesehen haben und was auch nicht intendiert war – wenn auch ein hoch willkommener Effekt des gemeinsamen Gesprächs –, war die Tatsache, dass sie mit der Aufzeichnung ein natürliches Datum geschaffen haben, in dessen Auswertung sich die Frage beantworten lässt, mit welchen kommunikativen Verfahren in einer kulturell heterogenen Gruppe eine interkulturelle Verständigung und ein wechselseitiges Vertrauen hergestellt werden kann. Diese ‚kommunikativen Verfahren' sollen hier nun nachgezeichnet werden:

Oben wurde bereits erwähnt, dass das Gespräch mit einer etwas hölzernen Gesprächsrunde eröffnet wurde. Anschließend wurde dann, angeregt von Li Qin, die Frage behandelt, warum die einzelnen Deutschland als Studienort gewählt haben. Nachdem Marie und Tânia die Form beibehielten und kurze berufsbiographische Statements abgegeben hatten, überrascht Yu:

„Yu:	*Meine ist ganz anderes Geschichte. Ich habe ein Deutscher kennengelernt, wir waren zusammen für einem Jahr, wir haben gedacht ja jetzt wir wollen ein bisschen zusammen sein und ich habe mich entschieden ICEUS zu studieren. Ich hab auch ein positive Antwort bekommen und dann mein Freund und ich haben wir Schluss gemacht, habe ich gedacht kein Freund mehr aber…*
Li Qin:	*Du gehst trotzdem nach Deutschland.*
Yu:	*Ja, das war mein Plan und jetzt bin ich hier.*
Tânia:	*Oh schön.*
Marie:	*So ist das Leben."*

Yu gibt somit preis, dass für sie die Entscheidung für das ICEUS-Studium zunächst verquickt war mit ihrem Wunsch, ihre Liebe zu ihrem damaligen deutschen Freund ausleben zu können. Sie deutet an, dass die Beziehung mittlerweile nicht mehr besteht, sie aber trotzdem auf die Zusage dann eingegangen sei. Sie stellt sich damit außerhalb als typisch erachteter berufsbiographischer Motivationserwartungsmuster und gewährt dabei einen kleinen Einblick in sehr persönliche Bereiche ihres Lebens. Das findet bei den anderen sofort Anklang und wohlwollendes Interesse, wie die entsprechenden Spontanreaktionen zeigen. Die Gesprächsebene wird damit deutlich informeller. Yu deutet ihren drei Gesprächspartnerinnen damit gewissermaßen an, dass sie ihnen vertraut und zu einem persönlichen Gespräch bereit ist. Li Qin greift diesen Ball auf. Sie schließt an die von Yu eingeführte Gesprächshaltung an und trägt erlebnisnah eine verwickelte Entscheidungsgeschichte vor, in deren Zentrum eigentlich die entstandene Liebe zu einem Deutschen und dann auch die wieder entstandene Liebe zu Deutschland steht. Li Qin baut so die von Yu eingeschlagene vertrauliche Gesprächsebene aus. Es ist auch Li Qin, die dann noch einen Schritt weiter geht. Nachdem Tânia die Frage aufgeworfen hat, welche Eindrücke die Gesprächsteilnehmerinnen von ICEUS und von der Hochschule gewonnen haben, möchte Li Qin direkt antworten:

„Li Qin: *Ok, soll ich zuerst oder will jemand anderes?*
Marie: *Wer, ist die Frage für?*
Tânia: *Für alle, du kannst auch anfangen, wenn du willst.*
Li Qin: *Um, ok. Eigentlich, ich weiß ganz genau wie ich habe euch alle zuerst kennengelernt. Am erste Tag, Oktober, vierte Oktober 2011. (alle: lachen)*
Li Qin: *Weiß ich ganz genau. Zum Beispiel, ich habe dich, Marie, kennengelernt wann wir standen vor Annettes Büro.*
Marie: *Ja.*
Li Qin: *Und wir standen neben Simone. Und ich habe gedacht, oh Mensch! Und ich habe gedacht, alle die junge Damen von ICEUS sind blond und sehen aus wie Models und was mach ich hier? Keine Ahnung?! Ich habe ehrlich gedacht und umm. Ich war total schüchtern und ich habe nicht gewusst, was ich sagen soll und haben einander nur angeguckt. Weißt du noch?*
Marie: *Ja, ich erinnern mich.....*
Li Qin: *lustig, ummm mit Tânia, wir waren irgendwie gleich befreundete weil wir waren total hilflos und waren so: Was machten wir? Und wir haben nicht gewusst wo wir hingehen. Wir waren gleich so Buddy-Buddy und machen alles zusammen. Das ist sehr schön.*

Tânia: *Ja*
Li Qin: *Wir haben einander geholfen. Und bei Yu, ich saß bei dir als wir diese Gespräch hatten. Und ich fand dich so nett und ich war so neugierig über dich.*
Tânia: *(lachen)*
Li Qin: *Und ich habe gedacht, oh Mensch. Was sag ich? Und ich hab gehört, dass du aus Taiwan kommst. Taiwan. Ich habe gedacht, oh nein, jetzt, ich hoffe dass sie hat keine Probleme mit China.*
Yu: *(lachen)*
Li Qin: *Ja, ich habe gedacht oh ja, ok, ich muss ihr zeigen, dass ich keine verrückten Chinesin bin.*"

Die von Tânia aufgeworfene Frage legt das von Li Qin vorgetragene Statement in der Sache keineswegs nahe. Es ist Li Qin offenbar ein Bedürfnis, ihr jeweils erstes Erleben der drei Gesprächspartnerinnen kundzutun. Vom äußeren Erscheinen Maries ist sie beeindruckt und tritt schüchtern zurück. Mit Tânia verbindet sie sich in der gemeinsamen Hilflosigkeit und bekundet zudem eine gewisse Form der Dankbarkeit. Und auf Yu, zur Zeit der Gesprächsführung Bürgerin eines politisch verfeindeten Staates, war sie sehr neugierig. Ihr gegenüber bemüht sie sich, den stereotypen Ansichten über die Mitglieder ihres Volkes nicht zu entsprechen. In allem zeigt sie – aus einer gewissen Bescheidenheit heraus – ein recht unverblümtes Interesse an einer persönlichen Beziehung. Deutlicher kann man die Akzeptanz eines anderen kaum zum Ausdruck bringen.

Die Anderen gehen auf diese Beziehungsofferte im Gespräch zwar nicht direkt ein. Die Gesprächsform nimmt aber jetzt deutlich dynamischere Züge an. Der Umgang miteinander wird direkter. Die Studentinnen nehmen wechselseitig unmittelbar Anteil: sie stellen knappe Nachfragen, die zu Klärungen führen, sie schließen mit ihren Stellungnahmen zu ihren Eindrücken vom bisherigen Studium aneinander an, ergänzen, modifizieren und bringen neue Aspekte ein. Sie zeigen so Interesse an den Erfahrungen der anderen und ihr Bedürfnis, die eigene Erfahrung einzubringen. Dabei kommt es zur Preisgabe persönlicher Befindlichkeiten, in die sich bereits erste Kritik am Studiengang, an den Kommilitoninnen und Kommilitonen und an die Lehrenden mischt. Es entsteht eine gemeinsame Tonlage und die Vertraulichkeit im Gespräch nimmt Kontur an. Zur Demonstration nun eine recht ausführliche Gesprächspassage:

„*Li Qin:* *Ich habe eine Frage. Hattet ihr Angst Anfang Deutsch zu reden?*
Marie: *(lachen)*
Li Qin: *Deutsch zu reden im Kurs oder vor andere Native Speakers?*

Yu:	*Awww, Liebling, ich hab Angst Englisch und Deutsch zu reden.*
Li Qin:	*Ja*
Tânia:	*Um.*
Li Qin:	*Ja, ja. Ich auch, so unter internationale Studenten kein Problem, so jetzt Deutsch zu reden mit euch kein Problem. So weit, da ist eine Native Speaker dabei, sie gucken mich so komisch an. WAS meinen Sie? Oh, was habe ich jetzt gesagt! Oh Mensch.*
Marie:	*Komisch, ja, für mich auch...aber ich hab nicht so viel Deutsch geredet (lacht). Ich hab nur auf Dänisch ...am meisten geredet mit Leuten aus Dänemark und anderen Ländern und ich hab gar kein Deutsch geredet am Anfang.*
Alle:	*(lachen)*
Li Qin:	*Du musst nichts sagen (an Tânia).*
Yu:	*Ich habe noch Angst weil ich weiß, dass ich kann nicht akademisch reden und dass finde ich dumm, etwas sagen mit viele Grammatik Fehler über zum Beispiel Menschenrechte. Was ist das denn!*
Alle:	*Mhm.*
Li Qin:	*Genau, dass es was schwierig daran ist. Dass ich finde, um eine Sprache nicht gut zu kennen, man ist immer „handicapped" und du kannst nur so weit kommen. Und ich mag dieses Gefühl nicht, das irgendwie ich verliere ein bisschen von meinen Identität, weil ich kann mich nicht perfekt ausdrücken. Manchmal es frustriert mich ohne Ende. Wenn ich kann etwas nicht in Unterricht sagen, was ich sagen will! Und es komme raus total bahlahaha, (lachen). Und die Leute sagen was, Li Qin sagt wieder was komisch ist.*
Tânia:	*Diese Probleme habe ich auch.*
Li Qin:	*Mhm.*
Tânia:	*Wenn es um Deutsch geht, rede ich nicht so viel. Ich mache immer Fehler oder ... aber wenn das auf English ist, denn ist es besser für mich, denn kann ich mich sehr gut...*
Li Qin	*ausdrücken?*
Tânia:	*Ausdrücken, ja.*
Li Qin:	*ja...keine Ahnung, ich denke manchmal, wenn ich nicht gut genug, ich habe irgendwie Angst in Deutschland zu bleiben, wenn ich nicht die Sprach gut sprechen kann.*
Yu:	*Nein, das ist nicht wahr.*
Li Qin:	*nein?*
Yu:	*Nein. In diese sechs Monate, ich hab das Gefühl, dass wir haben alle viel viel viel verbessert geworden. Und in einem Jahr...*

Marie:	*Wir haben noch eine Jahr.*
Yu:	*Besondere nach unsere Praktikum...*
Li Qin:	*ja, genau*
Yu:	*Bleib positiv.*
Marie:	*Die Deutschkurse...haben wir die Möglichkeit sie zu verbessert.*
Tânia:	*Welcher Deutschkurs?*
Marie:	*Deutsch für ICEUS.*
Li Qin:	*Deutsch für ICEUS.*
Tânia:	*Also ok.*
Alle:	*(lachen).*
Marie:	*Du redest viel mit deinem Boyfriend.*
Li Qin:	*Nay das kommt, das kommst vom meine eigene Kindheit, weil mein Vater ist Ausländer. Und er hat Chinesisch als zweite Sprache gelernt und man hört immer noch Akzent. Und ich will das nicht haben bei mir. (Lachen). Weil ich irgendwann Kinder haben will, und ich würde immer so eine starke Akzent haben würde.*
Yu:	*Oh, ich denke Hauptsache richtig zu reden...*
Marie:	*Grammatisch.*
Marie:	*Akzent ist immer dabei.*
Yu:	*Akzent ist egal, wir sind nicht Muttersprachler.*
Marie:	*Aber die Deutschen finden das sehr komisch, wenn wir reden.*
Li Qin:	*Aber sagen sie dir je: oh wie süß! wie süß!*
Marie:	*aahm*
Yu:	*Ich habe auch viel gehört.*
Marie:	*Ich denke an...*
Yu:	*In normale Leben, das kann süß sein, aber wenn du mit dein Professor sprechen willst... diese Umlaut kommt gar nicht...*
Li Qin:	*Ja, Umlaut kann man total vergessen.*
	....
Li Qin:	*Sorry, ich habe uns total abgelenkt mit meine*
Yu:	*Zum Freundschaft.... habt ihr irgendwelche Freundin oder Freund gefunden in die Gruppe das...*
Tânia:	*hmmmm*
Alle:	*(lachen)*
Yu:	*...immer miteinander zusammen sein.*
Li Qin:	*Eine echte gute Freundin meinst du?*
Yu:	*Ja.... von die Gruppe, von die ICEUS Gruppe.*
Tânia:	*Ich noch nicht.*

Marie:	*Ich nicht. Ich glaube, echte Freunde habe ich hier nicht. Hier in Deutschland habe ich Bekannten, kann man so sagen, solche echte Freunde habe ich nicht.*
Li Qin:	*Ich glaube, dass wir diese Teil in unseren Vortrag nicht präsentieren sollen. Aber, ich habe so „Freunde", aber nicht beste Freunde in Deutschland kennengelernt. Ich glaube dass man braucht einfach Zeit davon. Ich weiß es nicht. Oder die wichtige Person*
Yu:	*Aber, wieso ist das bei euch so?*
Li Qin:	*Was meinst du bei uns? In den China oder wo?*
Yu:	*Nein, ich meine wieso könnt ihr nicht Freunde finden?*
Li Qin:	*Was bedeutet Freundschaft und ein wichtige Freund?*
Yu:	*Ja genau.....für mich selber, das heißt, mit jemanden mich gut verstehen und einfach Spaß haben und ja mit sehr sehr gute Freunde kann auch mein schlechte Erfahrungen teilnehmen.*
Li Qin:	*Vielleicht wir sollen unterscheiden zwischen „beste Freunde" und „Freunde". So beste Freunde, ich denke man hat nur ein paar Mal in Leben. Echte so, Schwestern quasi. Uh, ich muss sagen, ich hatte nur ein paar in mein Leben gehabt, mit denen ich so richtig alles teilen konnte.*
Marie:	*Ok.*
Alle:	*(lachen)*
Li Qin:	*Jetzt wird es ernst.*
Alle:	*(lachen)*
Marie:	*Und... (alle lachen) für mich ist es so: mit meinen Freunden hier kann ich nur über oberflächliche Sachen reden. Ich kann nicht meine Probleme teilen und ich muss nur über Positives immer reden...und mit echte Freunden können wir über alles sprechen und erzählen alles, was mit uns passiert...und hier habe ich solche Leute leider nicht.*
Alle:	*(lachen).*
Tânia:	*Ich auch nicht.*
Yu:	*Habt ihr auch gar keine Freunde, mit denen ihr in eurer Freizeit zusammen sein könnt?*
Marie:	*Noch, noch, noch, haben sehr viele so gar.*
Li Qin:	*Meinst du Leute, die du kannst zum Beispiel für ein Kaffee treffen oder ins Kino gehen oder so was?*
Marie:	*Ausgehen.*
Yu:	*Ja, einfach nicht allein zu Hause sitzen meine ich.*
Marie:	*Ja, ja natürlich haben wir."*

In dieser langen Passage wird zunächst ein Thema angesprochen, das für alle Gesprächsteilnehmerinnen aktuell zentral ist: Deutsch sprechen als nicht-native-speaker in einem bei aller Internationalität der Gruppe deutschen Studienumfeld. Herausgestellt wird von den Studentinnen das Gefühl der Unzulänglichkeit, der Peinlichkeit, der Hilflosigkeit, der Gehemmtheit und des drohenden Identitätsverlustes beim Gebrauch der deutschen Sprache, gerade im Kontakt mit den deutschen Kommilitoninnen und den ProfessorInnen. Aus einem eng verzahnten Dialog heraus entwickelt sich der gemeinsame Gesprächsfaden. Aus den ergänzenden und weiter treibenden Bestätigungen entsteht der Plot: Unverhohlen zeigen sich die Studentinnen wechselseitig an, wie tiefgehend sie sich verunsichert und wie wenig sie sich so der Studiensituation gewachsen sehen. Sie sind nun erstmals in einer von ihnen kommunikativ hergestellten gemeinsamen Erfahrung der Unzulänglichkeit verbunden. Diese Erfahrung mag sie angeregt haben, ein vielleicht noch existentielleres Thema anzusprechen: Freundschaft in der ICEUS-Gruppe. Gemeinsam klären die Kommilitoninnen zunächst ab, was unter Freundschaft zu verstehen ist. Es wird eine Differenzierung vorgenommen zwischen Freunden und Bekannten oder besten Freunden und einfach Freunden. ‚Echte' Freundschaften, in der existentielle Belange getragen werden, haben sich bislang für keine der Teilnehmerinnen ergeben. Man ist oberflächlich befreundet und nutzt dies, um sich zu zerstreuen und um nicht allein zu sein. Kaum verhohlen ist hier das Problem ‚existentieller' Einsamkeit in einem kulturell fremden Beziehungsrahmen thematisiert. Dieses Problem wird dann zwar auf der Erzählebene nicht weiter verfolgt, aber kommunikationspraktisch angegangen:

„Yu:	*Also, ich habe eine Frage das muss... das kann ein bisschen schlecht sein... aber ich glaube das bleibt zwischen uns.*
Alle:	*Ok.*
Yu:	*Zum Beispiel du und Bo kommen aus China.*
Tânia:	*(Tânia versucht den Rekorder wegzunehmen) Du hast gesagt – das bleibt zwischen uns aber....*
Alle:	*(lachen)*
Yu:	*Das ist ok.*
Li Qin:	*Wir müssen auch nicht alles präsentieren.*
Yu:	*Das ist ok.*
Marie:	*Alles ist geschrieben.*
Yu:	*Du und Bo kommen aus China, ich und Lin kommen aus Taiwan, aus gleiche Kultur, leider kein andere Brasilianer.*
Tânia:.	*Ja von Brasilien.*
Marie:	*Nicht eine andere Brasilianerin.*

Marie:	*Ich und Simone kommen aus einem Land.*
Yu:	*Wie ist es bei euch? Zum Beispiel bei mir das ist so, dass manchmal ich kann gar nicht Lin aushalten und ich denke oh my god, wieso muss noch ein Taiwaner in die Gruppe sein.*
Alle:	*(lachen).*
Yu:	*Konnte das nicht aus Japan oder Südkorea sein, wieso muss das aus Taiwan sein! Ich weiß nicht wieso bin ich so, ich hab nicht persönlich gegen ihn, aber manchmal das gefällt mir nicht, das noch jemanden aus Taiwan da ist.*
Li Qin:	*Ich verstehe das voll.*
Yu:	*Doch ok.*
Alle:	*(lachen).*
Li Qin:	*Ja, ja ich weiß es nicht. Ok, zum Bespiel, als wir diese Vorstellungrunde mit Annette und Meyer hatte, habe ich gedacht, ok, ich bin die einzige Chinesin, ok, ok. Und Bo war die letzte sich vorstellen. Oh und sie könnte so gut Deutsch. Das ist dann ok. Es ist irgendwie, ich weiß nicht, erwartete das man gute Freunde sein wird oder sich verstehen oder. Manchmal, Bo sagt Sachen wo ich denke, oh Mensch, sie repräsentiert mein Land.*
Yu:	*Genau.*
Marie:	*Genau…ich hab auch solches Gefühl. Wir sind zwei aus Dänemark aber wir haben beide eigenen Meinungen über unser Land. Zum Beispiel Simone sagt immer, dass es ist so gut und so schön in Dänemark und die Leute, sie wohnen super einfach, sie sind so reich…und ich bin anderer Meinung. Ich bin gegen Regierung und alles und sag „opposite view“. Das ist …das nervt mich einfach ein bisschen.*
Yu:	*Mir auch.*
Li Qin:	*Genau und…*
Tânia:	*Ja, ich bin allein.*
Alle:	*(lachen).*
Li Qin:	*Für dich es ist toll oder?*
Alle:	*(lachen).*
Li Qin:	*Wie ist es für dich, wenn Leute sagen, immer dass du und Lucia zusammen und du musst ganz Südamerika repräsentieren?*
Tânia:	*Das finde ich toll.*
Alle:	*(lachen).*
	(Stille)
Yu:	*Ich bin jetzt ein bisschen glücklich, dass ich nicht allein bin.*

Li Qin:	*Nay, nay, ich denke dass auch immer. Oh, ja, gute Frage. Leute haben mich so oft die Frage stellt: Ist Bo, ist sie eine typische Chinesin?*
Alle:	*(lachen).*
Li Qin:	*Ich denke, hmmm. Da gibt kein typische Frau. Keine Ahnung, ich weiß es nicht.*
Yu:	*Bei uns, ich und Lin am Anfang, das war diese komische Frage, ob etwas zwischen uns ist…*
Li Qin:	*Echt!*
Yu:	*Ich war so: ich hasse ihm…nein, ich hasse ihm nicht aber….*
Li Qin:	*einfach weil ihr aus dem gleichen Land kommen?*
Yu:	*Ja! Und die Leute haben mir gefragt: ist es etwas zwischen euch… nein gibt es gar nicht.*
Marie:	*Aber nicht gewusst.*
Li Qin:	*Ich finde es lustig, dass Leute fragen mich immer was Bo macht. Ob ich weiß alles, einfach weil sie Chinesin ist. Ich weiß es nicht. Aber ja, es ist interessant oder. Weil ich glaube, dass ihr repräsentieren beide dein/euer Land und das ist schwierig, wann die andere Person eine andere Meinung hat oder anders ist.*
Yu:	*Und wir reden so kaum Taiwanesisch miteinander, Ich und Lin, weil ich in Taiwanesischer Sprache, ich bin so unhöflich mit ihm, und das ist unbewusst… gar… unbewusst. Deswegen, wir reden nur auf Deutsch… vielleicht ihr kann sich auch erinnern, am erste Tag er hat gesagt, ja ich und Yu reden immer auf Deutsch und wir arbeiten nicht zusammen und da ich hab gedacht, oh god, aber das ist nicht positiv Lin. Das ist komplett negativ.*
Li Qin:	*Warum ist das negative?*
Yu:	*Weil ich nicht mit ihm kann arbeiten.*
Li Qin:	*Warum kannst du nicht mit ihm arbeiten?*
Yu:	*Weil ich ihm nicht aushalten kann… weiß es nicht wieso, aber es ist so…*
Li Qin:	*Vielleicht weil du ihm in eine andere Kontext kennst, als wir ihm kennen. Du kennst ihn in deinem Heimatkontext. Und es bedeutet was anders, das hat viel andere Bedeutung. Es ist gleich, wie ich Bo kenne in dem chinesischen Kontext.*
Yu:	*Das kann sein.*“

Vor allem Yu, aber auch Li Qin und mit Abstrichen Marie bringen ins Gespräch ein, dass ihnen die Präsens ihrer jeweiligen Landsleute in und vor der Gruppe manchmal unangenehm, ja eigentlich peinlich ist. In der Sache braucht dieser Sachverhalt hier nicht weiter verfolgt werden. Wichtig ist aber in Bezug auf die Einschätzung des Gruppengeschehens, dass wechselseitig etwas offenbart wird, das nicht (z. B. über die Präsentation) nach außen dringen darf, weil es die Angesprochenen, aber auch die Teilnehmerinnen dieser Gesprächsrunde selbst diskreditieren würde. Entsprechend wird auch direkt zu Beginn dieser Sequenz Vertraulichkeit eingefordert. Damit aber ist eine Beziehung eingefädelt, die der von ‚besten Freundinnen' gleicht. Denn nur „mit echte(n) Freunden können wir über alles sprechen und erzählen alles, was mit uns passiert" (Marie). Und genau an diesen existentiell tragenden Beziehungen mangelt es nach Bekunden der Gesprächspartnerinnen den ICEUS-Studierenden. Will sagen: Die Teilnehmerinnen dieses Gesprächs schließen mit ihren prekären Offenbarungen ihren Kreis und schaffen so einen Raum, in dem sie endlich geschützt vertraulich prekäre, sie im Kern berührende Erfahrungen austauschen können. Die reklamierte existentielle Einsamkeit ist so zumindest für diese Situation aufgehoben. Die Studierenden haben die so angedeuteten kommunikativen Verfahren in einer direkten persönlichen Beziehung erfahren.

Aus dieser Beziehung heraus tauschen sie dann in der Folge in einem lebendigen Gespräch, an dem sich alle beteiligen, vertraulich Erfahrungen über den Kontakt mit anderen Gruppenmitgliedern, respektive über den Kontakt mit den Deutschen aus. Sie gehen miteinander auf ihre kulturgebundenen Verhaltensgepflogenheiten ein, sie erörtern Probleme der Identitätswahrung und einiges mehr. Bemerkenswert ist in der Schlussphase des Gesprächs der erkennbar hohe Grad an Vertrautheit, der sich zwischen den Gesprächsteilnehmerinnen kommunikativ entwickelt hat und der dann auch während der Schlussrunde in dem gemeinsamen Wunsch mündet, das Gespräch in der Folge weiter zu führen.

Mit der analytischen Nachzeichnung dieser ersten Phase eines interkulturellen Gruppenarbeitsprozesses im Spannungsfeld von Erzähl- und Beziehungsebene deutet sich an, aus welchen kommunikativen Arrangements heraus und in welchen Etappen diese interkulturelle Gruppenarbeit von Erfolg gekrönt war. In der späteren Rekonstruktion ihres Miteinanderumgehens konnten die Studentinnen die von ihnen umgesetzten ‚Verfahren' des schrittweisen Sich-Öffnens, des schrittweise Sich-kommunikativ-Verzahnens und des kommunikativen Sich-Abschließens nach außen als Bedingungen dafür erkennen, dass sie miteinander vertraulich ihre Erfahrungen von der ICEUS-Lebenswelt austauschen konnten und ausgetauscht haben und dann in der zweiten Arbeitsphase die Auswertung hin zu einer Theorie der ICEUS-Lebenswelt kooperativ betreiben konnten. So wird dann auch zum Abschluss in dem gemeinsamen Untersuchungsbericht festgestellt: „Nach unserem Gespräch haben wir sehr gut zusammen gearbeitet und jede hat seinen Teil der Arbeit ernst genommen (was nicht immer stattfindet bei der Gruppenarbeit). Es war toll zu sehen, wie nahe wir uns gekommen sind und wie viel Respekt zwischen uns sich entwickelt hat." In der Sache machten die Studentinnen in der Rekonstruktion analytisch und reflexiv die Erfahrung, dass es für die interkulturelle Verständigung keine wechselseitigen Offenlegungen kultureller Merkmale, die dann schnell zu Stereotypisierungen führen, braucht. Die vier Studentinnen haben erkennen können, dass die Basis einer Verständigung in interkulturellen Arbeitsgruppen im situativ umsichtigen wie sensiblen und im wechselseitig akzeptierenden Aufeinanderzugehen gelegt wird und dass sich erst im direkten Gespräch sukzessive das Vertrauen aufbaut, das dann eine kreative Zusammenarbeit gerade auch in den weiteren, hier für diesen Fall nicht mehr beschriebenen Arbeitsphasen ermöglicht[4].

3 Lehren für die Lehre

Die hier vorgestellte kleine lebensweltanalytische Ethnographie zur Gruppenarbeit in internationalen ICEUS-Studiengruppen hat mit den ersten drei Fallgeschichten einen Eindruck von der Problemstruktur entsprechender Gruppenarbeit vermittelt. Mit der letzten Fallgeschichte ist dann etwas eingehender an einer recht speziellen, auf die lebensweltanalytisch selbstreflexive Theoriebildung ausgerichteten Variante interkultureller Gruppenarbeit wie unter einem Vergrößerungsglas angedeutet, wie sich die zuvor illustrierte Tendenz zur Etablierung von Kontaktvermeidungsstrategien (auch für verordnete thematisch nicht selbstreflexive Gruppenarbeit) durchbrechen lässt: Angeregt ist (mit der 4. Fallgeschichte) die Einrichtung von interkulturellen Lerngruppen, deren TeilnehmerInnen anzuhalten sind, *begleitend* aus dem dialogischen Zusammenspiel einen authentischen interkulturellen Erfahrungsraum und einen auf wechselseitiger Akzeptanz beruhenden situativen Kontext aufzubauen. So soll eine offene und vertrauensvolle Zusammenarbeit möglich werden. Gelingt die Einrichtung eines solchen Erfahrungsraums, so verspricht er in einem besonderen Sinne Nachhaltigkeit: (a) Die Bearbeitung von Interkulturalität kann dann zur Einübung in eine Haltung wechselseitigen Respekts

4 Die hier vorgelegte, explorative Analyse erhebt keinen Anspruch auf Vollständigkeit, da im Sinne des analytischen Fokus weitere, ggf. erklärende Kontextvariablen nicht mit in die Untersuchung einbezogen wurden. Denn auch wenn hier der Fokus auf der Rekonstruktion und Darstellung des interkulturellen Vergemeinschaftungsprozesses lag, gibt es sicherlich auch weitere Faktoren, die den Vertrauensaufbau maßgeblich beeinflusst haben könnten wie beispielsweise die Tatsache, dass sich alle Protagonisten in einer Altersgruppe befinden, alle dem gleichen Geschlecht angehören und in Bezug auf ihren Bildungsgrad aus einem nationalübergreifend zumindest ähnlichen soziokulturellen Milieu stammen.

führen; die Erfahrungen verankern sich nachhaltiger in dem Erfahrungshaushalt der einzelnen Persönlichkeiten; Stereotypisierungen werden so vermieden, weil die Bewältigung einer konkreten Echtsituation im Vordergrund steht. (b) Aufbauend kann die Erfahrung gemacht werden, dass die in einem solchen Erfahrungsraum erworbenen interkulturellen Erfahrungen und Kompetenzen ein kreatives, von Synergieeffekten durchzogenes interkulturelles Arbeitsklima fundieren. (c) Im Falle eines Studiums ‚Intercultural Communication' kann – wie im Fall 4 – auf entsprechende Erfahrungen und Kompetenzen auch noch thematisch zurückgegriffen werden, was dann besondere Effekte von Nachhaltigkeit beim Erwerb von theoretischem Wissen zur Folge hat.

Ein solcher ‚situierter Lernansatz' (Kammhuber 2010; Otten/Hertlein 2012) lässt sich aber in der Regel nur umsetzen, wenn er – wie in unserem letzten Beispiel – von der Seminarleitung getragen wird. Sie, die Seminarleitung, nimmt dabei so etwas wie eine mediatorische Rolle ein, und sie lässt der Improvisation bei der Bildung des Curriculums einen breiten Raum. Das Curriculum muss also flexibel gestaltet sein und so offen werden für die dialogische Einbeziehung der Interkulturalität der Lerngruppe (Schröer 2012; Hinnenkamp/Schröer 2012). Die ‚angeleitete' Improvisation als didaktische Kernressource dieses Konzepts ist zunächst deshalb vonnöten, weil die Zusammensetzung der Lerngruppen (auch kulturell) kontingent ist. Zudem ist die Bildung interkultureller Erfahrungs- und Verständigungszusammenhänge nicht wirklich ausrechenbar und die sich bietenden Chancen werden von den Studierenden lernkulturbedingt und in Anbetracht des Erfolgsdrucks allzu häufig nicht gesehen (siehe Fälle 1-3). Es bleibt so nichts anderes möglich, als dass die Seminarleitung jeweils aus der Studiensituation heraus solche „Interkulturräume" schafft – und das geht nicht ohne weitreichende Improvisationen. Gelingt eine solche Mediation, dann stehen nicht mehr ‚monologische' Konzepte der Außenthematisierung von Kultur und kulturellen Zuschreibungen im Vordergrund. Vielmehr sind es die dialogischen Formen der Auseinandersetzung und Verständigung, die einen interkulturellen Diskurs generieren, in dessen Mittelpunkt neben der zu bearbeitenden Thematik auch die interkulturelle Neugierde und Lernbereitschaft Platz hat und die Wahrnehmung, Etablierung und Reflexion interkultureller Erfahrungsräume möglich wird.

Literatur

Agar, Michael (1994). The Intercultural Frame. In: International Journal of Intercultural Relations, Vol. 18.2, S. 221-237

Auernheimer, Georg (2006). Kulturwissen ist zu wenig: Plädoyer für ein erweitertes Verständnis von interkultureller Kompetenz. In: Antor, Heinz (Hrsg.). Inter- und transkulturelle Studien. Theoretische Grundlagen und interdisziplinäre Praxis. Heidelberg: Universitätsverlag Winter, S. 145-160

Bettmann, Richard (2016). Interkultur in Organisationen. Zur kommunikativen Konstruktion interkultureller Teams. Wiesbaden: Springer VS

Cathcart, Abby & Dixon-Dawson, John & Hall, Robert (2006). Reluctant Hosts and Disappointed Guests? Examining Expectations and Enhancing Experiences of Cross Cultural Group Work on Postgraduate Business Programmes. In: International Journal of Management Education, Vol. 5.1, S. 13-21

Chang, Heewon (2008). Autoethnographie as Method. Walnut Creek California: Left Coast Press

Ellis, Carolyn & Adams, Tony E. & Bochner, Arthur P. (2010). Autoethnography: An Overview [40 paragraphs]. In:Forum Qualitative Sozialforschung / Forum: Qualitative Social Research, 12(1), Art. 10, http://www.qualitative-research.net/index.php/fqs/article/view/1589/3096

Fachbereich Sozial- und Kommunikationswissenschaften an der Hochschule Fulda (2008). Reakkreditierungsantrag für den Studiengang ICEUS. Fachbereich für Sozial- und Kulturwissenschaften, Hochschule Fulda

Fischer, Veronika & Kallinikidou, Desbina & Stimm-Armingeon, Birgit (^{3}2007). Handbuch interkulturelle Gruppenarbeit. Schwalbach/Ts.: Wochenschau Verlag

Honer, Anne (1993). Lebensweltanalytische Ethnographie. Wiesbaden: DUV

Honer, Anne (2000). Lebensweltanalyse in der Ethnographie. In: Flick, Uwe & Kardoff, Ernst von & Steinke, Ines (Hrsg.). Qualitative Forschung. Ein Handbuch. Reinbek bei Hamburg: Rowohlt, S. 194-203.

Hinnenkamp, Volker & Schröer, Norbert (2012). Interkulturalität als Ressource und Potenzial im Studienalltag im internationalen Masterstudiengang ICEUS. Vortrag auf der Tagung der LMU München zum Thema „ Interkulturalität und kulturelle Diversität" im Goethe-Institut München am 1.12. 2012

Hinnenkamp, Volker & Platzer, Hans (2013). Einleitung: Interkulturalität und Europäische Integration. In: Dies. (Hrsg.). *Interkulturalität und Europäische Integration*. Stuttgart: Ibidem, S. 11-52

Kammhuber, Stefan (2010). Interkulturelles Lernen und Lehren an der Hochschule. In: Hiller, Gundula Gwenn & Vogler-Lipp, Stefanie (Hrsg.). Schlüsselqualifikation Interkulturelle Kompetenz an Hochschulen – Grundlagen, Konzepte, Methoden. Wiesbaden: VS Verlag, S. 57-72

Mall, Ram Adhar (2000). Interkulturelle Verständigung – Primat der Kommunikation vor dem Konsens? In: Ethik und Sozialwissenschaften, Jg. 11.3, S. 337-350

Mall, Ram Adhar (2006). Von interkultureller Kompetenz zur interkulturellen Verständigung. In: Antor, Heinz (Hrsg.). Inter- und transkulturelle Studien. Theoretische Grundlagen und interdisziplinäre Praxis. Heidelberg: Universitätsverlag Winter, S. 109-118

Otten, Matthias & Hertlein, Sandra (2012). Begründung und Anforderungen der interkulturellen Kompetenzvermittlung im Hochschulstudium. In: Draheim, Kristin & Liebetanz, Franziska & Vogler-Lipp, Stefanie (Hrsg.). Schreiben(d) lernen im Team. Ein Seminarkonzept für innovative Hochschullehre. Wiesbaden: VS Verlag, S. 177-188.

Schröer, Norbert (2012). Teaching Intercultural Communication. Improvisation als didaktischer Kern einer interkulturellen Qualifizierung in Hochschulen. (CD-Rom-Beitrag) In: Soeffner, Hans-Georg (Hrsg.). Transnationale Vergesellschaftungen. Verhandlungen des 35. Kongresses der Deutschen Gesellschaft für Soziologie in Frankfurt/M. 2010. Wiesbaden: VS Verlag

Weidemann, Doris (2007). Akkulturation und interkulturelles Lernen. In: Straub, Jürgen & Weidemann, Arne & Weidemann, Doris (Hrsg.). Handbuch interkulturelle Kommunikation und Kompetenz. Stuttgart/Weimar: Metzler, S. 488-498

Xun Luo & Sebastian Kück (2011). Gibt es Lernstile, die kulturspezifisch sind? Eine interkulturelle Annäherung an das Lernstilkonzept anhand einer vergleichenden Untersuchung am Beispiel deutsch-chinesischer Studenten. In: Interculture Journal, Jg. 10, Ausgabe 15, S. 37-61

Interkultureller Unterricht als interkulturelle Praxis?

‚Rich Points' als niedrigschwellige Forschungspraxis von ‚languaculture'-Erkundungen

Volker Hinnenkamp

"Rich points signal where the languacultural action is."
(M. Agar 1994b, S. 106).

Der Aufsatz beschäftigt sich mit dem Konzept von sog. Rich Points in der ‚languaculture' und wie in einem internationalen Master-Kurs zur Interkulturellen Kommunikation die internationalen Studierenden an dieses Konzept als eigenständige Forschungsaufgabe herangeführt werden. Diskutiert werden Pfade zur Entwicklung von Rich Points, Versuche und Beispiele von Rich Points und welche Rolle sie in einem dialogischen Konzept von interkulturellem Unterricht einnehmen können.

1 Lernen in einer sprachlich und kulturell heterogenen Gruppe

Aus der Perspektive eines Lehrenden, der mit dem Fachgebiet Interkulturelle Kommunikation betraut ist, ist der Unterricht in einer international heterogenen Studiengruppe eine besonders reichhaltige Herausforderung, sind doch Lehr- und Lernsujet und die Studierenden in vielerlei Weise miteinander verquickt. Natürlich ist eine international heterogene Studierendenschaft noch keine interkulturelle, so wie ein Muttersprachler ja auch keine theoretische Kenntnis seiner Sprache hat und diese schon gar nicht so ohne Weiteres lehren könnte. Aber so wie die Auseinandersetzung mit eigener und fremder Sprache stets eine kreative Quelle in Lernfeldern von Sprache und Kommunikation darstellen kann, so können natürlich auch kulturelle Wissensbestände der Studierenden zur Ressource im Unterricht werden. Die Studierenden im Master-Studiengang „Intercultural Communication and European Studies“ (ICEUS) besuchen im ersten Semester wöchentlich ein vierstündiges Seminar zur Interkulturellen Kommunikation, in denen theoretische und methodologische Aspekte unter besonderer Berücksichtigung semiotischer und sprachpragmatischer Modelle im Vordergrund stehen. Das heißt, dass der Ansatz interkultureller Kommunikation in diesem Seminar eine starke Sprach- und Kommunikationsbezogenheit aufweist. Das Thema Interkulturelle Kommunikation an sich als auch insbesondere die sozio-, pragma- und ethnolinguistische Orientierung ist für viele der Studierenden ein Novum. Zwar haben in der Regel alle Studierenden ein – zumindest in Teilen – politikwissenschaftliches, sozial- oder kulturwissenschaftliches oder philologisches Erststudium hinter sich, allerdings wird diese schon breitgestreute Basis durch Stipendienvergabe, partneruniversitäre Vereinbarungen oder ausgewiesene Studieninhalte plus überzeugender Motivationsschreiben ausgereizt, so dass etwa auch der armenische Studiengang „Regie für Fernsehfilme und Fernsehprogramme“, oder der simbabwische Studiengang „Politics and Administration“, ein russisches Erststudium in Jura und ein kolumbianischer Studiengang zu „Finanzwissenschaft und Internationale Beziehungen“ dabei sein können – wenn auch in der Minderzahl. Viele Studierende haben oder entwickeln mit der Zeit Präferenzen unter den unterschiedlichen Kernfeldern des Studiengangs, wobei vor allem der europawissenschaftliche und der interkulturell bezogene Teil miteinander konkurrieren, was sich auch in den Themen der Abschlussarbeiten widerspiegelt. Da die jeweiligen Kohorten aus ca. 15 bis 17 unterschiedliche Nationalitäten zusammengesetzt sind, sind für die meisten – zumeist Zweidrittel – der Studierenden beide Unterrichtssprachen, Deutsch wie Englisch, keine Erst- oder Muttersprachen. Gleichwohl ein B2-Niveau Mindestvoraussetzung ist, ist die Gleichgewichtigkeit der beiden Studiersprachen nicht vollständig gegeben. Aber die sprachliche Vielfalt der Gruppe, die Ungleichverteilung von fremdsprachlicher Versiertheit sowie die klar besseren Ausgangsbedingungen von deutsch und/oder englisch muttersprachlichen Studierenden bildet eine weitere Herausforderung für alle Beteiligten. Soweit ein paar Bemerkungen zu einigen der Heterogenitäten, mit denen man als Lehrender und natürlich erst recht als Studierender bei ICEUS konfrontiert wird.

Das Seminar „Intercultural Communication: Semiotic and Pragmatic Models“ versteht sich als ein theoretischer und methodologischer Aufriss des kommunikationsbezogenen Feldes Interkulturalität, will hier also einführend einen Einblick in die einschlägige interkulturelle Forschung bieten. Der Kurs ist Teil des Moduls „Communication, Intercultural Communication and Understanding the Cultural Other“ und mündet gemeinsam mit der zweistündigen Vorlesung „Soziale Kommunikation“ in eine anspruchsvolle Klausur. Die damit einhergehende eher als extrinsisch aufzufassende Motivation wird versucht durch intensive Einbeziehung der Studierenden intrinsisch zu unterstützen. Die Grundlagenlektüre in dem Seminar besteht aus anspruchsvollen, aber in der Regel nicht zu schweren und nicht zu langen Texten, die durch Handouts oder Videosequenzen und andere Medien unterstützt werden. Dabei stehen Theorie, Methode und exemplarische Fallstudien gleichgewichtig nebeneinander. Die Unterrichtgestaltung ist dialogisch, das heißt mit der Gruppe von ca. 30 Studierenden findet ein intensives Unterrichtsgespräch auf der Grundlage der jeweiligen Lektüre oder *assignments* (kleinere Hausaufgaben) statt. Gleichwohl die akademische Orientierung zum Thema Interkulturalität für viele neu ist, haben die meisten Teilnehmenden bereits einen kleinen Vorgeschmack durch die Kennenlern-Exkursion vor Vorlesungsbeginn erhalten (vgl. Gersemann in diesem Band). Denn dort wurden unter anderem kleine sog. Critical Incidents zu interkulturellen Konfliktsituationen im internationalen Studienalltag diskutiert und Bezüge auf das bevorstehende Seminar hergestellt.

Eines der wichtigsten didaktischen Prinzipien ist es, den Dialog auf allen Ebenen des Unterrichts aufrecht zu erhalten bzw. immer wieder zu ermutigen. Zu diesem *dialogischen Prinzip* zählen aber auch stets die Reflektion von beteiligten Rollen sowie die Einbeziehung von vorhandenen Ressourcen. Nur ist dies kein Selbstläufer, sondern erfordert eine intellektuelle und beziehungsmäßige Spannung zwischen allen Teilnehmenden aufzubauen und am Leben zu erhalten, die es ermöglicht nicht nur Fragen zu stellen, kritische Anmerkungen zu machen, sondern auch den Transfer von der Lektüre oder den Diskussionspunkten auf die sozusagen im Seminar ‚versammelte Praxis' zu machen, nämlich kulturelle bzw. im Zusammenhang der Diskussion relevante Wissensbestände der Studierenden zu triggern, bis hin zur Einbeziehung deren eigener ‚interkultureller' Erfahrungen, mitunter sogar der eigenen Betroffenheiten. Oft führt dies von der Lektüre hin zu völlig neuen Aspekten der eigenen Erfahrung, die wiederum weitere Erzählungen auslösen, die dann aber wieder auf theoretischer oder methodologischer Ebene ‚eingesammelt' und zum Lektüretext zurückgeführt werden müssen. Damit entsteht eine oftmals spannende und stets intensive Unterrichtsatmosphäre zwischen Wissensvermittlung und Feedback gespickt mit eigenem Erfahrungswissen. Man könnte dieses Zusammenspiel von unterrichtlichem Sujet und der Elizitierung kultureller Wissensbestände und deren erneuter dialogischer Einbeziehung als Unterrichtssujet etc. als eine Art interkulturell „autopoietische Feedbackschleife" bezeichnen (vgl. Fischer-Lichte 2004). Bestenfalls heißt das, dass sich jeder Beitrag spiralförmig zu einem wechselseitig befruchtenden Feedback auswächst.

2 Kultur, Sprache und *Rich Points*

2.1 Unbekannte *frames* als *Rich Points*

Neben dem lebendigen Unterrichtsgeschehen zwischen kritischer Reflektion des Lektürestoffes und den eigenen Erzählungen gilt es aber auch methodologisch die Studierenden zu ersten kleinen Forschungen zu ermutigen. Einer der ersten im Seminar diskutierten Texte stammt von dem US-amerikanischen Anthropologen Michael Agar und beschäftigt sich mit „Intercultural Frames". Dieser Text wurde bereits 1994 im „International Journal of Intercultural Relations" veröffentlicht und geht auf eine L.A.U.D.-Tagung in Duisburg im März 1992 zurück. Der Text ist mittlerweile ein Klassiker in der Gattung der kleinen Einführungen, gespickt mit vielen kleinen theoretischen und methodologischen aber auch provokanten Avancen – ganz in der Tradition Agarscher Stilistik. Da auf einem Vortrag basierend ist der Aufsatz locker und leicht verfasst, gefüllt mit Beispielen und zudem in der Ich-Form erzählt. Agar nennt viele Probleme beim Namen, von der Beschränktheit des „standard model of quantitative social research" (1994a, S. 222) bis hin zu Kulturdefinitionen à la Kroeber und Kluckhohn (1966), die er schlicht als „philosophical nightmare" bezeichnet (S. 225). Am Beispiel seiner eigenen Forschung in Mexiko stellt Agar zwischen unterschiedlichen kulturdifferenten Phänomenen (über die er stolpert) Bezüge zu Erwartungshaltungen und weiteren Kontexten her, die er Rahmen, *frames*, nennt. Rahmen – ganz allgemein und in aller Kürze – stehen für kollektiv geteilte kognitive Konstrukte, die Sachverhalte der unterschiedlichsten Art sowohl in einen spezifischen wiedererkennbaren Kontext verorten als sie auch von anderen Rahmensetzungen abgrenzen.[1] Nach Agar können solche Rahmensetzungen ganz unterschiedlicher Natur sein, etwa lexikalisch, stilistisch, politisch oder historisch. Damit bilden *frames* ein Ordnungskonstrukt, das hilft Sachverhalte oder auftauchende Probleme zu benennen und diese kontextuell einzuordnen. Und es sind genau diese Einordnungsverfahren, die auf etablierte Wissensbestände zurückgreifen – eben auch auf kulturelle –, die sich in neuer, fremder, unvertrauter Umgebung u. U. als mit den eigenen, vertrauten *frames* nicht passfähig herausstellen, folglich unverstanden bleiben oder missverständlich interpretiert werden. Wenn die ‚alten' Rahmensetzungen also nicht mehr funktionieren, müssen folglich neue Rahmen gefunden werden, in die eine Beobachtung, ein Sachverhalt, ein Ereignis etc. eingeordnet werden können.

1 In Agar 1994b (S. 130-139) geht er ausführlich auf die unterschiedlichen Ansätze der frame-Theorien ein.

> "To build the new frames, you have to realize that your old frames, ones that you may not have known you had, are only one of a number of possibilities, an arbitrary rather than a 'natural' way of seeing, thinking, and acting." (1994a, S. 232)

Und weiter bedeutet dies im Zusammenhang mit Agars Konzeptionalisierung von Kultur als intersubjektive Differenzrahmung[2] die *diskursiven* Bruchstellen ausfindig zu machen:

> "If *culture* does not mean what it used to, what could it mean now? In particular, what could it mean that would make sense to an ICP [Intercultural practioner, V.H.]? From his or her viewpoint, the *culture* in *intercultural communication* solves a problem. What is the problem? The problem is that a group of people engaged in a common task cannot perform or complete it. Then follows the critical ICP assumption: The *discourse that embodies the task links to different frames of interpretation.* The differences can range from a single lexical item all the way up to basic premises about how the world works. From the ICP assumption follows the ICP solution: *Find the locations in discourse where the differences occur and make the frames that explain the differences explicit.*" (1994a, S. 226f.; Hervorhebungen im Orig.)

Mit der expliziten Verortung *im Diskurs* entwickelt Agar ein weiteres wichtiges Konzept, nämlich dass ganz im Sinne von Edward T. Hall Kommunikation und Kultur (vgl. Hall 1959) nicht einfach getrennt werden können, dass die Fundstellen der Differenz stets *im Diskurs verortbar* sind, mitunter in Begriffen aber auch in Konzepten, die sich hinter Worten, Sprechakten, Konversationen, Ritualen, der Gestik, gar dem Schweigen auftun. Weil diese Stellen stets in der einen oder anderen Form versprachlicht sind bzw. kommuniziert werden, spricht Agar hier von *languaculture*, eine ins Deutsche schwer übersetzbare morphologische Verschmelzung von *language* und *culture*. Heringer (2004) spricht von „Kultur in Sprache", ich selbst an anderer Stelle von „loci of culture-in-communication" (Hinnenkamp 2009, S.189ff.), aber die mit der Verschmelzung geschaffene Einheit erfährt somit eine gefäßmetaphorische Einordnung, so als sei die Kommunikationsstruktur eine manifeste Fundstelle von Kultur. Die interessanten, oftmals ‚tiefer' liegenden Differenzen bzw. dahinter aufscheinenden Konzepte nennt Agar *Rich Points* – ein Konzept, das Agar in mehreren seiner Publikationen ausführt. „Rich points are those surprises, those departures from an outsider's expectations that signal a difference

2 "Culture is not something people have; it is something that fills the spaces between them. And culture is not an exhaustive description of anything; it focuses on differences, rich points, differences that can vary from task to task and group to group." (Agar 1994a, S. 236); "(...)that's what culture is, knowledge one constructs to show how acts in the context of one world can be understood from the point of view of another world" (Agar 2009, S. 115).

between LC1 [languaculture 1, V.H.] and LC2 and give direction to subsequent learning“ (Agar 2006, S. 2). Das Adjektiv ‚rich‘ versteht sich dabei durchaus im Sinne von „tasty, thick, and wealthy“ (Agar 1994b, S. 100).[3]

> “When you encounter a new language, some things are easy to learn. You just patch on some new lexical items and grammatical forms and continue listening and talking. A ‘fork‘ is a ‘tenedor‘ in Spanish and that is about it. Other things are more difficult, but with a little effort the differences from one language to another can be bridged. (…). But *some* things that come up strike you with their difficulty, their complexity, their inability to fit into the resources you use to make sense out of the world. These things–from lexical items through speech act up to extensive stretches of discourse–are called *rich points* (…). Rich points are rich because of the intricate web of associations and connotations that they carry with them, webs that have no corresponding echoes in your own language. Rich points (…) are the linguistic tip of the cultural iceberg, the locations in discourse where major cultural differences are signalled. To understand rich points, new *frames* of interpretation have to be built.” (Agar 1994a,S. 231f.)

2.2 *Rich Point*-Beispiele

Nun sind eigenkulturelle oder fremdkulturelle Fundstellen natürlich unterschiedlich ergiebig, reichhaltig, je nachdem was sie sozusagen an *languacultural* Substanz aufzubieten haben. Agar selbst diskutiert mit (dem viel zitierten) Beispiel *Schmäh* (Agar 1994b und 2009) einen Begriff bzw. ein Konzept, mit dem er in seiner Zeit als Gastprofessor an der Universität in Wien immer wieder konfrontiert worden ist. Denn was bedeutet *Schmäh*? Wie wird es verwendet? Was ist hinter dem, was als *Schmäh* bezeichnet wird oder werden könnte, verborgen? Was legt es an kulturellem Wissen offen, um es einerseits richtig zu verstehen, aber andererseits auch richtig anwenden zu können? Agar stellt fest, dass diejenigen Worte, Begriffe, Sprechakte oder Handlungen, die Rich Points darstellen, in der Regel sehr verbreitet sind, aber dass (zunächst) keinerlei Bewusstsein über ihre Reichhaltigkeit besteht. Erst mit der Nachfrage zur Bedeutung mag sich ein Wort etc. als zunächst sperrig entpuppen, wenn man sehr unterschiedliche, oft ungenaue, gar widersprüchliche Erklärungen (oder eben keine) dazu erhält. Agar nennt dies die ersten Verdachtsmomente, dass sich hinter dem oberflächlichen Gebrauch Tieferes verbergen könnte. Ein wunderschönes

3 Heringer (2004/⁴2014) hat das Agarsche Konzept mit „Hotspots“ und „Hotwords“ als semantisches Konzept übernommen. Natürlich gibt es Ansätze, die – grosso modo – eine Verwandschaft aufweisen, z. B. die frühen Arbeiten von Müller(-Jacquier) (1981, 1990, 1994) oder der ethnosemantische Ansatz von Wierzbicka (1997, ²2003). Aber insgesamt sind die Unterschiede größer als die Gemeinsamkeiten, so wie es eben einen Unterschied zwischen lexikologischen und ethnografischen Ansätzen gibt.

Beispiel ist das iranische Konzept *tarof* – es war auch Gegenstand unterrichtlicher Rich Point-Diskussion mit einer Studentin aus dem Iran –, zu dem es auch das eine oder andere Video auf Youtube gibt, besonders erhellend in dieser Hinsicht ist die Sequenz, in der alle Beteiligten erstmal ihre Hilflosigkeit zeigen, wie man es nun erklären soll.[4] Auch in anderen Videos wird es vor allem durch Beispiele erklärt.[5] Als Ethnograph geht Agar systematisch vor: Er beobachtet Gespräche, Anekdoten und Situationen, in denen *Schmäh* vorkommt oder die irgendwie im Urteil der Akteure unter die Kategorie *Schmäh* fallen (denn *Schmäh* muss nicht Erwähnung finden; es kann im Nachhinein als solches kategorisiert werden). Agar führt weiterhin verschiedene Interviews dazu durch, macht mit seinen Studierenden in Wien gar ein kleines Lehrforschungsprojekt daraus. In der langsamen Annäherung an das Konzept entpuppt es sich als so etwas wie eine Lebenshaltung, „a view of the world that rests on the basic ironic premise that things aren't what they seem, what they are is much worse, and all you can do is laugh it off" (Agar 1994b, S. 104). Rich Points weisen also unterschiedliche Reichhaltigkeiten, Ergiebigkeiten auf. Ergiebig sind Rich Points vor allem dann, wenn sie relevantes kulturelles Wissen aufschließen, wenn durch die Beschäftigung mit potentiellen Rich Points nach und nach immer mehr Schichten des selbstverständlichen Gebrauchs sichtbar werden und schließlich gar ‚tiefere' kulturelle Wissensbestände sich dahinter offenbaren – und damit natürlich auch die Frames sich verändern: mal als Ironie, mal als Kritik, mal als Witz, mal als Provokation etc. Ich vergleiche diese Aufdeckungsprozedur gerne mit einem Stein, der ins Wasser geworfen wird und immer größere Kreise auf der Wasseroberfläche zeichnet.

3 Über den mühseligen Prozess Rich Points zu finden …

3.1 Erste Annäherungen

Die Diskussion um Rich Points ist integraler Bestandteil der Diskussion des Agarschen Lektüretextes. Zusätzliche Beispiele, wie Agars Diskussion von *Schmäh*, aber auch eigene Beispiele werden vorgestellt und es wird aufgezeigt, wieso und inwieweit es sich dabei um Rich Points handelt. Grundlage der weiteren Diskussion

4 Vgl. https://www.youtube.com/watch?v=e_qkgoO-pPM (ab 1:17ff)

5 Vgl. z.B. https://www.youtube.com/watch?v=u5oX2n1-diA

bildet folgendes kleines Critical Incident:[6] Ein junges Touristenpaar wird spontan von Einheimischen nach Hause eingeladen und dort verköstigt. Aus Dankbarkeit machen sie ihren spontanen lokalen Gastgebern am nächsten Tag ein Geschenk, das allerdings empört und beleidigt abgelehnt wird und das junge Paar ratlos zurücklässt. In der Unterrichtsdiskussion stoßen nun viele unterschiedliche Meinungen zu dieser kleinen Geschichte, dem interkulturellen Critical Incident, aufeinander, eben auch Auffassungen, was für eine Art Geschenk es wohl war, wann und wie und wem dieses überreicht wurde. Vorgebracht wird aber auch die Position, dass das Geschenk überflüssig sei, weil ja Gastfreundschaft bedingungslos sei, auch dass damit Gastfreundschaft quasi ‚in Wert' gesetzt werde. Dem wird gegenüber gestellt, dass es weniger um den Wert als um die Geste gehe. Das Verb *paying back* kommt ins Spiel, es wird auf die ökonomische Deutung hingewiesen, natürlich werden eigene kleine Stories zum Besten gegeben, über gefühlte Einladungen und dass man dann aber dennoch selbst zahlen muss; über Bezahlmodi in Kneipen und Restaurants, die prinzipiell unter allen Beteiligten geteilt werden oder nach ‘deutscher Rechnung‘, akribisch nach individuellem Verzehr, einzeln abgerechnet werden[7]. Zu allen Punkten gibt es differenzierte Meinungen, und natürlich werden situative Faktoren und Fragen von Status und Distanz der Beteiligten in Betracht gezogen. Klar wird, es handelt sich um einen Rich Point, der weitere Rich Points in der Diskussion offenlegte. Als besonders reichhaltig entpuppt sich für die Deutung des Incidents schließlich die Institution des *Sich revanchierens* bzw. das angelsächsische *paying back*. Hier sind vor allem die „westlichen" Studierenden gefragt und es entpuppt sich in der Diskussion, dass dahinter das Konzept des Sich-Entschuldens steht, dass man Anderen zumal nichts schuldig bleiben sollte, was wiederum stark mit dem Bedürfnis nach Autonomie und Individualität in Verbindung gebracht werden kann. Demgegenüber wird ein eher „östliches" System in Stellung gebracht, nämlich „Schuldnerschaft" als sozial nachhaltige Obligation, als ein wichtiges Element ein nachhaltiges Beziehungsnetz von Verpflichtungsverpflichtungen herzustellen, das auch langfristig Wechselseitigkeit, Verlässlichkeit und Bindung

6 Zur generellen Diskussion von interkulturellen Critical Incidents vgl. z. B. Bertallo et al. 2004; rezent etwa Fetscher 2015; kritisch Hinnenkamp 2000. Interkulturelles Critical Incident bedeutet hier erst einmal „kleine Geschichte, in der etwas passiert, über das die Akteure stolpern." Sie dienen so als Grundlage für ganz unterschiedliche Diskussionen und Reflektionen. Klassisch ist es eine m.E. beschränkte Methode, anhand derer mittels kleiner Fallgeschichten (ideal)typische Fallstricke oder (ideal)typische – zumeist leider stereotypische – interkulturelle Missverständnisse dargestellt werden, zu denen es dann eine Auswahl an Erklärungen gibt, von denen eine die richtige ist und in Kürze die (kulturellen) Gründe für das Missverständnis darlegt.

7 Vgl. dazu auch den Rich Point (10) in Kap. 4.

impliziert. Natürlich können die unterschiedlichen Diskussionsfacetten zu diesem Thema hier nur kursorisch dargestellt werden. Aber es ist festzuhalten, dass wir von einer kleinen interkulturellen Geschichte bei einem derartig ‚tiefen' und ‚fetten' Rich Point gelandet sind, der bis zu verinnerlichten und selbstverständlichen sozialen und kulturellen Wissenssystemen von – hier greife ich auf ein ungeliebtes bipolares aber plakatives Modell zurück – ‚individualistischen' und ‚kollektivistischen' Bindungsprämissen führt (vgl. Triandis & Gelfand 2011).

3.2 Von der Theorie zu eigenen Rich Point-Versuchen

Handelte es sich bei Agars *Schmäh*-Beispiel um ein top down-Element der Diskussion, als illustratives Beispiel eines Rich Points, so stand bei der Diskussion des Rich Points *sich revanchieren/ paying back* die eigenständig diskursive und dialogische Entwicklung des Rich Points im Vordergrund, folglich kann man hier von einem bottom up-Verfahren sprechen. Indes bildet diese Diskussionen nur einen Einstieg in die Aufgabenstellung selbst einen Rich Point zu finden und diesen schriftlich festzuhalten und bei Bedarf im Seminar zur Diskussion zur stellen. Prinzipiell erhalten die Studierenden damit eine erste kleine Forschungsaufgabe, die sie selbständig zu bearbeiten haben, wenn auch eine niedrigschwellige, in der sie Erkenntnisse aus der theoretischen Diskussion in eine eigene kleine Forschungspraxis transferieren müssen: schlüssige Rich Point-Kandidaturen zu finden. Einen klaren Vorzug werden denjenigen Rich Points gegeben, die im Agarschen Sinn zu offensichtlich neuen Rahmen-Interpretationen der LC2 führen, mithin auch den möglichst ‚hohen' Kriterien des Aufschlusses ‚tiefen' kulturellen Wissens Tribut zollen, denn „Rich points crop up on the surface and signal the vast wealth below" (Agar 1994b, S. 108).

Dieser Weg ist jedoch ein sperriger. Da ist zunächst die Sperre aus bzw. nach theoretischer Diskussion eigene lebensweltliche Erfahrungen zuzulassen. Somit ist diese Aufgabe keineswegs leicht zu bewältigen, denn eine bislang in der Regel nicht reflektierte Praxis soll nunmehr mit theoretischen Ansprüchen verknüpft werden. Was sich diskursiv und im wechselseitigen Ermutigungen in der Unterrichtssituation, zudem unter Anleitung des Lehrenden, anekdotisch leicht ausnimmt, wird nunmehr zu einer mit akademischen Ansprüchen konventionellen Studienleistung – zumindest in den Augen einiger; zudem einer monologischen Leistung unter der studienleistungsbezogenen Fragestellung „Gibt es etwas in meiner bisherigen interkulturellen Erfahrung, was hier passen könnte?". Die Aufgabe wird zu einer ersten und durchaus ernsten Herausforderung, zudem insbesondere für diejenigen, die mit Interkultureller Kommunikation bislang fachlich und reflektorisch wenig zu tun hatten. Hier stellt sich auch die didaktisch-methodische Frage, ob die theoretische Einführung nicht auch Standards festlegt, die die Studierenden unter Druck setzt. Welch tiefgreifende Spuren die Rich Point-Debatte letztendlich hinterlässt, zeigt sich immer wieder daran, dass bislang bei fast allen Abschlussreden der ICEUS-Studiengänge die intensiven und oft auch frustrierenden Rich Points-Diskussionen als zu erinnerndes Element – im Ertragreichen wie im Mühseligen – Erwähnung finden, gleichwohl sie im ersten Semester behandelt wurden. Dies verweist auch auf die Nachhaltigkeit dieser unterrichtlichen Reflektionen.

Ermutigung im Findungsprozess soll der Stufenmodus sein, nämlich Rich Points zunächst als Kandidaten solcher zu sehen. Denn oft entpuppt sich erst in der Debatte selbst, ob und wie viel *richness* vorhanden ist. Kann diese nicht überzeugen, wird zu weiteren Versuchen ermutigt. Die Länge der Ausführungen ist nicht vorgegeben. Mitunter handelt es sich bei den Erstversuchen um die Diskussion mehrdeutiger Wörter aus der LC1 oder LC2; beliebt sind Kontaktrituale und semantische Füllwörter bis hin zu Modalpartikeln im Deutschen. Die Orientierung auf solche meist mehrdeutigen oder polyfunktionalen lexikalischen Elemente liegen nahe, da sie oftmals aus einer Fremdsprachenlernperspektive überformt sind. Zudem erregen solche Stellen im alltäglich erfahrenen Diskurs Aufmerksamkeit, die zunächst nicht mehr als einfache rekurrente Routinen zu sein scheinen, aber doch gleichzeitig in ihrer Vielheit, ihrem Variantenreichtum und ihrer verwirrenden diskursiven Funktion Aufmerksamkeit hervorrufen – wie etwa all die unterschiedlichen Grußformen. Eine deutsche Studentin verfasst ihren Rich Point am Beispiel der Vielzahl alltäglicher Teilnahme- und Beziehungsrituale, die sie im Türkischen kennengelernt hat, wie solche, die die Arbeit, das Kochen, das Wiedersehen, das Gelingen, das Verreisen, das Teilen der Freude etc. Anteil nehmend verbal begleiten (wie etwa der Imperativ „Kolay gelsin!" – „Möge es leicht sein!", wenn man bei arbeitenden Menschen vorbei geht). Ihre Vielzahl und ihr Anwendungsskopus ist zweifelsohne reich, wenn auch relativ eng festgelegt; ihre Funktionen drücken darüber hinaus auch ein Konzept von Höflichkeit, von ritueller Anteilnahme und Kompetenz aus und bilden so gleichzeitig eine Fassade der Anteilnahme, eine Goffman'sche *frontstage*, die verdeckt, was in der *backstage* vonstatten geht.[8] Ihre Wahrnehmung in der LC2 führt in der Diskussion aber wieder zurück zur Reflektion solcher Phänomene in der LC1 bzw. in anderen *languacultures.*

Funktionaler Reichtum ist natürlich nicht mit semantischem oder kulturellem Reichtum gleichzusetzen, auch wenn die Übergänge mitunter fließend sind. Mit-

8 Vgl. Goffman 1956. In den Filmen des preisgekrönten türkischen Regisseurs Nuri Bilge Ceylan kommt diese Ambivalenz in vielen Szenen zum Einsatz, zuletzt wieder in „Winterschlaf" („Kış Uykusu"; Türkei 2014).

unter tritt erst in der ‚heißen' Debatte die Ergiebigkeit zu Tage und macht solche Unterscheidungen obsolet – siehe einige der Beispiele im Anhang. Es ist kaum überraschend, dass ich als Lehrender somit ständig herausgefordert bin zu beurteilen, inwieweit ein Rich Point vorliegt bzw. als wie nachhaltig ergiebig das beschriebene Phänomen einzuschätzen ist. Es ist gleichsam auch stets eine Lehrstunde für mich, da es meine eigene Befangenheit – aber auch Gefangenheit in vorgeblich sicheren Rahmen – offenlegt.

> "So how can we tell if something we don't understand, a rich point, is cultural or not? The answer is, we can't, not on the basis of just one occurrence (…). All we can know at first is that something we didn't understand caught our attention. It signaled a difference between us and what was going on at that moment. But then we need to compare and contrast across people and situations, *chase* the rich point, as I like to say." (2006, S. 6)

Gleichwohl die LC1 zu LC2-Perspektive präferiert wird, werden immer wieder – und mitunter vorzugsweise – solche Rich Points der eigenen *languaculture* verfasst, deren Reichtum mittlerweile bekannt ist, so wie das besagte *tarof* in Farsi oder *guanxi* im Chinesischen, *dating* im amerikanischen Englisch, *toasting* im Russischen, *bella figura* im Italienischen, *Gemütlichkeit* im Deutschen oder der *Malinche*-Komplex im Mexikanischen – um nur einige exemplarisch zu nennen. Auf diese Weise werden viele hoch interessante und aufschlussreiche Konzepte aus den *languacultures* der Studierenden zusammengetragen. Gleichzeitig drücken sie damit aber auch eine gewisse Befangenheit qua übernommener Außenperspektive aus, was heißt: Man weiß, dass diese Konzepte für Außenstehende, kulturell Fremde eine Besonderheit sind – bis hin zur Folklorisierung.

Die Studierenden vermerken mitunter, dass sie überhaupt das erste Mal über solche Institutionen und Konzepte nachgedacht haben, dass aber gleichzeitig eine stetig komparative Perspektive zu solche Fragen führt, was ‚Freundschaft' von ‚friendship' von ‚amistad' etc. unterscheide. Bezogen auf diese LC1 zu LC2-Perspektive ist „Duzen/Siezen" ein beliebter Rich Point, der mit Englisch und Koreanisch extreme Vergleichspole aufweist. Für viele ist ‚Ordnung' im Deutschen eine Augenfälligkeit, die – neben dem ethnostereotypischen Klischee "Ordnungsliebe" – zu Äquivalenzdiskussionen führt; Einrichtungen wie der „Stammtisch" (und „Stammtischgerede" etc.) oder „Schnäppchen" (und „Schnäppchenjäger") wurden als Rich Points aufgeführt. Dies führt zu dem Punkt, dass sich mit einem ersten Begriff oft ganze Handlungsfelder erschließen und Kontexte gefunden werden müssen, in denen die Begriffe passen – oder nicht passen. In der Regel lässt eine Bezeichnung X oder eine Handlung Y ein Konzept Z aufscheinen. Hier stoßen wir auf implizite Wissensstrukturen. Je wirkmächtiger diese sind, umso reichhaltiger! Agar hat aufgezeigt, dass ‚Schmäh' ja nicht dann ‚Schmäh' ist oder bedeutet, wenn der Begriff fällt, sondern dass eine Handlung oder Handlungsweise also solche bezeichnet werden könnte oder als solche aufgefasst wird oder von Dritten als solche klassifiziert wird. Das heißt, dass Begriffe Konzepte verbergen und diese gilt es aufzudecken. ‚Sich revanchieren' etwa setzt oft eine Haltung und Erwartung voraus, ohne dass es je zur Bezeichnung der Handlung kommt. Rich Points sollen also weit über Begriffsvergleiche hinausführen. Eine Aufgabe, die wie aufgezeigt, gleichwohl niedrigschwellig angesetzt, zu komplexen Ansprüchen einer Verbindung von Theorie und ‚interkulturellen' lebensweltlichen Erfahrungen der Studierenden führen kann.

Mittlerweile liegen Rich Point-Versuche aus 11 Jahrgängen vor. Da die Unterrichtssprache in diesem Seminar Englisch ist, werden auch alle Rich Points in Englisch verfasst. Im folgenden Teil will ich einige Studierende mit eigenen – durchaus überraschenden – Rich Points zu Wort kommen lassen. Dabei habe ich die LC1 zu LC2-Variante gegenüber den ‚eigenkulturellen' Betrachtungen den Vorzug gegeben, auch weil die Leserin/der Leser oftmals viele Rich Points, die anderen *languacultures* entstammen[9] vermutlich wesentlich schwieriger nachvollziehen kann.

4 Rich Point-Beispiele

Im Anhang werden exemplarisch einige Rich Points der Studierenden präsentiert. Sie geben auch einen kleinen Einblick, was bei der Rich Point-Debatte herauskommt: keine ‚Idealtypen', vielleicht keine ‚Schmäh'- und ‚Sich-revanchieren'-Reichhaltigkeiten. Der Weg vom Fall zum Konzept, oder nur der Schritt von der ‚language' zur ‚languaculture', womöglich zum dahinter sich verbergenden oder offen zu legenden ‚kulturellen' Reichtum ist kein einfacher. Er setzt ja voraus, dass Begriffe und Handlungen aus der Lebenswelt nicht partikular sind, sondern in einem kulturellen Bedeutungsgewebe integriert, ja versteckt sind, dessen Verstrickungen quasi offengelegt werden könnten – Rich Point-Arbeit. Was also so niedrigschwellig daherkommt, ist tatsächlich eine komplexe Aufgabe.

9 Da ICEUS soweit etwa Studierende aus 70 Nationalitäten absolviert haben (und damit natürlich noch weitaus mehr Sprachen im Spiel waren), ist die Anzahl der Rich Points entsprechend breit gestreut. So gibt z. B. sehr viele interessante Rich Points aus dem Russischen, dem Bahasa (Indonesien), dem Türkischen, Turkmenischen, Azeri, Albanischen oder Igbo (Nigeria) und viele mehr.

In den angehängten Rich Points kommen also die Studierenden selbst ‚zu Wort'. Die Beispiele zeigen auch das mögliche Spektrum von Herangehensweisen auf und – besonders wichtig – die kreative und sensible Sichtweise. Es sei erinnert an die selbstkritischen Anmerkungen bezüglich der Einschätzung der Ergiebigkeit der vorgeschlagenen Rich Points. Rich Points sind in doppelter Hinsicht eine interkulturelle Sensibilisierungsübung, da sie neben der Entdeckungsprozedur von *languacultural richness* eben gerade auch dazu motivieren, ja geradezu zwingen, aus der eigenen Perspektive sich mit der anderen, fremden Perspektive auseinanderzusetzen, wie aus diesem Blickwinkel Dinge gesehen, eingeschätzt, bewertet und beurteilt werden (könnten).

Aus den mittlerweile weit über hundert Rich Points habe ich genau zehn ausgewählt. Die Reihenfolge versucht sich von Interjektionen über Begrifflichkeiten über nonverbale Beobachtungen zu größeren Einheiten wie Sprechakten und Konzepten sozusagen empor zu arbeiten. Aber dieses formale Abfolgekriterium täuscht. Schon beim ersten Beispiel wird der vermeintlichen Lakonie des Wörtchens „Tja" eine Funktion zugeschrieben, die zumindest spekulativ in der „Wegschauen-Gesellschaft" mündet. Die meisten weiteren Rich Points nehmen eine vergleichende Perspektive ein, mitunter – wie in (10) – die eigene als ein quasi ‚natürliches' Vergleichsmaß. Hier wird „Individualismus" aus der eigenen kollektiven Selbstverständlichkeit mit dem in Europa angetroffenen Konzept in Beziehung gesetzt bzw. abgesetzt. Es ist in den meisten Fällen erstaunlich, was an kulturellem Wissen, mitunter stufenweise, freigelegt wird, wie sich der – oft überraschende – „vast wealth" äußert, der sich hinter manch unscheinbarem Gebrauch offenbart.

Der deutsche „Feierabend" (2) scheint als „innocuous word" Unverfänglichkeit zu suggerieren, verfängt dann aber als darunter liegendes – durchaus erhaltenswertes – qualitatives Zeitkonzept. „Although somebody has claimed that the German ‚sleepy Sundays' have been damaging and will continue to damage the economy of the country, I think that the rich concept of *Feierabend* should be preserved, and if I were a German, I'd continue to spend my Sundays reading books or wandering along mountain paths instead of filling my cart with useless things in a chaotic shopping center."

In (3) wird das „Grübeln" und die „Grübelei" schon fast zur selbstreferentiellen Pointe, da erst das Grübeln – unbewusst – zum Rich Point führt: „(...) surprisingly enough, I had found a rich point. But what have I done to come to this result? Why was it surprising? Actually I hadn't done anything. I have just been ‚grübelling'". Denn im Vergleich zum Nachdenken und Reflektieren fehle die Richtung, die Grübelei sei zeit- und ziellos, sie bleibe auch nicht bei einem Gegenstand, so die Beobachtung.

Wie begegnet einem „Familie"? In (4) wird aus der leiblichen Begegnung im Kontrast zur eigenen makedonischen Erfahrung ein beispielsreiches Porträt erstellt, das kernfamiliale Beziehungsstrukturen der LC2 mit denen der viel weiter gefassten der LC1 vergleicht und nicht nur bei der Anzahl von Mitgliedern stehen bleibt, sondern Rechte und Pflichten bis zur Raumverteilung miteinbezieht.

Die Frage „Ist hier noch frei?" (5) ist in der eigenen LC1 eine Geste, die die Höflichkeit gebietet, wenn man beispielsweise im Bistro keinen eigenen Tisch mehr findet, aber in der britischen LC2 gebietet die Höflichkeit, gar nicht erst auf die Idee zu kommen diese Frage zu stellen. So erfordert die neue Rahmung „etwas nicht zu tun", sich stillschweigend einen anderen Tisch zu suchen oder eben Verzicht zu leisten. Etwas tun oder etwas lassen als Rich Point scheint an sich wenig ergiebig, aber sieht man den Erwartungskonflikt mit der daraus sich ergebenden Fragestellung, so eröffnen sich doch neue, überraschende Rahmungsoptionen. Eine Studentin aus China untersucht in einer ähnlichen Herangehensweise das Tun und Nichttun (9): Niesen in der LC2 erlaubt das Beteiligungsformat der Mithörer – und man mag sich sogar noch für die „Gesundheitswünsche" bedanken. In der LC1 ein Unding, weil es unter ethischen Maßgaben „inappropriate" ist: „(...) according to Confucius, ‚people should not look at anything that is not consistent with propriety'. So if someone has done something inappropriate, sneezing for example, people around him/her would always try to ignore this kind of impolite act, and the person who sneezes would not feel guilty of having done such an inappropriate act in public."

Aber natürlich ist „inappropriateness" kein Selbstläufer, so eröffnet der eine Rich Point gleich den nächsten. Zwei Rich Points (6) und (7) beschäftigen sich mit Geben und Nehmen: Das spontane Anti-Frier-Angebot der Mütze wird angenommen und die Mütze scheint danach auf immer verschwunden, was der Mützenanbieter aber gar nicht intendierte. Wir erfahren nichts über die Mützenannehmerin – wie angenehm oder unangenehm ihr die Leih- oder Geschenkgabe war, ihre Motive über das spontane Akzeptieren hinaus. Was wir erfahren ist das offensichtlich in Jordanien wie Korea geteilte Selbstverständnis, dass Offerten keine Offerten derart sind, die man ‚einfach so' annimmt: „(...) we offer favors and some are real. But usually it is just for being polite." In der LC2 hingegen scheint es so, dass „When you say ‚A is a', German people would accept it literally; ‚A is a'." Die Differenz zwischen der Höflichkeitsofferte, die aber abgelehnt gehört, und dem wörtlich genommenen Angebot verlangt eine neue Rahmung, aber vermutlich ist diese weitaus komplexer als im Mützenfall. So eröffnet auch dieser Rich Point einen neuen Rich Point, nämlich den der Rahmenfindung der vorgefundenen Rahmung: die wie in vielen anderen Rich Point Versuche eingebrachten Selbstverständnisse – etwa eines „Wir" – sich konstituieren. Eigentlich ein Critical Incident, dessen unterschiedliche Rollen und Befindlichkeiten vermutlich Überraschendes zu Tage treten lassen würde.

Wie vielschichtig das Geben und Nehmen ist, selbst dann noch wenn es auf der Metaebene verhandelt wird, zeigen die Rich Points (7) und (8). Dass Schenken und Beschenkt werden bzw. die Annahme von Geschenken zwischen Geste und materieller Wertsetzung oszilliert, wurde schon in der Debatte um das Touristenpärchen klar, das sich für die erwiesene Gastfreundschaft revanchieren wollte und die Gastgeber damit wohl brüskiert hatte. Die Studentin aus Indonesien begründet ihre Erwartungen, dass ein Geschenk nicht vor den Augen des/der Schenkenden geöffnet werden sollte, mit – für sie selbst – einsichtigen Punkten. Auch hier ist die Rahmung für beide Seiten neu vorzunehmen, aber keine der Rahmungen kann gegenüber der anderen Überlegenheit reklamieren. So wandelt sich der Rich Point der „Paying order" (8), wer zahlt wann für wen etc., unter all den Windungen wechselseitiger Aushandlung schließlich zur Frage nach dem Gelernten und Noch-zu-lernenden: „I also need to learn how to do things more explicitly in order not to be misunderstood by other people. Nevertheless, I find the straight-forwardness of Germans good, but not in all cases. I have to admit I find it offensive sometimes, but I assume that is only because of my cultural background. Finally, this *rich point* made me reflect on other situations where I also should or need to apply explicitness in order to avoid or prevent misunderstandings and incomprehension."

Noch eine Bemerkung zum Schluss: Wenn der Titel dieses kleinen Aufsatzes „Interkultureller Unterricht als interkulturelle Praxis?" schon als Frage formuliert ist, gilt es schlussendlich auch auf dieses Fragezeichen einzugehen. Interkultureller Unterricht ist nicht dadurch interkulturell, dass man eine kulturell und sprachlich heterogene Gruppe unterrichtet. Natürlich kann ein Unterricht dann als ‚interkulturell' bezeichnet werden, wenn sein Gegenstand der der Interkulturalität und der interkulturellen Kommunikation ist. Der Schritt zur ‚Praxis', die man dann als ‚interkulturell' bezeichnen kann, ist allerdings ein kühnerer. So bleibt es in der Tat zum Schluss eine der vielen offenen Fragen, die in diesem Band behandelt werden, ab wann wir in unterrichtlichen Situationen aus voller Überzeugung von ‚interkultureller Praxis' sprechen können; das erste Hindernis, das es auszuräumen gelte, wäre es hier einen Praxisbegriff zu formulieren, der zudem in Verbund mit dem Adjektiv ‚interkulturell' seine Substanz erhalten müsste. So ist hier auch die Theorie einer solchen Praxis zunächst einmal – zugegebenermaßen – niedrigschwellig anzusetzen: Dann ist lautes, dialogisch ermutigtes Reflektieren, die unterrichtlichen Sujets mit der eigenen Erfahrungswelt zu verknüpfen schon Praxis. Ob sie hinreichend ist, das Fragezeichen wegzulassen, ist fraglich (the pun is intended). Ein ICEUS-Student, der vorher Wirtschaft studiert hatte, drückte immer wieder sein Erstaunen darüber aus, dass das ICEUS-Studium so viel mit dem Alltagsleben, auch seinem Leben, seiner Lebenswelt zu tun habe! Ein schönes, ermutigendes Erstaunen – auch wenn es nicht das Fragezeichen klärt!

Anhang

(1) Rich Point "Tja!" (Student from Cameroon)

In the "languaculture" one is always tempted to translate new words and concepts into one's mother tongue in order to understand their meanings. This method has its limits in the art of translation. Which itself acknowledges that there is and cannot be a one-to-one translation. Therefore I fastly realized how difficult it is to really understand the German languaculture by opening my Larousse dictionary. The latter tells me that the word "tja" is an interjection and means „ma foi" (meinetwegen), "eh bien" (well) – not quite a satisfactory translation! I decided to ask the native speakers who after a moment of reflection gave me answers like "Tja, 'tja' ist 'tja'" ("Well, 'tja' is 'tja'"). Interesting definition indeed, it has not brought me very far though. At this point of my German language journey a fascination was born that I will call a "Rich point".

The Larousse's translation rarely fits in all cases in which I meet „tja", when at all. We often hear „Tja. Kamma nix machen" or „Tja, muss du selber sehen wie du damit klarkommst". Further, „tja" is sometimes alone and stands for itself. What the dictionary doesn't say, is the accompanying smile, or shoulder movement, or silence, or a particular facial expression that mostly accompanies „Tja". The "or" is inclusive. Once again fascination. In most situations I have the feeling it means "everything has been said" or "use your head" and "C'est la vie!". Depending if it is accompanied either with a smile (ironic smile), or a shoulder movement or a deep regard or all at the same time, then the negotiation of the possible meaning(s) will be and is indeed interesting.

Grosso modo „tja" means a lot like "well" or has this rhetoric function that one can hardly define. I believe there are two options left: Either it means that there isn't any alternative (alternativlos, word of the year 2011) or it means something like "you are left with your trouble alone", "it is up to you". The latter wouldn't be surprising in this individualistic society. I will even go further and say „tja" is a way of being neutral. For instance to the statement "The USA walked into Iraque" you get the answer „Tja". "Johnny K. was beaten to death in the middle of Alexander Platz in Berlin", a possible reaction could be „Tja". Does „tja" bear the spirit of the "Wegschauen-Gesellschaft"?

(2) Rich Point "Feierabend" (Student from Italy)

Last Friday I went to the bank because I needed to talk to my advisor. I arrived there at 11 in the morning. The young German lady greeted me with a courteous *grüß dich* and then asked me: "*Haben Sie schon Feierabend?*". I was a little bit astonished by that question and at first I didn't know what to answer. I had woken up a few hours earlier and she was already mentioning *FeierABEND*! Also, on that day I didn't work at all, because I didn't have any courses at the university, so I asked myself how such a question could possibly make sense. It took me a few seconds to pronounce the word *ja*, but I think she might have inferred that I wasn't very sure of the answer.

From that moment on, that particular use of the term *Feierabend* has made me so curious that later I decided to look up its meaning in the dictionary. It was quite awkward to find out that, although the word contains in itself the terms *Abend* (evening) and *Feier* (celebration), it doesn't always refer to that specific part of the day and obviously it doesn't imply that you have to celebrate something.

I also wondered whether it was possible to find a suitable translation for this term into English or Italian, my mother language, but it was more complicated than I expected. All these hints made me suspect that *Feierabend* didn't correspond to the idea that I had in mind and that maybe it was a more German concept than I could imagine.

The dictionary *Duden* defines it as the lapse of free time one can dispose of after a working day, but in the definition it is also possible to find some idioms like *für mich ist Feierabend* or *dann mache ich Feierabend*, which just mean that something is finished or that one doesn't want to continue working anymore.

The most visible effects of this apparently innocuous word can be noticed at the weekend. I still remember my first day in Germany. I was in Munich, it was Sunday and all the stores were closed. It was quite a ghostly atmosphere; there were a few people working through the streets, but thinking about how vital and crowded the streets of Florence usually are on Sunday afternoon, I could hardly believe that I really was in the third largest city in Germany. All these aspects related to the concept of *Feierabend* make me think that this term can tell us something quite important about the German culture and, in particular, about the German conception of time.

First of all, the term indicates that the separation between working hours and free time is very definite. From Saturday afternoon to Monday morning Germans usually forget the word "duty" and dedicate their time to leisure activities. This also happens from Monday to Friday, as it is quite difficult to find an open store after 6 p.m.

Secondly, I would say that the concept of *Feierabend* is to some extent related to the concept of freedom. During the *Feierabend*, one has the possibility to plan their free time and use it however they like, and no one is allowed to ask them to do something, because those free hours are nearly untouchable and the idea of work isn't included into them.

In the German culture, perhaps more than in other European or Western cultures, time is quantifiable, because it can be split into definitely separate sections, and it's regarded as such a precious thing that some of these sections are specially reserved for the individuals and give them at least the chance to enjoy their life. Although somebody has claimed that the German "sleepy Sundays" have been damaging and will continue to damage the economy of the country, I think that the rich concept of *Feierabend* should be preserved, and if I were a German, I'd continue to spend my Sundays reading books or wandering along mountain paths instead of filling my cart with useless things in a chaotic shopping center.

(3) Rich Point "Grübelei" (Student from Spain)

While thinking about the concept of "rich points", I realized that I wasn't actually thinking about it. I also wasn't contemplating or speculating. Neither was I brooding about the words nor did I ruminate them. My thinking didn't focus on rich points, I cought myself thinking of completely different things that had nothing to do with rich points anymore. I might have sat there for an hour or two without even noticing it. Afterwards I didn't know anymore, what I had actually been thinking about. But surprisingly enough, I had found a rich point. But what have I done to come to this result? Why was it surprising? Actually I hadn't done anything. I have just been "grübelling".

The German word "grübeln" is an exellent example of a rich point. Generally speaking, "grübeln" means thinking at six different things at the same time without getting to a conclusion. "Grübeln" happens unconscious, the thoughts just circulate without motivation. One does not say: "I'm gonna 'grübel' this over." Mostly it's about a conflict, a not yet solved problem and also very often it has several topics at the same time as its object. The thoughts swich easily, normally without the "Grübler" even noticing it. "Grübeln" can be dangerous, it can become compulsive and one can become totally obsessed with and by one's own "Grübeleien".

"Grübeln" becomes difficult when it comes to translating the term. In many languages the possible translations contain one of the meanings of "grübeln" but not the whole content. For example they do reflect the idea of thinking again and again about something but they do not include the possibility that the subject of the "Grübelei" can constantly change. They understand the choice of the topic as a conscious act which is not true for "grübelling". We chose what we want to contemplate or reflect, but we do not make a choice when we are "grübelling". The thinker wants to think, "Grübler" just happen to "grübel" and often can't help themselves while doing it. They can't stop it. A non-"Grübler" may find it hard or even impossible to give a definition for "grübeln".

Focussing on the linguistic aspects of the term, an interesting observation can be made: While "grübeln" has a germanic origin which is supposed to derive from "graben" or "Grube", the English word "grub" didn't make this evolution to another word, describing a creative act of thinking. However, in Spanish, we can find the word "cavilar" which has to some extent a similar meaning to the one of "grübeln". Interestingly, it contains the lexem 'cav-' which means 'pit' or 'dig'. Even though one should not equate "cavilar" with "grübeln" the analogies are surprising. The Spanish word can also mean contemplate about somebody as an active act. This is not possible with the pure true "grübeln" but with another word of the "Grübel-family", "nachgrübeln".

(4) Rich Point "Family" (Student from Macedonia)

After two years at college I decided to move to Germany in order to work one year as Au-Pair in a German family. This was my very first time to come in contact with the German culture other than reading about it at school. I had very interesting moments while I was living with the family.

What was very unusual for me, was the fact that in the first six months while living in the family I didn't meet any relatives of the family. Friends were coming by on dinner or other occasions but I have never seen the grandparents or other members of the extended family. After a while I understood that the grandparents (mother's parents in this case)[10] lived in another city, not so far away from us. I met them for the first time at the communion service of their grandchild. While in town, they stayed in the hotel nearby, and not in our house. Of course this had reasons why: the guest room in the house was already given to me.

However, although I understood the reason, this situation was little confusing to me. I grew up in a three floor house, which we had shared with my grandparents, my aunt and her family, and my family. Every Friday my grandmother would cook and the whole family would come for lunch. This included uncles, aunts, grandchildren and cousins. This concept of living is more or less still very frequent in my country, although things are starting to change. Having this background I found it hard to understand how the grandparents, who came to visit, could spend the night in a hotel? If my grandparents came to visit, my family would feel obligated to accommodate them in our own house. A hotel would not be an option even if

10 I am going to concentrate on this example without explaining the whole family situation. In this case I decided to give the example of the parents of the mother.

there wasn't enough space in the house. For example my brother and I would sleep in the same room or my parents would sleep in the living room (...)

These examples I described earlier possibly do not pertain to all of the German families (of course I've met some that had very close relationship to their extended family), but my impression was that the concept of family in Germany and Macedonia pretty much differ from each other. In Macedonia people tend to have close relationships to a lot of members of the extended family and do more often things together. This may be closely related to the fact that a lot of families still live in the same house or in the same city, and in Germany there is a higher degree of mobility.

This concept is reflected in the language as well. For example when I started learning German I learned that the German word "Tante" refers to "tetka[11]", "strina[12]" and "vujna[13]" and "Onkel" refers to "tetin"[14], "cicko[15]" and "vujko[16]". The range of words in the Macedonian language for members of the close and extended family is much wider.

(5) Rich Point "Personal space" (Student from Germany)

The concept of rich points has been developed by Agar (1994) and refers to points within communication where problems occur frequently. According to Agar rich points are rich as they provide an insight into different cultures, encourage us to review our expectations and can be shaped in a communicative style.

An example shall be given to illustrate these points. Rather than bound to a concrete intercultural conversation, this example relates to a specific cultural behaviour pattern which can cause problems and misunderstandings.

> *"In the United Kingdom, it is not common to share a table with strangers in restaurants, cafés etc."*

Now a personal anecdote shall be given to illustrate this rich point. It was a sunny day at the Welsh coast and my parents and I were carrying trays of cake and tea pots into the garden of a little coffee shop with nearly all tables being partly occupied. My Dad was approaching a table in the sun with already 2 people sitting there. His incomprehension and disappointment were huge when I told him that

11 Sister of the mother or the father
12 The wife of the brother of the father
13 The wife of the brother of the mother
14 The husband of the sister of the mother or the father
15 Brother of the father
16 Brother of the mother

we couldn't simply go over there and take a seat but instead need to sit by another table in the shade. This was not Germany where you would expect a positive reply to the question "Ist hier noch frei?"

What does this tell us about the British culture? First of all, it illustrates again the different level of privacy and intimacy compared to this of the German culture. Brits need a bigger personal space to feel comfortable within their surroundings. However, if my Dad had asked them to share "their" table with them, they probably would have never denied access to it, but would have felt uncomfortable and most likely left soon.

This rich point also gives us the opportunity to reflect upon our expectations. If the same situation happened to be in Germany, it would seem quite natural to share a table with strangers. Nevertheless, in order to avoid any conflict, one first needs to be aware of our own behavior and the difference to what is perceived normal or natural in the other culture, in this case the "British culture" (if such a generalization even exists. The Welsh and Scottish might be furious now).

To what respect this rich point can be shaped in a communicative style needs to be left relatively open. In practice a situation like this can be mitigated if the German is aware of the British space and in turn, if it can be demonstrated that table-sharing is not meant to be intrusive.

(6) Rich Point "How to deal with spontaneous offers" (Student from Korea)

We realize that a culture is different from ours when we face some behaviors which we do not understand. "Rich points" are that kind of cultural moments, or in some cases certain words and phrases that tap deeply into the context and psyche of a group of people. In particular, rich points are often where the insiders and outsiders of different cultures meet. The concept of "rich point" was suggested by Dr. Agar in 1994, and it still raises the interest about what is lying behind cultural differences. In my case, I did not have many changes to think about "rich point" so far. However, since I've come to Germany there are so many rich points that I experience in my daily lives.

Here is one example. One day, one of my friends who is from Jordan appeared without his hat which he always wears these days. When I asked him where his hat was, I heard an interesting story which in my opinion presents a "rich point". The other day my friend was walking with a German student, and she kept saying that she felt cold. So my Jordanian friend told her "Take my hat!" and she took his hat immediately. The truth, however, was that my Jordanian friend didn't expect she would really take his hat. Because in Jordan culture, saying words which are offering a favor is such a common and natural thing, no one takes that seriously. In

Jordan, even when someone tells you that your car is awesome, then you naturally say back "Take it!". Of course you expect the other party would reply something like "No thanks". This is quite similar with Koreans. Often times we offer favors and some are real. But usually it is just for being polite. We can discover this kind of culture often in the Asian region. In Asian culture, it is more polite and natural to hide the real emotions and communicate indirectly. On the other hand, in Western culture including Germany, a more direct way of communication is common. When you say "A is a", German people would accept it literally; "A is a". So in my friend's story they misunderstood each other´s intention and my Jordanian friend couldn´t help being surprised.

There are many premises and complexities among the members of a community in certain cultures. In the case of my friend, they couldn't reach a compromise point and got the wrong meaning for each other. And it led them to this "rich point". When you ponder about rich points, you can get an approach to the deep inside of the culture and it leads you to understand certain behaviors properly. As an exchange student, thinking about rich points in my daily basis can be really practical and would give me a lot of opportunities to get closer to different cultures.

(7) Rich Point "Receiving gifts" (Student from Indonesia)

I think, this is one of the rich points from Indonesian culture. It is based on my experiences and my point of view.

One day when it was the first time for me in a Western country, Germany, I realized that there are so many different cultural things between Indonesians and Germans. One such different thing is about the reaction of taking the gift from friends. It was on Christmas time when my friend (the German) gave me a little gift. I was so surprised and also happy about that, and directly said thank you so much to her. I packed that gift in my bag without opening it. My friend said to me why I do not open the gift directly to find out whether I like it or not. I told her that it should be fine for me, no matter if I open it or not. But she looked at me and somehow wondered about how strangely I acted about the gift. However she nodded her head and tried to understand me.

Another day, I gave a Christmas gift to her. She said thank you to me and directly opened up the gift. She said thank you again to me, and hugged me. She really liked the gift but I was feeling so awkward (and a little bit nervous) because she opened the gift in front of me. She commented on the gift that she loved it, and she said that it (…) combined nicely with her other things like clothes and so on. I said to her that it was better for me that she opened up the gift after I left. She looked at me and asked me why I was saying this. I explained that in our culture it should be like that. The present must be opened after all the guests or the person, who gave us the presents, left. The reasons are, I think, that it could be embarrassing for the giver if the present is not suitable for the receiver, or maybe the receiver does not really like the present and some others awkward circumstances could be created by the present. In our culture, we have to avoid this situation. Even if the receiver does not really like the present, it would be fine because the giver was not around anymore.

Conclusion:
Indonesian: receive the gift – directly saying thank you – (after the giver left) open the gift
German: receive the gift – thank you – open the gift in front of the giver – (again: thank you) – the receiver comments about the gift – the giver and receiver leave together

(8) Rich Point "Paying orders" (Student from Macedonia)

After our lecture on Wednesday, I engaged into a lot of thinking about *rich points* that I have experienced so far. I couldn't move away from looking for a word or a phrase that could signify a *rich point.* But then, after reading Agar's article once again, I realized that *rich points* belong not only to language itself, but also to daily life and behaviour.

After coming to Germany I faced many moments of incomprehension, behaviours I did not understand at the beginning. There is a particular moment that I thought of and tried to analyze it, and I have come to the conclusion that it is in fact a *rich point.*

Before I came to Fulda, I was assigned with a German tutor who picked me up when I arrived and helped me with basic things during the first week. On the first day she showed me around and gave me some tips. As it was Saturday and she spent almost all day with me, I wanted to show my gratitude by treating her lunch. I wanted it to be subtle and I said I was hungry, so we went to a restaurant. I did that because in my country, Macedonia, it is odd to just say that you want to buy somebody lunch. You point out that it is your treat at the end when you ask for the bill. Therefore, when we asked for the bill I told her that I want to pay. And she said: "But why?" I did not want to explain just because in my culture it is implicit from my action that I want to express gratitude and that I am extremely thankful. Also, I could not realize why she asked me that. In my culture is highly uncomfortable to openly say the reason, you implicit that by the action itself. I could notice that she was surprised by my behaviour and did not quite understand what my purpose was. She just confusedly said: "Thank you!". I must admit I was again surprised by her "cold" thank you and at the end I definitely felt there was a misunderstanding between us.

After some two weeks she invited me to have coffee and to talk about how things are going for me in Fulda. And as we were ready to pay and leave, I took my wallet out and she said: "Ich lade dich ein". I immediately answered: "Aber nein, bitte!". I did that unconsciously because in Macedonia it is so that we "dispute" about who is going to pay. It is actually a sign of politeness that I was resisting that she pays. But I instantly noticed that she considered my action to be inappropriate, so I just said: "Ok, thank you so much!".

After going out of the coffee shop I decided to talk to her about it because I was very confused and felt there is a cultural difference here I need to understand. Firstly, she explained that she just wanted to return the favour because I paid for lunch the first time and she did not want to owe me. Secondly, it was unclear to her why I reacted the way I did when she said that she gives me the treat this time. After that, I told her how these things function in Macedonia, that the first time I really wanted to show my gratitude and this time that my reaction was so because it is normal for us to "quarrel" a bit and then let the other person pay. We were both glad to have found this out, since it was obvious this situation could lead to more misunderstandings in the future.

This situation came into my mind for this assignment because I drew a conclusion about the personality of the Germans and how they feel about these peculiar things. I learned that actually my tutor did not understand why I wanted to treat her in the first place when she was only doing her job. Moreover, as I learned from my German classmates during discussions in class, the Germans do not feel comfortable when someone does something for them. I understood they feel obliged to return the favour and not owe anything to anyone. I realized her behavior came also from this reason.

Furthermore, this situation uncovers other traits of both of our cultures. For example, Germans are direct and straight-forward. In this particular case, she told me directly she was going to pay and that was it. She could not realize why I 'resisted' that she paid. I, on the other hand, did things implicitly, because that is how I usually function. That is my cultural trait. I feel that she still cannot fully understand why I decided to buy her lunch in the first place, because we have only just met at the time. I suppose I still need to learn more about the German culture in order to realize this. I also need to learn how to do things more explicitly in order not to be misunderstood by other people. Nevertheless, I find the straight-forwardness of Germans good, but not in all cases. I have to admit I find it offensive sometimes, but I assume that is only because of my cultural background.

Finally, this *rich point* made me reflect on other situations where I also should or need to apply explicitness in order to avoid or prevent misunderstandings and incomprehension.

(9) Rich point "Reactions after sneezing" (Student from China)

In Germany, when someone sneezes, the people around him or her would always say "Gesundheit", trying to deliver good will concerning his/her health. However, this kind of good would severely bother Chinese people.

If someone sneezes in China, it is most possible that other people would not say anything, pretending nothing has ever happened. Reasons for this could be traced back to the philosophy of Confucius. In the Chinese culture, people respect politeness very much. People are not supposed to do anything impolite publicly. Sneezing is regarded as a kind of inappropriate act that well educated people would try its best to avoid. And at the same time, according to Confucius, "people should not look at anything that is not consistent with propriety". So if someone has done something inappropriate, sneezing for example, people around him/her would always try to ignore this kind of impolite act, and the person who sneezes would not feel guilty of having done such an inappropriate act in public.

However, when this poor guy has come to Germany and unfortunately sneezes, everybody around would say "Gesundheit!" (…). The Chinese person will feel that with that sneeze he or she will have caught so much attention of the others and it will make him or her very embarrassed.

Nowadays, among the younger generation in China, people would perhaps say to the person who sneezed that "someone is missing you", for purely superstitious reasons. And the person who has sneezed for more than three times would always be suggested to see a doctor, because he/she may really have a cold.

(10) Rich Point "Individualism" (Student from Vietnam)

Many words from different social contexts in Vietnam have different meanings compared to these words when used in the European societies. We can say that these words are 'rich points'. The reasons for 'rich points', difference in semantics are because: languages are vital means to communicate. These appear and exist in order to communicate, reflect, describe thoughts, views of people and even a whole community. Obviously, they are influenced by historical and cultural elements. Therefore, when historical and cultural environments or contexts change, thoughts, views of people and a whole society change as well, languages will also change or adjust in semantics and the way they are used. (….) We can take some examples to prove the above argumentation (…).

The word 'individualism' as an example:

In America and Western European countries, individualism is known in the following way: each individual has his or her own mind and matter, they are independent from anyone. Everybody has a private point of view, school of thought. They need not depend or submit to an other's point of view.

By contrast, in Vietnam individualism carries a negative meaning. Thus, a 'fan' of individualism is a person who only knows him/herself. Such a person tries to take more material, favorable opportunities for himself and does not care about others. Such individualism is even heavily criticized and considered as selfish and even as a betrayal.

Why are there such differences in how to understand the concept of individualism in Vietnam and Western societies? We will analyse the characteristic of the Vietnamese culture and historical factors which produce the interpretation of the term 'individualism' in Vietnam.

The primary ideology of Vietnamese nation is strongly under the influence of Confucianism which derives from China. In his own theory, Confucius gave prominence to maintaining the social order. Particularly, a good person must obey his/her parents, implement all the things the parents request and never violate the parents' ideas. Such person is esteemed as a dutiful son or daughter. In addition, the common people have to obey their authorities, this means they are faithful and loyal, and responsible to society.

Moreover, feudal authorities in former Vietnam already wanted to abolish the concept of individualism. Because they wanted all the common people to comply with their orders, and never have thoughts or actions opposing the regime. The feudal regime lasted very long in Vietnam, until the 1940s. Nowadays feudal views are still existing in the Vietnamese society, especially in the rural areas.

Another reason comes from the historical process of nation building and national defence. Along its own history, the Vietnamese nation used to fight against many foreign invaders. Even the years of 80ies in the 20th century, the Vietnamese were involved in the 'border war' with China and the Khmer Rouge from Cambodia. Therefore, all Vietnamese people have to stay together, fight against invaders and defend their country. This is why, for Vietnamese people the existence of the nation (…) is the most important. Individual expectation and private happiness is less important.

Furthermore, Vietnam is an agricultural country, where the people have been growing rice. It can be called a 'rice-growing culture'. That is why the collective characteristic of the nation is very great. Because of living conditions, the people must work together to grow and harvest crops. More importantly, they must stay together to cope with natural disasters, including floods, storms, droughts which are happening every year. We can retrieve this collective characteristic in many customs and rituals (weddings, funerals, house building). When a family prepares a ceremony (…), people from the village or the community come to help. If the family gets no visits from neighbours, it is certainly suggested that this family behaves badly to the community. As the result, they could not make relationship with anyone in the village or community.

One more example of the collective characteristic is a Vietnamese family's dinner, the meal is always served in the common copper tray (…). Each person will take the meal from the common tray to put in his/ her own bowl. In the middle of the tray there is a common sauce bowl. All family members use the same sauce bowl. Seeing this, many Europeans might think that it is not hygienic.

So, in a community where all people have the same voice, colour, way of thinking, if anyone has a private and different voice, this will be considered as selfishness, even as betrayal.

Literatur

Agar, Michael (1994a). The Intercultural Frame. In: International Journal of Intercultural Relations, Vol. 18(2), pp. 221-237

Agar, Michael (1994b). Language shock: Understanding the culture of conversation. New York: William Morrow

Agar, Michael (2006). Culture: Can You Take It Anywhere? In: International Journal of Qualitative Methods, Vol. 5(2), June 2006, pp. 1-16 https://ejournals.library.ualberta.ca/index.php/IJQM/article/view/4384/3513

Agar, Michael (2009). Ethnography. In: G. Senft, J.-O. Östman & J. Verschueren (Hrsg.) Culture and Language Use (Handbook of Pragmatics Highlights 2). Amsterdam & Philadelphia: J. Benjamins, pp. 110-120

Bertallo, Alain; Hettlage, Raphaela; Perez, Manuel u. a. (2004). Verwirrende Realitäten. Interkulturelle Kompetenz mit Critical Incidents trainieren. Zürich: Pestalozzianum

Fetscher, Doris (2015). Critical Incidents in der interkulturellen Lehre. Interkulturelle Didaktik zwischen Stereotypie und Komplexität der interkulturellen Situation Überlegungen zu einer interkulturellen Heuristik. Westsächsische Hochschule Zwickau, Ms. (20 S.)

Fischer-Lichte, Erika (2004). Ästhetik des Performativen. Frankfurt am Main: Suhrkamp

Goffman, Erving (1956). The Presentation of Self in Everyday Life. New York: Doubleday

Hall, Edward T. (1959). The Silent Language. Garden City, NY: Anchor Books

Heringer, Hans Jürgen (2004; [4]2014). Interkulturelle Kommunikation. Tübingen & Basel: A. Francke (utb 2550) [4., überarb. und erw. Aufl. 2014]

Hinnenkamp, Volker (2000). Critical Incidents nella comunicazione interculturale. In: Ricci-Garotti, F. & Rosanelli, M. (Hrsg.). Programmi di scambio con i paesi di lingua tedesca e dimensione interculturale. Milano: Franco Angeli, pp. 148-166

Hinnenkamp, Volker (2009). Intercultural Communication. In: Senft, G.; Östman, J.-O. & Verschueren, J. (Hrsg.). Culture and Language Use (Handbook of Pragmatics Highlights 2). Amsterdam & Philadelphia: J. Benjamins, pp. 185-201

Kroeber, Alfred L. & Kluckhohn, Clyde (1966). Culture: A critical review of concepts and definitions. NewYork: Vintage
Müller, Bernd-Dietrich (1990). Wortschatz, interkulturelle Kommunikation und interkulturelle Didaktik. In: Handbuch für Spracharbeit, Teil 3. München: Goethe Institut
Müller, Bernd-Dietrich (1994). Wortschatzarbeit und Bedeutungsvermittlung. In: Fernstudieneinheit 8. München: Langenscheidt
Müller-Jacquier, Bernd-Dietrich (Hrsg.). (1981). Konfrontative Semantik. Weil der Stadt: Narr
Triandis, Harry C. & Gelfand, M.J. (2011). A Theory of Individualism and Collectivism. In: Van Lange, P.A.M.; Kruglanski, A.W. & Higgins E.T. (Hrsg.). Handbook of Theories of Social Psychology. Vol. 1. Thousand Oaks, CA: Sage, pp. 498-520
Wierzbicka, Anna (²2003). Cross-Cultural Pragmatics: The Semantics of Human Interaction. Berlin & New York: Mouton de Gruyter
Wierzbicka, Anna (1997). Understanding Cultures Through Their Key Words: English, Russian, Polish, German, Japanese. Oxford & New York: Oxford University Press

„Wir sind alle ein Stück zusammengewachsen…“

Die Forschungswerkstatt als didaktisches Mittel zur Förderung der Zusammenarbeit in international zusammengesetzten Studierendengruppen

Agnieszka Satola

1 Vorbemerkung

Die Grundlagen der hier vorgestellten Überlegungen bilden Erfahrungen aus einem Lehrforschungsprojekt, das im Rahmen des interdisziplinären Seminars zur qualitativen Sozialforschung im Zeitraum WiSe 2012 / SoSe 2013 im internationalen Masterstudiengang „Intercultural Communication and European Studies“ (ICEUS) am Fachbereich Sozial- & Kulturwissenschaften der Hochschule Fulda durchgeführt wurde. An dem Seminar nahmen Studierende teil, die ihre Bachelorabschlüsse sowohl in Deutschland als auch im Ausland absolviert hatten. Dementsprechend war die Zusammensetzung des Seminars international und die Studierenden waren mit unterschiedlichen Lehr- und Lernkulturen vertraut. Im Rahmen dieses Seminars haben Studierende einzeln oder in Kleingruppen biographisch-narrative Interviews mit Alumnis dieses Studiengangs geführt. Um zur Relevanz ihrer Studienerfahrung und Kompetenzentwicklung etwas herauszufinden, wurden sowohl internationale Studierende, die nach dem Abschluss ihres Studiums in Deutschland geblieben sind, als auch deutsche Absolvent/-innen des Studiengangs, interviewt. Im Seminar wurden die Studierenden auf die Durchführung ihrer Projekte vorbereitet. Die Auswertung der erhobenen Interviews fand zum Teil ebenso im Rahmen des Seminars statt, in dem das Format einer Forschungswerkstatt eingesetzt wurde. Eine Zusammenarbeit in international zusammengesetzten Gruppen wird im Zuge der Internationalisierung der Hochschulen als didaktische Herausforderung angesehen und eine unzureichende Zusammenarbeit zwischen deutschen und internationalen Studierenden bzw. den deutschen und nicht-deutschen Muttersprachlerinnen, die nicht selten eine Aufspaltung beider Gruppen aufweist, bemängelt. Das Ziel des Beitrags ist aufzuzeigen, wie sich unter den Rahmenbedingungen einer *Forschungswerkstatt* eine Seminardynamik entwickeln kann, die eine gelungene und solidarische Zusammenarbeit ermöglicht. Des Weiteren wird aufgezeigt, wie

Aktivitäten und Arbeiten in Form einer Forschungswerkstatt einen *interkulturellen Erfahrungszusammenhang konstituieren*, der auf die gesamte Seminargruppe konsolidierend wirkt. Als konstitutiv für die gelungene Zusammenarbeit haben sich der der Austausch eigener Forschungserfahrungen, Mitgestaltung des Seminars sowie gemeinsame Lernprozesse erwiesen.

Im Folgenden wird zunächst umfassender auf die Herausforderungen eingegangen, die die Arbeit mit international zusammengesetzten Gruppen begleiten. Zugleich wird der Seminarrahmen sowie sein Ablauf vorgestellt. Daran anschließend werden die wichtigsten Komponenten der erfolgreichen Zusammenarbeit im Seminar erläutert. In diesem Zusammenhang soll die Lehrform einer Forschungswerkstatt vorgestellt werden.

2 Die Herausforderungen in Seminaren mit international zusammengesetzten Gruppen

Die fehlende Zusammenarbeit in international zusammengesetzten Seminargruppen kann nicht jenseits des Diskurses zu Internationalisierungsprozessen und zu Schwierigkeiten der ausländischen Studierenden an den Hochschulen betrachtet werden. Der Hochschuldiskurs über internationale Studierende ist überwiegend von einer defizitäreren Sichtweise auf diese geprägt, die zum einen in der Annahme der fehlenden Selbstständigkeit beim Lernen bestehe. Gemeint damit wird z.B. eine passive kritiklose Aneignung vom Lernstoff und Orientierung auf Vorgaben (u.a. Heublein 2015: 16). Zum anderen beziehe sich die mangelnde Selbstständigkeit auf die unzureichende Integration im deutschen Hochschulsystem, die sich durch eine sogenannte Angebotskultur auszeichnet, d.h. die Unterstützung und Betreuung wird zumeist in Form von Angeboten organisiert, auf die man selbstständig zurückgreifen kann bzw. soll. Schließlich spiegele sich die scheinbare Unselbstständigkeit in der mangelnden Zusammenarbeit mit den deutschen Studierenden wider, wenn es etwa um ein kreatives Einbringen oder um Aushandlungsprozesse in der Gruppenarbeit gehe.

Die Gruppenbildung in international zusammengesetzten Seminaren wird sowohl hinsichtlich ihrer Zweckmäßigkeit als auch ihrer Problematik als interkulturelle Herausforderung betrachtet. Denn sowohl die unterschiedlichen kulturellen und sprachlichen Wissensbestände als auch verschiedene Lehr- und Lernkulturen, aus denen die Studierende stammen, stellen eine Herausforderung oder gar ein Hindernis für gelungene Zusammenarbeit im Unterricht dar (vgl. Schröer/Hinnenkamp 2015: 130). In leistungsorientierten Seminaren wird die Gruppenbildung zudem noch erschwert, denn aufgrund der Befürchtung der Leistungsbeeinträchtigung verringert sich die Bereitschaft zur Zusammenarbeit seitens der einheimischen Studierenden, woraus eine unzureichende Integration der internationalen Studierenden resultiert. Insbesondere werden aus der Gruppenarbeit Studierende mit einer nicht deutschen Muttersprache ausgeschlossen. Hierzu ein Interviewausschnitt mit einem muttersprachlichen Studierenden, der im Lehrforschungsprojekt befragt wurde:

> *„Weil wir unterschiedliche Kompetenzen hatten, Unterricht war nicht so konzipiert, dass wir uns alle einbringen konnten. Der Unterricht hat nicht funktioniert, weil wir das Gefühl hatten, dass einige in der Gruppe nicht mitmachen wollten bzw. sich nicht eingebracht haben oder wir sie nicht willkommen geheißen haben, da sie sich nicht ernst genommen gefühlt haben. Bei Referatsbildung haben sich Grüppchen gefunden, die Referate zusammen vorbereitet haben. Das waren die befreundeten Deutschen und sie waren fast immer zusammen und die anderen Grüppchen waren die Ausländer sozusagen. Ich glaube, das ist halt auch so, weil der Unterricht so konzipiert ist, dass es da gewisser Weise um eine Leistung geht und das dann am liebsten zusammen macht, weil man weiß, dass das eine gute Note bringt: ‚Sie ist voll gut im Schreiben, hat eine Ahnung davon oder ist zuverlässig'. Man muss entweder gut sprechen können, dass es flüssig ist und gut rüber kommt. Und wenn es um die schriftliche Ausarbeitung geht, dass sie wortgewandt sind und fehlerfrei schreiben. Das sind Kompetenzen, die man entweder hat oder lernt, aber so andere Eigenschaften kommen nicht so im Vordergrund."*

Aus diesem Interviewausschnitt wird deutlich, dass in Seminaren, in denen die Erwartungen an die gewünschten Sprach- und Fachkenntnisse als Leistung zum Maßstab gemacht und benotet werden, sich bei den Studierenden eine nutzungsorientierte Einstellung entwickelt, bei der die Gruppenbildungsprozesse die deutschen Muttersprachler/-innen bevorzugen.

Eine umgekehrt erzwungene Gruppenbildung unter heterogenen und/oder integrativen Gesichtspunkten bringt die Gefahr mit sich, die Problematik der Ausgrenzung zu verstärken oder wiederum entmündigend zu wirken. Denn die deutschen Muttersprachler/-innen können wegen ihrer sprachlichen Kompetenz und Vertrautheit mit dem deutschen Bildungssystem schnell in die Rolle der Überlegenen geraten (Schröer/Hinnenkamp 2015: 130). Da ein Kommentar eines internationalen Studierenden:

> *„Gezwungene Gruppenbildung wäre nicht gut, weil sie erstens unfreiwillig ist. Zweitens, könnte sie bestehende Empfindungen bestärken. Wenn ich mich in*

der Gruppe sowieso nicht angenommen fühle, weil sie (die Muttersprachler/-innen - Anm. d. Verf.) besser sind, bekomme ich das Gefühl in der Gruppe, dass sie mit mir nicht arbeiten können oder wollen, dann es ist kontraproduktiv.“

Nicht einbezogen in die Gruppenarbeit bilden die internationalen Studierenden folglich eine eigene Gruppe, in der die Zusammenarbeit möglicherweise erfolgreich verläuft. Ihnen gemeinsam sind die Fremdheitserfahrungen, die neue sprachliche und kulturelle Umgebung, neue institutionelle Rahmenbedingungen sowie Schwierigkeiten beim Aufbau sozialer Beziehungen. Dies deutet daraufhin, dass die Problematik der Verständigung in den Gruppen nicht primär die interkulturellen Unterschiede konstituieren, sondern viel mehr auf eine in mehrfacher Hinsicht asymmetrische Situation zwischen den nationalen und internationalen Studierenden zurückzuführen ist. Wenngleich der Aspekt des Machtgefälles in einigen Untersuchungen zu interkulturellen Situationen bzw. Beziehungen hervorgehoben wurde (vgl. Hinnenkamp 1989: 4; 96ff., Inowlocki 1996: 46ff., Mecheril 2001, 2007, Auernheimer 2014), wurde er als Einflussfaktor auf die Zusammenarbeit in international zusammengesetzten Gruppen, bislang nur unzureichend in Betracht gezogen. In Anlehnung an Auernheimer verstehe ich unter Macht „eine Überlegenheit aufgrund größerer Handlungsmöglichkeiten“ (…). Macht ist insofern stets relativ. Sie stützt sich auf ungleiche(r) Verfügbarkeit von Ressourcen“ (Auernheimer 2014: 52), bei einer Person oder einer Gruppe. Handlungsoptionen ergeben sich aus dem Zugang zu kulturellen, sprachlichen und organisatorischen Ressourcen, die im Hochschulkontext relevant sind. Diese Handlungsoptionen sind allerdings sowohl diskursiv als auch gemäß den institutionell aufgestellten Regeln vordefiniert. Als Beispiel können hier zum einen Ängste genannt werden, die aus der unzureichenden Vertrautheit mit dem Hochschulsystem und -alltag resultieren. Eine internationale Studierende schildert ihre Erfahrungen dazu wie folgt:

„Ich wohne im Studentenwohnheim und habe mein Geld im ersten Monat für die Miete überwiesen, wusste aber nicht, dass das Studentenwerk das Geld vom Konto direkt entziehen wird. Und als Studentenwerk das Geld vom dem Konto entziehen wollte, hatte ich kein Geld mehr da. Die Bank hat mir dazu noch 6€ Gebühren für dieses Missverständnis erhoben und ich wusste zuerst nicht wofür. Im Studentenwerk konnte ich mich mit der Mitarbeiterin nicht verstehen, sie hatte mir gegenüber Ungeduld gezeigt und war genervt, dass ich sie nicht verstehe und mit meiner Überweisung ihr zusätzliche Arbeit bereite.“

Eine andere internationale Studentin berichtet:

> *„In den ersten Monaten hatte ich Angst in die Bibliothek zu gehen, denn ich wusste nicht, wie das Computersystem funktioniert und wo ich dann die ausgesuchten Bücher im Regal finde. Vor allem hat mich die Selbstverständlichkeit gehemmt, mit der alle anderen in die Bibliothek reingekommen sind und dort klarkamen. Das hat mich besonders gehemmt nach Hilfe zu fragen."*

Die letzte Aussage einer nicht deutschen Muttersprachlerin bezieht sich auf die Hemmungen, sich in der Fremdsprache unter den Kommiliton/-innen zu äußern. An diesem Beispiel wird deutlich, dass die Interkulturalität insofern eine wichtige Rolle spielt, als die deutsche Sprachkompetenz bei den Teilnehmer/-innen unterschiedlich ausgeprägt ist und als Machtasymmetrie empfunden wird.

> *„Ich habe oft Angst und schäme mich auf Deutsch etwas im Seminar zu sagen, weil ich mich nicht so schnell, schön und wissenschaftlich ausdrucken kann, wie das der Fall bei den anderen ist. Ich habe das Gefühl, wenn mich die anderen hören, dass sie sich gar nicht darauf konzentrieren, was ich sage, sondern wie ich spreche. Dann bin ich sehr aufgeregt und mache immer mehr Fehler, die ich sogar selbst höre. Ich komme mir so blöder vor als ich bin, wenn ich Deutsch spreche und habe den Eindruck, dass die anderen mich auch als blödere empfinden als ich tatsächlich bin."*

Mir ist es wichtig zu betonen, dass sich diese beschriebene interkulturelle Realität, die aus dem unterschiedlichen Zugang zu Ressourcen und Handlungsoptionen besteht, sich nicht zwangsläufig in der Interaktion im Seminarrahmen reproduzieren muss. Es besteht die didaktische Aufgabe, in der Seminarrealität auf den Abbau des Machtgefälles zu zielen und vielmehr solche vertrauensvolle Rahmenbedingungen zu schaffen, die die Hemmungen sowie Ängste abbauen helfen, die eigenen Interessen und Kompetenzen zur Geltung bringen sowie Teilhabemöglichkeiten gleichmäßig verteilen. Dies kann nur durch Herstellung von Gemeinsamkeiten und Verringern von Unterschieden zwischen Teilnehmer/-innen des Seminars erfolgen.

3 Seminarablauf und einzelne Schritte des Forschungsprozesses

Das interdisziplinäre Forschungsseminar zur qualitativen Sozialforschung an der Hochschule Fulda am Fachbereich Sozial- und Kulturwissenschaften dauert zwei Semester. Sein Ziel ist es zum einen, die Prinzipien der qualitativen Forschung, ihre Methoden und den Forschungsprozess kennenzulernen. Zum anderen sollen im Seminar die Fähigkeiten zur Gestaltung, Durchführung, Auswertung und Niederschrift eigener empirischer Untersuchungen erworben werden. Schließlich sollen die Studierenden lernen, die methodischen Verfahren der qualitativen Sozialforschung kompetent anzuwenden und dabei die eigene Rolle im Forschungsprozess zu reflektieren.

Im ersten Teil des Seminars, im Wintersemester, wurden die Studierenden auf eine offene Gesprächs- bzw. Interviewführung theoretisch vorbereitet. Darüber hinaus bot sich in diesem Seminarteil die Möglichkeit, das bereits erworbene Wissen auszuprobieren und beispielsweise als Übung in Dreiergruppen ein Interview zu führen. In diesen Gruppen konnten die Studierenden zum einen in jeweiligen Rolle als Interviewer/-in, Interviewte/r und Beobachter/-in auftreten und somit die jeweiligen Perspektiven in der Interviewsituation erfahren und reflektieren (vgl. Inowlocki/Mangione/Satola 2010: 286). Zum anderen hatte die Übung zum Ziel erzählgenerierende Fragen auszuprobieren, also so die Eröffnungsfragen zu formulieren, dass sie zur Erzählung der eigenen Geschichte Anreiz geben und es den Interviewpartner/-innen ermöglichen, die Erfahrungen aus eigener Perspektive in der Interaktion mit dem/der Interviewer/-in zum Ausdruck zu bringen.

Im Nachhinein wurden die auftretenden Besonderheiten und Erfahrungen aus dem Rollenwechsel von Interviewer/-in, Interviewte/r und Beobachter/-in im Unterricht gemeinsam diskutiert und reflektiert. In der nächsten Phase des Forschungsprozesses wurde die Auswahl der/des möglichen Interviewpartner/-in sowie der sogenannte Feldzugang – die Kontaktaufnahme zu den potenziellen Informant/-innen – besprochen. Im letzten Schritt der Vorbereitung auf die Interviewführung wurden im Seminar die Aspekte des Vertrauensaufbaus als unabdingbare Bedingung für ein ‚gelungenes' Interview und des Interesses an der gesamten Lebensgeschichte der Interviewpartner/-innen diskutiert (vgl. Riemann 2010, Satola 2015b).

Meines Erachtens können die Methoden der empirischen Sozialforschung nicht erlernt werden, wenn sie nicht in der Praxis ausprobiert und im Nachhinein reflektiert werden. Aus diesem Grund habe ich den methodischen Teil mit einer inhaltlichen Fragestellung verbunden und als ein Lehrforschungsprojekt konzipiert. Die zugrunde liegende Fragestellung der kleinen Untersuchung fokussierte die Relevanz der Studienerfahrung und die dadurch erworbenen Kompetenzen für die Gesamtbiographie, insbesondere für die berufliche Laufbahn. Demzufolge haben Studierende in Kleingruppen biographisch-narrative Interviews mit Alumnis dieses Studiengangs geführt. Befragt werden sollten sowohl internationale Studierende, die nach dem Abschluss ihres Studiums in Deutschland geblieben sind, als auch deutsche Studierende, die diesen Studiengang abgeschlossen haben. Thematisch war das Projekt mit internationalen bzw. interkulturellen Erfahrungen verbunden, deren Einbeziehung im Studiengang stets erwünscht und willkommen ist. Somit bildete das Seminar eine gute Kombination aus Inhalten zur qualitativen Sozialforschung, insbesondere der Biographieforschung und narrativen Interviews, sowie der Entwicklung fachlicher Kompetenz im Bereich der Interkulturalität. Das Projekt zeichnete sich dementsprechend durch doppelte Selbstthematisierung aus: Zum einen in Bezug auf den Gegenstand der Forschung und Sample. Zum anderen durch Selbstbeteiligung an dem Projekt und die Selbstreflexion der eigenen Vorgehensweise. Beide Aspekte hatten sicherlich eine motivierende Funktion.

In ihren Semesterferien haben die Studierenden Interviews geführt und transkribiert. Ab dem Sommersemester folgte die Auswertungsphase. Jede Person oder Gruppe hatte die Möglichkeit in der Seminarstunde das selbsterhobene Material zu präsentieren und gemeinsam mit den Teilnehmer/-innen der Veranstaltung zu analysieren. Diese Entscheidung, eigene Interviews im Seminar zu präsentieren, wurde den Studierenden überlassen; die Möglichkeit wurde jedoch von jedem/r in Anspruch genommen. Für jedes Interview waren nur eine oder eineinhalb Stunde vorgesehen. Die anonymisierten Interviews wurden vor dem Unterricht an alle Teilnehmenden des Seminars verschickt und von diesen (meistens) gelesen. Aufgrund der Menge des empirischen Materials, das im Seminarrahmen zur Verfügung stand, wurde mit der Zeit auf die Druckversion des Interviews verzichtet und die Interviewtranskripte mit Beamer projiziert und von der Leinwand vorgelesen. Eine Person hat am Computer gesessen, den Text gescrollt und interpretationsrelevante Textteile in Farbe hervorgehoben. Die angefertigten Transkriptionen wurden nicht von den Interviewer/-innen selbst vorgelesen, sondern von Freiwilligen aus der Gruppe. Indem sich die Autor/-innen selbst in der Rolle als Interviewer/innen wiedergefunden haben, konnten sie sich einen ‚objektiven Blick' auf die eigene Interviewführung verschaffen und so z.B. die Auswirkungen der von ihnen gestellten Fragen auf das Gelingen oder Misslingen ihrer Interviewtechnik erkennen.

In der Anfangsphase des zweiten Semesters, das für die Auswertung des empirischen Materials vorgesehen war, wirkten die Studierenden überwiegend frustriert, weil die Aufgabe, die eigenen Transkriptionen Zeile für Zeile zu analysieren, nicht selten in mehrsprachigen Kontext, eine langwierige und energieaufwendige Vorgehensweise darstellte. Ebenso wirkte die Vorstellung, sich mühsam mit Projekten der anderen Seminarteilenehmer/-innen auseinanderzusetzen, eher demotivierend als ermutigend, insbesondere wegen der deutlich eingeschränkten Zeit für die Beendung des eigenen Forschungsprojektes. Die Interpretationskrise bzw. die Orientierungslosigkeit bezüglich des „Modus Operandi" der qualitativen Forschung, wie es sicherlich bei den meisten Forschungsnoviz/-innen ist, wirkte zusätzlich demotivierend.

4 Die Forschungswerkstatt als didaktisches Mittel zur Schaffung *interkultureller Erfahrungszusammenhänge*

Die Lehrveranstaltung hatte die Form einer Forschungswerkstatt angenommen. Eine Forschungswerkstatt[1] versteht sich als spezifische Arbeitsform, bei der einzelne Teilnehmer/-innen ihre eigenen Forschungsfragestellungen verfolgen und ihr Arbeitsmaterial auswerten können. Die anderen Teilnehmer/-innen sind darin eingebunden.

> „Zentral an der Arbeitsweise von Forschungswerkstätten ist (...) das Prinzip der Wechselseitigkeit. Von den Teilnehmern wird erwartet, dass sie kontinuierlich mitmachen, sich wechselseitig auf die Materialien der jeweils anderen einlassen, das heißt auch, sich Zeit für eine gründliche Vorbereitung – die Textsegmentierung und schriftliche Kommentierung – nehmen und sich am Gespräch in der Werkstatt aktiv beteiligen. Es hat sich eingespielt, dass zu Beginn eines Treffens alle Beteiligten – abgesehen von demjenigen, der sein Material einbringt – in einer Einschätzungsrunde ihre Eindrücke zum Text reihum mitteilen. Wenn eine solche Wechselseitigkeit funktioniert, entstehen eine gemeinsame Geschichte und ein kollektives Gedächtnis der Werkstatt, was sich z. B. darin zeigt, dass sich die Teilnehmer an Besonderheiten der Datenmaterialien der anderen erinnern (...)" (Riemann 2005: 7 f.).

Die Interpretationskrise und ihre Beseitigung im eigenen Interesse sind der Grund bzw. überhaupt der Anlass für das Zustandekommen von Forschungswerkstätten. Die Wechselseitigkeit, ermöglicht durch die Präsentation des eigenen empirischen Materials sowie das regelmäßige Lesen und Mitinterpretieren der Transkripte von anderen, bildet die Basisregel des Arbeitsbündnisses in klassischen Forschungswerkstätten (vgl. Schütze 1988, Hoffmann/Pokladek 2010). Dagegen ist die Studierendengruppe institutionell fundiert und der formale Grund für die Anwesenheit im Seminar ist zunächst einmal sein erfolgreiches Absolvieren. Die Entstehung einer Interpretationsgemeinschaft unter den formalen Organisationsbedingungen, die sich durch eine regelmäßige und aktive Teilnahme an dem Seminar auszeichnen, bedeutet also keine Selbstverständlichkeit.

Meiner Erfahrung nach kann die Übertragung des Formats einer Forschungswerkstatt auf die Seminarrealität als didaktisches Mittel verstanden werden, das nicht nur der Überwindung einer Interpretationskrise dient, sondern auch zur Herstellung eines interkulturellen Erfahrungszusammenhangs führen kann.

---

1 Das Konzept der Forschungswerkstatt geht auf den amerikanischen Vertreter des Symbolischen Interaktionismus, Anselm Strauss, zurück (vgl. Riemann 2005). In deutschsprachigen Raum haben die Tradition der Forschungswerkstätte v.a. Fritz Schütze und Gerhard Riemann weiter gepflegt.

Darunter verstehe ich eine Form der Verbundenheit zwischen den Interaktanten des Seminars, die sich aus der Partizipation an den gemeinsamen Prozessen ergibt. Das Gelingen dieser konsolidierenden Prozesse hängt davon ab, inwieweit die Gemeinsamkeiten hergestellt und die Unterschiede abgebaut werden können.

Auf der Grundlage meiner Notizen, des selbstreflexiven Teils der schriftlichen Ausarbeitung der Studierenden sowie der Gesamtevaluation am Ende des Seminars habe ich drei Komponenten bzw. Kategorien herausgearbeitet, die für die Herstellung eines solchen interkulturellen Erfahrungszusammenhangs eine grundlegende Bedeutung zu haben scheinen: (1) Der Austausch eigener Forschungserfahrungen, (2) Mitgestaltung des Seminars sowie (3) gemeinsame Lernprozesse. Diese werden im Folgenden einzeln erläutert.

4.1 Der Austausch eigener Forschungserfahrungen

Eine Komponente der Etablierung eines interkulturellen Erfahrungszusammenhangs bildete der Austausch eigener Forschungserfahrungen unter allen Beteiligten, d.h. des selbsterhobenen empirischen Materials sowie der Erzählungen vom Erlebten im Forschungskontext.

Mit dem Knüpfen von Kontakten mit den Interviewpartner/-innen, dem Herstellen der Vertrauensgrundlagen für die Interviewführung, einer persönlichen Begegnung mit Informant/-innen, dem Anhören der anvertrauten Lebensgeschichte sowie der Vorgehensweise in der Interviewsituation stellten die Interviewenden einen persönlichen Bezug zu ihrem empirischen Material her und verliehen diesem somit einen besonderen Wert. Nicht die ‚idealen' Interviewbeispiele aus den Lehrbüchern, die durch ihren vorbildlichen Charakter unerreichbar und somit entmutigend wirken können, dienten als Komparationsfolie für die Qualität der selbstgeführten Interviews von Studierenden, sondern die Transkripte der Kommilitonen/-innen, die an den gleichen Vorbereitungsprozessen in der Forschung teilgenommen haben. Hinsichtlich des Standes des methodischen Wissens und der methodischen Kompetenzen, der Forschungsthemen, der Forschungserfahrung im Rahmen des Seminars, der Datenerhebung und -auswertung waren die Seminarteilnehmer/-innen alle in der gleichen Ausgangslage.

Die Darstellung des eigenen Werks, die eigene wissenschaftliche Leistung ‚unter Gleichen' wies nicht nur eine selbstreflexive Wirkung auf die eigene Interviewführung und -auswertung auf, sondern diente auch als Gedankenanstoß für nachfolgende selbstständig geführte Interviewanalysen und deren Verständnis durch die anderen Teilnehmer/-innen. Hierzu die Aussage einer Studentin:

> *„Das Seminar war wie eine Filmserie: Man ist gespannt und kann kaum erwarten, was in der nächsten Folge kommt. (...) Die einzelnen Interviewbesprechungen haben mir sehr viel gebracht und ich fand das alles sehr spannend, wie alle Interviews so verschieden waren, man konnte aber trotzdem viel für eigene Analyse von anderen lernen."*

Nicht nur das selbst erhobene Material in Form von Interviewtranskripten wurde zwischen den Beteiligten geteilt, sondern auch die Erzählungen von einschneidenden Vorkommnissen und persönlichen Erlebnissen, die die Studierenden in der Phase der Erhebung erfuhren. Somit wurden die Schwierigkeiten bei der Suche nach Interviewpartner/-innen, Ängste bezüglich der Anfrage nach einem Interview, Befürchtungen bezüglich der falschen Vorgehensweise bei der Interviewführung und Unsicherheiten während der Interviewsituation geteilt. Die Partizipant/-innen präsentierten sich dadurch eher weniger in der Rolle der Studierenden und viel mehr der Forschenden. Ebenso habe ich mich in der Aufgabe gesehen, mich als Forscherin darzustellen und von meinen persönlichen Erfahrungen bei der Führung von Interviews erzählt.

Der Austausch von eigenen persönlichen Erfahrungen und die Offenbarung von damit einhergehenden Verwundbarkeiten, gar Schwächen, wirkten auf die Beteiligten ermutigend, um es mit den Worten einer Studierenden zu beschreiben: „Wir haben das Gefühl der Katharsis erreicht". Was auch immer die Studentin damit meinte, schienen die Teilnehmenden des Seminars sich erleichtert zu fühlen, dass sie eigene Frustrationen aussprechen konnten und nicht mit ihrer Skepsis und Angst alleine blieben. Diese Offenheit war möglich, weil die Studierenden mit ihren Äußerungen nicht auf die Kritik, sondern auf das Verständnis und die Empathie seitens der Teilnehmenden, inklusiv meiner Person, gestoßen sind. Sie empfanden die Rahmenbedingungen als einen vertrauten Raum, in dem sie sich nicht aus Furcht vor Kritik oder einer schlechten Note von der besten Seite präsentieren müssen, sondern sehr wohl eigene Fehler oder Verletzlichkeit enthüllen können. Die entstandene „lockere Atmosphäre" und „wenig Druck", wie es seitens der Studierenden bezeichnet wurde, wirkten auf sie ermutigend, nahmen ihnen die Angst vor „falschen Äußerungen" und bildeten damit einen guten Ausgangspunkt für die gemeinsame Forschungs- und Seminarerfahrung. Somit bildet der Austausch von Forschungserfahrungen eine wichtige konsolidierende Maßnahme im Kontext der international zusammengesetzten Gruppen, denn die Feststellung der ähnlichen Forschungsherausforderungen bzw. -problematiken und ihre Besprechung bzw. ‚Bearbeitung' in der Gruppe macht eine wichtige Gemeinsamkeit für die Teilnehmenden aus.

Mit der Präsentation der eigenen Forschungserfahrungen hatten die Studierenden auch die Möglichkeit, eigene Stärken in Form von soziale Kompetenzen, wie z.B. Kommunikationsfähigkeit oder interkulturelle Kompetenz, zu präsentieren, die über das Fachwissen hinausgingen.

4.2 Mitgestaltung des Seminars

In der anfänglichen Phase des Seminars habe ich viel Input zum interpretativen Umgang mit dem empirischen Material gegeben. Dieser hat sich im Laufe des Seminars reduziert, denn die Studierenden haben sukzessiv die Rolle der Interpretierenden übernommen. Somit beschränkte sich meine Funktion im Laufe des Seminars immer mehr auf die Moderation. Die Studierenden betonten mehrfach den Vorteil des praktischen Ansatzes der Forschungswerkstatt gegenüber dem Frontalunterricht, denn sie fühlten sich mitverantwortlich für die Gestaltung des Seminars und selbst gefordert. Durch die Präsentation des eigenen Materials erfuhren sich die Studierenden als Mitverantwortliche für die Gestaltung des Seminars, was ein Handlungswirksamkeitseffekt mit sich brachte und konsolidierend auf sie wirkte. Im Kontext der international zusammengesetzten Gruppen spielen die Gestaltungsmöglichkeiten des Seminars eine wichtige Rolle, denn sie erlauben den Studierenden eigene Handlungsressourcen zu aktivieren und zu erfahren, dass eine Zusammenarbeit in einer heterogenen Gruppe erfolgreich sein kann. Der Erfahrungsaustausch und die Mitverantwortung für die Gestaltung des Seminars erhöhte zugleich die Motivation zur Partizipation an dem Seminar.

Ebenso habe ich soziale Ermutigungsarbeit geleistet, indem ich versucht habe, die Einzigartigkeit jedes Interviews herauszufiltern. Anstatt Kritik zu äußern, z.B. an einer argumentativ und nicht erzählgenerierend formulierten Eröffnungsfrage im narrativen Interview, verwies ich mit einer entsprechenden Fragestellung auf die möglichen Auswirkungen für die Erzählung der Interviewten. Die Minimierung der Hierarchieebenen erfolgte durch meinen partnerschaftlichen und egalitären Umgang anstelle eines belehrenden und weitschweifigen Kommunikationsstils.

4.3 Gemeinsame Lernprozesse

Eine dritte konsolidierende Komponente bildet der gemeinsame Lernprozess. Nach den ersten interpretativen Erfahrungen in dem Seminar konnte ich beobachten, wie das Selbstinteresse an der Zusammenarbeit, im Vergleich zum Anfang des Seminars, allmählich stieg. Zunächst erkannten die Studierenden durch die eher

‚archäologische' und weniger schematische Vorgehensweise die Individualität sowohl des Gegenstandes des eigenen Forschungsprojektes als auch die eigene Individualität als Forscher/-innen. Trotz des enormen Arbeitsaufwands haben die Teilnehmenden durch die gegenseitigen Anregungen, Entdeckung von Ähnlichkeiten sowie Unterschieden in Interviews den Sinn der kollektiven Interpretation nachvollziehen und wertschätzen können. Hierzu eine bejahende Aussage aus der Gesamtevaluation des Seminars:

> *„Das Besprechen der Interviews in der Gesamtgruppe war sehr hilfreich und interessant, weil wir dafür verschiedene Bemerkungen bekommen haben. Das wäre in den Kleingruppen nicht möglich gewesen. Alle Interviews waren so unterschiedlich, aber man hat trotzdem für seine eigene Analyse von den Besprechungen gelernt."*

Auf Vorteile des Kommunikationsprozesses und die Kompetenzen, die die Studierenden durch eine gemeinsame Interpretationspraxis in Arrangements der Forschungswerkstätte entwickeln können, weisen mehrere Autor/-innen hin[2]. Die gemeinsame Interpretationspraxis der erhobenen Interviews ermöglichte den Studierenden solche Kompetenzen einzubringen wie: Einfühlsamkeit in die Erfahrungswelt der Informant/-innen, das Erkennen der Zusammenhänge in den erzählten Lebensgeschichten, eigene Wissensbestände, Auslands- und Fremd-

---

2 Lena Inowlocki, Gerhard Riemann und Fritz Schütze deuten darauf hin, dass die kollektive Analyse in Form einer Forschungswerkstatt insbesondere „Prozesse der Erkenntnisgenerierung" anstößt (2010: 187). Das bedeutet, dass die Teilnehmer/-innen der Werkstatt bspw. auf Grundlage des erhobenen Materials lernen die Textsorten bzw. die Kommunikationsschemata des Erzählens, des Beschreibens und des Argumentierens zu unterscheiden und eine kooperative Kultur der Kommunikation entwickeln, die auf der vertrauensvollen Anrufung, wechselseitigen Unterstützung und verständnisvollen Einhaltung von kooperativen Interaktionspostulaten beruht (ebd. 188). Bettina Dausien bezeichnet die Forschungswerkstatt als Ort eines „Werkens", eines „interaktiven *Tuns*" bzw. einer „gemeinsamen Praxis" zwischen Studierenden und Lehrenden in einem erwartbaren Rahmen und mit einem relativ konstanten Personal, in dem eine gemeinsame Praxis des Umgehens mit Forschungsproblemen, empirischen Materialien und des Miteinanders entsteht. Die interaktiven Lernprozesse nehmen entweder die Form einer handwerklichen Lehre – eines „Meister-Schüler"-Verhältnisses – oder einer „Lernkette" an, die sich nach dem das Prinzip des wechselseitigen Voneinander-Lernens bildet (Dausien 2008: 5). Für Britt Hoffmann und Gerlinde Pokladek sind die Forschungswerkstätte nicht nur eine „Instanz zur Erkenntnisgenerierung qualitativer Forschung, sondern auch als Sozialisationsinstanz für wissenschaftlichen Nachwuchs zu pflegen und in der Hochschullandschaft unter neuen, allerdings im Bachelor-Master-Takt restriktiver werdenden, Rahmenbedingungen einzusetzen" (Hoffmann/Pokladek 2010: 197).

heitserfahrungen sowie Studien- und Berufserfahrungen, die über den jeweiligen National- und Kulturkontext hinausgehen. Durch die Auseinandersetzung mit verschiedenen Lebensgeschichten sowie ihren Interpretationen konnten in der gemeinsamen Interpretationspraxis ebenso analytische Kompetenzen erlernt werden. Die Studierenden konnten in den Auswertungsverfahren auf gemeinsame kulturelle Wissensbestände mit dem/der Interviewten zurückgreifen; dieser Wissensfundus erleichterte bzw. ermöglichte ihnen die Analyse der Fallrekonstruktionen. Für Studierende, die keine gleichen sprachlichen Kompetenzen und Wissensbestände hatten und bei den Interpretationen nicht im gleichen Maßen auf die gemeinsamen kulturellen und diskursiven Wissensbestände zurückgreifen konnten, war es zugleich möglich, und zum Teil sogar leichter, einen fremdverstehenden Zugang zum Material zu finden und bspw. ein Phänomen aus einer anderen Sicht zu deuten bzw. neue Deutungsalternativen vorzuschlagen. Dadurch konnte die wissenschaftliche Reflexivität eingeübt werden: „Diese Form der Reflexivität impliziert vor allem die Fähigkeit zur Distanzannahme gegenüber ‚selbstverständlichen' Deutungen und der eigenen Interpretationspraxis. Sie übt in die ‚Befremdung des eigenen Blicks'" ein (Dausien 2007: 2).

Die Beurteilung einer solchen komplexen Seminarleistung stellt eine schwierige Aufgabe dar, denn sie erfordert die Berücksichtigung nicht nur der inhaltlichen oder analytischen, sondern auch der sozialen Kompetenzen. Bei der Benotung wurden entsprechend zum einen auf Grundlage der verschriftlichen Fallanalysen die interpretativen Kompetenzen und zum anderen die (Selbst-)Reflexion der eigenen Rolle im Forschungsprozess in Betracht gezogen. Hierbei waren das Resümee der Lernfortschritte in Bezug auf die Interviewführung sowie die Erweiterung der Perspektive auf die Informant/-innen, unter Berücksichtigung der eigenen Voreingenommenheit, Stereotype und Vorurteile von besonderer Bedeutung.

5 Fazit

Im Zuge des Seminars konnte ich beobachten, wie sich die Gruppe immer mehr solidarisierte und die Zusammenarbeit enger wurde. Das Zitat einer Person aus der Gesamtevaluation zum Abschluss der Veranstaltung bringt die Beobachtung auf den Punkt: „*Wir sind alle ein Stück zusammengewachsen*". Demzufolge kann angenommen werden, dass die Forschungswerkstatt in den internationalen und interkulturellen Kontexten dazu beiträgt, eine Sensibilität für die Bedeutung dieser Kontexte zu entwickeln und Asymmetrien abzubauen. Mit den forschungswerkstattlichen Aktivitäten im Seminarrahmen wird somit ein interkultureller

Erfahrungszusammenhang geschaffen, der die Teilnehmenden in die Lage versetzt, die eigene (un)privilegierte Position zu reflektieren und zu modifizieren. Hierbei kann der enorme Zeit- und Energieaufwand, der mit der analytischen Arbeit verbunden ist, zu einem Reifungsprozess beitragen, der mit der Zufriedenheit des eigenen Tuns resultieren kann. Im Seminarrahmen bietet die Forschungswerkstatt die Gelegenheit die *hochschultypischen* Rahmen zu verlassen und eine sowohl individuelle als auch kollektive Erfahrung zu machen, die auf die Seminargruppe konsolidierend wirkt. Die Forschungswerkstatt wird damit nicht nur zu einem didaktischen Medium der Vermittlung, sondern kann aufgrund ihrer besonderen Form als hilfreiches Mittel für interkulturell heterogene Gruppen gesehen werden. All jene Aspekte, die die Forschungswerkstatt abseits der Vermittlung beinhaltet, wie z.B. Vertrauensaufbau der Teilnehmenden untereinander, der implizite Aufruf zur Reziprozität der Perspektive, werden für eine internationale Studiengruppe besonders bedeutsam. Die Arrangements der Forschungswerkstatt gestatten es, dass die international zusammengesetzte Gruppe Formen der wechselseitigen interkulturellen Verständigung und interkulturellen Akzeptanz umsetzt, ohne dabei explizit kulturelle Besonderheiten der einzelnen Mitglieder thematisieren zu müssen. Damit verbundene Gefahren der Stereotypisierung und Kulturalisierung können so vermieden werden, denn die interkulturelle Verständigung ergibt sich vielmehr quasi naturwüchsig aus der Zusammenarbeit. Sie zeichnen sich ebenso durch didaktische Quasi-Reduktion des bestehenden Machtgefälles aus: Die den Teilnehmenden zur Verfügung Ressourcen weiterhin bestehen, jedoch können in der konkreten Interaktionssituation im Seminar modifiziert und nicht zur Geltung gebracht werden. Dennoch sind diese Punkte aufgrund größerer Unsicherheiten – verursacht durch Sprachgrenzen oder der nur bedingt möglichen Unterstellung gleicher Wissens- und Erfahrungsvorräte – besonders gegenwärtig. Nimmt man als Lehrende diesen sich aufspannenden interkulturellen Raum positiv an, können gerade solche interkulturellen Erfahrungen der Studierenden als gemeinsame Erfahrungsgrundlage gelten, den Perspektivwechsel befördern und damit zur Verschränkung und positiven Verstärkung der inhaltlichen und der Beziehungsebene führen.

Literatur

Auernheimer, Georg (2014). Interkulturelle Kommunikation, mehrdimensional betrachtet, mit Konsequenzen für das Verständnis interkultureller Kompetenz. In: Auernheimer, Georg (Hrsg.). Interkulturelle Kompetenz und pädagogische Professionalität, 4. Aufl., Wiesbaden: VS Verlag, S. 37-70

Dausien, Bettina (2007). Reflexivität, Vertrauen, Professionalität. Was Studierende in einer gemeinsamen Praxis qualitativer Forschung lernen können. In: Forum Qualitative Sozialforschung / Forum: Qualitative Social Research, 8 (1), S. 1-7, http://www.qualitative-research.net/index.php/fqs/rt/printerFriendly/220/485 (Zugriff am 26.04. 2015)

Helfferich, Cornelia (2004). Qualität der qualitativen Daten: Manual für die Durchführung der qualitativen Interviews. VS Verlag

Heublein, Ulrich (2015). Von der Schwierigkeit des Ankommens. In: Die neue Hochschule. Hochschullehrerbund, 15 (1), S. 14-17, http://hlb.de/fileadmin/hlb-global/downloads/dnh/full/DNH_2015-1.pdf (Zugriff am 25.05.2015)

Hinnenkamp, Volker (1989). Interaktionale Soziolinguistik und Interkulturelle Kommunikation. Gesprächsmanagement zwischen Deutschen und Türken. Tübingen: Niemeyer

Hoffmann, Britt & Pokladek, Gerlinde (2010). Das spezielle Arbeitsbündnis in qualitativen Forschungswerkstätten. Merkmale und Schwierigkeiten aus der Perspektive der TeilnehmerInnen. Zeitschrift für Qualitative Forschung, 10 (2), S. 197-217, http://www.budrich-journals.de/index.php/zqf/article/viewFile/5774/4899 (Zugriff am 27. 04. 2015)

Inowlocki, Lena & Mangione, Cosimo & Satola, Agnieszka (2010). Social Work Students doing autobiographical narrative interviews with people who experience(d) discrimination. In: Zeitschrift für Qualitative Forschung, 10 (2), S. 279-291, http://www.ssoar.info/ssoar/bitstream/handle/document/35510/ssoar-zqf-2010-2-inowlocki_et_al-Social_work_students_doing_autobiographical.pdf?sequence=1 (Zugriff am 28.05.2015)

Inowlocki, Lena & Riemann, Gerhard & Schütze, Fritz (2010). Das forschende Lernen in der Biographieforschung – Europäische Erfahrungen. Einführung in den Themenschwerpunkt. Zeitschrift für Qualitative Forschung, 10 (2), S. 183-195, http://www.budrich-journals.de/index.php/zqf/article/view/5773/4898 (Zugriff am 27. 04. 2015)

Inowlocki, Lena (1996). „das reiht sich mir so nach und nach auf ne Perlenkette auf": Wie das Verstehen des Beraters abreißt. In: Kokemohr, Rainer & Koller,Christoph (Hrsg.). Migration und Interkulturelle Kommunikation. Reihe Interaktion und Lebenslauf. Weinheim: Deutscher Studienverlag, S. 43-59

Mecheril, Paul (2007). *Diversity. Die Macht des Einbezugs,* http://www.migration-boell.de/web/diversity/48_1012.asp (Zugriff am 25.07.2015)

Mecheril, Paul (2001). *Anerkennung des Anderen als Leitperspektive Interkultureller Pädagogik? Perspektiven und Paradoxien,* http://www.ida-nrw.de/projekte-interkulturell-nrw/such_ja/12down_1/pdf/mecheril.pdf (Zugriff am 25.07.2015)

Riemann, Gerhard (2010). Ein Forschungsansatz zur Analyse narrativer Interviews. In: Bock, Karin & Miethe, Ingrid (Hrsg.). Handbuch qualitative Methoden in der Sozialen Arbeit. Opladen und Farmington Hills: Verlag Barbara Budrich, S. 223-231

Riemann, Gerhard (2005). Zur Bedeutung von Forschungswerkstätten in der Tradition von Anselm Strauss. Mittagsvorlesung, 1. Berliner Methodentreffen Qualitative Forschung, 24.-25. Juni 2005, http://www.berliner-methodentreffen.de/material/2005/riemann.pdf (Zugriff am 26.07.2015)

Satola, Agnieszka (2015a). Migration und irreguläre Pflegearbeit in Deutschland. Eine biographische Studie. Stuttgart: Ibidem-Verlag Satola, Agnieszka (2015b). Vertrauensarbeit in der Biographieforschung. Forschungsfeld irreguläre Pflege. In: Poferl, Angelika & Reichertz, Jo & Schröer, Norbert (Hrsg.). Wege ins Feld. Methodologische Aspekte des Feldzugangs. Essen: Oldib Verlag, S. 348- 360

Schröer, Norbert & Hinnenkamp, Volker (2015). Interkulturelle Gruppenarbeit im internationalen Studienalltag. Ansätze einer anwendungsorientierten lebensweltanalytischen Ethnographie. In: Hitzler, Ronald & Gothe, Miriam (Hrsg.). Ethnographische Erkundungen. Methodische Aspekte aktueller Forschungsprojekte (Reihe ‚Erlebniswelten'). Wiesbaden: Springer VS, S. 127-140

Schröer, Norbert (2012). Teaching Intercultural Communication. Improvisation als didaktischer Kern einer interkulturellen Qualifizierung in Hochschulen. In: Soeffner, Hans-Georg (Hrsg.). Transnationale Vergesellschaftungen. Verhandlungen des 35. Kongresses der Deutschen Gesellschaft für Soziologie in Frankfurt/M. 2010. Wiesbaden: Springer VS, http://www.fh-fulda.de/fileadmin/Fachbereich_SK/Professoren/Schroeer/Teaching_Endfassung_Schroeer.pdf (Zugriff am 27. 07. 2015)

Schütze Fritz (1988). Professional Schools: ein Entwicklungspotential für die Zukunft der GhK. Veröffentlicht als 8. Gießhausgespräch. Kassel

West, Candace & Fenstermaker, Sarah (1995), Doing Difference. In: Gender and Society, 9 (1), S. 8-37

Lehrstile im ‚international classroom'

Explorativer Versuch einer ersten Problembestimmung und Typenrekonstruktion

Richard Bettmann

Durch die Internationalisierung der deutschen Hochschulen ist die Zahl ausländischer Studierender deutlich angestiegen. Diese ‚neue' Zusammensetzung der Studierendenschaft stellt unweigerlich auch neue didaktische Herausforderung an die Lehrkräfte. Die damit einhergehenden Anforderungen konzentrieren sich im Wesentlichen auf die zunehmende Diversifizierung und Heterogenisierung des Lehrkontextes, der – komplementär zum Internationalisierungsprozess – als ‚international classroom' bezeichnet wird. Mit diesem Begriff verweist sein Urheber auf ein ‚Setting', in dem ausländische und einheimische Studierende gemeinsam unterrichtet werden (Teekens 2000: 30).

Die Lehrtätigkeit in kulturell heterogenen Studierendengruppen hat gezeigt, dass diese ungemein viel Potential für die Entwicklung neuer Sichtweisen, Arbeitsansätze und Lösungsschemata bieten. Trotz oder vielleicht auch wegen dieses Potentials kommt es im ‚international classroom' aber nicht selten zur Kollision divergenter Wissensbestände, Kommunikations- und Wissenschaftskulturen sowie zu Gruppenbildungsprozessen und der Einrichtung strategischer Arbeitsbündnisse, deren Bruch-, Konvergenz- und Konstruktionserfahrungen das Lehr- und Lernsetting lokaldiskursiv durchziehen und die Möglichkeiten zur Nutzung des in diesen Gruppen vorhandenen Diversitätspotentials grundsätzlich verstellen können. Notwendig wird damit ein didaktisches Handeln, das sich der Heterogenität und Diversität dieser Gruppen zuwendet und es entsprechend fruchtbar macht bzw. lösungs- und ressourcenorientiert in die Lehr- und Lernprozesse einbindet. Dabei kann die didaktische Arbeit im ‚international classroom' zu ungeahnten Herausforderungen führen, die dann immer entsprechend situativ, didaktisch durchdacht und sensibel bearbeitet werden müssen (zu den geforderten, didaktischen Kompetenzen der Lehrenden im Umgang mit multinationalen Studierendengruppen siehe Otten/ Hertlein 2012; Teekens 2001 und Teekens/ Weende 1997). All diese damit angedeuteten Herausforderungen sind im Verhältnis zu den Aufgaben, die ebenso in eher homogen organisierten Lehr- und Lernsettings anfallen können, nicht zu unterschätzen (siehe dazu Brendel et al. 2006: 73 sowie Otten/ Hertlein 2012: 182).

Laut Teekens (2001) muss die Lehrkraft in interkulturellen Lehr- und Lernsituationen über das Wissen verfügen, dass es unterschiedliche Lehr- und Lerntypen gibt und dass die Bewertung dieser Typen sehr stark durch kulturelle Deutungsmuster bestimmt wird. Über dieses Wissen hinaus muss die Lehrkraft aber auch über Praktiken verfügen, um Studierende aus unterschiedlichen Kulturen aktiv am Lernprozess zu beteiligen. Zudem muss sie dazu in der Lage sein, die Leistungen der Studierenden nicht nur durch die eigenen sondern auch durch die fremdkulturellen ‚Brillen' begutachten zu können. Außerdem benötige sie eine flexible Einstellung und damit eine relativ hohe Ambiguitätstoleranz gegenüber den verschiedenen Verhaltensweisen der Studierenden. Aber was bedeutet das konkret?

In diesem Zusammenhang stellen sich dann zwangsläufig die Fragen,

a. wie die Lehrkräfte in Anbetracht der curricularen Anforderungen die Durchführung der Lehre im ‚international classroom' gestalten,
b. wie sie mit Konflikten und Gruppendynamiken umgehen,
c. und vor dem Hintergrund welcher Lehrdispositionen[1] (Egger 2012; Dinsleder 2012) sie sich für welche didaktischen Lehrmittel und Lehrstile entscheiden.

Diese Fragen wurden im Diskurs bisher immer nur punktuell berührt oder verhältnismäßig formal bzw. rezeptartig beantwortet, was dazu führte, dass die konkrete Rollenausgestaltung seitens der Lehrkraft im Internationalisierungsprozess weitestgehend unbehandelt (Teekens 2000: 31) und die Frage danach, warum Lehrende im international classroom lehren, wie sie es tun (vgl. Kamin 2014: 3) unbeantwortet blieb. Für den Internationalisierungsprozess an den Hochschulen ist die Beantwortung dieser Fragen jedoch von erheblichen Interesse, weil sie Einsichten dahingehend liefert, wie die Akteure – in diesem Fall die Lehrkräfte – mit den Heterogenitäts- und Diversitätseffekten der Internationalisierung im konkreten Lehrhandeln eigentlich umgehen, welche Probleme sie auf der Handlungsebene wahrnehmen und welche Justierungen didaktischer Art ggf. vorgenommen werden müssen. Die Beantwortung dieser Fragen ist zwingend notwendig, damit die

1 Unter Lehrdispositionen werden hier, in Anlehnung an Dinsleder, habituell und mit der eigenen Biographie im Zusammenhang stehende sowie mit der eigenen Lehrerfahrung verknüpfte Einstellungen und Haltungen zur Lehre verstanden, die primär aus den alltäglichen Erfahrungen der Lehrenden abgeleitet werden und nicht auf pädagogische Ausbildungsprogramme zurückzuführen sind (Dinsleder 2012: 102; siehe dazu auch Kamin 2014 sowie Trautwein 2013).

Internationalisierung als Organisationsentwicklungsstrategie auch auf der Handlungsebene konsequent und zielführend umgesetzt werden kann.

Mit diesem Beitrag möchte ich dazu beitragen, diese Lücke zu schließen. Ziel dieses Aufsatzes ist es, die Möglichkeiten, Probleme und Lösungstypen seitens der Lehrenden im Umgang mit hochgradig diversifizierten und heterogenen Studierendengruppen explorativ an konkreten Fällen exemplarisch herauszuarbeiten.

Materiale Basis für diesen ersten analytischen Zugang sind Interviews, die Studierende mit Lehrenden im Rahmen eines qualitativen Lehrforschungsprojektes im Studiengangs ICEUS erhoben haben. Diese Interviews wurden, im Sinne der Hermeneutischen Wissenssoziologie (Hitzler/ Reichertz/ Schröer 1999), einzelfallanalytisch ausgewertet.

Die hier ausgewählten Einzelfälle werden idealtypisch als Konkretion einer allgemeinen Handlungsstruktur aufgefasst bzw. als mögliche Reaktion auf ein und dasselbe Problem, nämlich auf die zunehmende Internationalisierung des Lehrbetriebes. Einschränkend muss jedoch festgehalten werden, dass es sich hierbei nur um die Analyse von Interviews handelt, die mit Lehrenden des Fachbereichs Kultur- und Sozialwissenschaften der HS Fulda geführt wurden und die dort sehr unterschiedliche Fächer unterrichten und von daher auch sehr unterschiedliche Möglichkeiten der Lehragendagestaltung haben. Allein von der fachlichen Verortung der Lehrenden her ist zu vermuten, dass sie dem Thema mit Blick auf den Gegenstand der Sozial- und Kulturwissenschaften deutlich näher stehen dürften als Lehrende solcher Fachbereiche, in denen inter-, trans- oder auch multikulturelle Aspekte des menschlichen Handelns eher nachrangig behandelt werden. Mit der hier bemühten Typenrekonstruktion wird demnach auch kein Anspruch auf Vollständigkeit erhoben, sondern lediglich der Versuch unternommen, einen ersten Zugang zur Positionalität und Perspektivität der Lehrkraft im international classroom zu gewinnen[2].

2 Die Rekonstruktion entsprechender Problemwahrnehmungsmuster und der darauf angepassten, didaktischen Lösungstypen von Lehrenden anderer Fachbereiche und eventuell auch eine Gegenüberstellung stehen bis dato noch aus.

1 Übergang zur Analyse

In dem bereits erwähnten studentischen Forschungsprojekt[3] ging es darum, explorierend die Rolle der Lehrkraft im ‚international classroom' aus der Perspektive der Lehrenden zu erfassen. In Erfahrung gebracht werden sollte konkret, wie sich die Lehrenden im ‚international classroom' orientieren, welche Probleme und Potentiale die Lehrenden diesem ‚Lehr- und Lernsetting' zurechnen, welche Lösungspfade sie entwickelt haben, um mit den zugerechneten Problemen und Potentialen angemessen, d. h. lösungs- und ressourcenorientiert, zu verfahren und welche didaktischen Umsetzungsformen von daher möglich und durchführbar erscheinen.

Durch die hermeneutisch-einzelfallorientierte Analyse der Interviews, kann exemplarisch angedeutet werden, wie Lehrende mit hochgradig heterogenen Studierendengruppen umgehen und wie sie versuchen, den Balanceakt zwischen einer zunehmenden Heterogenisierung der Gruppe der Studierenden und der zunehmenden Kanonisierung curricularer Vorgaben im Zuge des Bolognaprozesses zu gestalten. Deutlich wurde, dass die Lehrenden zentrale Probleme und Potentiale des ‚international classrooms' verhältnismäßig ähnlich thematisierten, vor ihrem jeweils fachlichen Selbstverständnis jedoch unterschiedliche Strategien zur Handhabung der Probleme und zur Nutzung der Diversitäts- und Heterogenitätspotentiale entwickelt haben[4].

2 Die Lehrkraft als Beziehungsmensch

Professor Hollmann[5] hat seine Arbeit am Fachbereich Sozial- und Kulturwissenschaften der Hochschule Fulda mit der 4. Kohorte des Studiengangs ICEUS 2002 begonnen.

3 Durchgeführt wurde das Projekt von Nini Grdzelishivili, Elina Guseynova, Katharina Hodes, Dorothea Klatt und Lis Dagny Ohlsen. Ohne ihre studentischen Vorarbeiten wäre dieser Beitrag nicht machbar gewesen. Ihnen allen möchte ich dafür und für ihre engagierte Mitarbeit danken.

4 Aus Platzgründen kann hier nicht die gesamte Interpretation der Interviews aufgeführt werden. Von daher beschränkt sich die Darstellung auf die zentralen Stellen, die für die Herleitung und Nachvollziehbarkeit des entwickelten Argumentes relevant und interessant sind.

5 Aus Gründen der Anonymität wurden die Namen und die Geschlechtszuordnung der interviewten Personen unkenntlich gemacht.

Auf die Frage, welche Herausforderungen und Chancen er im Zusammenhang mit multinationalen/interkulturellen Gruppen ausmachen würde, antwortet Herr Prof. Hollmann wie folgt:

> *„[...] ja es ist für mich eine stetige Herausforderung und zwar ne, ne sehr, sehr positive also es ist eine Herausforderung der Heterogenität und der Vielheit und zwar hinsichtlich des Backgrounds der Leute, hinsichtlich der Sprachen der Leute, hinsichtlich viele vieler kleiner Details, also das heißt, was für mich sehr schön ist, in Konfrontationen mit Ihnen und diesen ganz verschiedenen Gruppen bin ich stetig überrascht und stetig herausgefordert. Und zwar einerseits was die Gruppendynamik anbetrifft, n sehr wichtiger Punkt, weil die sich ständig ändert * ja? ** also sie haben manchmal eine Gruppe und manchmal haben sie fünf Gruppen, ja? Und die nicht miteinander sprechen. Und sie haben herausragende Persönlichkeiten ja, die ein Fixpunkt sind und sie haben eine Peripherie von Leuten, die faktisch auch sozial Außenseiter sind, sie haben ne Gruppe die irgendwie den Eindruck haben, die hält zusammen das ist wirklich eine Gruppe, jedenfalls ziemlich starker Zusammenhalt, dann haben sie über die Zeiten Veränderung dieser Gruppenstruktur vor dem Praktikum nach dem Praktikum spielt ne sehr große Rolle. Und dann haben sie natürlich unheimlich verschiedene Leistungs- und Anspruchsverhalten und das ist auch immer so interessant. Und diese Sachen korrelieren nicht. Und das ist n Teil der Überraschung. Ja? Also sie denken eine Gruppe, die unheimlich fantastisch zusammenhält, müsste auch zum Beispiel größere Leistungen bringen oder n besseres Verhältnis zum Lehrkörper haben oder sich, oder, dem Studium mehr abgewinnen. Und da gibt's keine Korrelation. All das ist ständig im Fluss und das ist wie die Globalisierung. Ja? Und das ist ein Stück der Globalisierung es ist alles im Fluss es ist dadurch ne Herausforderung [...]" (Hollmann, S. 75, Z. 27-48).*

Die Arbeit in multinationalen/interkulturellen Studierendengruppen wird von Herrn Hollmann in vielerlei Hinsicht als positive Herausforderung umschrieben. Die Herausforderungen, die sich ihm dabei stellen, würden sich konkret aus der Heterogenität und – wie er es nennt – Vielheit der Gruppe ergeben. Beides, die kulturelle und die sprachliche Diversität innerhalb der Gruppe, werden mit dieser Aussage sowohl als potentialhaltig sowie als problematisch in Anbetracht der Lehre in interkulturellen Studierendengruppen ausgewiesen. Sowohl die Nutzung dieses Potentials als auch das didaktische Managen dieser Herausforderungen, stelle ihn immer wieder vor neue Überraschungen, und zwar in Bezug auf die von ihm wahrnehmbare Gruppendynamik, im Hinblick auf die Persönlichkeiten der

Studierenden und die unterschiedlichen – wie er es nennt – Leistungs- und Anspruchserwartungen in Bezug auf die Lehre. Differenziert stellt Hollmann fest, dass es zwischen der von ihm wahrzunehmenden Gruppendynamik und den Leistungen der Studierenden keine unmittelbare Korrelation gäbe. Stattdessen sei die Gruppe ‚ständig im Fluss'. Damit verweist er auf die Dynamik innerhalb interkultureller Studierendengruppen und damit implizit auch auf die Notwendigkeit, diesen ‚Fluss' durch entsprechendes didaktisches Handeln in Form zu halten, was dann auch die entsprechenden didaktischen Herausforderungen in diesem Lehr- und Lernkontext ausmachen würde.

Auf die Frage, wie er vor diesem Hintergrund auf die Gruppen zugehen würde, antwortet er wie folgt:

> *„Jede Unterrichtssituation ist neu. Und ich weiß früher nicht was bei rauskommt, selbst wenn ich in drei oder vier Jahren hintereinander 50 % der Texte deckungsgleich sind, weil die sich bewährt haben, weil ich denke, dass es gut ist für den Einstieg, es ist anders, die Dynamik ist jedes Mal anders. Ich bin jedes Mal anders. Der Reflex auf mich ist jedes Mal anders. Es ist immer ein Form von * es ist ein sehr starkes kommunikatives Zusammenspiel und ich weiß am Anfang der Stunde nicht was am Ende herauskommt. Weil ich glaube dass ich ** immer auch * herausgefordert bin stringent zu unterrichten nach einem bestimmten Lehrplan und gleichzeitig Raum zu geben für diese Heterogenität * das ist n manchmal ein Balanceakt (Hollmann, S. 76, Z. 12-20).*

Grundsätzlich weist er damit diesen Lehr- und Lernkontext, dem ‚international classroom', als ungemein dynamisch aus. Zudem fordere ihn die Tätigkeit auch in seiner gesamten Person, nämlich dahingehend, sich permanent auf einen neuen Kontext einstellen zu müssen. Damit weist dieser Kontext im Grunde genommen, aus Sicht von Herrn Hollmann, zwei Dynamisierungsfedern auf: die Dynamiken in der Gruppe selbst und die Dynamiken, die sich aus der Tätigkeit in diesem Kontext für die eigene Identitätsarbeit ergeben. Konstitutives Element des ‚international classrooms' ist aus Sicht dieser Lehrkraft also eine gruppeninhärente Dynamik, die sich aus der Konstellation der Gruppe selbst ergibt und auch einen Effekt hat auf die persönliche Identitätsarbeit der Lehrkraft. Zudem wird von Herrn Hollmann diesen Settings in Bezug auf das Lehrhandeln auch eine generelle ‚Unvorhersehbarkeit' darüber prognostiziert, was am Ende einer Sitzung durch die kommunikativen Arrangements innerhalb dieser Settings erreicht wird, was wiederum den von ihn erwähnten Balanceakt zwischen den curricularen Auflagen des Studienganges und den tatsächlichen Umsetzungsmöglichkeiten in Anbetracht der Lehrgestaltung und in Anbetracht der Heterogenität der Studierenden erheblich erschwert.

Auf die Frage, welche Ansprüche er im Rahmen seiner Lehre dennoch durchhalten möchte, antwortet er wie folgt:

> *„Also meine persönlichen Ansprüche sind ja erstens akademischer [...] und zweitens sind sie Beziehungs- auf ner Beziehungskonstellation, also ich will schon von meinem Anspruch her eine gute Beziehung zu Studierenden haben, weil ich glaube, dass ein Lernfeld sehr stark dadurch bestimmt ist, dass man demokratisch offen und so weiter miteinander umgeht" (Hollmann S. 76-77, Z. 48 [S.76] - Z. 5, S. 77).*

Strategisch betrachtet steht Hollmann vor dem Problem, seine fachlichen Ansprüche innerhalb der Lehre durchhalten zu können. Darüber hinaus geht es ihm aber auch um den Aufbau einer lehrfördernden Beziehung zu den Studierenden, weil er der Meinung ist, dass das Potential eines – wie er es nennt – Lernfeldes sehr stark von der Beziehung zwischen Lehrenden und Studierenden bestimmt wird. Die Beziehung erscheint hierbei als das Medium der Wahl, mit dem er einen für ihn ungemein dynamischen Lehrkontext didaktisch bearbeitet. Allerdings würde das die Kontingenzen des Lehrkontextes nicht unbedingt reduzieren, denn

> *„[...] in keiner Situation kann ich mich in irgendeiner Weise ausruhen und sagen, jetzt bin ich an einem Punkt, wo ich nur noch ein Lehrer bin und Stoff vermittel und – das geht nicht" (Hollmann S. 77, Z. 19-20).*
> *„[...] das heißt, das was ich auf der Beziehungsebene in einer internationalen Gruppe wahrnehme, versuche ich auch akademisch in irgendeiner Art und Weise fruchtbar zu machen" (Hollmann, S. 78, Z. 14-15).*
> *Außerdem sei „[...] soziales Lernen und akademisches Lernen an vielen Punkten nicht [voneinander zu trennen: R.B.](Hollmann, S. 78, Z. 47-48).*

Ist man also daran interessiert, das interkulturelle Lehr- und Lernpotential der Gruppe selbst auch zum Gegenstand der Lehre zu machen, gleichzeitig aber auch bemüht, die curricularen Vorgaben durchzuhalten, dann ist es unter didaktischen Gesichtspunkten gemäß Prof. Hollmann notwendig, die Beziehungsebene zu den Studierenden im Lehrhandeln mit zu reflektieren, damit der Dynamik, die dem ‚international classroom' grundsätzlich inne wohnt, mit entsprechenden, beziehungsdidaktischen Mitteln möglichst adäquat, d. h. lösungs- und ressourcenorientiert begegnet werden kann.

3 Die vermittelnd eingestellte Fachwissenschaftlerin

Professorin Poliere „[...] was one of the professors who conceptualized and implemented ICEUS“ (Poliere, S. 87, Z. 37-38). Der Anspruch, die Vermittlung diskursiven Wissen zum Thema Interkultur auch mit der Ausbildung interkultureller Handlungskompetenz in Vorbereitung auf die Berufsfähigkeit in einer globalisierten Arbeitswelt zu verknüpfen, sollte sich von Beginn an auch in der ‚compositions of the groups‘ wiederspiegeln (Poliere, S. 88, Z. 28). Diese Zusammenstellung der Gruppe bezeichnet Prof. Poliere als „[...] fascinating, it is enriching but it is also challenging. It has difficulties and limitations“.

Angesprochen sind damit die Potentiale aber auch die Herausforderung, die sich aus der multinationalen Zusammenstellung der Gruppe für die Arbeit in diesen Gruppen ergibt. Allerdings betont Prof. Poliere sehr viel deutlicher als Hollmann es getan hat ebenso die Grenzen – wie auch immer diese beschaffen sind – die sich daraus für das Lehrhandeln ergeben. Diese Grenzen lassen sich laut Prof. Poliere aber nicht nur vor dem Hintergrund der unterschiedlichen Herkünfte der Studierenden erklären, sondern diese ergäben sich auch aus der unterschiedlichen akademischen Sozialisation der Studierenden:

> *"As you know, you come not only from different national cultural backgrounds, also different students' background" (Poliere, S. 89, Z. 47-48).*

Damit weist Prof. Poliere, anders als Prof. Hollmann, auch die fachliche Diversität der Studierenden als ein beachtliches Problem für die Durchführung des Seminarbetriebs aus. Weitere und damit im Zusammenhang stehende Herausforderungen betreffen aus Sicht von Prof. Poliere die Geschwindigkeit der curricular vorgegebenen Lehrstoffvermittlung im international classroom:

> *"But let's say how to deal with heterogeneity in terms of academic teaching, which standards, how slow, quick, how fast can we go on?" (Poliere, S. 89-90, Z. 49-1 [S. 90]).*
> *"[...]going not too quick, so that we can bring all together to a certain level first of all" (Poliere S. 90, Z. 7).*

Diese Herausforderung formuliert sie also nicht vor dem Hintergrund der nationalkulturellen Differenzen der Studierenden, sondern vor dem Hintergrund ihrer unterschiedlichen akademischen Sozialisationspfade.

Um mit diesen Herausforderungen angemessen umgehen zu können, setzt sich Prof. Poliere ein pragmatisches Ziel, von dem aus sie ihr Lehrhandeln strukturiert:

„ICEUS students at the end should be qualified enough to successfully start a career at some of the european institutions" (Poliere, S. 90, Z. 47-49).
"[...] and you should get enough methodological and theoretical knowledge that you also reach a stage of qualification, that you are able to open you the path let's say to doctor thesis" (Poliere S. 91, Z. 8-9).

Mit diesem Fokus, den sie weniger auf die Beziehung mit sondern mehr auf die Berufsqualifizierung der Studierenden legt, gelingt es Prof. Poliere strategisch betrachtet, die Kontingenzen des Lehr- und Lernkontextes in Anbetracht seiner Lernziele didaktisch entsprechend abzufedern, indem die Lehroutputs als Orientierung für das eigene Lehrhandeln Anwendung finden.

Damit sieht Prof. Poliere, die hier zunächst als ‚vermittelnd eingestellte Fachwissenschaftlerin' bezeichnet werden soll, ihre Aufgabe im Wesentlichen darin, die Studierenden mit dem notwendigen Wissen für die Berufstätigkeit auf einem globalen Arbeitsmarkt auszurüsten. Aber ebenso wie für den Beziehungsmenschen stellt sich auch für die vermittelnd eingestellte Fachwissenschaftlerin die Frage, wie sie die Inhalte, die sie vermitteln möchte, didaktisch aufbereiten muss, damit sie diese Inhalte an eine hochgradig heterogene Studierendengruppe vermitteln kann.

4 Der Fachwissenschaftler

Für Prof. Wintermann waren die ersten Erfahrungen im Kontakt mit der multinationalen Studierendengruppe des ICEUS Studiengangs zunächst „[...]sehr sehr sehr ambivalent und es war für mich auch sehr interessant sozusagen erstmal diese Dichte an Interkulturalität oder Internationalität, die es hier gibt, überhaupt kennen zu lernen" (Wintermann, S. 102, Z. 6-9).

In den ersten Vorlesungen hatte er

„[...] den Eindruck mich versteht kein Mensch. Alle schauen mich ratlos an, oder höflich oder freundlich, wie auch immer. Es gab keinerlei negative Reaktionen oder so, aber ich hatte einfach das Gefühl (lacht) wirklich für mich alleine hier zu reden [...] und es war natürlich ein extrem irritierendes Gefühl" (Wintermann S. 102, Z. 43-49).

Diese so geschilderte Erfahrung unterlegt er dann zur Erklärung mit zwei Hypothesen, durch die hindurch er sich diesen gerade benannten, sozusagen ‚feedbackfreien Raum' erklärt:

> *„Die eine ist, es liegt an der Sprache (Wintermann, S. 102, Z. 50). [...] Ich spreche Deutsch und vielleicht verstehen das nur die wenigsten (ebd. S. 103, Z.2). „Und meine zweite Hypothese, die ich damals sozusagen entwickelt hab, war die es liegt vielleicht daran, das liegt nicht an Sprache oder internationaler Herkunft, das liegt vielleicht daran, dass die fachlichen Voraussetzungen so unterschiedlich sind" (Wintermann, S. 103, Z. 14-17).*

Vor dem Hintergrund dieser Erklärungsschemata gewinnt das Problem der Lehre im ‚international classroom', ähnlich wie bei der vermittelnd eingestellten Fachwissenschaftlerin, eine gewisse Kontur. Hier sind allerdings nicht mehr die nationalkulturellen Differenzen der Studierenden ausschlaggebend für die Probleme, die im ‚international classroom' auftreten können, sondern die sprachlichen Differenzen und – nun auch ähnlich wie bei der vermittelnd eingestellten Fachwissenschaftlerin – die fachlichen Unterschiede der Studierenden. Diese Situation findet Prof. Wintermann

> *„[...]immer noch schwierig und ich find es, ich find es auch eben eine fachliche Schwierigkeit" (Wintermann S. 103, Z. 25-26) [...]. „Man hat dort welche sitzen, die schon Sozialwissenschaften studiert haben, in welcher Form auch immer. Dann gibt es aber ganz viele, die kommen aus sonstigen kulturwissenschaftlichen Fächern, aus der Philologie, da waren Ökonomen, Journalisten, Übersetzer, alles Mögliche sozusagen an fachlichen Hintergründen hatten wir da und das fand ich enorm schwierig" (Wintermann, S. 103, Z. 19-23).*

Damit ist die didaktische Bearbeitung dieser fachlichen Unterschiede, die aber gerade auch den interkulturellen Lehr- und Erfahrungsraum ausmachen, hier als die zentrale didaktische Herausforderung ausgemacht. Für den Fachwissenschaftler besteht die Herausforderung im Umgang mit internationalen Studierendengruppen im Wesentlichen also darin, ähnlich wie für den Typ der vermittelnd eingestellten Fachwissenschaftlerin, dass die Studierenden oftmals mit sehr unterschiedlichen Voraussetzungen und mit sehr unterschiedlichen Wissensbeständen ihr Studium an der Hochschule aufnehmen. Diese fachlichen Unterschiede können damit als konstitutiv für den ‚international classroom' ausgewiesen werden. Daraus ergeben sich dann

> *„[...] gewisse Schwierigkeiten, man kann natürlich einerseits sagen, gut, damit man garantiert, von allen gleichermaßen verstanden wird, vereinfacht man jetzt ganz ganz stark, das ist die eine Möglichkeit, die es gibt, ja, man*

> *geht sozusagen auf Nummer sicher und vereinfacht so stark, dass man davon ausgehen kann, das versteht wirklich jeder“ (Wintermann, S. 104, Z. 28-32).*

Das dies nicht die Methode der Wahl ist verdeutlicht er wie folgt:

> *„Ich bin damit nicht so ganz einverstanden, muss ich sagen, weil ich mir, ja, es leuchtet mir einerseits als Arbeitsstrategie sozusagen ein, auf der anderen Seite, * tut mir leid, da bin ich auch zu sehr Wissenschaftler“ (Wintermann, S. 103, Z. 34-37).*
> *„Also ich tendiere eher dazu nicht zu vereinfachen, sondern eh einfach ein bestimmtes Niveau zu setzen und versuchen, das zu halten und hoffe darauf möglichst viele mitnehmen zu können“ (Wintermann, S. 105, Z. 4-6).*

Damit sieht er als Lehrender zwar eine besondere Bedarfslage bei internationalen Studierenden in Bezug auf die Lehre, möchte aber unter keinen Umständen von dem fachlichen Niveau ablassen, welches er für einen Masterstudiengang unbedingt für notwendig erachtet. Damit tut sich hier ein anderes didaktisches Handeln auf als bei dem Beziehungsmenschen oder auch bei der vermittelnd eingestellten Fachwissenschaftlerin. Weder die Beziehung zu den Studierenden ist hier ausschlaggebend, noch die Orientierung an den curricular vorgegebenen Lernzielen, sondern ein ‚bestimmtes fachliches Niveau‘, das als Orientierung für das Lehrhandeln herhält und nach Möglichkeit nicht unterschritten werden darf.

Um dieses Niveau trotz der Fächerdifferenz der Studierenden zu halten, entscheidet er sich für eine andere didaktische Möglichkeit, nämlich für die Modulation des fachwissenschaftlichen Sprachcodes:

> *„[...] ich versuche sozusagen meine Fachsprache schon beizubehalten, aber sie so darzustellen, dass es auch Leute verstehen, die jetzt nicht sozusagen sozialisiert sind durch ein Soziologiestudium“ (Wintermann, S. 105, Z. 36-38).*

Zwar versucht der Fachwissenschaftler damit, bezogen auf die Sprache nicht aber in Bezug auf die Inhalte, von seinen hohen Erwartungen etwas abzulassen, er betont aber auch, dass er dieses Absenken des Niveaus nur bis zu einem bestimmten Grad mitmachen würde. Neben dem ‚Sich-Einlassen‘ auf die Studierenden müsse es auch eine fachliche Grenzmarkierung geben, die nicht unterschritten werden darf, und die in dem einzuhaltenden ‚fachlichen Niveau‘ ihren Grenzpfeiler findet.

5 Der Improvisator

Prof. Schumann ist bereits im ersten Kontakt mit der internationalen Studierendengruppe im Studiengang ICEUS anhand entsprechender Reaktionsmuster im Zusammenhang mit seinem Lehrhandeln bewusst geworden, dass er es mit einer verhältnismäßig „[...] inhomogenen Gruppe" zu tun hatte „[...] was auch die fachlichen Voraussetzungen angeht" (Schumann, S. 149, Z. 34-35). Ähnlich wie auch die anderen Lehrkräfte zuvor spricht Herr Schumann damit auch die fachlichen Unterschiede der Studierenden als eine didaktische Herausforderung im Lehrbetrieb an:

> *„[...]dann ist es unheimlich schwierig Unterricht zu machen, dann kann man's im Grunde nur machen, dann kann man's nicht allen recht machen. Dann hatte ich einen sehr strengen Plan, eine Vorlesung, also vom Prinzip her so wie ich's bei ihnen gemacht habe, aber ohne jede Übung. Und ich hab wirklich gedacht, dass ich das den Studenten so beibringen könnte wie ich das sagen wir mal aus XX gewohnt bin oder von den Universitäten, also mein Vortrag halte, dass sie mitgehen, hab dann gemerkt, ** dass Teile der Studenten mich überhaupt nicht verstanden, * nicht nur sprachlich nicht, sondern die wussten, ich hab da an den Reaktionen gemerkt, dass die kein Verständnis davon hatten" (Schumann, S. 149. Z. 38-45) „[...] was es überhaupt sollte und welchen Sinn das macht, Beobachtung so genau zu schreiben, bei ihren Interviews Gespräche zu führen, kleine Fragen zu stellen und so" (Schumann, S. 150, Z. 1-3).*

Im weiteren Verlauf des Gespräches beschreibt Schumann, wie er in Reaktion auf diese Problemwahrnehmung dazu übergegangen ist, den Zuschnitt der Gruppe zu verändern, „[...] dass man die Gruppen halbiert, [...] mit kleineren Gruppen arbeitet [...], um ein besseres Gefühl für die Prozesse innerhalb der Gruppe zu gewinnen" und um über den Einsatz der Methode der Gruppenarbeit einen breiteren Lerneffekt zu erzielen, auch, indem man mit einem deutlichen Praxisbezug einsteigt und die Lehre gestaltet:

> *„[Die:R.B.]Idee dabei war, ist heute immer mehr und mehr, dass man das Studium bei ICEUS sehr viel praktischer anfangen muss, also man darf nicht *** sollte nicht bei der Theorie anfangen (Schumann S. 151, Z. 29-39). „[...] und ich denke, man muss unheimlich viel improvisieren bei ICEUS" (ebd. S. 151, Z. 46-47).*

Um ein Gespür für die Lernprozesse innerhalb der Studierendengruppe zu gewinnen, ist es laut Prof. Schumann nötig, eine lehrfördernde Beziehung zu diesen Gruppen aufzubauen. Zudem müsse sich das Studium zunächst – in einigen Seminaren und Kursen, wo dies möglich ist – auf das praktische Wissen der Studierenden konzentrieren und weniger auf die Vermittlung theoretischen Wissens. Darüber hinaus ist es notwendig, zu improvisieren. Zum einen deshalb, um das Potential der Gruppe zu nutzen, zum anderen aber auch, um immer wieder eine effektive Lehr- und Lernkonstellation herstellen zu können, bzw. um einen Rahmen für gemeinsames Arbeiten überhaupt erst herzustellen. Dafür scheint dann die Improvisation als das didaktische Mittel der Wahl:

> *„[…] das mach ich jetzt in beiden Semestern bei ihnen noch mehr als im letzten Seminar, indem ich einfach reingehe und gar kein Verweis ** also in diesem Seminar hab ich ja voll improvisiert, ich hab als ich reingekommen bin kein Plan gehabt, wie das laufen soll, dann haben wir uns in nem Kreis reingesetzt und sie haben ja erzählt" (Schumann S. 151-152, Z. 49/50-1-3).*

Damit scheint die Improvisation auch als ein Mittel ausgemacht, mit dem man die impliziten Wissensbestände der Studierenden als praktisches Handlungswissen mit in die Lehr- und Lernprozesse einbinden kann und Einsichten gewinnt dahingehend, „[…] was die Studenten gerne machen und aber auch was sie können" (Schumann, S. 152, Z. 12). Diese Einsichten können dann wiederum bei der Gestaltung der Zusammenarbeit und der konkreten Ausgestaltung des seminaristischen Ablaufs berücksichtigt werden. So gewinnt die Lehrkraft aus der Improvisation heraus Einsichten im Hinblick auf die Stärken und Schwächen der Studierenden, die sie berücksichtigen und in die didaktische Aufbereitung und Strukturierung der Lehreinheiten einfließen lassen kann. Damit handelt es sich bei dieser Didaktik um ein Verfahren, welches die Potentiale der Improvisation dazu nutzt, um mögliche Anschlussstellen zwischen den Interessen und Wissensbeständen der Studierenden und den Lehrauflagen aufzudecken und herzustellen, um von dort aus eine teilhabefördernde Interaktionsstruktur *im* und eine integrative Lehrplanung *für* diese Art von Seminar zu gestalten.

6 Zusammenfassung der Exploration

Die hier angeführten Ausschnitte aus der Analyse der Interviews mit Lehrenden, die im international classroom tätig sind, hat deutlich gemacht, dass die Tätigkeit im international classroom mit Problemen verbunden ist, die sich zu einem nicht unerheblichen Teil aus der Interkulturalität der Gruppe selbst ergeben. Diese beziehen sich beispielsweise auf unterschiedliche sprachliche Voraussetzungen und Fähigkeiten sowie auf Unterschiede in Bezug auf die akademische Sozialisation der Studierenden und auf divergente Umgangs- und Begegnungsformen im Kontakt mit Studierenden und Lehrenden. Deutlich geworden ist aber auch, dass von den Lehrenden zur Lösung der Probleme bzw. zur Handhabung der damit in Zusammenhang stehenden didaktischen Herausforderungen verhältnismäßig unterschiedliche Lösungswege vor dem Hintergrund eigener fachlicher Identitätsbezüge und eigener biographischer Dispositionen in Anschlag gebracht werden, um diese Divergenzen zu überbrücken und für den Seminarbetrieb fruchtbar zu machen.

Der Beziehungsmensch baut dabei im Wesentlichen auf die Beziehung zu den Studierenden und betrachtet Konflikte und Irritationen im international classroom als inhärenten Teil des interkulturellen Lehrens- und Lernens. Er versucht, diese Konflikte und Irritationen durch sein Lehrhandeln für die Ausbildung interkultureller Kompetenz fruchtbar zu machen.

Im Vergleich dazu versucht die vermittelnd eingestellte Fachwissenschaftlerin diese Konfrontationen weitestgehend zu vermeiden, ihr Lehrhandeln weniger an der Beziehung zu den Studierenden als an der curricular vorgegebenen Lehrzielen auszurichten und Probleme, die in einer Gruppe grundsätzlich auftreten können, lediglich moderierend zu handhaben.

Während der Beziehungsmensch innerhalb der Lehre neben der Vermittlung von Fachwissen auch auf der Suche nach tragbaren Kooperationsformen im Umgang mit den Studierenden ist, tritt die ‚vermittelnd eingestellte Fachwissenschaftlerin' wesentlich distanzierter auf. Lehre geschieht für sie weniger auf der Grundlage einer funktionierenden Beziehung zu den Studierenden als vielmehr in der Orientierung an den curricular verbuchten Lehrzielen. Damit verhält sich die Lehrkraft, die diesem Typ zugerechnet werden kann, deutlich distanzierter gegenüber der Studierendengruppe als es bei dem Beziehungsmensch der Fall.

Der Fachwissenschaftler konzentriert sich in seinem Lehrhandeln nochmals sehr viel deutlicher an den curricular vorgegebenen Lernzielen, aber auch an disziplinären Standards, denen er sich verpflichtet fühlt. So versucht er in der Lehre identitätsmarkierende Orientierungspunkte fachlicher Art zu setzen, die nicht unterschritten werden dürfen.

Dem Improvisator ist daran gelegen, möglichst viele Anschlussstellen für die interkulturelle Zusammenarbeit aus den Angeboten und Dynamiken innerhalb der Gruppe selbst zu entwickeln. Ziel dieses Lehrhandelns ist die improvisatorische Schaffung von Rahmenbedingungen, durch die hindurch der interkulturelle Erfahrungszusammenhang als Ressource des Lehrens und Lernens fruchtbar gemacht werden kann.

Während der eine damit auf eine *dialogzentrierte* und *beziehungstragende* Didaktik zur Konstruktion eines förderlichen ‚Lernfeldes' abzielt – wie hier die Lehrkraft vom Typ ‚Beziehungsmensch' -, sieht ein anderer – wie hier der Improvisator – die Lösung der damit im Zusammenhang stehenden Herausforderungen in der Individualisierung der Betreuung der Studierenden und in der Herstellung von lehrfördernden Anschlussstellen mittels einer improvisatorischen Didaktik, wieder andere in der (nicht nur sprachlichen) Anpassung der Lehreinheiten an die praktischen Wissensbestände der Studierenden, oder auch in der aktiven Nutzung der Diversitätspotentiale der Gruppe selbst begründet, während sich andere wiederum an ihren fachlichen Standards und den curricular vorgegebenen Lernzielen orientieren, wie dies sowohl bei der vermittelnd eingestellten Fachwissenschaftlerin als auch bei dem Fachwissenschaftler der Fall ist.

Mit Blick auf diese Lehrtypen lassen sich darüber hinaus zwei Grundtendenzen zur Lösung des ‚Heterogenitätsproblems' seitens der Lehrkräfte ausmachen. Während der Beziehungsmensch und der Improvisator verhältnismäßig offensiv mit den interkulturellen Dynamiken innerhalb der Gruppe umgehen, sind die vermittelnd eingestellte Fachwissenschaftlerin und der Fachwissenschaftler eher defensiv gegenüber den interkulturellen Dynamiken innerhalb der Gruppe aufgestellt. Betrachtet man diese Gegenüberstellung genauer, wird ein grundsätzliches didaktisches Handlungsproblem in Bezug auf die Lehre im international classroom deutlich: Lassen sich die Lehrenden auf die interkulturellen Dynamiken und den sich daraus ergebenden Herausforderungen ein, dann droht die Gefahr, dass das Niveau der fachlichen Inhalte abgesenkt wird. Lassen sich die Lehrkräfte vor dem Hintergrund ihrer fachlichen Kompetenzen nicht auf die interkulturellen Dynamiken innerhalb der Gruppe ein, dann besteht die Gefahr, dass die Ausbildung interkultureller Handlungskompetenzen keine Rolle spielt.

Zu vermuten ist, dass dieses Problem zum großen Teil typisch ist für die Lehre im international classroom und dass eine ‚interkulturell sensible Didaktik' genau mit diesem Problem umgehen muss: entweder, indem sie zu kompromisshaften Entscheidungen im Spannungsfeld von Interkulturalität und Fachlichkeit ermuntert oder grundsätzlicher ansetzt, indem für die Lehre im international classroom völlig neue didaktische Zielsetzungen entwickelt werden müssen, die sich auf die Vermittlung fachlicher Inhalte bei gleichzeitiger Ausbildung interkultureller Handlungskompetenzen konzentrieren müssten.

Literatur

Brendel, Sabine & Eggensperter, Petra & Glathe, Anette (2006). Das Kompetenzprofil von HochschullehrerInnen. In: Zeitschrift für Hochschulentwicklung, 2, S. 55-84

Dinsleder, Cornelia (2012). Die Herausbildung von professionellen Selbstverständnissen bei Hoch-schullehrenden. Fallstudien zur Entwicklung von Lehrdispositionen in der Berufsbiographie. In: Egger, Rudolf & Merkt, Marianne (Hrsg.). Lernwelt Universität. Entwicklung von Lehrkompetenz in der Hochschullehre. Wiesbaden: VS Verlag, S. 101.141

Egger, Rudolf (2012). Sozialisationsbedingungen von ForscherInnen in universitären Lehrräumen. In: Egger, Rudolf & Merkt, Marianne (Hrsg.). Lernwelt Universität. Entwicklung von Lehrkompetenz in der Hochschullehre. Wiesbaden: VS Verlag, S. 29-44

Hitzler, Ronald & Reichertz, Jo & Schröer, Norbert (1999) (Hrsg.). Hermeneutische Wissenssoziologie. Konstanz: UVK

Kamin, Anna-Maria (2014). Zwischen Konsistenz und Korrektur – Lehrdispositionen von Lehrenden aus den Kulturwissenschaften. In: die hochschullehre. Interdisziplinäre Zeitschrift für Studium und Lehre. Online verfügbar unter: http://www.hochschullehre.org/?p=476. Zuletzt geprüft am 26.08.2015

Otten, Matthias & Hertlein, Sandra (2012). Begründung und Anforderungen der interkulturellen Kompetenzvermittlung im Hochschulstudium. In: Vogler-Lipp, Stefanie & Liebetanz, Franziska & Draheim, Kristin (Hrsg.). Interkulturelle Schreibteams: Ein Modell zum Training von Schlüsselkompetenzen an der Hochschule. Wiesbaden: VS Verlag, S. 177-188

Teekens, Hanneke (2001). A Profile of the 'Ideal Lecturer' for the International Classroom. In: Teekens, Hanneke (Ed.). Teaching and Learning in the International Classroom. s'Gravenhage/ Den Haag: Nuffic, pp. 22-39

Teekens, Hanneke (2000). Teaching and learning in the international classroom. In: Crowther, P. et al. (Ed.). Internationalisation at Home. A Position Paper. European Association for International Education in cooperation with the Academic Cooperation Association, IAK, IÉSEG, Nuffic, Katholieke Hogeschool Limburg and Malmö University. Amsterdam: Drukkerij Raddraaier

Teekens, Hanneke & van der Wende, Marijk (1997). Teaching in the International Classroom. Profile of the Ideal Lecturer and Its Implications for Staffing Policy. s'Gravenhage/ Den Haag: Nuffic

Trautwein, Caroline Rosemarie (2013). Lehrebezogene Überzeugungen und Konzeptionen – eine konzeptuelle Landkarte. In: Zeitschrift für Hochschulentwicklung (ZFHE) Jg.8, Nr. 3, S. 1-14. Verfügbar unter http://www.zfhe.at/index.php/zfhe/issue/view/37, zuletzt geprüft am 26.08.2015

Teaching Intercultural Communication

Improvisation als didaktischer Kern einer interkulturellen Qualifizierung in Hochschulen[1]

Norbert Schröer

Teaching Intercultural Communication wurde für mich erst zum Thema, als ich die Methodenausbildung im Fachbereich Sozial- und Kulturwissenschaften der Hochschule Fulda übernahm. Der Fachbereich ist thematisch weitgehend um die Interkulturalität zentriert. Vor allem verfügt er über einen Studiengang ‚Intercultural Communication and European Studies (ICEUS)', in dem von uns eine internationale Teilnehmerschaft unterrichtet wird: Kennzeichnend für den ICEUS Studiengang ist, dass er nicht nur auf der thematisch-curricularen Ebene, sondern schon auf der Beziehungsebene interkulturell ausgerichtet ist. Das kann man als einen glücklichen Umstand ansehen, stellt aber auch eine nicht zu unterschätzende didaktische Herausforderung dar. In Bezug auf diese Herausforderung möchte ich einen didaktischen Modellansatz vorstellen. Und hier wird dann die Improvisation als didaktischer Kern unserer bzw. der interkulturellen Hochschulbildung ins Spiel kommen.

Im Zentrum des aktuellen Diskurses zum Studium von interkultureller Kommunikation und Kompetenz an den (deutschen) Hochschulen stehen vorgegebene thematische Curricula. Die thematischen Systematiken werden – das kann ich hier nur andeuten – didaktisch ‚heruntergebrochen' über den Einsatz von Arbeitsgruppen, in denen beispielsweise Rollenspiele durchgeführt und interkulturelle Szenarien etwa über Filmmaterialien eingegeben und dann im Detail in Bezug auf die interkulturelle Essenz etwa in Fallanalysen besprochen werden. Interkulturalität wird so an die Teilnehmer herangetragen und von ihnen von vornherein eher reflexiv adaptiert. Die Kurse richten sich meist im Großen und Ganzen an kulturell homo-

1 Erstmals erschienen in: Hans-Georg Soeffner (Hrsg.) (2012). Transnationale Vergesellschaftungen. Verhandlungen des 35. Kongresses der Deutschen Gesellschaft für Soziologie in Frankfurt/M., Wiesbaden: Springer VS

gene Gruppen (siehe Beispiele in: Otten/Scheitza/Cnyrim 2007, Bd.2; Weidemann/Straub/Nothnagel 2010; Gwenn-Hiller/Vogler-Lipp 2010).

Im Kern geht es in diesen Kursen um die Vermittlung von Interkultureller Kompetenz. Da die Kenntnisse und Fertigkeiten rahmenbezogen und situativ variieren, allzu oft sogar erst in den Situationen im kreativen Zusammenspiel entwickelt werden (müssen), geht es nicht einfach um die Vermittlung von Kulturwissenstools und mechanischen Verständigungsverfahren. Es geht sicherlich um die Entwicklung von Fähigkeiten eines dynamischen und situativ angemessenen Sich-Zurechtfindens in interkulturellen Lebenskontexten – darüber herrscht Einigkeit (zusammenfassend Weidemann 2007: 494). Aber vor dem Hintergrund welcher Prämisse? Das Ziel, an das der Erwerb von Interkultureller Kompetenz gebunden ist, formt ihre Basisgestalt! Geht es eher um das strategische Erreichen eines Ziels und von daher um rational strategisches Handeln im interkulturellen Rahmen, wie es in ökonomischen Kontexten vorherrscht (Thomas 2003, 2007): Dann dürfte sich zumindest für die erste Phase zur Vorbereitung ein ‚virtuelles Feld' für den Kompetenzerwerb anbieten. Geht es aber aus einem mehr humanistischen Verstand in erster Linie um einen fairen, durch und durch dialogischen Verständigungsprozess, aus dem beide Seiten in der Überprüfung und Ausdifferenzierung ihrer kulturgebundenen Perspektiven zu Verständigungssynthesen und zu gemeinsam entworfenen Handlungsperspektiven kommen (Mall 2000; 2006; Auernheimer 2006), dann bietet sich wohl von vornherein für den Erwerb interkultureller Kompetenz eher das Sich-Einlassen auf ein interkulturelles Laboratorium oder auf ein authentisches Feld an. Denn nur in einem solchen Laboratorium oder Echtfeld bietet sich die Möglichkeit, am eigenen Leibe unverstellt die enormen Schwierigkeiten interkulturellen Kommunizierens zu erfahren und von vornherein zu lernen, sie aus einer Haltung der wechselseitigen Anerkennung und des dialogischen Aufeinanderzugehens zu bewältigen. Und damit wären auch schon die Schlüsselqualifikationen einer interkulturellen Kompetenz aus diesem Verstande berührt: Begegnung im wechselseitigen Respekt; dialogischer Aufbau von Verständigung; Anerkennung von (letztlich bleibender) kultureller Differenz in der Verständigung (Mall 2000; Schröer 2002; 2009).

Der Masterstudiengang Intercultural Communication and European Studies an der Hochschule Fulda orientiert sich eher an den Prinzipien eines interkulturellen Anerkennungsdialogs, wenn auch – gerade in Bezug auf das zweite Standbein, die European Studies – erfolgsorientiertes rationales Handeln für institutionelle Kontexte natürlich nicht unbeachtet bleibt. Wir sind nur der Überzeugung, dass interkulturelles Kommunizieren und Handeln zunächst einmal immer einer Anerkennungslogik folgen sollte – auch in institutionellen und ökonomischen Kontexten.

Die Voraussetzungen für ein an der Anerkennungslogik orientiertes nachhaltiges Studium Interkultureller Kommunikation sind in Fulda gegeben:

- Die Lerngruppe ist – wie gesagt – selbst interkulturell.
- Ihre Mitglieder sind über eineinhalb bis zwei Jahre – in Teilen auch in privaten Kontexten – als Gruppe von 30 Mitgliedern zusammen und aufeinander verwiesen.
- Und da es um einen Masterabschluss in einer deutschen Hochschule geht, handelt es sich nicht einfach um eine Trainingssituation: Es geht jeweils darum, in einem curricular gebundenen Zweisäulenstudiengang praktische Interkulturalitätserfahrungen aufzugreifen und in das Studium hin zu einem Magisterabschluss zu integrieren.

Die StudentInnen, die in Fulda Interkulturelle Kommunikation studieren, finden also eine ‚laborähnliche Echtsituation' vor, in der es für sie gilt, sich mit einem Masterabschluss zu bewähren. Die Frage, die bleibt, ist nun, wie ein auf Dialogizität und wechselseitiger Anerkennung ausgerichtetes Konzept interkulturellen Lernens entsprechend gerahmt und gestaltet werden kann.

Bei dem Versuch einer ersten Antwort möchte ich mich zunächst auf die Ergebnisse eines kleinen Lehrforschungsprojektes, das ich im vergangenen Semester mit einer ICEUS-Lerngruppe in Fulda durchgeführt habe, stützen, bevor ich dann auf den didaktischen Kern des so angedeuteten Konzepts interkulturellen Lernens, die Improvisation im Rahmen einer ‚authentischen Kommunikationssituation', zu sprechen komme.

Gemeinsam mit 15 Studentinnen bin ich in diesem Lehrforschungsprojekt der Frage nachgegangen, inwieweit das „interkulturelle Potential, das sich aus der Internationalität und interkulturellen Erfahrung der Studierenden" (Fachbereich Sozial- und Kulturwissenschaften 2008: 2) ergibt, als Ressource in Lehre und Forschung ausgeschöpft wird (Ahdiat u. a. 2010).

Der empirische Forschungsprozess verlief dann sehr lebendig und äußerst produktiv. Die Studentinnen kamen dabei zu folgender eher kritischen Einschätzung:

- In den Seminaren wird die im Studium erworbene interkulturelle Erfahrung noch zu wenig aufgegriffen. Die Seminare sind noch stark an der Abarbeitung thematischer Systematiken orientiert. Die kulturellen Hintergründe v. a. der internationalen Studierenden werden zwar durchweg zur Illustration herangezogen, das kann dann aber auch zu Stereotypisierungen führen. Interkulturelle Erfahrungsräume werden dennoch über die Installierung interkulturell zusammengesetzter Arbeitsgruppen angeregt. Die hier gemachten Erfahrungen werden aber zu Studienzwecken nur eingeschränkt systematisch berücksichtigt.
- Die kulturelle Unterschiedlichkeit der Teilnehmer bringt es mit sich, dass der direkte Kontakt und gerade die direkten Arbeitskontakte oftmals unabgestimmt

verlaufen. Die Gepflogenheiten liegen zum Teil erheblich auseinander, so dass hier – anders als in intrakulturellen Kontexten – erst einmal Konsens hergestellt werden muss. Der Rahmen für ein gemeinsames Arbeiten muss zuerst gegeben sein. Das ist für die internationalen StudentInnen aber in der Regel zu schwierig, so dass die interkulturellen Arbeitskontakte oberflächlich bleiben. Arbeit wird noch zu häufig nur verteilt und dann zum Schluss additiv zusammengeführt.

- Diese interkulturelle Irritationslage spitzt sich in Anbetracht der studiumspezifischen Anforderungen noch zu: Die Studentinnen beklagen durchweg das enorme Arbeitspensum, das mit dem Curriculum vorgegeben ist. Gesteigert wird die Belastung noch durch den Druck, zu Bewerbungszwecken eine möglichst gute Note erreichen zu müssen. Von den Arbeitsanforderungen und dem Notendruck geht die Gefahr aus, dass die ohnehin anstrengende Interkulturalität endgültig als Ärgernis betrachtet wird. Der Blick auf die Lernressource Interkulturalität der Lerngruppe droht damit verstellt zu werden. Die Folge wäre, dass sich die Lerngruppe tendenziell in kulturelle Einheiten segregiert, die deutschen Studentinnen häufig für die internationalen Studentinnen als ‚Blindenstöcke' fungieren und so in eine Art Tutorenrolle geraten, mit der dann eine gewisse Dominanz einhergeht, die gleichfalls eine symmetrisch interkulturelle Verständigung hintertreibt: Die Gruppe spaltet sich in Deutsche und Nichtdeutsche.

Insgesamt betrachtet deutet sich so an, dass die curriculare Ausrichtung und die organisatorischen Rahmenbedingungen des Studiums die Gefahr mit sich bringen, dass sich ein interkultureller Erfahrungszusammenhang erst gar nicht voll ausbildet und auch im Studium als Ressource nicht hinreichend genutzt wird. Damit bleibt in Teilen die Chance ungenutzt, Interkulturalität aus einem – wie Kammhuber es im Anschluss an Holzkamp (1995) nennt – „situierten Lernen" heraus nachhaltig zu erfahren und theoretisch zu erfassen (2010; siehe auch Straub 2010).

Was kann man tun? Die Studentinnen haben hier verschiedene Ansatzpunkte aufgezeigt und Maßnahmen angedacht.

Will man das interkulturelle Potential, „das sich aus der Internationalität und interkulturellen Erfahrung der Studierenden ergibt, als Ressource in Lehre und Forschung ausschöpfen" (Fachbereich Sozial- und Kulturwissenschaften 2008: 2), dann gelingt das nur, wenn ein entsprechender interkultureller Erfahrungsraum geschaffen wird. Ein solcher Erfahrungsraum entsteht aber nicht per se dann, wenn eine international zusammengesetzte Studiengruppe in einem Studiengang zusammenkommt. Ein solcher Erfahrungsraum entsteht erst dann, wenn diese Studiengruppe durch entsprechende Mediation und Anleitung begleitet wird. Nur so sind die mit der Interkulturalität der Studiengruppe einhergehenden Hindernisse und die Hilflosigkeit, sie zu überwinden, zu bewältigen. Die Ressource muss erst – wenn man das so sagen darf – ‚angerührt' werden!

Für die Aktivierung der Lernressource Interkulturalität in der Studiengruppe wäre es demnach sinnvoll, stärker den informellen Austausch der Studierenden gerade auch im Freizeitbereich und gerade auch zu Beginn der Einstiegsphase zu fördern (regelmäßige informelle Treffen; kleinere gemeinsame Unternehmungen etc.). Im Rahmen des Studienbetriebs sollten in den Seminaren die Voraussetzungen für das Entstehen interkultureller Verständigung gefördert werden (kleinere Lerngruppen; gezielte Zusammenstellung interkultureller Arbeitsgruppen; aktive Begleitung der Gruppen durch die Dozenten). Insbesondere die längerfristige Gruppenarbeit sollte im Regelfall durch die Dozenten moderiert werden. Dabei sollten immer auch Fragen der interkulturellen Zusammenarbeit und Verständigung zur Sprache kommen. Interkulturelle Kommunikation könnte so direkt aus dem aktuellen und situativen Zusammenwirken der Studierenden erfahren, aufgearbeitet und vertieft werden. Die Reflexion interkultureller Zusammenhänge aus der aktuellen Lebens- und Lernsituation heraus ist so erfahrungsbasierend möglich.

Greift man die Anregungen der Studentinnen aus dem Lehrforschungsprojekt auf und verlängert sie zu einem Konzept, dann kommt man zu den folgenden Überlegungen: Ein Studium ‚Intercultural Communication and European Studies' müsste – wie aktuell in Fulda – zunächst einmal als ein ganz normales, curricular strukturiertes und thematisch ausgerichtetes Studium konzipiert sein. Wenn sich nun aber eine interkulturell zusammengesetzte Studiengruppe zusammenfindet und das Masterstudium aufnimmt, dann kommt es zwangsläufig zu interkultureller Kommunikation, zu interkultureller Verständigung, zu interkulturellen Unstimmigkeiten und zu mehr oder weniger brauchbaren Lösungen im Spannungsfeld von Verständigung und Segregation in der Lerngruppe. Interkulturelle Erfahrungen sind aber nicht zu umgehen. Die sich so einstellenden Erfahrungen sind den StudentInnen aus einer Echtsituation heraus auferlegt, sie drängen sich ihnen auf und können von ihnen entsprechend thematisiert werden. Das theoretische Studium kann (es muss allerdings nicht, wie die Kritik gezeigt hat) so in einem authentischen „situierten Lernen" (Kammhuber 2010) fundiert werden. *Der Konzeptrahmen der hier für das Hochschulstudium Interkulturelle Kommunikation und European Studies in Fulda vorgeschlagen wird, rekurriert also nicht auf das Zusammenführen von theoretischem Studium und methodisiertem interkulturellem Trainings- oder Veranschaulichungssituationen, sondern dieser Rahmen geht zunächst einmal von einem ganz normalen theoretischen Studium von Interkultureller Kommunikation aus, das allerdings von einer interkulturellen Lerngruppe betrieben wird, die im Rahmen dieses Studiums im interkulturellen Zusammenspiel so einen authentischen interkulturellen Erfahrungsraum aufbaut, mit dem das Studium unterfüttert wird und der für das theoretische*

Studium fruchtbar werden kann. Gelingt die Umsetzung dieses Rahmenkonzepts, so verspricht es in einem besonderen Sinne Nachhaltigkeit: Die Bearbeitung von Interkulturalität kann dann zur Einübung in eine Haltung wechselseitigen Respekts führen, die Erfahrungen verankern sich nachhaltiger in dem Erfahrungshaushalt der einzelnen Persönlichkeiten, Stereotypisierungen werden so vermieden, weil die Bewältigung einer konkreten Echtsituation im Vordergrund steht, und – die so erworbenen Erfahrungen und Kompetenzen können das theoretische Studium der Interkulturalität unterfüttern. Ein solcher ‚situierter Lernansatz' lässt sich aber nur umsetzen, wenn der Improvisation bei der Bildung des Curriculums breiter Raum gelassen wird. Das Curriculum muss also flexibel gestaltet sein und so offen werden für die Einbeziehung der Interkulturalität der Lerngruppe.

Die Improvisation als didaktische Kernressource dieses Konzepts ist zunächst deshalb vonnöten, weil die Zusammensetzung der Lerngruppen (auch kulturell) kontingent ist. Zudem ist die Bildung interkultureller Erfahrungs- und Verständigungszusammenhänge nicht wirklich ausrechenbar. Es bleibt so nichts anderes möglich, als jeweils aus der Studiensituation heraus zu reagieren, und das geht nicht ohne weitreichende Improvisationen. Das kann ich an einem kleinen Beispiel hier nur andeuten:

Ein deutscher Student und eine indonesische Studentin haben sich zusammengefunden, um in einem Politikseminar zur Europäischen Union ein Referat auszuarbeiten. Sie trafen sich in der Folge, um die Zusammenarbeit abzustimmen. Dabei stellten sie sehr schnell fest, dass ihre Vorstellungen vom formalen Aufbau des Referats weit auseinander lagen. Das Schlimmste für sie war aber, dass ihnen jeweils die Vorstellungen des anderen überhaupt nicht nachvollziehbar waren. Der Deutsche orientierte sich an dem uns vertrauten Dreisatz: Fragestellung – empiriegetränkte Erörterung – Schlussfolgerung. Die Indonesierin hielt hingegen an der Vorstellung fest, den Sachverhalt des Referats lediglich zu umreißen, sie verfolgte einen beschreibenden Ansatz, der dem deutschen Studenten gänzlich unproduktiv schien. Da beide füreinander kein Verständnis entwickeln konnten, einigten sie sich unter Zeit- und Notendruck darauf, die Arbeit so zu teilen, dass eine Berührung nicht mehr erforderlich wurde. Als Klammer setzte sich dann der uns vertraute Dreisatz durch.

Die Situation wurde im Sinne eines interkulturellen Lernens und eines Studierens von Interkultur unproduktiv genutzt. Die beiden Studierenden hätten auch neugierig sein und den Mut zum lösungssuchenden Zusammenraufen finden können. Sie hätten hierzu beispielsweise den Fachdozenten oder einen auf interkulturelles Lernen spezialisierten Dozenten als Berater und Mediator gewinnen können. Wenn der Studiengang sich als interkultureller Studiengang versteht, dann wird der Dozent hier sicherlich kein standardisiertes Lösungsmuster anbieten. Der

Verständigungsdialog muss wohl auch mit einem Dozentenberater ergebnisoffen ausfallen. Aus dem Dreierdialog könnte eine Integration – von der man vorher nicht weiß, wie sie aussehen sollte – angedacht werden. Das Gespräch könnte aber auch dahin führen, dass der deutsche Student sich auf das ‚indonesische Konzept' einlässt und es ausprobiert und seine Erfahrungen damit aufarbeitet. Andere Lösungen sind denkbar. Wichtig ist nur, dass die Lösung kontingent ist und dass der Berater keine Lösung aus seiner Autorität als Dozent heraus nahelegen sollte. Für die Entwicklung einer interkulturellen Kompetenz ist es wichtig, dass die Studierenden in die Lage versetzt werden, eigenständig Lösungen zu entwickeln (Bolten 2007). Der Dozent ist hier mehr ein Moderator, der über eine bestimmte Sensibilität und Kreativität verfügt und in der Lage ist, den interkulturellen Aushandlungs- und Verständigungsdialog personal zu tragen: Gelassenheit zeigt, Ambiguitätstoleranz verkörpert, ermuntert, in ausweglos scheinenden Situationen nicht gesehene Räume sichtbar macht und Bedenken äußert – und so eine Atmosphäre schafft, in der Lösungen gefunden werden können. Sicherlich macht es auch Sinn, bei der Präsentation auf einen solchen Verständigungsdialog aufmerksam zu machen und ihn im Seminar zu erörtern, was zu Ausdifferenzierungen in Sachen interkultureller Verständigung führen kann. In eigens dafür eingerichteten Seminaren zur interkulturellen Kommunikation, sollten solche konkreten Beispiele aus dem Studium heraus aufgearbeitet werden. Hier können dann eingehender kulturelle Hintergründe erörtert und theoretische Konzepte etwa zur interkulturellen Verständigung oder zur Konzeption eines interkulturellen Studiengangs erörtert werden. Die Möglichkeiten, die sich hier bieten, können hier nur angedeutet werden. Sie sind konzeptionell erst noch auszuarbeiten. Wichtig ist erst einmal, dass ein so angelegtes Masterstudium Intercultural Communication und European Studies, das auf der einen Seite curricular thematisch geplant ist und das auf der anderen Seite in Anbetracht der Einbeziehung interkultureller Echterfahrungen aus dem Studium selbst heraus sich von innen öffnen und flexibilisieren muss, immer auch improvisatorisch angelegt werden muss.

Die Frage, die sich nun in dieser ad-hoc-Gruppe abschließend stellt, ist, ob ein so verstandener improvisierender Didaktiker noch professionell handelt. Sicherlich ist er kein Professioneller im Sinne des von Pfadenhauer und Brosziewski aus wissenssoziologischer Perspektive entwickelten Typus (2008). Der improvisierende Didaktiker verfügt in dem hier anvisierten interkulturellen Hochschulkontext vorrangig gerade nicht über eine Kompetenz zur Typisierung von Problemen oder über eine Kompetenz zur Typisierung von Lösungen. Seine Leistung bestünde vielmehr gegenüber den Studierenden in der Einnahme einer Haltung, mit der er personal, situativ und eben nicht-standardisiert Räume für interkulturelle Anschlussfähigkeiten zwischen den Studierenden, die ansonsten eigenständig zu leisten wären, eröffnet (Bolten 2007). Insofern käme er dem Anspruch der Oevermannschen Position nahe, da so ein Arbeitsbündnis bestünde, aus dem heraus die Autonomie der Lebenspraxis weitgehend gewährleistet wäre. Allerdings geht es bei dem hier in Anschlag gebrachten didaktischen Akteur auch nicht – wie konstitutiv für den ‚oevermannschen Professionellen' – um eine stellvertretende Deutung der Merkmale der zu lösenden interkulturellen Krise (2008). Also noch einmal: Ist der von mir modellhaft entworfene Hochschuldidaktiker ein Professioneller?

Ich möchte die Frage hier lieber offen lassen. Gerade weil der Typ hier erst modellhaft konzipiert ist, sollte man vielleicht die Evaluation des in Praxis gesetzten hochschuldidaktischen Konzepts zum Studium der Interkulturellen Kommunikation abwarten. Erst aus der Analyse der Praxis heraus wird sich empirisch zeigen, über welche Kompetenzen dieser Didaktiker tatsächlich verfügen muss und ob er damit gängigen Konzepten von Professionalität zugeordnet werden kann oder gar einen neuen Typ kreiert.

Literatur

Ahdiat, Fitria u.a. (2010). Die Nutzung des interkulturellen Potentials der Lerngruppe. Heuristisches zum didaktischen Leitprinzip des Studiengangs ICEUS. Fulda

Auernheimer, Georg (2006). Kulturwissen ist zu wenig: Plädoyer für ein erweitertes Verständnis von interkultureller Kompetenz. In: Antor, Heinz (Hrsg.). Inter- und transkulturelle Studien. Theoretische Grundlagen und interdisziplinäre Praxis. Heidelberg: Universitätsverlag Winter, S. 145-160

Bolten, Jürgen (2007). Interkulturelle Kompetenz. Erfurt: Landeszentrale für politische Bildung Thüringen

Fachbereich Sozial- und Kommunikationswissenschaften an der Hochschule Fulda (2008). Reakkreditierungsantrag für den Studiengang ICEUS. Fulda

Gwenn-Hiller, Gundula & Vogler-Lipp, Stefanie (Hrsg.) (2010). Schlüsselqualifikation interkulturelle Kompetenz an Hochschulen. Grundlagen, Konzepte, Methoden. Wiesbaden: VS Verlag

Holzkamp, Klaus (1995). Lernen. Subjektwissenschaftliche Grundlagen. Frankfurt am Main: Campus

Kammhuber, Stefan (2010). Interkulturelles Lernen und Lehren an der Hochschule. In:
Gwenn-Hiller, Gundula & Vogler-Lipp, Stefanie (Hrsg.). Schlüsselqualifikation interkulturelle Kompetenz an Hochschulen. Grundlagen, Konzepte, Methoden. Wiesbaden: VS Verlag, S. 57-72

Mall, Ram Adhar (2000). Interkulturelle Verständigung – Primat der Kommunikation vor dem Konsens? In: Ethik und Sozialwissenschaften 11(3), S. 337-350

Mall, Ram Adhar (2006). Von interkultureller Kompetenz zur interkulturellen Verständigung; In: Antor (2006). S. 109-118

Oevermann, Ulrich (2008). Profession contra Organisation? Strukturtheoretische Perspektiven zum Verhältnis von Organisation und Profession in der Schule. In: Helsper, Werner & Busse, Susanne & Hummrich, Merle & Kramer, Rolf-Torsten (Hrsg.). Pädagogische Professionalität in Organisationen. Wiesbaden: VS Verlag, S. 55-78

Otten, Matthias & Scheitz, Alexander & Cnyrim, Andres (Hrsg.) (2007). Interkulturalität im Wandel. Ausbildung, Training, Beratung. Band 1. Frankfurt am Main/London: IKO – Verlag für Interkulturelle Kommunikation

Otten, Matthias & Scheitza, Alexander & Cnyrim, Andres (Hrsg.) (2007a). Interkulturalität im Wandel. Ausbildung, Training, Beratung. Band 2. Frankfurt am Main/London: IKO – Verlag für Interkulturelle Kommunikation

Pfadenhauer, Michaela & Brosziewski, Achim (2008). Professionelle in Organisationen – Lehrkräfte an der Schule. Eine wissenssoziologische Perspektive. In: Helsper, Werner & Busse, Susanne & Hummrich, Merle & Kramer, Rolf-Torsten (Hrsg.). Pädagogische Professionalität in Organisationen. Wiesbaden: VS Verlag, S. 79-97

Schröer, Norbert (2002). Verfehlte Verständigung? Kommunikationssoziologische Fallstudie zur interkulturellen Kommunikation. Konstanz: UVK

Schröer, Norbert (2009). Interkulturelle Kommunikation. Essen: Oldib

Straub, Jürgen & Weidemann, Arne & Weidemann, Doris (Hrsg.) (2007). Handbuch interkulturelle Kommunikation und Kompetenz. Stuttgart/Weimar: Metzler

Straub, Jürgen (2010). Lerntheoretische Grundlagen. In: Weidemann, Arne & Straub, Jürgen & Nothnagel, Steffi (Hrsg.) (2010). Wie lehrt man Interkulturelle Kompetenz? Theorien, Methoden und Praxis in der Hochschulausbildung. Bielefeld: transcript, S. 31-98

Thomas, Alexander (2003). Interkulturelle Kompetenz. Grundlagen, Probleme und Konzepte. In Erwägen, Wissen, Ethik 14(1), S. 137-150

Thomas, Alexander (2007). Herausforderungen an interkulturelle Professionalität: Anmerkungen zum Dialog von Forschung & Praxis. In: Otten, Matthias & Scheitza, Alexander & Cnyrim, Andrea (Hrsg.). Interkulturalität im Wandel. Ausbildung, Training, Beratung. Band 1. Frankfurt am Main/London: IKO – Verlag für Interkulturelle Kommunikation, S. 121-140

Weidemann, Arne & Straub, Jürgen & Nothnagel, Steffi (Hrsg.) (2010). Wie lehrt man Interkulturelle Kompetenz? Theorien, Methoden und Praxis in der Hochschulausbildung. Bielefeld: transcript

Weidemann, Doris (2007). Akkulturation und interkulturelles Lernen. In: Straub, Jürgen & Weidemann, Arne & Weidemann, Doris (Hrsg.). Handbuch interkulturelle Kommunikation und Kompetenz. Stuttgart/Weimar: Metzler, S. 488-498

„Wenn Du in Rom bist, tu …"?
Strukturelle Herausforderungen beim Wechsel der Lernkultur. Eine Fallanalyse

Sviatlana Pisaryk

Im Sommersemester 2012 haben sich die ICEUS-Studierenden meines Jahrgangs im Rahmen eines interdisziplinären Forschungsseminars bestehenden Spannungen und Irritationen in der eigenen ICEUS-Gruppe gewidmet. Diese Spannungen wurden von den beiden das Seminar leitenden Dozenten in einem offenen und längeren Gruppengespräch in großer Runde aufgegriffen. Alle Studierenden durften diesbezüglich ihre Meinung frei äußern. Mit diesem emotional geführten Gedankenaustausch wurde zum einen Vertrauen in der Gruppe und zu den Dozenten aufgebaut und die geäußerten Meinungen verdichteten sich zu den Themen, die wir dann im Seminar in Gruppen empirisch bearbeiteten.

Eines der Themen, das sich herauskristallisiert hatte, war „Lernkulturen, Erwartungen und Wirklichkeit der ICEUS-Gruppe". Dem Leser muss hier verdeutlicht werden, dass die ICEUS-Gruppe aus Vertretern verschiedener Kulturen mit unterschiedlichen Bildungssystemen besteht. Zu dem Zeitpunkt war es schon das 2. Semester für uns als ICEUS-Studierende. Man war daher bereits in der Lage zu vergleichen und über jene Eindrücke und Irritationen zu sprechen, die sich nicht nur als einmalige, sondern als eher strukturell bedingte Phänomene ausweisen ließen. Es war umso spannender, mich dem Thema zu widmen, weil ich selber solche Irritationen erlebt habe und aus der Diskussion im Seminar und Gesprächen abseits des Studiums dies immer wieder auch von anderen hörte. Obwohl es in verschiedenen Formen und aus diversen Blickwinkeln artikuliert wurde, war allen gemeinsam, dass sie irritiert vom Studium und daher auch unzufrieden waren. Die Studierenden sprachen darüber, was sie sich am Anfang vom Studium versprochen hatten und wie später die Erwartungen nicht erfüllt wurden. Als Bezugs- und Abgrenzungspunkt diente hier das schon in ihrem Heimatland absolvierte Erststudium.

Unsere Forschungsgruppe bestand aus vier Personen. Wir haben uns für qualitative Interviews als Methode unserer Untersuchung entschieden (Froschauer/Lueger 2003), denn das erlaubte uns, möglichst reichhaltige Daten zu erheben, die für eine anschließende interpretative Analyse aussagekräftig sind. Zur Unterstützung sollten die Interviews durch Leitthemen und -fragen grob strukturiert werden (Witzel 2000). Wir haben zunächst in unserer Gruppe die Interviewees identifiziert, die unseres Erachtens erzählungsbereit sein dürften und die sich schon als kritisch in ihren Äußerungen erwiesen hatten. Ferner haben wir uns in zwei Untergruppen geteilt. Ich führte zusammen mit einer internationalen Kommilitonin die zwei ersten Interviews durch. Zusammen haben wir das Interview erhoben, das als Grundlage der folgenden Fallanalyse dient. Später haben uns die beiden Dozenten in vielen Diskussionsrunden bei der Analyseverfeinerung und Entwicklung von neuen Einblicken geholfen. Bei der Analyse haben wir uns an der Strukturhermeneutik orientiert (Schröer 1997).

Die Frage, die uns im Hintergrund geleitet hat, war, was mit den Studierenden als Akteure passiert, wenn sie in eine Lernkultur kommen, die möglicherweise ganz anders ist, als die, die sie aus ihrem vorherigen Studium kannten. Daher war es wichtig, die schon eingeprägte Lernkultur aus Erwartungen und Erzählungen über das vorige Studium zu rekonstruieren und den Äußerungen über das ICEUS-Studium gegenüberzustellen.

1 Feinanalyse des Interviews mit einer ICEUS-Studierenden

Im Zuge des Interviews[1] erzählt die Studentin über drei wichtige Entscheidungen, die sie im Zusammenhang mit ihrer studentischen bzw. universitären Laufbahn getroffen hat.

1. Als die Studentin noch Schülerin war und vor dem Abschluss stand, musste sie die Entscheidung treffen, welches Fach sie an der Universität studieren will. Sie erklärt, dass in ihrem Land Schüler, um immatrikuliert zu werden, drei fächerrelevante Prüfungen ablegen müssen. Nur wenn man die drei Fächer erfolgreich abgelegt hat, kann man immatrikuliert werden. Diejenigen Schüler, die erfolglos sind, können in dem Jahr nicht immatrikuliert werden. Die Studentin nennt im Interview zuerst die Fächer, bei denen sie sich sicher war, dass sie die nicht bestehen

1 Das Interview wurde anonymisiert, vor allem auch genannte Fächer oder das Heimatland. Alle Gesprächsteilnehmerinnen waren Nichtmuttersprachlerinnen. Das Interview wurde auf Deutsch geführt und sprachlich nicht angepasst. Die daraus resultierenden sprachlichen Besonderheiten wurden weitgehend beibehalten.

würde. Dann nennt sie die drei Fächer, die für sie interessant waren, weil sie sich dort gute Chancen ausrechnet, die Prüfungen zu bestehen. Der spätere Studiengang sollte also möglichst viel von diesen Fächern beinhalten. Andererseits hatte sie sich die Anforderungen zu den Studienfächern überlegt. Sie hat jenen Studiengang gewählt, bei dem sie sich sicher war, dass sie in der Prüfung bei dem Hauptfach gut abschneiden würde und die zwei weiteren Prüfungen nicht den höchsten Schwierigkeitsgrad haben würden.

Solches Auswahlverfahren verlangen von Schülern einerseits gute Kenntnisse in den drei Fächern, andererseits die Fähigkeit des strategischen Kombinierens. Das führt dazu, dass die Schüler nicht daran denken, was sie beruflich machen wollen, sondern die Auswahl des Studienganges tätigen, der als Auswahlprüfungen die Fächer anbietet, in denen der/die AbiturientIn am besten sind. Anders gesagt, die Schüler passen sich auch stark den äußeren Umständen an, die Wahl eines Studienganges nur aufgrund der eigenen Motivation oder Interesses ist nicht immer gegeben.

Bemerkenswert ist, dass die Studentin im Interview die Begründung ihrer Wahl mit dem Aufzählen von den Fächern beginnt, bei denen sie sich schon im Voraus als nicht erfolgreiche Abiturientin sah. Das kann nur bestätigen, dass die damalige Schülerin vor allem äußere Umstände betrachtet hatte und die Wahl, als „übrig Gebliebenes" getroffen hatte. Zwar spielt die innere Motivation eine Rolle, aber sie steht lediglich an zweiter Stelle. Das zeigt der folgende Abschnitt aus dem Interview deutlich:

> *„außerdem waren für mich [Fach G], [Fach L] und [Fach S] immer wieder interessanter. Deshalb habe ich beschlossen mir ein ehh Fach [gemeint Studiengang], ein Fach auszuwählen ehrm, dass alle diese Komponente so zu sagen vereinbaren könnte. Uund ich war auch nicht sicher, dass ich [Fach S] so gut kann, dass ich [Fach S/ den Studiengang mit dem Fach S als Hauptfach] studieren kann. Also mit [dem Fach L] musste man sich auch ziemlich viel beschäftigen, deshalb habe ich mich für [Fach G] entschieden. Also man musste auch ehh die Prüfungen in eh [Fach S] und [Fach L] ablegen, die waren aber nicht soo anspruchsvoll und [Fach G] konnte ich ziemlich viel ehh ziemlich gut, Entschuldigung. Deshalb habe ich mich für [Fach G] entschieden."*

Am Anfang des Interviews nennt die Studentin die Universität, an der sie studiert hat. Die Universität hat in dem Raum einen sehr guten Ruf als eine der führenden Universitäten. Man kann vermuten, dass bei der Wahl des Studienganges das Prestige der Universität auch eine gewisse Rolle gespielt hat. Weiterhin erwähnt sie, dass ihr schon recht früh im Studium deutlich wurde, dass das Fach, das sie studiert, nicht das ist, was sie ein Leben lang machen möchte. *„Am Anfang an habe* *ich verstanden, dass [Fach] wahrscheinlich nicht das ist, womit ich mein ganzes Leben beschäftigen möchte.*"

2. Die zweite Entscheidung, über die die Studentin erzählt, bezieht sich auf den Bereich der Tätigkeit nach dem Abschluss. Die Studentin hat zwar ihre universitäre Ausbildung im Bereich der Sozial- und Kulturwissenschaften bekommen, arbeitete aber 2 Jahre nach dem Abschluss im Bereich Wirtschaft. Sie betont, dass das nicht ihre eigentliche inhaltliche Wunschtätigkeit war, sondern nur aus Geldgründen von ihr gewählt wurde. Es war „*reine, reine Wirtschaft, reines Geld, so zu sagen*". Sie beschreibt die Arbeitsstelle als nicht interessant und verweist auf ihr Vorhaben, eine andere Arbeit zu finden, die spannender sein würde, denn „*man muss sich irgendwie entwickeln*".

Die Studentin erklärt im Interview nicht ausdrücklich, warum sie im Bereich Wirtschaft gearbeitet und was sie dort genau gemacht hat. Ihre Betonung auf „*reines Geld*" lässt den entsprechenden Schluss zu, dass allein die Möglichkeit des Geldverdienens im Vordergrund stand. Überraschend ist nur, dass das Studium, das die Studentin absolviert hat, den Bereich Wirtschaft nicht voraussetzt. Sie spricht auch über die Enttäuschung, die sie in ihrer Tätigkeit erlebt hat. Daher kann man vermuten, dass die Wahl der beruflichen Tätigkeit erneut nicht vorwiegend aus eigener innerer Motivation geschah, sondern durch weitere Erwägungen oder äußere Umstände beeinflusst war.

3. Die dritte Entscheidung war, ins Ausland zu gehen, um zu studieren. Diese Entscheidung gründet auf Gesprächen und Sichtweisen ihrer Familie. Die Studentin sagt, dass sie nicht ins Ausland gehen wollte. „*Das war der Wunsch meiner Familie*", die wollte, dass sie im Ausland „*eine Ausbildung*" bekommt. Sie begründet das folgendermaßen: „*Ehhh nicht, weil die Ausbildung hier in Europa besser ist, sondern weil es eine gute Möglichkeit sein wird, ein bisschen die Welt zu sehen, Fremdsprachen zu sprechen, neue Kontakte zu knüpfen und sich ehh in einer anderen Atmosphäre, in einer anderen Gesellschaft zurechtzufinden.*"

Im Gespräch erklärt sie weiter, was sie bewegt hat, ins Ausland zu gehen und das ICEUS-Programm zu wählen. Die Kriterien bei der Auswahl des ICEUS-Programms waren erstens die passende Bewerbungsfrist, zweitens die Internationalität des Studienganges, „*weil wenn man zum ersten Mal ins Ausland geht, weiß man nie, wo ah wie man sich dort fühlen wird. Und ob es eh, ob es mir klappen wird, so zu sagen, neue Kontakte mit den Deutschen zusammen zu knüpfen.*" Des Weiteren war das Programm auf der DAAD-Seite an der ersten Stelle angeführt und die Stadt war der Interviewee schon als wichtiges religiöses Zentrum in Europa bekannt. Bei der Vorbereitung zum DAF-Test hat die Studentin auch in einem der ersten Texte über

Fulda gelesen. Sie wollte auch in einer kleinen Stadt wohnen, *„um ehh möglichst weniger Stress zu haben“*. In der Beschreibung des Programms hat ihr gefallen, dass es *„alles international, alles interkulturell* [war], *Englisch und Deutsch ehhm viele Ausflüge, viele Aktivitäten* [gab], *die nicht so akademisch und trocken waren“*.

Alle Kriterien, die von der Studentin genannt werden, betreffen die äußeren oder rein pragmatische Umstände:

- die Familie (nicht sie) entscheidet, dass sie ins Ausland geht,
- die Bewerbungsfrist passt,
- Fulda stand auf der Internetseite des DAAD ganz oben,
- der Studiengang ist international, d.h. alle Studierenden werden mehr oder weniger mit gleichen Problemen konfrontiert,
- die Stadt Fulda war der Studentin aufgrund der Bekanntheit der Stadt aus ihrem Erststudium und den dort vermittelten Inhalten bereits etwas bekannt,
- das Programm wird eher nicht inhaltlich (was implizieren würde, „was entspricht meiner Motivation, meinen Interessen“), sondern kommunikations- und unterhaltungsbezogen (was impliziert eher, „was sich bietet“) beschrieben.

Was die Fächer im ICEUS-Programm angeht, sagt die Interviewee im Zuge des Gesprächs Folgendes: *„Alles, was Europastudien betrifft, ist für mich irgendwie bekannt mehr oder weniger, weil ich auch Gesellschaftswissenschaften im historischen Kontext studiert habe. [...] Was Interkulturalität angeht, dann ist es für mich eh etwas ganz ganz Neues, eh aber ich glaube, um Interkulturalität zu studieren, müssen wir eigentlich keine Voraussetzungen eh haben, sondern einfach Interesse an dem Thema haben. [...] alle Studenten aus verschiedenen ah Kontexten kommen, aber ich glaube, es gibt überhaupt leider keine Voraussetzung unser Studium erfolgreich durchzumachen“*. Interessant ist hier, dass das erste Studium als Bezugspunkt für die *Europastudien* gewählt wird. Sie sind ihr schon etwas vertraut und daher erst einmal nicht negativ belegt. Zur *Interkulturalität* kann sie nichts sagen, sie sieht keine Voraussetzungen dafür, sondern „einfach Interesse an dem Thema“. Sie kennt also keine Voraussetzungen, keine Kriterien, wie hier Erfolg oder Qualität eingeschätzt werden soll. Man muss „einfach Interesse an dem Thema haben“. Das Unbekannte, hier die *Interkulturalität*, ist zwar interessant, aber es gibt noch keine klaren Kriterien zur Einschätzung, was sie gelernt hat und wie erfolgreich ihr Lernen ist. Ihr Erststudium gibt ihr zwar eine erste Orientierung, aber dort, wo es dieses nicht bieten kann, weil z.B. Lerninhalte und -voraussetzungen unbekannt sind, entsteht zunächst so etwas wie Irritation.

Weiterhin kennt sie die deutschen Universitäten aus dem Erzählen ihrer Freundin:

> *„Ehh sie hat gesagt, dass sie in Deutschland immer einen Eindruck hatte, dass Wissenschaft ah etwas ganz ganz Wichtiges ist, und dass alle Professoren, Mitarbeiter, Studenten sich dafür interessieren und sich damit beschäftigen. Dass es nicht nur eine Formalität ist, wie eh in den meisten Institutionen bei uns in [nennt das Land]. Sie hat auch gesagt, dass es ehhh in &&&*[2] *in die Wissenschaft und in die wissenschaftlichen Institutionen ziemlich viel Geld investiert wird und man fühlt, dass der Staat und die Gesellschaft die Wissenschaft und das akademische Leben auch braucht."*

Wenn man die Wahl des ersten mit dem zweiten Studium vergleicht, fällt auf, dass die Studentin auch die Anforderungen für das Studium eingeschätzt und sich als passend empfunden hat. Zwar impliziert die Studentin, dass sie Interesse an dem Thema Interkulturalität hatte, aber erläutert nicht, worin das Interesse bestand, und hebt das auf keine Weise hervor, so dass man wieder schließen könnte, dass eigene Motivation nur am Rande relevant ist. Zweitens spielen wieder das Prestige und der Wichtigkeitsgrad in der Gesellschaft eine Rolle.

Das bisher Gesagte rekapitulierend, sind die Entscheidungen und die eigene Orientierung vor allem von Außen und vom Prestige geleitet. Als Strategie wählt die Studentin Risikominimierung. Die Orientierung nach innen wird in der Darstellung weitgehend nicht thematisiert, woraus sich schlussfolgern lässt, dass sie nicht ausschlaggebend für die eigene Entscheidungen ist.

Um die Studentin besser zu verstehen, werden im Folgenden die Beschreibungen von Erfahrungen aus den zwei Studiengängen näher beleuchtet.

Die Studentin beschreibt ihr erstes Studium als *„etwas ganz ganz Besonderes"*. Sie fügt hinzu: „ich kann keine Parallele ziehen oder keine Schlussfolgerungen, ich meine keine uhm allgemeine Schlussfolgerungen ziehen. Ich vermag kein Urteil über das ehh gesamte Ausbildungssystem in [nennt das Land] eh abzugeben. Aber was mein Studium betrifft, war ich so verhältnismäßig zufrieden." Ferner beschreibt sie das Studium wieder als „ziemlich anstrengend und ziemlich anspruchsvoll". Sie sagt: „[...] ich hatte das Gefühl, dass ich wirklich was mache, wirklich was studiere." Die Interviewee erzählt, dass sie viel Zeit in der Bibliothek verbracht hat und den Eindruck hatte, „dass das Leben auch vorbeigeht". Und dann sagt sie: „Aber damals habe ich mir nicht Gedanken darüber gemacht, was ich in meiner Zukunft machen werde. Uhm das war interessant, ich habe ziemlich viele

---

2 Die Zeichen &&& bedeuten, dass das Gesagte beim Transkribieren nicht verstanden worden war.

nette Leute kennengelernt, nicht nur Studierende, sondern auch Professoren uhh ohh und ich würde sagen, dass das Studium mir Spaß gemacht hat, obwohl das ziemlich ziemlich schwer war." Der nächste Satz ist auch bemerkenswert: „Und was das System im Allgemeinen angeht, ich weiß es nicht. Ich weiß nur, dass ich eine gute Ausbildung da bekommen habe, leider nicht eine angewandte, nicht eine praktische, aber eine ganz fundierende theoretische Ausbildung ah in dem Bereich Sozialwissenschaften und Kulturwissenschaften."

Wenn man sich den Erzählpfad anschaut, fällt auf, dass die Interviewee versucht, das erste Studium hervorzuheben, indem sie das Studium als besonders bezeichnet. Dadurch verbietet sie die potenzielle Infragestellung der Beschreibung des Bildungssystems in dem Land und unterstreicht das Prestige des Studiums. Ferner lässt sich ein „Balancieren" im Erzählen bemerken. Die Studentin sagt zuerst, dass sie *„verhältnismäßig zufrieden"* war, was schließen lässt, dass nicht alles perfekt war. Weiter benutzt sie die Attribute *„anstrengend"*, *„anspruchsvoll"* und Aktionsverben *„mache"* und *„studiere"*. Die Besonderheit des Studiums wird durch das Erzählen über die hohen Anforderungen gestützt. Sie betont, dass sie aktiv studiert hat. Das Studium war anstrengend, „ziemlich, ziemlich schwer", sie hatte aber das gute Gefühl, *wirklich* etwas zu machen. Man könnte hier auf das deutsche Sprichwort ‚Ohne Fleiß keinen Preis' abheben. Und die Belohnung liegt auch in dem guten Gefühl, Anforderungen, die gestellt wurden – die man sich also nicht selbst auferlegen musste –, zu meistern.

Die Studentin führt die Dimensionen des Studiums und des Privatlebens ein und zeigt, dass das Studium auf Kosten des Privatlebens im Zentrum stand. Einerseits sagt die Studentin, dass das Studium ihr trotz der hohen Anforderungen Spaß gemacht hat. Andererseits stellt sie die Frage, was genau sie motiviert hat, weil sie zugesteht, dass sie sich damals nicht überlegt hat, was sie später machen wollte. In dem nächsten Satz betont sie, dass es *„interessant"* war. Die Interviewee rekapituliert, dass sie eine gute *„fundierende theoretische"* Bildung bekommen hat, die *„leider"* nicht angewandt und nicht praktisch war. Dass sie das nicht war, wird nicht weiter als Kritikpunkt formuliert, sondern lediglich festgestellt. Wie wir schon erfahren haben, hat die Interviewee nach dem Abschluss beruflich im Bereich Wirtschaft begonnen und war mit der Arbeitsstelle nicht zufrieden.

Auf die Frage, welche Erwartungen die Studentin bezüglich des Studiums in Fulda hatte, antwortet sie:

> *„Ehrlich gesagt, hatte ich überhaupt keine. Hm wie gesagt, das erste, das primäre Ziel meines Aufenthaltes war nicht das Studium, ahh sondern ahh eine Lebenserfahrung, so zu sagen. Und war mir absolut sicher, dass ich eine klasse Ausbildung in Deutschland bekommen werde, weil eine ganz gute Freundin*

> *von mir ein Austauschsemester an der Humboldt-Universität in Berlin gemacht hat, und sie war absolut begeistert. Sie hat mir gesagt, dass das die beste Zeit ihres Lebens war. Jahh und ich hatte eigentlich keine Zweifel, ich dachte, dass es so überall in Deutschland ist. Egal, wo du studierst, egal, wo du studierst und egal, was du studierst.“*

Wenn man sich die von der Familie gestellte „Aufgabe“ in Erinnerung ruft, sieht man, dass die Interviewee wiederholt, dass das Studium im Ausland nur zweitrangig war. Die hohe Qualität des Studiums war vorausgesetzt und selbstverständlich. Die Frage stellt sich hier, warum die Qualität der Ausbildung thematisiert wurde, wenn das Hauptziel des Aufenthaltes die neuen Lebenserfahrungen waren, eine Lebenszeit, die von ihrer Freundin als die beste Zeit ihres Lebens bezeichnet wurde. Zudem zeigt sich eine Diskrepanz insofern, als sie extra betont („ehrlich gesagt“), dass sie keine Erwartungen bzgl. des Studiums hatte, sich einige Zeilen später aber so darstellt, dass sie durch die Erzählungen der Freundin sehr wohl konkrete Erwartungshaltungen ausgebildet hat; und zwar die selbstverständliche Qualität, die *klasse* Ausbildung in Deutschland.

Ferner erzählt sie:

> *„Ehh sie hat gesagt, dass sie in Deutschland immer einen Eindruck hatte, dass Wissenschaft ah etwas ganz ganz Wichtiges ist, und dass alle Professoren, Mitarbeiter, Studenten sich dafür interessieren und sich damit beschäftigen. Dass es nicht nur eine Formalität ist, wie eh in den meisten Institutionen bei uns in [nennt das Land]. Sie hat auch gesagt, dass es ehhh in &&& in die Wissenschaft und in die wissenschaftlichen Institutionen ziemlich viel Geld investiert wird und man fühlt, dass der Staat und die Gesellschaft die Wissenschaft und das akademische Leben auch braucht. Sie hat mir gesagt, eh dass eh der Studienablauf wunderbar strukturiert ist und dass man jeden Tag das Gefühl hat, dass man etwas Neues gelernt hat eh und dass die Professoren eh ziemlich streng sind, ziemlich förderlich eh sind. Aber das bringt bestimmte Resultate. Und wenn man schon weiß, was man vom Studium bekommt, ahh dann möchte man gerne weitermachen. Ehh das war ihr Eindruck und ich dachte, dass es bei mir auch so [lächeln] sein wird.“*

Wenn man das Gesagte verdichtet, wird deutlich, wie wichtig ihr das Prestige des Studiengangs und des Studienorts ist. Zu den Kriterien, die schon aus dem vorherigen Erzählen über das erste Studium bekannt sind, werden aktives Lernen und hohe Anforderungen hervorgehoben. D.h., die Studentin verknüpft die Erfahrungen aus ihrem ersten Studium als Referenz und die geschilderten Erfahrungen und Einschätzungen der Freundin zu einem recht konkreten Vorstellungs- und Erwartungsbild. Und dieses konkrete Erwartungsbild (*wunderbar strukturiert, viel Geld in den Institutionen, Studium und Wissenschaft als etwas ganz, ganz Wichtiges*) wird dann implizit mit den Erfahrungen in Fulda in ein Verhältnis gesetzt. An dieser Stelle zeigt sich, wie sich Unvertrautes vertraut gemacht wird. Die Studentin betritt mir ihrem Zweitstudium in Deutschland interkulturelles Neuland. Sowohl Abläufe wie auch die Umgebung mit ihren jeweiligen Relevanzsystemen sind ihr nicht bekannt. Eine Anschlussfähigkeit bietet im eigenen Erfahrungsschatz das Erststudium und die Erzählungen der Freundin. Die scheinbare *Erwartungslosigkeit*, die die Studentin zuvor ausgedrückt hat, findet sich gerade nicht. Dem *Neuen* wird sich gerade nicht unvoreingenommen zugewendet, sondern mit gewissen Erwartungsbildern und Vorstellungen, die allerdings als solche gar nicht problematisiert werden.

Allerdings tauchen schon hier die Problemfragen auf, wie z. B. die Finanzierung und der Stellenwert der akademischen Welt in der Gesellschaft. An weiterer Stelle erzählt die Studentin über das eigene Land:

> *„[…] die Professoren werden überhaupt nicht bezahlt, sie möchten sich nicht damit beschäftigen. Diejenige, die etwas machen können, ah was weiß ich, unterrichten nicht, aber sie sind irgendwo in Wirtschaft tätig, sie verdienen Geld, weil sie schon fähig dazu sind. In Deutschland ist es umgekehrt. Ah die Professoren verdienen ziemlich viel im Vergleich mit unseren [das geographische Adjektiv] Professoren."*

Des Weiteren ist bemerkenswert, dass die Studentin das Wort „Resultate" einführt. Aber als eine der Interviewerinnen die Studentin über die Studieninhalte im ICEUS fragte, antwortet sie:

> *„Ich glaube, dass ah vom außen sieht das Programm ziemlich schön aus, die Fächer. Als ich zum ersten Mal den Studienplan gesehen habe, habe ich gedacht, naja, das ist ja super. Wir werden so viel Neues lernen. Ah aber in der Tat ist es leider nicht so. Die Veranstaltung eh kann einen schönen Namen tragen, sieht aber irgendwie depressiv aus, so zu sagen. So, der Inhalt des Studiums finde ich uninteressant mit einer kleinen Ausnahme oder mit zwei kleinen Ausnahmen. Man hätte viel besser lernen können. Zum Beispiel, nach meinem ersten Semester ich [nennt das Land], hatte ich den Eindruck, dass ich der allerglücklichste Mensch der Welt [lächelnd] bin. Ich habe so viel selbst oder mit der Hilfe der Professoren gelernt. Ahh und jetzt irgendwie was haben wir besprochen, was haben wir gelernt? Eine strittige Frage. Die, die realistische Antwort klingt dann – gar nichts. Gar nichts [lächelnd]."*

Wenn man das Wort „Resultate" aufgreift, ist die Bilanz, dass die Studentin im ersten Studium gute Resultate erzielt bzw. glücklich war. Im ICEUS gibt es hingegen für sie keine Resultate. Bei der Beschreibung werden weiter die interpretationsreichen Worte benutzt: schön, „viel Neues", uninteressant, „hätte viel besser lernen können". Andererseits wird die Passage mit einer Schlussfolgerung gekrönt, dass im Studium gar nichts gelernt würde. Auch hier werden zwei bereits angesprochene Punkte deutlich. Zum einen, dass das Erststudium immer wieder als feste Referenz und als klarer Vergleich für das ICEUS-Studium dient. Dabei ist der Vergleich weniger einer, der nur die Abweichungen markiert, aber dann weitgehend unbewertet bleibt. Es ist vielmehr so, dass das Erststudium, seine Lehr- und Lernerfahrungen diejenigen sind, mit denen sich das ICEUS-Studium messen lassen muss. Zum anderen zeigt sich hier, dass die Studentin bereits eine klare Erwartung an das Studium und sogar an Lerninhalte hatte (*Neues, Interessantes*). Sie findet die Inhalte uninteressant. Aber gerade das Interesse ist ja fest *mit* einer Person verbunden, ist ein durch und durch normativer Begriff, d.h. perspektivenabhängig.

Die anschließende Frage über mögliche Relevanz des Studiums für die Karriere beantwortet die Studentin folgendermaßen:

> „*Ah ich glaube, wenn man Gesellschaftswissenschaften oder Sozialwissenschaften studiert, ist es immer so, dass man sich am Ende des Studiums die Frage stellt, was mache ich jetzt. Das ist nicht nur im Fall mit Fulda, an der Hochschule Fulda. Das ist überall so. Und wenn man sich schon dafür entscheidet, Sozialwissenschaften zu studieren, muss man sich im Klaren sein, dass es ziemlich schwer sein wird, dem Arbeitgeber zu erklären, was du eigentlich während des Studiums gemacht hast. Das ist bei mir kein Problem. Ich glaube, dass es kein Problem des Studienganges ist. Das Problem ist, dass eh das wir machen, hätten wir auch viel besser machen können.*"

Im ersten Studium hat die Interviewee viel gelernt. Dieses Gelernte schien für das ICEUS-Studium nicht relevant zu sein. Daher akzeptiert die Studentin diese Tatsache und geht davon aus, dass es nach dem zweiten Studium nicht anders sein wird. Die Forderung an das Studium bleibt unklar: „*Das Problem ist, dass eh das wir machen, hätten wir auch viel besser machen können.*" Was genau mit dem *besser* gemeint sein kann, wird nicht verdeutlicht. Daher scheint sich das *besser* eher auf ein *anders* zu beziehen. D.h., dass das Andere des Zweitstudiums nicht als ein Gewinn, sondern als ein Hindernis.

Einen ähnlichen Gedankengang findet man auch an einer anderen Stelle im Gespräch: „*So, wir studieren etwas eh Gesellschaftswissenschaftliches. Das ist schon mir bekannt. Ich habe auch einmal* [nennt das Fach] *studiert und diese Fächer sind ziemlich traditionell. Man liest etwas, bespricht etwas, recherchiert etwas, lernt etwas auswendig, wenn es möglich ist, diskutiert und dann legt man die Prüfung ab. Aber das kann auch interessant sein. Und das habe ich schon einmal in meinem Leben gemacht.*“ Als Referenz dient das schon Bekannte. Und das Bekannte wird hier generalisiert, indem es in eine Tradition eingebunden wird (*traditionell*). Und diese Lern- und Lehrtradition im ersten Studium war für sie auch interessant. „*Und das habe ich schon einmal in meinem Leben gemacht*“.

Die Situation in Fulda wird somit von ihr nicht als etwas Unerwartetes betrachtet, sondern als nicht interessant genug. Es lässt sich einerseits in ihre Lerntradition einpflegen, andererseits scheint das Wie des Besprechens, Recherchierens und Auswendiglernens anders und in Fulda nicht interessant genug zu sein. Was genau Kategorien oder Kriterien für das Interessante sein, wird nicht ausgeführt.

Welche Erwartungen hatte die Studentin an die Professoren? „[...] *die Person, eh die das gesamte Programm koordiniert, muss nicht nur ein guter Wissenschaftler sein, ahh nicht nur eine hervorragende Persönlichkeit sein, ahh sondern auch ein guter Lehrer. Ich meine ein guter Professor sein. Er muss eh & dafür interessieren, was er macht und er muss auch im Stande sein, eh dieses Interesse beizubringen. Ich meine, den anderen beizubringen.*“ Ein guter Professor muss also ein Interesse daran besitzen, anderen etwas beibringen zu wollen. D.h., sie erwartet auch, dass eine gute Lehrkraft dazu in der Lage ist, Studierende zu motivieren. Er muss *Interesse* hervorrufen, vielleicht auch begeistern oder durch seine eigene Begeisterung anstecken können. Die Motivation für das Studium muss für die Studentin also auch von außen kommen, sie will begeistert bzw. *interessiert* werden. Ferner beschreibt die Studentin die Professoren als einerseits freundlich und hilfsbereit und nennt das Beispiel, als ihr geholfen wurde. Andererseits kritisiert sie die Professoren, indem sie sagt, dass manche unvorbereitet sind oder die Veranstaltung nicht verständlich oder interessant machen. Sie sagt, dass „*die meisten Professoren überhaupt keinen Respekt gegenüber ahhh die Studierenden haben, weil eh sie die Zeit der Studierenden überhaupt nicht schätzen, die Aufmerksamkeit der Studenten überhaupt nicht schätzen.*“ Auch hier zeigt sich das Bild des Interesses und der extrinsischen Motivation. Die Aufmerksamkeit der Studierenden wird nicht als eine aus Eigeninteresse hervorgerufene Einstellung gefasst, sondern als eine Leistung der Studentin, die von den Professoren und Dozenten als solche gewürdigt werden soll. Und diese Würdigung, dem *Zollen* von Respekt, vollzieht sich für die Studentin in dem Hervorrufen von Interesse. Eine andere, verwandte Lesart könnte sein, dass sie ihre Aufmerksamkeit als eine Respektsbekundung gegenüber den Professoren versteht, die diese nicht erwidern, wenn sie sie nicht durch eine gewisse interessensorientierte Zuwendung erwidern.

Weiter erzählt sie über die Professoren im Herkunftsland:

> *„Ah ich würde nicht sagen, dass alle Professoren perfekt waren, das kann ich nicht sagen. Ah es gab ziemlich gute Professorin, die sehr interessante Vorlesungen hatten, die sehr interessant Seminare durchführten. Ah es war auch eh Professorin, die nur mit ihr eigener Persönlichkeit, mit ihrer eigenen Erfahrung oder ihrer eigenen Interessen beschäftigt waren. Aber die Struktur des Studiums war, sah ein bisschen anders aus. Zum Beispiel, am Anfang hier vor der Veranstaltung habe ich eh einen Plan der Veranstaltung bekommen, und ich wusste, dass ich unbedingt am Ende der Veranstaltung eine Prüfung ablegen werde. Und das, was ich an der Universität gelernt habe, war wahrscheinlich fünf Prozent, ah was ich dann ehh ablegen musste. Also ich habe die gesamte Arbeit, und ich meine nicht nur ich, sondern, ich glaube, die meisten Studierenden haben eh diese Arbeit eh selber gemacht aber trotzdem wussten wir, dass wir diese Arbeit machen müssen ah und dass wir an einem bestimmten Tag ah die Prüfung ablegen werden und so weiter und so fort. Ich würde sagen, dass eh die Qualität der Vorbereitung der Professoren ziemlich hoch war. Ja, und was eh das Studienprogramm wurde besser strukturiert und besser kontrolliert.“*

Die Studentin betont die andere Struktur des Studiums in ihrem Heimatland. Für sie war diese klar: Plan der Veranstaltung, Prüfung am Ende. Inhaltlich hebt sie hervor, dass die vermittelten Lerninhalte nur einen kleinen Teil der Prüfung ausgemacht haben (*wahrscheinlich fünf Prozent*) und der größte Teil im Selbststudium erarbeitet werden musste. Die Vorbereitung der Professoren war allerdings in ihren Augen gut.

An weiterer Stelle erfährt man mehr über die Beziehungen zwischen Studenten und Professoren im Herkunftsland:

> *„So bei der Vorlesung war es so, dass eh der Professor die ganze Zeit selber gesprochen hat. Und man konnte eventuell irgendwelche Fragen stellen, aber in der Realität war es so, dass wir kleine Zettelchen eh vorbereitet haben und dann beantwortete ah der Professor diese Fragen nicht immer am Ende der Veranstaltung, sondern am Anfang der weiteren Veranstaltung, um sich besser vorzubereiten, ah um die Zeit nicht zu verlieren, wenn die Zeit schon aus ist. Und bei den Seminaren war es so, dass wir auch bestimmte Thema, Themas bearbeiten, bearbeitet haben. Wir haben auch eh Literatur gelesen, eh und dann unterschiedliche Fragen besprochen. Wir hatten auch unterschiedliche Arbeiten im Rahmen der Seminare vorbereitet.“*

Es scheint, dass die Professoren eine größere Distanz zu den Studenten im Herkunftsland hatten, dass es zudem klare Verhaltensregeln gibt. Diese Distanz und der formale Umgang könnten als Zeichen des gegenseitigen Respektes gesehen werden. Das Fehlen dieser Merkmale im ICEUS-Studiengang kann einerseits als positiv betrachtet werden, weil die Studentin von der Freundlichkeit und Hilfsbereitschaft angenehm überrascht wurde. Andererseits könnte es als mangelnder Respekt bewertet werden. So kann sich auch die Form auf den Inhalt legen, indem der irritierende, andere formale Umgang zudem als inhaltliche Schwäche verstanden wird.

Die Interviewee betont die Wichtigkeit der selbstständigen Arbeit, der Struktur und der Kontrolle. Sie beschreibt weiter: „ […] *bei einigen Professoren war es so, dass sie nur eine Frage gestellt haben und dann haben wir diese Frage diskutiert ah anhand der Literatur und so weiter und so fort. Ah die einigen Professoren waren sehr sehr strikt und sehr sehr förderlich. Und* [nennt das Fach] *ist nicht eh ah eine ganz leichte Materie. Und wenn du bestimmte Tatsachen eh nicht weiß, ja nicht weiß, dann kannst du am gleichen Niveau mit dem Professor nicht diskutieren. Also etwas, was Bestimmtes musste auswendig gelernt werden, oder musste eh verstanden werden. Und danach eh hättest du auch diskutieren können. Aber bei unterschiedlichen Professoren war es unterschiedlich und ich würde es nicht auf kulturellen Kontext zurück zurückführen. Ja das war eh bei allen Seminaren unterschiedlich. Also ah ein allgemeines Konzept des Studiums existierte nicht, so glaube ich wenigstens, also in dem Sinne.*"

Laut der Interviewee mussten Studenten viel Stoff lernen, um erfolgreich zu sein. Dabei erwähnt die Studentin die Strenge einiger Professoren. Und es deutet sich eine klassische Lehrer-Schüler Lernumgebung an. Die Strenge einiger Professoren verweist auf klare Unterscheidungen von *richtig* und *falsch*, von fraglos Gegebenem, das man auswendig lernen muss. Das wiederum kann *kontrolliert* werden und wird kontrolliert.

Im Vergleich zu dem ersten Studium sagt sie über das ICEUS-Studium:

> *„Uhh es gibt bei uns keine echte Diskussionen. Es kann sein, dass wir eine Frage besprechen, aber die Professoren sagen, in der Regel, entweder machen sie diese, führen die diese Diskussionen pro forma durch. Also eine Frage und je mehr Zeit wir das besprechen, desto besser, weil der Professor oder die Professorin sowieso nichts zu tun hat, oder nicht vorbereitet ist. Und dann eh ja, das ist eine Variante. Und die zweite Variante ist, dass eine Frage gestellt wird ahh und dann schweigen alle, wenn sie die Frage nicht verstanden haben oder weil sie auch mangels Interesse ehh den bestimmten Artikel nicht gelesen haben, eh weil diese Frage sinnlos ist. Das ist die zweite Variante. Und die dritte Variante ist, dass die Professorin oder der Professor eine Frage stellt, ahh und dann sam-*

melt er unterschiedliche Meinungen und jede Meinung ist richtig, es gibt nichts Falsches und gleichzeitig aber leider nichts Interessantes, in der Diskussion."

Hier verdichtet sich das Aufeinandertreffen unterschiedlicher Lehr-/Lerntraditionen, die sogar miteinander kollidieren. Die Studentin versucht, die Diskussionen in Fulda mit ihrer gelernten Struktur *richtig/falsch* zu deuten und aufzuschlüsseln. Da aber hier verschiedene Meinungen zugelassen werden und zunächst vielseitige Sichtweisen erlaubt sind, versteht sie die Diskussionen nicht, sie sind nicht zielführend oder anders ausgedrückt *nichts Interessantes*. Die Hervorbringung einer Atmosphäre, die viele Meinungen zulässt und herrufen möchte, wird nicht gesehen, sondern als *sinnlos* erachtet (und damit auch evtl. Nichtlesen von *bestimmten* Artikeln begründet) oder als schlechte Vorbereitung des Professors. Eine solche Konzeption bricht letztlich mit dem bekannten und als glückserfüllend erlebten Konzepts von *Struktur > Klarheit > Strenge > Interesse > Kontrolle*. Die Abwesenheit dieses Konzeptes führt dann zu *Unklarheit > Interessenslosigkeit > fehlender Motivation*. Der Professor ist nicht fordernd, lässt zu viel zu an Meinungen (keine deutliche Trennung von richtig/falsch) und hat deswegen in den Augen der Studentin keine Autorität. Die Studentin bewertet manche Fragen, die der Dozent oder die Dozentin stellt als „sinnlos", lässt sich also gar nicht auf diese Inhalte und Fragen ein.

Die Studentin gibt aber auch ein Beispiel des positiv eingeschätzten Lehrens:

„[...] weil Frau [xy] sich Mühe gibt, die Veranstaltung interessant zu machen, weil wir ständig eh irgendwelche Diskussionen durchführen, ah weil wir auch selber viel arbeiten, ahh dass wir Präsentationen vorbereiten, dass wir dann Hausarbeiten schreiben und wir wissen, wofür wir dann am Ende die Note bekommen werden. Ah die Thematik der Veranstaltungen finde ich interessant und die Art und Weise, wie die Diskussionen durchgeführt werden, ah finde ich auch eh spannend. So man sieht, dass Frau [xy] das nicht so zum Schein pro forma macht, sondern das eh sie selbst Interesse eh hat."

An dem Beispiel sieht man, dass das Merkmal der Kontrolle durch die Benotung präsent ist. Aus der Passage sieht man ebenso, dass die aktive Beteiligung erforderlich ist. Dies könnte implizit die Möglichkeit, eigene Fähigkeiten zu zeigen, bedeuten. Die Professionalität und das Wissen der Professorin können als Herausforderung zu den entsprechenden Ergebnissen seitens der Studierenden gesehen werden. Das wird deutlich, wenn die Studentin über Leistungen spricht:

„Ah bei uns, an der Hochschule Fulda [lächeln] bei uns in ICEUS gibt es ein Problem, es gibt überhaupt [lächelnd] keine Leistungen. Das ist problematisch.

> *Und das gibt eigentlich keine Motivation. Wenn du weiß, eh dass niemand daran Interesse hat, was du machst, niemand daran Interesse hat, wie gut du das machst, dann verlierst du auch die letzte Motivation, die du hattest. Das ist im Großen und Ganzen leider so. Eh das hat && für mich nicht ein Problem. Ah und sogar diese ehrgeizige Motivation. Ich möchte, das so gut machen, dass der Professor weiß, dass ich das kann. Egal, ob ich eine Note bekomme oder nicht. Das gibt bei uns auch nicht, weil den Professoren auch egal ist, wie wir das machen. Am Anfang, das weiß ich eh ganz genau, eh hatten sich alle Sorgen gemacht wegen der Präsentationen. Oh Gott, wie mache ich das. Ah warum hat die Professorin meine Nachricht nicht beantwortet. Ich weiß es nicht, ob ich das richtig verstanden habe oder nicht. Jetzt ist es allen auch egal, alle machen etwas, präsentieren etwas und dann bekommen sie eine Note oder nicht, egal. Und ich weiß auch, dass wir zum Beispiel unsere erste Klausur nicht ganz gut, ich meine als Gruppe, geschrieben haben. Und dass die ehemaligen ICEUS-Gruppen mehr erfolgreich waren. Aber trotzdem ist es irgendwie nicht wichtig, was für eine Note du bekommen hast. So ich meine nicht für alle. Und ja, absolut demotivierend ist es. Es gibt keine Leistungen.“*

Man kann zur Schlussfolgerung gelangen, dass es für die Studentin wichtig ist, die persönliche Anerkennung seitens der/des Professor(s)In zu erhalten, was als Motivation wirkt. Die Studentin wünscht sich mehr Aufmerksamkeit. Die Professoren sind in ihrem Relevanzsystem ganz wichtige Koordinaten für die eigene Motivation und dem eigenen Selbstwertgefühl. Der eigene Gradmesser für die Zuwendung der Professoren ist für die Studentin zum einen das Interesse, das ihr entgegen gebracht wird (oder nicht). Und als Weiteres die Noten, die sie bekommt, mit der sie wiederum den Professoren Interesse erwidern kann. Die Noten dienen daher nicht nur ihrer ganz eigenen Bestätigung der guten Leistung, sondern werden zugleich als ein Ausdrucksmittel von Wertschätzung, Respekt und Interesse zwischen Studierenden und Lehrenden verstanden.

Da die Anerkennung besonders durch soziale Kontakte erzielt werden kann, wenden wir uns als Nächstes den entsprechenden Stellen im Gespräch zu.

Die Ankunft in Fulda und die ersten Kontakte beschreibt die Interviewee folgendermaßen:

> *„Ah die ersten Kontakte waren eigentlich wunderschön. Die Stadt hat mir ganz gut gefallen, mein Zimmer, meine WG, ahh die wunderschöne Natur. Das Wetter war auch gut, aber am Anfang. Außerdem am Anfang haben wir die Einführungswoche. Ehh und während dieser Zeitperiode beschäftigte sich mit und das International Office und das war absolut wunderschön. Ich fühlte*

auch, dass ich hier willkommen bin, dass wir alle möglichen Unterstützungen ah bekommen haben. Wir haben bestimmte Vorlesungen über Krankenversicherung, Wohnungssuche, alles alles Mögliche und ich hatte auch das Gefühl, dass ich mich immer beim International Office melden kann und dass ich diese Unterstützung ehh bekommen werde. Ahh dann kam die zweite Woche. Das war schon ein bisschen enttäuschend, weil während der zweiten Woche beschäftigte sich mit uns nicht das International Office, sondern ehh unser eigener Fachbereich. Das war schon schlimmer. Wir hatten auch eine Menge der Veranstaltungen, die im Großen und Ganzen sinnlos waren, ehh zahlreiche Begrüßungen durch alle möglichen zuständigen Personen an der Hochschule. Ehh kgm zahlreiche Vorstellungsgespräche, so zu sagen, Vorstellungsveranstaltungen mit dem Leiter unseres Fachbereichs, mit der Koordinatorin unseres Fachbereiches, mit dem Leiter des Fachbereiches und so weiter und so fort. Ehh und auch glaube ich während der ersten Woche hatten wir einen wunderschönen Ausflug [ironischer Ausdruck] nach Schlitz. Das diese Veranstaltung musste eigentlich als eine ehh als ein Einführungstraining, ein Einführungs- interkulturelles Training aussehen, aber das war absolut schrecklich."

Wenn man mit solchen Begriffen arbeitet, wie „die geschenkte Aufmerksamkeit", „persönliche Beratung" und „Anonymität" oder „Teil der Gruppe" wird deutlich, dass das International Office versuchte, die Angelegenheiten der Studierenden im Einzelnen und individuell zu behandeln. In der Woche mit zahlreichen Vorstellungen standen die anderen im Zentrum der Aufmerksamkeit und die Interviewee war eine von und eine *unter* anderen Studierenden. Der Ausflug nach Schlitz bringt noch ein weiteres Merkmal mit sich, nämlich die Seriosität der Aktivitäten. Die Studentin beschreibt es folgendermaßen: *„Das war wie im Kindergarten. Wir haben unterschiedliche Spielchen gespielt."*

Die Gruppenarbeit beschreibt die Interviewee auf die folgende Weise:

„Ich würde sagen, dass es ein bisschen irritant ist, dass man nie alleine arbeitet. Das finde ich aber nicht schlimm, weil es auch eine neue Erfahrung für mich ist. [...] Ja, für mich ist es schwer auf jeden Fall. Egal, mit wem ich arbeite, mit ah einem guten Studenten oder einer guten [...] oder mit einem, weil ich daran gewöhnt bin, alles selbstständig zu machen. Und meine Arbeit von Anfang an bis zum Ende selber zu kontrollieren [...] ah jetzt, zum Beispiel, im Moment arbeite ich auf einer Präsentation mit einer ganz ganz guten Studentin, trotzdem fühle ich mich irgendwie unwohl. Ich habe ihnen nichts vorzuwerfen, aber trotzdem fühle ich mich unwohl, weil ich weiß, dass nichts unter meiner Kontrolle steht."

Einerseits ist die Gruppenarbeit eine Lebenserfahrung, die als Hauptziel des Auslandsaufenthaltes eingestuft wurde. Andererseits braucht die Studentin die vollständige Kontrolle über alle Abläufe. Wenn man dem Gedankengang „Aktivität - Kontrolle - Resultat - Anerkennung“ folgt, lässt sich schlussfolgern, dass der Wunsch, die Kontrolle zu haben, dadurch entsteht, dass er sich später in die Anerkennung umwandeln kann. Dass, was unter meiner Kontrolle ist, entspringt letztlich meiner Verantwortung, das Resultat der Arbeit steht dann mehr für *meine* Arbeit und damit auch die mit der (Gruppen-)Arbeit hervorgerufene Anerkennung. Die anschließende Frage, ob die Studentin bei der Gruppenarbeit das Problem der Einschätzung der individuellen Leistung nicht sieht, beantwortet sie sehr kritisch, dass es in ICEUS „überhaupt keine Leistungen“ gibt.

Bemerkenswert ist auch, dass die Studentin mit der Situation konfrontiert ist, in der die gewünschten Bedingungen - die Möglichkeit der sozialen Kontakte, die Möglichkeit, etwas auszuarbeiten und zu präsentieren, hohe Einschätzung der Persönlichkeit der Arbeitspartnerin - vorhanden sind. Dennoch ist es der Studentin nicht gelungen, sich der Situation anzupassen.

Wenn die Interviewee gefragt wird, ihre zwei Studien zu vergleichen, sagt sie:

Interviewee:	*Nein, sie sind absolut unvergleichbar.*
Interviewer 1:	*Wieso?*
Interviewee:	*In [nennt das Land] habe ich studiert, hier mache ich nichts. Das ist die Antwort.*
Interviewer 1:	*Also eh du hältst, dass eh dein [geographisches Adjektiv, das sich auf das Herkunftsland bezieht] Master war wirklich etwas studienbezogen, etwas Wichtiges, ja?*
Interviewee:	*Ja.*
Interviewer 1:	*Und hier?*
Interviewee:	*Hier nicht. Also ich mache viel außer, außer dem Studium. Ich meine, mein Leben ist nicht nur an der Hochschule, Gott sei Dank. Aber das akademische Leben finde ich irgendwie*
Interviewer 2:	*Von was hängt es ab?*
Interviewee:	*Von der Qualität des Studiums.*

Weiter geht eine der Interviewerinnen der Frage nach, wie wichtig das Studium für die Interviewee ist, weil das Hauptziel, wie schon von der Studentin artikuliert wurde, außerhalb des Studiums lag. Die Studentin sagt:

„Ne, natürlich wollte ich auch studieren. Das kommt nicht in Frage. Selbstverständlich, ich meine, dass meine Prioritäten nur ein bisschen anders waren.

Also ah einen zweiten Master hätte ich auch in [nennt das Land] machen können, hätte ich auch Wirtschaft oder so was studieren. Aber wenn ich mich schon ahh dafür entschieden habe, ins Ausland zu gehen, wollte ich nicht nur studieren, aber auch diese Zeit für dafür ausnutzen, um das Land besser kennenzulernen, die Sprache besser zu sprechen und neue Erfahrungen zu sammeln. Ich glaube, dass es bei allen so. Ahh, und deine Frage war, ob man, nein, die zwei Studiengänge kann man nicht vergleichen."

Es scheint, dass die Unzufriedenheit mit dem Studium nicht aufgrund der mangelnden Motivation entsteht, sondern dadurch, dass die Studentin entweder die Herausforderungen nicht sieht, oder die gewollte Anerkennung im Studium nicht erreichen kann. Zudem liegt ein wichtiger Grund darin, dass ihr Erststudium und die dort erlernten Praktiken des Studierens und der Art und Weise der Beziehungen zwischen Studierenden und Dozenten immer als Referenz für ihr weiteres Studium in Fulda dient.

2 Die Fallfigur

Die Studentin löst das Problem auf die folgende Weise:

„*Also im ersten Semester war es ein bisschen anstrengender, weil es nur der Anfang war. Eh und ich fühlte mich ein bisschen unter dem Druck, nicht während nicht wegen des Studiums, eh sondern wegen, deswegen weil mein Leben in Deutschland nicht so sicher war, so zu sagen. Ich war erst seit Oktober dort. Und ich hatte etw ziemlich viel zu erlegen eh erledigen, ich meine in der ah bei den Ausländerbehörden, eh mit der Wohnung, alles alles Mögliche. Jetzt ist es alles eh leichter und ruhiger geworden. Ah was das Studium betrifft, am Anfang war ich sehr sehr sehr enttäuscht, weil ich eh ziemlich früh verstanden habe, dass das Studium leider nichts bringt. Danach habe ich mir Gedanken gemacht, ehh ich habe mir überlegt, was ich jetzt in dieser Situation machen kann, darf, soll ich mich zurückkehren, soll ich das Studium wechseln und so weiter und so fort. Aber danach habe ich beschlossen, dass es sich wahrscheinlich nicht lohnt, weil das Programm nicht so lang ist. Es dauert ungefähr anderthalb Jahre und man weiß schon bestimmt, dass man das Programm während dieser Zeitperiode schafft. […] Ja, das es kein Problem sein wird. Und ehh da meine Prioritäten in einem anderen Bereich waren, habe ich beschlossen, das ich das Studium sowieso bis zum Ende mache. Und jetzt komme ich gerade zum Punkt, eh am Anfang war ich enttäuscht, jetzt bin ich ruhig. Aber die Qualität der Ausbildung und des Studiums hat sich nicht verändert. Das ist nicht die Evaluation des Studiums, sondern meine persönliche psychische Evaluation, so zu sagen.*"

Aus dem Gesagten wird klar, dass die Studentin sich dadurch beruhigt hat, dass sie die Prioritäten in dem Bereich außerhalb des Studiums hat, das Studium nur zeitlich begrenzt ist und bald vorbei sein wird. Allerdings ist unklar, warum sie die psychische Entwicklung durchgeht. Nimmt man an, dass sie schon am Anfang die Prioritäten außerhalb des Studiums gelegt hätte, sollte es nicht in der Enttäuschung münden. Wäre die hohe „Qualität" des Studiums nach der Erzählung der Bekannten vorausgesetzt und gewollt, hätte die Studentin schon sehr früh verstanden, dass sie mit der „Qualität" nicht zufrieden ist, und hätte das Studium abbrechen oder den Studiengang wechseln können. Als Grund, warum sie dies nicht getan hat, nennt sie die kurze Dauer des Studiums. Daraus ergibt sich die Frage, da sie ja schon einen Studienabschluss besitzt, wie sie die Motivation für das Weiterstudieren aufgebracht hat. Ging es ihr um den Abschluss? Warum setzt sich dann die Studentin so kritisch mit den Problemen im Studium auseinander, ohne allerdings konkrete Beispiele zu nennen, warum war sie bereit, an dem Interview teilzunehmen?

Wenn man die anderen sich herauskristallisierten Faktoren in Betracht zieht, wie den Wunsch, anerkannt und seriös behandelt zu werden, wird klar, dass es keinen Unterschied macht, in welchem Bereich man das erzielt, im Studium oder außerhalb des Studiums.

Die Studentin hat bei dem Erzählen zwei Bilder gezeichnet: Das erfolgreiche hochanspruchsvolle Studium im eigenen Land und das Studium mit „schlechter Qualität" in Deutschland. Aus dem ersten Studium ergibt sich die ehrgeizige erfolgreiche Studentin, die *Unglück* hatte, ein nicht praktisches Studium zu absolvieren, dies aber dem Studium selbst (und auch nicht sich selbst) ankreidet. In ihrer anschließenden Arbeit hat sie keine Erfüllung ihrer Interessen gefunden, weil diese nicht ihren beruflichen Neigungen entsprach. Die Familie will, dass sie ins Ausland geht. Und das hat für sie einen Aufforderungscharakter, dem sie nachkommt und ins Ausland geht. Das tut sie nicht um neue angewandte Qualifikationen zu erwerben, sondern um Lebenserfahrungen zu sammeln. Die Verantwortung für die Entscheidung, ins Ausland zu gehen, liegt mehr bei ihrer Familie. Und daher schiebt die Studentin auch die noch aufkommenden Probleme stärker auf die äußeren Umstände, auf Dinge, die sie nicht zu verantworten hat und auf die sie auch nicht konfliktlösend reagieren möchte.

Eine Erklärung hierfür könnte sein, dass die Studentin sich dessen nicht bewusst ist, dass sie aus der Perspektive der schon im eigenen Land erworbenen Lernkultur handelt und versucht, die schon bekannten Merkmale und Muster in der neuen Umgebung wiederzufinden. Ihre Ausgangspunkte sind unverändert und werden nicht an die neuen Situationen angepasst, die neuen Situationen nicht adaptiert. Auf diese Weise widersetzt sich die Studentin unbewusst der neuen Lernkultur. Sie erschließt für sich keine neuen Maßstäbe und Handlungsoptionen und kann daher nur zu einer negativen Sichtweise der jeweiligen Situation kommen. Sie verharrt in der eigenen Enttäuschung, weil sie keine positiven Merkmale, die sie aus ihrem vorherigen Studium kennt, wiederfindet, und zieht sich daher in den Bereich außerhalb des Studiums zurück.

3 Die Struktur des Falles: Ein Ansatz zur Verallgemeinerung

Wie die bisherigen Ausführungen verdeutlichen, stellen die Unterschiede in den Lehr- und Lernkulturen eine große Herausforderung sowohl für die Studierenden als auch für die Lehrkräfte dar. Beide Seiten können aufgrund mangelnden Bewusstseins, dass die Studierenden einen mehrschichtigen Adaptionsprozess durchlaufen oder durchlaufen sollten, um erfolgreich zu sein, die aufkommenden Irritationen und Konfliktsituationen im falschen Licht sehen oder falsch verstehen. Aber auch ein konfliktloser Verlauf kann zu Missverständnissen und Enttäuschungen führen. Aufseiten der Lehrenden kann der Eindruck entstehen, dass es keine Konflikte gibt, aufseiten der Studierenden kann das Gefühl entstehen, dass es keine Verbesserungen ihrer Situation gibt und sie sich nicht richtig angenommen fühlen.

Für die Studierenden wiederum ist es wichtig, sich auf die neue Lernkultur einzulassen und sich aktiv mit den Irritationen auseinandersetzen zu wollen. Diese Aufgabe ist nicht immer leicht, weil die Kernursachen der Irritationen häufig implizit und unklar sein können.

Für die Lehrkräfte ist es wichtig, sich bewusst zu sein, dass etwas, was selbstverständlich scheinen kann, durch das Prisma einer anderen Lernkultur verläuft und somit sich die Bedeutung von Inhalten für die Studierenden verändern kann.

Im Text wurden die Angaben des Herkunftslandes der Studentin anonymisiert. Die Analyse sollte nicht dazu dienen, konkrete Handlungsanweisungen zu geben, wie man mit Vertretern verschiedener Lernkulturen umgehen soll, sondern einige Mechanismen explizieren, die auftreten, wenn unterschiedlichen Lernkulturen aufeinandertreffen.

Die herausgearbeitete Fallfigur kann als *Clear Case* betrachtet werden, die für weitere Untersuchungen nutzbar gemacht werden kann, um herauszufinden, welche Lösungen die Studierenden entwickeln, um sich auf eine neue Lernkultur einzulassen bzw. diese zu integrieren oder welche Gründe es dafür gibt, dass diese Integration nicht vollzogen wird.

Der Fokus dieser Analyse, das sei abschließend bemerkt, lag nicht an der sachlichen inhaltlichen Auseinandersetzung mit den kritischen Äußerungen der Interviewee. Dass die Studentin tatsächlich auf Studiengangsebene auf Probleme gestoßen ist, bleibt unbenommen. Der Sinn und Zweck der Analyse galt allein dem Versuch, Probleme vor dem Hintergrund unterschiedlicher Lehr- und Lernkulturen aufzuzeigen bzw. diese als Erklärungsmöglichkeit heranzuziehen.

Literatur

Froschauer, Ulrike & Lueger, Manfred (2003). Das Qualitative Interview. Wien: WUV/UTB

Schröer, Norbert (1997). Wissenssoziologische Hermeneutik. In: Hitzler, Ronald & Honer, Anne (hrsg.). Sozialwissenschaftliche Hermeneutik. Opladen: Leske & Budrich/UTB, S. 109-129

Witzel, Andreas (2000). Das problemzentrierte Interview [25 Absätze]. Forum Qualitative Sozialforschung / Forum: Qualitative Social Research, 1(1), Art. 22, http://nbn-resolving.de/urn:nbn:de:0114-fqs0001228.

Learning from Others, not about Others

Investigating Intercultural Learning and Intercultural Competence in the University Classroom[1]

Melissa Laufer

1 Introduction

Around the globe, higher education institutions (HEIs) are experiencing increased pressure to position themselves in a more competitive market environment. For many HEIs, internationalization is a pathway to overcoming deficiencies in state funding, remaining competitive in regards to students, staff and research grants (Altbach & Knight, 2007) and labeling themselves as progressive and quality institutions (Delgado-Márquez, Escudero-Torres, & Hurtado-Torres, 2013). Since becoming a topic of discussion in the 1980s (Knight, 2012), the internationalization of higher education (hereafter 'internationalization') has grown in popularity at universities[2]. Intercultural learning experiences and interculturally competent students are often cited as the desired outcomes of internationalization (Deardorff, 2006; Ippolito, 2007; Kim, 2009; Otten, 2003). However, while well-intended internationalization policies of higher education institutions result in the increased recruitment of international students and plentiful study abroad opportunities for domestic students, these polices do not automatically translate into intercultural learning experiences on campuses or interculturally competent students.

Within higher education literature, discussions of intercultural learning and competence are separated into two domains. The first domain addresses factors that contribute to the absence of intercultural learning and/or competence among students (i.e. isolated Erasmus students) and the lack of positive interaction between international and domestic students. In contrast, the second domain focuses on

1 The title was inspired by the distinction made by Yoshitaka Miike ("learning from a culture" and "learning about a culture") in his article, "Harmony without Uniformity: An Asiacentric Worldview and Its Communicative Implications" (p. 38).

2 The terms "universities" and "higher education institutions" are used interchangeably

strategies to overcome difficulties in intercultural learning and/or competence (i.e. internationalized curriculum), including guided interaction between the two groups. Both domains usually focus on small-scale, qualitative research conducted at individual institutions and examine only parts of the intercultural learning process, such as group work (Kimmel & Volet, 2012) and student attitudes (Cathcart, Dixon-Dawson, & Hall, 2006). Building on these two domains, this study[3] investigates the intercultural learning process in the setting of a multicultural classroom comprised of international and domestic students, including the analysis of factors contributing to successful achievement of intercultural competence.

The research questions driving this study are:

1. How do university students become interculturally competent in a multicultural study environment?
2. What factors influence their development of intercultural competence?

In order to answer these research questions, students enrolled in a multicultural study environment were interviewed. These students were enrolled in a study program purposefully designed around an international, intercultural curriculum that hosted a high percentage of international students. Such a study context increases the likelihood of observing students who display successful engagement in intercultural learning, as well as the development of intercultural competence. This focus is relevant as it contributes to both higher education literature and practices. First, it expands on the literature by focusing on intercultural learning as a holistic process instead of addressing its absence or making recommendations for its improvement. Second, research on how students successfully engage in intercultural learning and develop intercultural competence is also important for higher education practices, as universities are under increasing pressure to produce 'global-ready' graduates.

This chapter begins by contextualizing the intercultural learning and intercultural competence discussion in the literature by examining definitional differences. This is followed by the methodology section in which the data collection procedure and the application of the Grounded Theory method as an interpretive tool are discussed. The results section explores which factors contribute to student engagement in intercultural learning, while documenting how students undergo a five-stage intercultural learning process which may result in the achievement of intercultural competence. In the discussion and conclusion section, the findings, limitations and recommendations for future research are presented.

3 This article is based on the findings of the author's master thesis which was submitted in April 2014.

2 Intercultural Learning and Intercultural Competence

It is important to make a distinction between intercultural learning and intercultural competence: intercultural learning is a learning process in which the skill set of intercultural competence may be developed. Often in the literature these two terms are used interchangeably (Bennett, 2009), and there is much variance in both terminology and definitions. For example, Heyward (2002) uses the term *intercultural literacy*; while Olson and Kroeger (2001) discuss a skill they call *global competence*. Seeing the need for definition uniformity, Deardorff (2006) set out to establish a common intercultural competence definition. She used the Delphi Technique, a method employed to gain consensus through anonymous communication, to collaborate with widely recognized intercultural communication experts. Through her study, the following definition of intercultural competence was constructed:

> the ability to communicate effectively and appropriately in intercultural situations based on one's intercultural knowledge, skills and attitudes (Deardorff, 2006, p. 247).

This definition, unlike others (Bennett, 2009; Heyward, 2002; Olson & Kroeger, 2001), focuses on communication rather than culture-specific knowledge. Furthermore, Deardorff (2009) stresses that intercultural competence is not gained through mere contact with internationals but developed over time by "[b]uilding authentic relationships" and asking individuals from different backgrounds to "teach, to share, to enter into dialogue together" (p. xiii). The development of intercultural competence is thus continuous and requires individuals to "engage in a reflective practice in regard to their own development" (Deardorff, 2009, p. xxiii). In her explanation, Deardorff stresses the concept of "learning from a culture"[4] -- viewing individuals from different cultures as learning sources. This is opposed to the "learning about a culture" approach in which cultures are evaluated according to outside worldviews. I share Deardorff's understanding of "intercultural competence" and agree that its foundation lie in communication: being able to navigate interactions with culturally diverse individuals.

---

4 The comparison "learning from a culture" and "learning about a culture" were originally used by author Yoshitaka Miike in his article, "Harmony without Uniformity: An Asiacentric Worldview and Its Communicative Implications" (p. 38).

3 Lost and Regained Opportunities of Intercultural Learning

The majority of contributions to the intercultural learning and intercultural competence discussion in higher education literature share three characteristics. First, focus is placed either on identifying intercultural learning deficiencies or making recommendations for its improvement. Second, the majority of studies are small qualitative case studies usually conducted at a single institution. Finally, there is a tendency to focus solely on a single contributing factor to intercultural learning or intercultural competence. This study builds on this body of research by holistically examining the intercultural learning process and its contributing factors. In this section, therefore, the two prominent domains of literature are reviewed in order to situate the findings within the existing literature.

In the first domain, literature focuses on why intercultural learning and the development of intercultural competence fail in reality. One major point of discussion is the lack of contact between international and domestic students. Otten (2003) refers to the isolation of international students as "Erasmus communities" which are comprised of students from either one nationality or multiple nationalities who join together to form "a kind of international reservation" (p. 14). Various explanations are provided by researchers regarding this "lack of contact" or "uneasy contact" between international and domestic students. One trend found in the literature attributes this communication failure to "misaligned interpretations" between international and domestic students. The majority of these misaligned interpretations happen within the frame of academic work as this is a common interactional arena between the two groups. For example, international students may differ in their interpretation of academic standards from their domestic counterparts, such as regarding the amount of effort to invest in homework assignments or how to organize tasks and leadership in group work situations (Cathcart et al., 2006; Kimmel & Volet, 2012).

An additional source of misaligned interpretations is the concept of friendship. In several studies, international students demonstrated their eagerness to connect with domestic students in order to improve their language ability and cultural knowledge (Brown, 2009b; Cathcart et al., 2006; Urban & Palmer, 2014); however, when friendships are difficult to establish, these students sometimes became disillusioned with the host culture, interpreting difficulties as indifference on the part of domestic students or, in extreme cases, as racism in the host society (Brown, 2009a, 2009b). Moreover, domestic students may be disinclined to play the role of "host" and "language expert" to their international counterparts. Cathcart et al. (2006) report from their study of cross-cultural work groups that "[m]any [domestic students] failed to see any benefits from cross-cultural group work and viewed it purely as a negative experience" (2006, p. 20). Furthermore, negative interaction between instructors and international students can also be a cause of lost learning opportunities. Ryan and Carroll (2006) found that educators who were unfamiliar with the needs of international students may hold a deficient view of these students seeing them as uncritical thinkers, plagiarizers, speakers of broken English and poor participants in class (Ryan & Carroll, 2006).

In contrast, the second domain focuses on finding strategies to overcome these lost learning opportunities such as by implementing an internationalized curriculum that incorporates international perspectives or using an inclusive didactic style to support social cohesion that facilitates a safe environment for international and domestic student engagement. Internationalizing the curriculum is not limited to offering a few master courses in English or recruiting international students, but rather refers to helping students gain "intercultural knowledge and abilities" and preparing them "for performing (professionally, socially, emotionally) in an international and multicultural context" (Crowther et al., 2000, p. 22). For example, at the Canadian Huron University College the project "Think Global, Act Local" was launched in 2001 to "create an opportunity, integrated in the academic curriculum, for students to engage locally in the global issues they studied" (Vainio-Mattila, 2009, p. 96). Through volunteer work in locally based, globally active NGOs, students were able to learn about global issues and apply their learning to the local Canadian context (Vainio-Mattila, 2009, p. 98).

Didactic techniques also play an important role in producing interculturally competent students. Schuerholz-Lehr (2007) explains that in order for educators to teach intercultural sensitivity, they must first be "socially responsible and interculturally knowledgeable citizens themselves" (p. 182). Furthermore, internationalization takes universities into "territories uncharted" and requires flexibility and adaptability (Otten, 2003, p. 16). Didactic changes should not be limited to surface adjustments; careful attention must be paid to "the implicit cultural patterns of the entire didactic interaction" which include "the selection of course content, material, design of classroom setting and teaching material, communication with students, and the role of the teachers" (Otten, 2003, p. 20). A positive climate can also greatly contribute to cultivating intercultural learning, as found by Bartram (2007), Leask (2009) and Otten (2003). Hostility and negative feelings between international and domestic groups do occur, especially when it comes to performance-evaluated tasks (Cathcart et al., 2006). However, positive interaction between the two groups can be supported through various planned projects, get-togethers and group work exercises (Bartram, 2007). Culturally mixed work group assignments are also especially helpful in facilitating intercultural learning (De Vita, 2006). However, allowing students to self-select their group mates only strengthens existing friendships and limits social cohesion (De Vita, 2006). Another method for building cultural understanding is through intercultural trainings and enrichment programs. Such well-conducted trainings take place on an ongoing basis and create a safe haven for students to talk about some of the negative and trying experiences linked to intercultural interaction (Otten, 2003).

The underlying message conveyed by the literature is that lost intercultural learning opportunities may be regained through practices such as implementing an internationalized curriculum, reevaluating one's teaching style and cultivating understanding between international and domestic students through supported activities. This study adopts this foundational message and pushes it one step further by investigating how students in a study environment that hosts the supportive features, as identified in the literature, engage in intercultural learning and successfully gain intercultural competence.

4 Method and Data Collection

This study investigated the intercultural learning process and the development of intercultural competence in a multicultural study environment by conducting five open-ended interviews with students from an internationally, interculturally focused study program. Students from the bilingual graduate degree program *Intercultural Communication and European Studies (ICEUS)* were selected as interviewees. ICEUS is part of the social and cultural studies faculty at the University of Applied Sciences in Fulda, Germany. The ICEUS program is internationally and interculturally focused in regards to its curriculum content and the high percentage of enrolled international students (approximately two-thirds of enrolled students come from outside Germany). In addition, ICEUS students spend considerable time together; they share a class schedule and have the opportunity to interact with classmates during group projects, university organized excursions and other social events.

A group e-mail request was sent to currently enrolled students resulting in the final selection of five female interviewees from their mid-20s to early 30s, three of whom were international students and two domestic students. The final interviewee selection reflects those individuals who positively responded to the request, fit the selection criteria and were able to meet during the interview time slots. Approximately 28 students are admitted yearly into the ICEUS program and the interviewee selection reflected a response rate of 7–10% of the respective study years. Selection for interviewees was based on three criteria. First, the interviewees were required to be enrolled ICEUS students, second a mixture of interviewees from both the "junior" and "senior" classes (program descriptors that distinguish between first-year and second-year students) as well as from both domestic and international student populations. The latter classification refers to students who had neither lived in the host country (Germany) nor received formal education (secondary or higher) at a German education institution.

Regarding the limitations of the interviewee sampling, the selection of female interviewees simply reflects the high female ratio in the ICEUS study program (nearly 98% of enrolled students are female). The low response rate is likely the result of the restricted time frame in which the researcher was able to conduct the interviews and the limited availability of the students. For example, during the interview period, ICEUS seniors were no longer required to be on campus as they were in their research semester, which may be completed off-site, and the juniors were in their exam period. These reasons may have contributed to the low response rate.

The interviews were conducted in person, and the majority took place at the interviewee's residence to ensure familiarity and sense of security on the interviewee's behalf. Furthermore, the majority of the interviews were conducted in English, aside from one in German (which was translated by the author), and lasted between roughly one and two hours, with each interviewee discussing approximately 20–25 topics. In regard to ethical research practices, oral informed consent was given by all interviewees, and each individual was given a pseudonym.

To ensure a more natural flow of conversation, open-ended qualitative interviews were conducted. Nevertheless, prior to the interviews a mind-map was constructed in which key issues found in the literature were outlined. Most interviewees openly recounted their personal reflections and experiences; however one interviewee's uncertainty negatively affected the depth and richness of her interview. The semi-responsiveness of this interviewee may reflect the distressful situation she had previously experienced (i.e., a difficult situation related to her studies). While this interview, in some respects, lacks the personal depth of the other interviews, it still has merit for it shows a more realistic perspective of events.

Following transcription, the interviews were coded using the Grounded Theory method, which consisted of three stages of coding: open, axial and selective. After coding the data, three layers of analysis were employed in which the individual interviews were first summarized in three to five pages, followed by the construction of an "interview comparison" document comprised of all shared themes and categories. This document was later expanded to include explanations based on interviewees' joint experiences, resulting in the generation of the *Developmental Scheme for Intercultural Competence*. The flexibility and adaptability of the Grounded Theory method allowed for the richness of the data to be appreciated and for categories and codes to arise naturally. For these reasons, this method is suitable for this study as it examines a personal journey and the building of relationships which are essential to the intercultural learning process. There is much variance within different Grounded Theory schools; for this study the Straussian school was selected as a guide as it promotes early literature review, unlike the purist Glaser school. An early literature review is necessary in order to contextualize research questions prior to embarking on fieldwork and to ensure the originality, relatability and relevance of the research.

5 Results

Instead of working linearly through the data, this analysis is built around the two concluding interview questions; although the interviews did not follow a uniform order, each interview concluded with the same two questions. This analysis is built around these questions because they yield rich data as they caused the interviewees to pause and reflect on their experiences. Interestingly, they also provided a bridge between the research questions and the interviewees' experiences as the individuals' perceptions of their experience served as a lens through which to view the development of their intercultural competence. The concluding questions in each interview were:

1. Knowing what you know now, would you do ICEUS again?
2. What was the greatest lesson you learned through your experience?

The individuals who responded positively to Question #1 (or a 'repeat experience') demonstrated their overall satisfaction with their experience and minimal regrets. They also shared certain characteristics: first, the more positive the respondents found their experiences, the more likely they were to yield positive elements (e.g., new skills, perspectives and friendships). Second, a shared pattern of **personal attributes** emerged from the interviews, and each contributed to the individuals' overall satisfaction. These attributes were categorized by the researcher into four sections: motivation, holistic perspective, personal traits and personal investment. Third, these individuals described having undergone a **transformative process** in which they gained **new perspectives and better communication methods.** In the results section these three main findings are further described in detail. First, the *Personal Attributes* (the shared attributes individuals possessed that positively influenced their intercultural learning process), second, *the Process of Intercultural*

Learning (the transformative process individuals engaged in where they acquired new skills) and, lastly, *Intercultural Competence* (the skills the individuals gained through the learning process). Figure 1 below illustrates how these three elements intertwine to form the *Developmental Scheme of Intercultural Competence*.

Each of these three parts of the scheme represents a section of the results as explained in detail in the following paragraphs. The three linked parts of the scheme are: (1) the factors (personal attributes) that feed into involvement and (2) the process of intercultural learning (the five-stage process) and (3) the outcome of intercultural competence (which consists of three skills categories).

Fig. 1 Developmental Scheme for Intercultural Competence

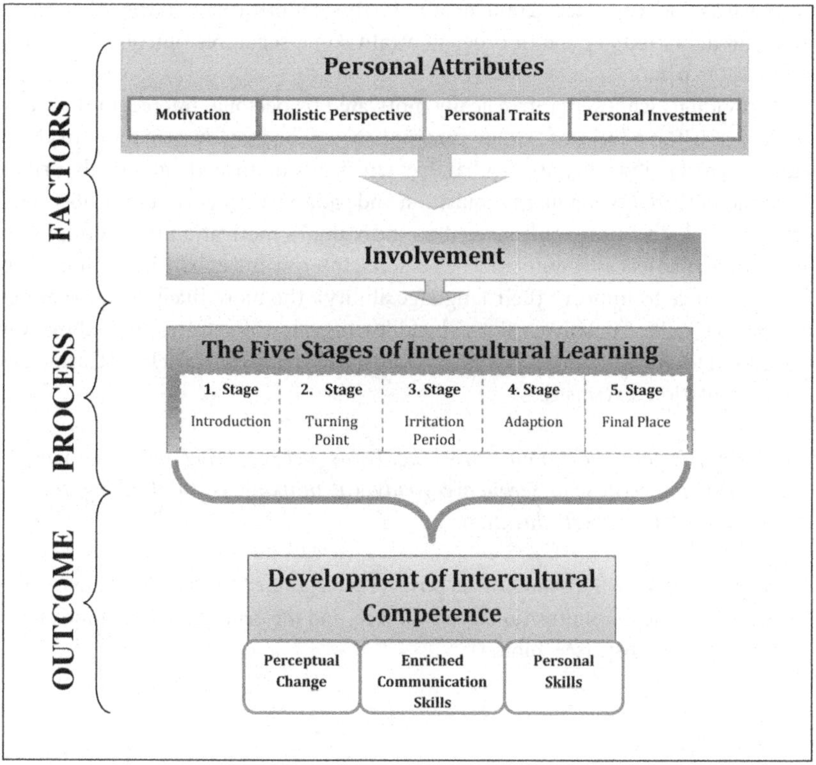

6 Personal Attributes

Motivation

The "motivation" attribute was discussed in the interviews in regards to individuals' motivation for applying to the master's program. In some cases, individuals spoke freely about their motivation when questioned about their positive expectations of the program. From the expectations, it was possible to deduce some of the motivations a person had for applying to the study program. The interviewees conveyed both intrinsic and extrinsic motivation. Intrinsic motivation refers to completing an activity for "its inherent satisfaction rather than for some separable consequence" (Ryan & Deci, 2000, p. 56). An intrinsically motivated individual is "moved to act for the fun or challenge entailed rather than because of external prods, pressures, or rewards" (Ryan & Deci, 2000, p. 56). Extrinsic motivation, on the other hand, refers to an activity "done in order to attain some separable outcome" (Ryan & Deci, 2000, p. 60).

Individuals who were intrinsically motivated by personal interest in the study topic, a spirit of adventure, or for personal change or growth were more likely to express satisfaction. On the other hand, extrinsically motivated individuals, driven by academic benefits, language acquisition and padding their curriculum vitas, were less satisfied. The more multifaceted an individual's motivation (for example, an individual intrinsically motivated by personal interest and extrinsically motivated by the chance to improve their language ability), the more likely it was that her experience yielded positive results. The following quote illustrates how Sabina was motivated to study in Germany both by a personal dream *(intrinsic) and* Germany's good reputation *(extrinsic).*

> ***Sabina:*** *So four years, four years long, I was just dreaming about studying in Germany because in Serbia everybody was thinking, is still thinking, that Germany has the best education.*

Interestingly, all the individuals who positively responded to Question #1 exhibited between four and five motivation factors apiece, and the majority of their motivation factors were intrinsic (see Table 1).

Tab. 1 Intrinsic and Extrinsic Motivation

Intrinsic Motivation	Extrinsic Motivation
• Interested in Intercultural Environment (4 responses) • Escape from Difficult Personal Life Situation (3 responses) • New Beginning/Change (3 responses) • Personal Dream • Personal Interest in Topic • Exciting and Interesting Opportunity • Gain a Global Mindset • Chance to Study Abroad	• Improve Language Ability • Liked Study Program Combination • Germany's Good Reputation • Bilingual Course

From the data, it is clear that motivation played a vital role in setting the tone for the experience of these individuals. Those who articulated intrinsic motivation perceived their studies to be more beneficial and satisfactory than those who articulate extrinsic motivations.

Holistic Perspective

Individuals who looked for learning opportunities beyond the academic venue (such as to their group mates, free time activities and group work), found their experiences to be richer and more worthwhile. This, in turn, positively affected their satisfaction and their development of intercultural competence. Individuals who exhibited a **holistic perspective** were open to alternative learning venues such as learning from their classmates, problem-solving as a group, and practicing intercultural communication outside and inside the classroom. On the other hand, other individuals who exhibited a **partial perspective** measured the benefits of the program solely scholastically, commenting that classes should only be taught by native speakers or expecting more guidance from staff. These individuals were more disappointed by their experiences, and their overall satisfaction was negatively affected. For example, Yulia explains in the following quote how she learned from participating in group work with her intercultural classmates that:

> ***Yulia:*** *First you have to do group work – work with different people all the time and you have a good opportunity to get to know other people better, and each time this is new people, each time this is new culture. For [the master's program], it's especially important … to do this group work. It's really interesting and you learn how different people work in a group … I mean, everybody has this different culture of group work and everybody understand it differently, how the people should work in groups and every way of a group, every time,*

every understanding is very interesting ... you have a lot of things to learn from other people through this group work.

Four of the interviewees exhibited holistic perspectives and one exhibited a partial perspective focusing solely on scholastic learning aspects of the program.

Personal Traits

The satisfied individuals also appeared to share a number of personal traits, such as reflectiveness, insightfulness, determination, openness and curiosity about other perspectives. The following example illustrates how Sara shows a **reflective** trait in her reminiscence of her experience and her ability to place herself in someone else's shoes. Sara explains how, as a domestic student in an international classroom, she recognized that she holds a position of privilege and attempts to help "share the load" with international students.

> ***Sara:*** *I definitely searched for contact with internationals and made clear verbally -- very clear -- that if they had any problems, they could always come and I would just show them ... I wanted to be very approachable for everyone..... Yeah, I knew that they needed to talk German and it's easier for me to just talk a bit slower and (...) very correct German... [it is] like rather [having] a privilege again that so that I could offer them to share the load..*

Several individuals also displayed **determination.** For example, two interviewees shared the story of how they decided to travel from their home country to Germany in order to enroll in the master's program and pay for their studies out of their own savings after failing to win scholarships several years in a row.

> ***Sabina:*** *I was also dreaming to get master, masters in Germany and I was four years ... applying for a scholarship. And I said no, I have applied three times already and got nothing, and I don't want to apply again and be disappointed. I just want ... to go by myself, I'm ready. I have earned enough money; I can go and study by myself. And she [the scholarship advisor] told ok, you apply, you have already these old documents, you have from the last year. Just give me all these documents. You just apply and apply yourself as well...but in the end we both got scholarship! It was really magic!*

Personal traits are significant because they can influence how an individual engages in an intercultural situation. Research shows that individuals who are able to see the potential in intercultural learning environments (Kimmel & Volet, 2012), shift perspectives (Otten, 2003) and display a zeal for others (Deardorff, 2009) have the tendency to be more successful in intercultural settings (Deardorff, 2006), such as the ICEUS master's program. Moreover, my findings indicate that individuals who displayed a robust combination of these traits appeared to be more satisfied with their overall experience, which played a role in their development of intercultural competence.

Personal Investment

Personal investment refers to the willingness of the individual to see the study experience as an opportunity for self-growth, self-reflection and self-development. By increasing their personal investment, individuals are more vulnerable to others but also more receptive to change and learning opportunities. This term can also be expressed as *letting your guard down*. When individuals are willing to look internally at their own cultural background (self-reflection), they begin to understand their own assumptions and prejudices. This process is difficult for many because it involves much internal reflection and trust in the group. The individuals interviewed demonstrated their personal investment when formulating thoughts on their own behaviors, shortcomings or conflicts. In the following excerpt, Diana explains the German and international perspectives in the international group and the frustration that can occur during group development:

> ***Diana:*** *Maybe at the beginning it was more normal. Normal behavior... Yeah, yeah, I think. Their frustration [the German students] because of us [international students] and our frustration because of them ... Yeah, and now I realize that. They are -- all of them are really good people, and they are kind.*

7 Involvement

Involvement is not placed under the personal attributes umbrella in Figure 1 because involvement shifts the locus away from the internal dimensions of an individual to their external engagement with the outside world. Personal attributes, however, do contribute greatly to how involved an individual is willing to be: hence personal attributes feed into the involvement category. Involvement with others inside and outside the classroom determines whether an individual is likely to engage in successful intercultural learning experiences (the receiving category) and acquire intercultural competence related skills Involvement is similar to personal investment in many aspects; however, the difference is that involvement refers to interactions with others, such as by forming relationships. Those individuals who were satisfied with the program described the group using such expressions as "like a little family," "all of us are friends" and "great team dynamics." In the following quote, Sabina explains the circumstances that led to these "great team dynamics:"

> ***Sabina:*** *We were doing so many parties where everybody was participating; they [other ICEUS groups] don't do that. I was talking about this ICEUS 14 [student]; she told ah, you are really lucky; your group is really very fun (...) I think this is thanks to some of our people who could give their place to make parties this and that (...) Really. Lucky number 13!*

Interestingly, only the three seniors interviewed remarked on the familial nature of the group. The two juniors alluded to friendships formed within the group, but did not give strong examples regarding harmony within the whole group. Group dynamics in itself is a complex issue. It is therefore difficult to determine if the lack of friendly group dynamics is due to the developmental status of the juniors being in their second semester when the interviews were conducted or to the mixture of individuals in their group. However, it can be concluded that the seniors, with their heightened group involvement, were able to form authentic relationships with individuals from diverse backgrounds, a key component of becoming interculturally competent (Deardorff, 2009, p. xiii). In sum, individuals who were satisfied with their experiences share various degrees of personal attributes, which contributed to their involvement in the group, made them better candidates in the intercultural learning process and heightened the likelihood of developing intercultural competence.

8 The Process of Intercultural Learning

In their interviews, individuals often remarked that the group needed time to integrate and learn how to work together. They described a developmental process, giving it different names, such as the "bonding process" and the "integration process." A five-stage process was constructed based on recurring themes in the data and termed "the process of intercultural learning." Each stage indicates a developmental marker attained by the group or individual, such as initial interaction, the building of friendships, etc. The stages are constructed based on recurring "events" presented by the interviewees, such as the orientation excursion, group work experiences and free-time activities. The names of the stages are also partially inspired by direct quotes from the interviewees. As the interviewees began and completed each stage, they observed personal changes, such as the acquisition of deeper cultural knowledge and the shedding of stereotypes and cultural labels.

Stage One: Introduction

The interviewees described how the two-day excursion at the beginning of their studies served as a starting point for the formation of their group's dynamics. This experience is described differently by different interviewees; some considered it a point of division, where "differences between internationals, or different internationals from different countries started," while others considered it a time of unity, a chance to "know each other because we were all newcomers" and establish a good group feeling. In both cases, the group's diversity (multiple nationalities, languages and cultures) was recognized, which served to either bring the group closer together or drive them further apart.

Stage Two: Turning Point

The individuals also described a "turning point" – a moment that signaled a shift in the group dynamics and created a more inclusive group environment. Turning points were recounted by the interviewees as events in which "actual bonding happened" and a "real change" in the group dynamic could be seen. Different turning points were given, such as a Thanksgiving celebration, or a barbeque in May or after the first semester. No specific milestone was agreed upon by all interviewees, with some citing a turning point between one and two months after the onset of the program, while others referred to a much later period five to eight months into the program.

Stage Three: Irritation Period

The interviewees also remarked that, following the initial introduction and group formation, they experienced a "period of irritation" with their group mates as Yulia articulated "first you get thrown into this intercultural situation and you didn't expect it and that's a shock." Most irritations reported were of an academic or interpersonal nature. Main academic irritations were based on different experiences of classroom management and etiquette and interpersonal irritations involved group work performance.

Stage Four: Adaption

The interviewees explained that, with time, group members adapted to the situation, and "[culture] melted away more and more" as they got to know each other and became more accustomed to each other's preferences and personalities. Several remarked on how group work became easier as "[they now] know how to talk to each other."

Stage Five: The Final Place

The senior interviewees described how, at the end of their studies, they felt they had reached mutual understanding with their group mates; "it was, obviously, we had to face this challenge, and without them we couldn't came to the end, to the final place, the final relationship between us... All of us are friends." In contrast, the junior interviewees did not share this realization. This disharmony in the interviews may be due to the different statuses of the juniors and seniors. During the interview period, the seniors were in the last leg of their studies having just a few weeks left until graduation, while the juniors were only in the first year of their studies. Furthermore, the three seniors described how this final stage took considerable time to reach which provides us with more supporting evidence that time plays a role in this process (an aspect noted in the intercultural competence discussion).

9 Intercultural Competence

At the end of each interview, the individuals were asked the same two questions: one related to engaging in a repeat experience (which was explored above) and another about the greatest lesson learned through the experience. Interestingly, both junior interviewees experienced some difficulty answering this question; as one junior remarked, "I think I'm still learning". On the other hand, the senior interviewees were able to answer the question in length. The three seniors' responses are organized in three categories: *Perceptual Changes, Enriched Communication Skills* and *Gained Personal Skills.*

Perceptual Changes

A perceptual change refers to the shift in, or increased awareness of, self or others. One visible shift was the development of *deeper self-awareness.* This term refers to the reevaluation of one's perspective or behavior, such as when examining how one treats individuals from different cultural groups, as well as confronting internalized stereotypes. Another identifiable shift is the development of *deeper awareness of others,* both abroad and at home. This shift encompasses the disassembling of prejudices, seeing diversity as a source of learning, and gaining more understanding of others' thought processes. Sabina, for instance, shared how her ICEUS experience led her to rethink cultural stereotypes projected in her home country as "we couldn't judge a whole culture only because of one person."

Enriched Communication Skills

Enriched communication skills refer to an individual's ability to navigate successfully in intercultural situations. This communication skill goes beyond standard communicative competencies, for it encompasses an added insightfulness in negotiating with others from different cultural contexts. For example, one interviewee remarked about feeling "more self-confident" in intercultural situations and "getting along with a very broad array of people."

Gained Personal Skills

Gained personal skills refer to the development, improvement or reassurance of one's abilities, such as increased self-confidence in intercultural situations and the recognition of skills for professional life. Some interviewees cited more concrete personal gains, such as "learn[ing] to think critically." Comparing these findings with elements (e.g., communication ability), attitudes and skills identified by Deardorff (2006) in her intercultural competence definition, it can be concluded that, through the combination of personal attributes, involvement in the group and engagement in the intercultural learning process, the seniors developed intercultural competence.

10 Discussion and Conclusion

This study was driven by two research questions. The first inquired as to how university students in a multicultural environment become interculturally competent and the second queried the factors which influence the development of intercultural competence. These two research questions investigated an underdeveloped area of intercultural learning as the majority of research in this field generally follows two trends: the factors which contribute to the absence of intercultural learning among students and strategies to overcome intercultural learning difficulties. The research questions were addressed through five interviews with currently enrolled master students in the ICEUS multicultural study program. The data generated by the interviews was coded and analyzed using the Grounded Theory method. The key findings revealed that students underwent a five-stage process of intercultural learning. This learning process is depicted as a timeline in the results section which demonstrates that after a period of time, the participant enters or exits a stage of the process. However, the timeline depiction is a generalization generated through the compilation and comparison of multiple experiences and is not meant as a failsafe description of each individual experience. In its entirety, this process encompasses essential elements in intercultural learning, a process that leads to the development of intercultural competence. Elements demonstrated in this process reflect the components of intercultural competence presented by scholars such as building authentic relationships (Deardorff, 2009), changing one's worldview (Otten, 2003), knowledge of multiple perspectives (Spitzberg, 2009) and the ability to navigate efficiently in intercultural situations (Deardorff, 2006).

The findings also address the second research question: What factors influence the development of intercultural competence? The findings indicate that a specific 'type' of individual who exhibited certain attributes – multifaceted motivation, holistic perspective, personal traits and personal investment – appeared to have a more overall satisfactory experience than those who didn't exhibit such attributes. The higher the number of attributes exhibited by individuals, the higher the correlation with increased involvement in the group, thereby heightening their engagement in the intercultural learning process. Moreover, the senior interviewees demonstrated a skill set characteristic of intercultural competence as they experienced perceptual changes, enriched communication skills and added personal skills.

These findings are relevant for the internationalization discourse because, although universities may not be able to control all factors of the intercultural learning process (such as personal attributes) they can influence some, such as the frequency of student interaction in educational settings through class retreats, collective class schedules and emphasis on group work activities. In the future, universities that strive to facilitate intercultural learning on their campuses need to promote collective space for intercultural interaction inside and outside the classroom, both as part of formal curriculum planning and the informal social agenda.

11 Limitations

The scope of this study is relatively small, and the *developmental scheme of intercultural competence* fails to account for a diverse range of students' experiences. It is therefore difficult to determine whether the findings only narrate the story of five individuals or could be translated to different cases. In this study, I used the presented material to inductively generate a process model which could be tested in future research with larger populations. Moreover, it is stressed in the analysis that the developmental scheme is not meant as a failsafe description of each individual experience but simply a construction based on reoccurring themes found in the data. Future research needs to be conducted in which the developmental scheme is verified by the experiences of a larger sample size of students, especially those who have both positive and negative experiences.

12 Closing Thoughts

In the field, it became apparent that developing intercultural competence is not a detached process, but a very personal experience. The interviewees shared stories of their frustrations, challenges, and friendships and the lessons they learned, indicating that intercultural competence is a collective learning process in which experience trumps book-learning and friends and classmates are the best teachers. In other words, intercultural learning involves learning *from* others, not *about* others.

References

Altbach, P. G., & Knight, J. (2007). The Internationalization of Higher Education: Motivations and Realities. Journal of Studies in International Education, 11(3-4), pp. 290-305

Bartram, B. (2007). The Sociocultural Needs of International Students In Higher Education: A Comparison Of Staff And Student Views. Journal of Studies in International Education, 11(2), pp. 205-214

Bennett, M. J. (2009). Defining, measuring, and facilitating intercultural learning: a conceptual introduction to the Intercultural Education double supplement. Intercultural Education, 20(1), 1-13.

Brown, L. (2009a). An ethnographic study of the friendship patterns of international students in England: An attempt to recreate home through conational interaction. International Journal of Educational Research, 48(3), pp. 184-193

Brown, L. (2009b). A Failure of Communication on the Cross-Cultural Campus. Journal of Studies in International Education, 13(4), pp. 439-454

Cathcart, A., Dixon-Dawson, J., & Hall, R. (2006). Reluctant Hosts and Disappointed Guests? Examining Expectations and Enhancing Experiences of Cross Cultural Group Work on Postgraduate Business Programmes. International Journal of Management Education, 5(1), pp. 13-22

Crowther, P., Joris, M., Otten, M., Nilsson, B., Teekens, H., & Wächer, B. (2000). Internationalisation at Home: A Position Paper. Amsterdam

De Vita, G. (2006). Fostering intercultural learning through multicultural group work. In J. Carroll (Ed.), Teaching International Students: Improving Learning for All. New York: Routledge, pp. 75-83

Deardorff, D. K. (2006). Identification and Assessment of Intercultural Competence as a Student Outcome of Internationalization. Journal of Studies in International Education, 10(3), pp. 241-266
Deardorff, D. K. (2009). Preface. In D. K. Deardorff (Ed.), The SAGE Handbook of Intercultural Competence. California, USA: SAGE Publications, pp. xi–xiv
Delgado-Márquez, B. L., Escudero-Torres, M. Á., & Hurtado-Torres, N. E. (2013). Being highly internationalised strengthens your reputation: an empirical investigation of top higher education institutions. Higher Education, 66(5), pp. 619-633
Heyward, M. (2002). From International to Intercultural: Redefining the International School for a Globalized World. Journal of Research in International Education, 1(1), pp. 9-32
Ippolito, K. (2007). Promoting intercultural learning in a multicultural university: ideals and realities. Teaching in Higher Education, 12(5-6), pp. 749-763
Kim, T. (2009). Transnational academic mobility, internationalization and interculturality in higher education. Intercultural Education, 22(5), pp. 397-403
Kimmel, K., & Volet, S. (2012). University Students' Perceptions of and Attitudes Towards Culturally Diverse Group Work: Does Context Matter? Journal of Studies in International Education, 16(2), pp. 157-181
Knight, J. (2012). Concepts, Rationales, and Interpretive Frameworks in the Internationalization of Higher Education. In D. K. Deardorff (Ed.), The SAGE Handbook of International Higher Education. California, USA: SAGE Publications, pp. 27-42
Leask, B. (2009). Using Formal and Informal Curricula to Improve Interactions Between Home and International Students. Journal of Studies in International Education, 13(2), pp. 205-221
Miike, Y. (2009). "Harmony without Uniformity". An Asiacentric Worldview and Its Communicative Implications. In L. A. P. Samovar, R.E; McDaniel, E.R (Ed.), Intercultural Communication: A Reader. Boston, MA, USA: Twelfth, Wadesworth Cengage Learning, pp. 36-48
Olson, C. l., & Kroeger, K. R. (2001). Global Competency and Intercultural Sensitivity. Journal of Studies in International Education, 5(2), pp. 116-137
Otten, M. (2003). Intercultural Learning and Diversity in Higher Education. Journal of Studies in International Education, 7(1), pp. 12-26
Ryan, J., & Carroll, J. (2006). Canaries in the coalmine'. international students in Western universities. In J. Carroll (Ed.), Teaching International Students: Improving Learning for All. New York: Routledge, pp. 3-11
Ryan, R. M., & Deci, E. L. (2000). Intrinsic and Extrinsic Motivations: Classic Definitions and New Directions. Contemporary Educational Psychology, 25(1), pp. 54-67.
Schuerholz-Lehr, S. (2007). Teaching for Global Literacy in Higher Education. How Prepared Are the Educators? Journal of Studies in International Education, 11(2), pp. 180–204.
Spitzberg, B. H. C., G. (2009). Conceptualizing Intercultural Competence. In D. K. Deardorff (Ed.), The SAGE Handbook of Intercultural Competence. California, USA: SAGE Publications, pp. 2–52
Urban, E. L., & Palmer, L. B. (2014). International Students as a Resource for Internationalization of Higher Education. Journal of Studies in International Education, 18(4), pp. 305-324
Vainio-Mattila, A. (2009). Internationalizing curriculum. A new kind of education? New Directions for Teaching and Learning, 2009(118), pp. 95-103

Explorative Lehrforschung 2

Zur Ausarbeitung einer Forschungsstrategie

Eine Vorbemerkung

Norbert Schröer und Richard Bettmann

Die hier zusammengetragenen, thematisch recht unterschiedlich angelegten Untersuchungen aus dem internationalen Studiengang ICEUS dienen der Exploration und Sensibilisierung. Sie werfen Schlaglichter auf ein hoch komplexes und unter Globalisierungsbedingungen zunehmend bedeutender werdendes Interkations- und Kommunikationsfeld: der interkulturellen Hochschulbildung. Unser Ziel war es, auf Bruch-, Konvergenz- und Emergenzstellen, die sich aus der Internationalisierung der Hochschule im Alltag der Hochschullehre zwischen den kulturell verschiedenen Akteuren ergeben können und ergeben, mit Blick auf die Möglichkeiten und Grenzen einer interkulturellen Hochschuldidaktik aufmerksam zu machen, sie empirisch-explorativ zu eruieren. Mit unseren Explorationen deutet sich an, dass interkulturelle Hochschulbildung aus vielen verschiedenen Wechselwirkungen – eingelassen in recht unterschiedlichen Interaktionsrahmen – besteht und dass insbesondere der Erwerb interkultureller Handlungskompetenzen aufs Engste an einen interkulturellen Erfahrungs- und Aushandlungsraum, der weit über die curricularen Vorgaben und organisationsspezifischen Rahmenbedingungen hinausreicht, geknüpft ist. So rückt zunehmend die Frage in den Mittelpunkt, aus welchen interaktiven Zusammenhängen sich welche lebensweltkonstitutiven und orientierenden Relevanzen des Bildungsprozesses in Hochschulen herausbilden und unter welchen Bedingungen dieser übergreifende interkulturelle Aushandlungsraum didaktisch sinnvoll aufgebaut und eingesetzt werden kann. Noch weiter getrieben: Es stellt sich die Frage nach den lebensweltlichen Grundlagen einer interkulturellen Hochschulbildung.

Im einschlägigen Diskurs bleibt die von den Beteiligten auszuhandelnde komplexe lebensweltliche Pragmatik einer interkulturellen Hochschulbildung, von der nach unserer Einschätzung die didaktischen Maßnahmen und andere Codes of Conducts im Bildungsalltag erst ihre spezifische Bedeutung erhalten dürften, weitgehend unberücksichtigt (siehe: Schröer und Bettmann in diesem Band). Wir betrachten im Rückgriff auf unsere explorativen Studien den zwischenmenschlichen Raum, in dem sich interkulturelle Hochschulbildung ereignet, als eine von allen Beteiligten auszuhandelnde „small social life world" (Luckmann 1970), die dann eben diese Hochschulbildung fundiert und die den didaktischen Konzepten im engeren Sinne erst ihre Bedeutung verleiht. Im Mittelpunkt unseres Interesses ist so die Frage gerückt, aus welchen interaktiven Zusammenhängen sich für die interkulturellen Studiengruppen welche gruppen- bzw. lebensweltkonstitutiven und orientierenden Relevanzen des Bildungsprozesses entwickeln. In einer ethnographischen Studie möchten wir in Erfahrung bringen, welche Form der Hochschulbildung sich aus welcher Kleinen sozialen Lebens-Welt in Anbetracht welcher Problemlagen wie durchsetzt, um so sensibilisiert später zu verfeinerten Konzepten von interkultureller Hochschulbildung und -didaktik gelangen zu können.

Mit der Präsentation unseres Forschungsansatzes und -plans zu der angestrebten ethnographischen Fallstudie bringen wir unsere Bildungs-Exploration zum Abschluss. Wir orientieren uns bei unserer Planung sozialtheoretisch am Konzept der Kleinen-sozialen Lebenswelt und methodologisch an dem der Lebensweltanalytischen Ethnographie. Diese beiden ineinandergreifenden Konzepte werden vorab mit einem Beitrag von Ronald Hitzler und Anne Honer gesondert und kompakt skizziert.

Der lebensweltliche Forschungsansatz[1]

Eine sozialtheoretische und methodologische Vorabklärung

Ronald Hitzler und Anne Honer

Zweifelsfrei lässt sich wohl konstatieren, dass der moderne Mensch typischerweise in eine Vielzahl von disparaten Beziehungen, Orientierungen und Einstellungen verstrickt ist, dass er mit ungemein heterogenen Situationen, Begegnungen, Gruppierungen, Milieus und Teilkulturen konfrontiert ist, dass er folglich mit mannigfaltigen, nicht aufeinander abgestimmten Deutungsmustern und Sinnschemata umgehen muss. Eine derartige Diagnose ist selbstverständlich keineswegs neu: Einerseits hat z. B. bereits Alfred Schütz (1945), im Anschlss an William James (1893), die mannigfaltigen Wirklichkeiten der Lebenswelt strukturell beschrieben, also die Auffächerung der Erfahrung in die Subsinnwelten des Alltags, des Traumes, der Phantasien und der theoretischen Einstellung, andererseits haben beispielsweise Georg Simmel (1908) mit seiner Idee von der Kreuzung sozialer Kreise, oder Erving Goffman (1974) mit seinem (enger als an Schütz noch an James orientierten) Konzept wechselnder Bezugsrahmen im alltäglichen Erleben diesen Gedanken bereits vorgedacht. Hier geht es lediglich darum, einen Forschungsansatz innerhalb dieser Theorierahmen aufzuzeigen, der u. E. besonders gut geeignet ist, die Perspektive des Subjekts in seiner typisch modernen Vergesellschaftungsform zu rekonstruieren. Dieser Versuch steht gleichsam auf der Theorie-Plattform der neueren Wissenssoziologie, wie sie sich um und in der Nachfolge von Peter Berger und Thomas Luckmann (1966) entwickelt hat. Insbesondere rekurrieren wir dabei auf verschiedene konzeptionelle und empirische Arbeiten, die wir (im Anschluss an Überlegungen von Benita Luckmann, 1970) unternommen haben.

Menschen in modernen Gesellschaften müssen alltäglich eine Vielzahl von nicht aufeinander abgestimmten Um-Orientierungen vornehmen, um am sozialen Leben teilhaben zu können. Menschen in modernen Gesellschaften müssen alltäglich an

1 Der Beitrag ist zuerst erschienen in: neue praxis 18 (1988) 6, S. 496-501

höchst verschiedenen sozialen „Veranstaltungen" teilnehmen, die zwar jeweils in sich sinnvoll erscheinen, aber kaum Rezepte für die Orientierung in anderen sozialen Zusammenhängen bereitstellen. Zwar ist zumindest das öffentliche Leben nahezu total institutionell organisiert, aber der einzelne institutionelle Teilbereich verliert seine zweckrationale Bedeutung und seine symbolische Gültigkeit dort, wo er an die Grenzen des nächsten Teilbereichs stößt. Keine Institution in der Moderne vermittelt einen übergreifenden Sinn, eine Metainstitution fehlt. Der moderne Einzelne trifft auf eine Vielfalt von Sinnangeboten, unter denen er mehr oder minder frei wählt. Er bewältigt seine komplexe Wirklichkeit dadurch, dass er dieser Wirklichkeit zuhandene Elemente entnimmt und daraus eine subjektiv sinnhafte Wirklichkeit konstruiert. Der moderne Mensch „bastelt" sein Leben wie ein „patchwork" oder „puzzle" zusammen aus Partizipationen an verschiedenen sozialen Teilzeit-Aktivitäten, an dem, was Berger und Luckmann (1969: 83) „kleinere gesellschaftliche Formationen" genannt haben, also an sozial geteilten „Zweckwelten" (vgl. Husserl, 1954: 459-462) innerhalb der individuell gegebenen Lebenswelt.

Anders ausgedrückt: Der Einzelne bindet sich immer wieder freiwillig ein in sozial vorgefertigte Handlungs- und Beziehungsmuster und internalisiert dabei die dort jeweils vorformulierten, begrenzten Weltdeutungsschemata. Er hat teil an unterschiedlichen, sozialen Kollektiven jeweils gemeinsamen, Perspektiven der Welterfahrung. Solche Kollektive können, müssen aber nicht, räumlich, zeitlich und sozial eindeutig verortbar sein. Wesentlich hingegen ist, dass sie ausgrenzbare Interaktions- und Kommunikationsstrukturen aufweisen, dass sie Wissens- und Relevanzsysteme ausbilden, denn „zufällige" gemeinsame Perspektiven verschiedener Menschen werden interaktiv und kommunikativ vor allem dadurch stabilisiert, dass sie betreut und umsorgt werden von allerlei expliziten und impliziten Sinnlieferanten mit begrenzter Reichweite und Haftung, die in unterschiedlichster Weise die Transformation des vereinzelten Einzelnen in irgend eine Form von „Gruppenseligkeit" propagieren.

Sinn steht also durchaus bereit, aber die in vormodernen Gesellschaften „normale", umgreifende kulturelle Dauerorientierung ist zerbrochen, und das Individuum muss sich notgedrungen in einem Spektrum von Sinnprovinzen bewegen. In jeder dieser Sinnprovinzen herrschen eigene Relevanzen, Regeln und Routinen, mit prinzipiell auf die jeweiligen Belange beschränkter Geltung. Diesen Sachverhalt teilzeitlicher Bezugsgruppen-Orientierung haben wir — zur besseren Unterscheidung von der Lebenswelt als dem „Inbegriff einer Wirklichkeit, die erlebt, erfahren und erlitten wird" (Schütz/Luckman, 1984: 11), also vom Begriff der „Lebenswelt", der in der Tradition Husserls (1954) die Welt schlechthin bezeichnet, wie sie sich in subjektiven Bewusstseinsleistungen konstituiert als „kleine soziale Lebens-Welten" etikettiert, als Partizipationen an Ausschnitten aus der sozial konstruierten und produzierten Welt des (Er-)Lebens einer Gesellschaft.

Kleine soziale Lebens-Welten heben sich im System individueller lebensweltlicher Relevanzen thematisch, interpretativ und motivational ab als Korrelate spezifischer Interessen und Interessenbündel. Diesen Korrelaten eignen jeweils spezifische, sozial vordefinierte Zwecksetzungen, die der Einzelne, seinen Relevanzen und Interessen entsprechend, mehr oder minder nachdrücklich internalisiert. D. h. die Gültigkeit dieser sozialen Zwecksetzungen für ihn korreliert mit dem Ausmaß seiner Identifikation mit dem jeweils vorfindlichen Sinnsystem. Anders ausgedrückt: Im Rahmen seiner subjektiven Relevanzen konstituieren sich für das Individuum kleine soziale Lebens-Welten, wobei ihm seine Interessen wiederum als Teile der hierbei jeweils sozial gültigen Bedeutungs- und Relevanzschemata erscheinen. Teile seines subjektiven Wissensvorrates erscheinen ihm als Entsprechung von Teilen kollektiv geteilter Vorräte von Sonderwissen. Andere Subjekte erscheinen ihm „wie es selbst“ in Bezug auf definierbare Zwecksetzungen. Seine Teilhabe an den Sozialitäten, die seine verschiedenen lebensweltlichen Enklaven prägen, erscheint ihm als je spezifisch prinzipien- und regelgeleitet. Der subjektive Sinn einer kleinen sozialen Lebens-Welt konstituiert sich im Rekurs auf gehabte individuelle Erfahrungen. Die intersubjektive Bedeutung einer kleinen sozialen Lebens-Welt erscheint dem Einzelnen als interaktives und kommunikatives Konstrukt.

Handeln in einer zwar subjektzentrierten aber eben auch grundsätzlich intersubjektiv bedeutsamen kleinen Lebens-Welt erfolgt dementsprechend typischerweise unter Verwendung sozial vorgegebener und hier gültiger Muster und Schemata. Die Möglichkeiten subjektiv „willkürlicher“ Sinnsetzungen sind auf das Maß des mit den vom Handelnden internalisierten Zwecken Verträglichen eingeschränkt. Das in dieser Teil-Welt sozial approbierte Wissen erscheint ihm mit den „Konturen des Selbstverständlichen“ (Schütz/Luckmann, 1979: 219-223). In der kleinen sozialen Lebens-Welt darf man erwarten, was aufgrund der Pluralität der Perspektiven für die alltägliche Lebenswelt des modernen Menschen insgesamt problematisch geworden ist, nämlich: dass zumindest dieser Ausschnitt aus der Welt von den Teilhabern typischerweise ähnlich erfahren wird, dass ihre Standpunkte vertauschbar, dass ihre Relevanzsysteme kongruent, dass mithin ihre Perspektiven reziprok sind. In der kleinen sozialen Lebens-Welt gilt auch, was ebenfalls für den alltäglichen Lebensvollzug in der Moderne problematisch geworden ist, nämlich: dass bewährte Deutungs- und Handlungsmuster relativ fraglos auch aktuell und zukünftig erfolgreich angewandt werden können — und zwar sowohl dann, wenn sie aus eigenen Erfahrungen resultieren, als auch dann, wenn sie sozial vermittelt sind. Dadurch werden in der kleinen sozialen Lebens-Welt reziproke Verhaltenserwartungen typisch standardisiert. Der Andere wird als Mitglied bzw. als Teilhaber „wie man selber" verlässlich, und „man selber" ist es ebenso für ihn.

Der Grund für diese relativ unproblematischen Routinisierungsmöglichkeiten innerhalb einer jeden, einmal internalisierten Teilperspektive, die damit der zunehmenden Problematisierung des individuellen Lebensvollzugs in der Moderne insgesamt gleichsam konträr entgegensteht, liegt wiederum einfach in der thematisch begrenzten Reichweite der je approbierten Deutungsschemata: Normalität heißt hier Normalität einer besonderen Perspektive; Geltung heißt hier Geltung für einen bestimmten Kontext; Typik heißt hier Typik einer begrenzten Erfahrung. Die subjektiv wie intersubjektiv befriedigende Sinnhaftigkeit einer kleinen sozialen Lebens-Welt korrespondiert hochgradig damit, dass die in ihr gültigen Problemlösungsmuster eben nicht, zumindest nicht fraglos, auf andere Lebensbereiche übertragbar sind, dass sie eben keinen Generalplan für die Bewältigung der Gesamtbiographie in der Moderne bereitstellen, auch wenn die ideologischen Experten vieler Zweckformationen und Interessengruppierungen einen solchen Anspruch artikulieren. Die intersubjektiv gewußten „Zwecke" kleiner sozialer Lebens-Welten konstituieren sich im individuellen Bewußtsein als temporäre thematische Kerne, die — unter anderem — den individuellen Lebensvollzug strukturieren. Der Sinn der je aktuellen Partizipation konstituiert sich in der vergleichenden Erinnerung an frühere — gleiche, ähnliche, andere und ganz andere — Partizipationen bzw. Partizipation-"Typen". Aktuelle Erfahrungen gewinnen Sinn durch den Rückgriff auf den biographisch erhandelten subjektiven Wissensvorrat, der natürlich vor allem einen individuellen Ausschnitt aus dem jeweils verfügbaren sozialen Wissensvorrat darstellt. Die Komplexität aktuellen Erlebens wird so situativ reduziert auf Modifikationen typischer Erfahrungsschemata und auf mehr oder minder „selbstverständliche" Anwendungen dieser Erfahrungsschemata.

Unter kleinen sozialen Lebens-Welten verstehen wir also einen sozial vordefinierten, intersubjektiv gültigen, zweckbezogenen Ausschnitt aus der alltäglichen Lebenswelt, der subjektiv als Zeit-Raum der Teilhabe an einem besonderen Sinnsystem erfahren und im Tages- und Lebenslauf aufgesucht, durchschritten oder auch nur gestreift wird. Kleine soziale Lebens-Welten lassen sich auch verstehen als durch Interpretation eigener Lebensplanung motivierte, thematisch begrenzte Relevanzsysteme sozialen Handelns. Kleine soziale Lebens-Welten reihen sich im Bewusstseinsstrom aneinander. Jede kleine Lebens-Welt dauert im Zeit-Erleben und synchronisiert zugleich unseren Bewusstseinsstrom mit den Bewusstseinsströmen Anderer. Kleine Lebens-Welten strukturieren die erlebte Zeit und koordinieren sie — unter Rückgriff auf physikalische Zeiteinteilungen — mit der kommunikativ konstruierten sozialen Zeit (vgl. Luckmann, 1986). Kleine Lebens-Welten stellen mithin so etwas wie typisch wiederkehrende Zeit-Einheiten dar. Anders ausgedrückt: Sie sind Teilzeit-Perspektiven im Insgesamt subjektiver Welterfahrung in der Moderne.

Die kleine soziale Lebens-Welt also eines wie auch immer identifizierbaren sozialen Typus ist ganz einfach die Welt, wie er sie typischerweise erfährt bzw. die Welt, wenn wir sie aus der Perspektive dieses Typs unter Zugrundelegung seines Relevanzsystems betrachten. Dahinter steckt also die Behauptung, dass man; wenn man sich als „was auch immer", versteht, nicht nur und nicht ständig die Welt als ein solcher „was auch immer" erfährt, erleidet, erhandelt, weil es in der modernen Gesellschaft niemandem gelingt, ständig nach dem gleichen Prinzip zu leben. Gleichwohl kann natürlich ein Lebensprinzip, eine Lebensform zum Zentrum des Selbstverständnisses, zum Kern der persönlichen Identität, zum „Heimathafen" eines modernen Menschen werden — und wird es in der Regel auch (z. B. Katholik sein, Intellektueller sein, Kritisch-Alternativer sein, Lesbe sein, Vater sein, eventuell sogar: Soziologe sein usw.).

Wenn wir uns für irgendeine kleine soziale Lebens-Welt interessieren, dann, um es nochmals zu sagen, interessieren wir uns dafür, wie man, wenn man sich als „was auch immer" versteht, die Welt erfährt. Der wesentliche Unterschied zwischen dem lebensweltlichen Ansatz und anderen, korrespondierenden soziologischen Ansätzen (wie etwa Lebensstil-, Milieu-, Mentalitäts-, Subkultur-Ansätzen u. ä.) besteht also darin, dass mit dem lebensweltlichen Ansatz essentiell (und eben nicht nur sozusagen „illustrativ") ein radikaler Perspektivenwechsel verbunden ist vom Relevanzsystem des Normalsoziologen weg und hin zum Relevanzsystem dessen, dessen Lebenswelt beschrieben, rekonstruiert und, wenn möglich, verstanden werden soll. Der lebensweltliche Ansatz ist also keine — sozusagen nochmals kleingearbeitete — Milieuforschung. Aber viele der Studien, die seit ein paar Jahren unter dem Mode-Etikett „Lebenswelt" firmieren, sind nichts anderes als Milieu-Studien. Denn die meisten dieser Studien vernachlässigen völlig die erkenntnistheoretischen Implikationen des phänomenologischen Begriffs der „Lebenswelt" — und damit natürlich auch die daraus folgenden Konsequenzen. (Beigetragen zu diesem grassierenden Missverständnis des Ansatzes hat sicherlich nicht zum wenigsten die Begriffsverwirkung, die Jürgen Habermas [19811 mit seiner „System-und-Lebenswelt"-Denkfigur gestiftet hat, die auf einer fulminanten Fehlinterpretation der Husserlschen Idee basiert — auf die sich zu stützen Habermas ja betont.). Dagegen ist u. E. immer wieder darauf hinzuweisen, dass die Lebenswelt nichts anderes ist als „die Welt, wie sie sich in der vortheoretischen Erfahrung konstituiert", und dass eine kleine soziale Lebens-Welt ein nach bestimmten transsubjektiven Relevanzen vororganisierter, teilzeitlicher Ausschnitt aus der Lebenswelt ist. „Klein" ist eine solche Lebens-Welt also nicht etwa deshalb, weil sie grundsätzlich nur kleine Räume beträfe oder nur aus wenigen Mitgliedern bestünde. (Das „klein" betrifft nicht diese Dimensionen.) „Klein" nennen wir eine kleine soziale Lebens-Welt deshalb, weil in ihr die Komplexität möglicher Relevanzen reduziert ist auf ein bestimmtes Relevanzsystem. „Sozial „nennen wir eine kleine soziale Lebens-Welt deshalb, weil dieses Relevanzsystem intersubjektiv verbindlich ist für gelingende Partizipationen.

Wenn wir uns einem sozialen Typus mit lebensweltlichem Interesse nähern, dann müssen wir zunächst einmal die vom Normalsoziologen typischerweise als so bedeutsam erachteten Fragen ausklammern und statt dessen fragen, was denn dem Handelnden — als einem Typus — wichtig ist, was er als „seine Welt" erfährt. Und erst von seinen Wichtigkeiten aus fragen wir dann nach möglichst genauen Informationen über das, was ihm wichtig ist— und wir fragen eventuell, wie es kommt, dass ihm anderes unwichtig ist. So gewinnen wir mit dem lebensweltlichen Ansatz die Welt, wie die Menschen sie erfahren, statt der Welt, wie sie nach Meinung der Soziologen aussieht. (Die Welt des Soziologen kann selbstverständlich ebenfalls von Interesse sein, aber dann eben als Welt des Soziologen — und nicht als scheinbar „objektive" Welt.)

Ein solcher Forschungsansatz lässt sich natürlich abstrakt und allgemein relativ einfach formulieren. Und er lässt sich auch abstrakt und allgemein relativ einfach in andere Forschungsprogramme einbauen bzw. mit anderen Forschungsprogrammen verbinden. Forschungspraktisch aber ist er mit einer Reihe von Grundsatz- und einer Vielzahl von Detailproblemen verbunden. Lebensweltforschung ist explorative (erkundende) und investigative (nachspürende) Forschung — und zwar prinzipiell. Der Versuch, Welt bzw. Welten zu rekonstruieren, erfordert idealerweise einen sozusagen „ganzheitlichen" Datenkonstitutionsprozess. Und dieser erfordert den Einsatz möglichst vielfältiger Methoden, deren Qualitätskriterium darin besteht, ob bzw. in welchem Maße sie geeignet sind, die Relevanzen des Anderen aufzuspüren und zu rekonstruieren. Und die Analyse der Daten erfordert sorgsame, hermeneutisch reflektierte Interpretationsarbeit, um jenseits der Idiosynchrasien des Anderen wie des Forschers Typen von Welterfahrungen zu verstehen.

Wenn wir mithin von „lebensweltlicher Ethnographie" sprechen, dann meinen wir ein Forschungsverfahren, das verschiedene Möglichkeiten der Datenerhebung zu integrieren und eine Reihe von je spezifisch sich eignenden Methoden zu applizieren sucht. Unverzichtbar dafür, dass wir von einer lebensweltlichen Ethnographie sprechen können, erscheint uns der Erwerb der praktischen Mitgliedschaft an dem Geschehen, das erforscht werden soll, also der Gewinn einer existenziellen Innensicht. Unverzichtbar dafür, dass wir von einer lebensweltlichen Ethnographie sprechen können, erscheint uns auch, dass wir das Geschehen zunächst aus der Perspektive des Augenzeugen und Insiders beschreiben, unsere Kommentare daraufhin überprüfen, auf welche Relevanzsysteme sie sich jeweils beziehen, und unsere Analysen als Produkte einer theoretischen Einstellung reflektieren. Eine solche lebensweltliche Ethnographie ist unseres Erachtens der „Königsweg“ der verstehenden Rekonstruktion kleiner sozialer Lebens-Welten. Und die Auffassung, dass es sinnvoll und notwendig sei, sich soziologisch mit dem Phänomen der kleinen Lebens-Welten zu beschäftigen, korrespondiert, wie wir angedeutet haben, mit einer Theorie des Verhältnisses von Individuum und Gesellschaft in der Moderne, die selber wiederum der phänomenologischen Konstitutionsanalyse verpflichtet ist.

Sein konkretes Hier-und-Jetzt ist für jedes Subjekt das Zentrum seiner alltäglichen Lebenswelt. Selbsterfahrung ist eine primordiale, nur dem Subjekt zugängliche Sphäre. Von diesem Zentrum aus erstrecken sich räumliche, zeitliche und soziale Zonen, geordnet aufgrund subjektiver Relevanzen und korrespondierend mit individuellen Interessen. Die Lebenswelt setzt sich zusammen aus aktuellen Erfahrungen und aus Sedimenten früherer Erfahrungen sowie aus mehr oder minder genauen Erwartungen zukünftig möglicher Erfahrungen. Die Lebenswelt des Subjekts ist notwendigerweise „offen“ und damit auch erweiterungsfähig. Sie ist sinnhaft und damit per se auch „bewusst“. Nicht Teil des selbstverständlichen lebensweltlichen Wissens hingegen ist das Wissen um die Strukturen der Lebenswelt. Aber jenseits alltäglicher Selbstverständlichkeiten, Fraglosigkeiten und Routinen gehören auch diese Sinnstrukturen zu den „möglichen Erfahrungen“. Nur bedarf es eben besonderer Motive, um sie subjektiv soweit relevant erscheinen zu lassen, dass eine Zuwendung zu diesem Thema erfolgt. Aber auch wenn das Subjekt die Frage nach den Strukturen seiner Lebenswelt stellt, bleibt es normalerweise das Zentrum aller, eben auch dieser Erfahrung. Es bleibt „in Situation“, besorgt, zumeist auch praktisch interessiert. Alfred Schütz zufolge aber gibt es eine besondere Einstellung, in der das Subjekt — metaphorisch gesprochen — aus diesem Zentrum heraustritt, sich der Lebenswelt gleichsam ex-zentrisch zuwendet. Diese Einstellung ist die theoretische, die insbesondere der wissenschaftlichen Subsinnwelt eignet (vgl. Schütz, 1971: 136-161).

Wissenschaft treiben jedoch heißt für Schütz, kognitiv herauszuspringen aus der existenziellen Sorge und pragmatisch völlig desinteressiert in rein theoretischer Anschauung einsam zu reflektieren. Und gerade dieses Postulat wird u. E. oft fehlinterpretiert dahingehend, dass nicht nur die Daten-Analyse, sondern auch die Daten-Gewinnung im Feld selber gleichsam aus einer „weltlosen“ Position heraus erfolgen können oder gar erfolgen solle. Einer solchen Auffassung steht jedoch eindeutig das Schütz‘sche Diktum entgegen, dass der Wissenschaftler sich niemals in einer sozialen Umwelt befindet, dass er es niemals mit konkreten lebenden anderen Menschen zu tun hat, sondern mit Homunculi in einer Modellwelt, die er aus den vorinterpretierten Daten von Vor- und Mitwelten sekundär konstruiert (vgl. Schütz, 1971: 3-54). Solange der Sozialwissenschaftler also empirisch arbeitet, solange er Daten selber sammelt, kann es keineswegs eine übergeordnete, sozusagen

„objektive" Perspektive beanspruchen, so lange handelt er vielmehr selber praktisch in einer sozialen Umwelt, muss er seinen konkreten Standpunkt als Teilnehmer am sozialen Geschehen mitreflektieren und Rechenschaft darüber ablegen, wie und wo er selber als „Beobachter" im Geflecht sozialer Beziehungen zu verorten ist.

In dem Maße also, in dem die Lebenswelt des Anderen zum Gegenstand des wissenschaftlichen Interesses wird, wird das Problem methodologisch virulent, inwieweit und wie es gelingen kann, die Welt mit den Augen des Anderen zu sehen, seinen subjektiv gemeinten Sinn seiner Erfahrungen zu rekonstruieren. Schütz (1971: 160) vertraut dabei darauf, dass der Wissenschaftler „in offensichtlicher Übereinstimmung mit ganz bestimmten Strukturgesetzen die jeweils gemäßen, idealen personalen Typen, mit denen er den zum Gegenstand seiner wissenschaftlichen Untersuchung ausgewählten Sektor der Sozialwelt bevölkert", konstruieren kann. Dies betrifft aber erst die Transformation und Reflexion von Daten, nicht die Gewinnung von Daten. Sozialwissenschaftliches Verstehen als Rekonstruktion des typisch gemeinten Sinnes, den ein Anderer mit seinen Erfahrungen verbindet, setzt eo ipso eine Forschungspraxis voraus, die sich nicht „naiv" darauf beschränkt, zu erfassen, was das Tun des Einen für den Anderen oder für einen Dritten, einen neutralen Beobachter, bedeutet. Der Anspruch, zu verstehen, erfordert vom Sozialforscher vielmehr, sich die Perspektive dessen, den er zu verstehen trachtet, anzueignen — was aufgrund der prinzipiellen Unzugänglichkeit des fremden Bewusstseins eben bestenfalls „typisch" gelingen kann (vgl. Schütz, 1971: 55-76).

Die Frage, die man sich stellen muss, ist also, ob lebensweltliche Forschung überhaupt das „bringt", was einen interessiert, wenn man sich mit irgend einem sozialen Phänomen beschäftigt. Ob man tatsächlich wissen will, wie es von innen, in der Welt des Anderen also, erscheint, oder ob man sich nicht eigentlich viel mehr dafür interessiert, wie dieses Phänomen von außen aussieht, welche „Erklärungen" es z. B. für sein Vorhandensein gibt, wie es sich auszählen, vermessen, herleiten, einordnen lässt; kurz: Wie es sozialtechnologisch in den Griff zu bekommen ist (wenn es denn überhaupt der Mühe wert sein sollte, sich damit zu befassen).

Literatur

Berger, Peter L. & Luckmann, Thomas (1966). The Social Construction of Reality. New York: Garden City, deutsch: Die gesellschaftliche Konstruktion der Wirklichkeit, 1969, Frankfurt/M.: Fischer

Goffman, Erving (1974). Frame Analysis. New York: Haper & Row

Habermas, Jürgen (1981). Theorie des kommunikativen Handelns. Bd. 2. Frankfurt/M: Suhrkamp

Husserl, Edmund (1954). Die Krisis der europäischen Wissenschaften und die transzendentale Phänomenologie. Den Haag: Nijhoff

James, William (1893). Principles of Psychology. Bd. II. New York: Henry Holt and Company

Luckmann, Benita (1970). The Small Life-Worlds of Modern Man. In: Social Research Vol 37, pp. 580-596

Luckmann, Thomas (1986). Zeit und Identität: Innere, soziale und historische Zeit. In: Fürstenberg, F. & Mörth, I. (Hrsg.). Zeit als Strukturelement von Lebenswelt und Gesellschaft. Linz: Trauner, S. 135-174

Schütz, Alfred (1945). On Multiple Realities. In: Philosophy and Phenomenological Research 5, pp. 533-576

Schütz, Alfred (1971). Gesammelte Aufsätze. Bd. 1. Den Haag: Nijhoff

Schütz, Alfred & Luckmann, Thomas (1979/1984). Strukturen der Lebenswelt, Bd. 1 und Bd. 2. Frankfurt/M: Suhrkamp

Simmel, Georg (1908). Die Kreuzung sozialer Kreise. In: Ders. Soziologie, S. 305-344. Berlin: Duncker & Humblot

Die lebensweltliche Grundlegung Interkultureller Hochschulbildung

Eine ethnographisch hermeneutische Untersuchungsstrategie

Norbert Schröer und Richard Bettmann

Zusammenfassung

Mit der Zunahme der Internationalisierung an den deutschen Hochschulen zeichnet sich ein Bedeutungszuwachs für die Interkulturalität im Hochschulalltag und in der Hochschulbildung ab. Im einschlägigen Diskurs bleibt die von den Beteiligten in Anbetracht vorgegebener gesellschaftlicher, organisationaler, kultureller Rahmenbedingungen auszuhandelnde komplexe lebensweltliche Pragmatik einer interkulturellen Hochschulbildung, von der die didaktischen Maßnahmen und andere Codes of Conducts im Bildungsalltag erst ihre spezifische Bedeutung erhalten, weitgehend unberücksichtigt. Wir betrachten den zwischenmenschlichen Raum, in dem sich interkulturelle Hochschulbildung ereignet, als eine von allen Beteiligten auszuhandelnde „small social life world" (Luckmann 1970), die dann eben diese Hochschulbildung ausmacht und die den didaktischen Konzepten im engeren Sinne erst ihre Bedeutung verleiht. Im Mittelpunkt unseres Interesses steht die Frage, aus welchen interaktiven Zusammenhängen sich für die interkulturellen Studiengruppen welche gruppen- bzw. lebensweltkonstitutiven und orientierenden Relevanzen des Bildungsprozesses entwickeln. In einer ethnographischen Studie möchten wir in Erfahrung bringen, welche Form der Hochschulbildung sich aus welcher Kleinen sozialen Lebens-Welt in Anbetracht welcher Problemlagen wie durchsetzt, um so sensibilisiert später zu verfeinerten Konzepten von interkultureller Hochschulbildung und -didaktik gelangen zu können. In diesem Sinne ist unser lebensweltbezogener Untersuchungsansatz handlungsanalytisch grundlagentheoretisch, aber eben auch praxisorientiert angelegt.

1 Der Internationalisierungsprozess an den deutschen Hochschulen – ein kommentierter Literaturbericht

Der Internationalisierungsprozess an den deutschen Hochschulen führte wie gewünscht zu einer steigenden Zahl ausländischer Studierender. Im Wintersemester 2009/2010 haben ca. 245.000 ausländische Studierende (hier i. S. von Bildungsausländern) an einer der 210 deutschen Hochschulen studiert. Das entsprach seinerzeit etwa 12 % aller Studierenden (Isserstedt/ Kandulla 2011). Und auch neuere Erhebungen zeigen, dass der Anteil internationaler Studierender an den deutschen Hochschulen sukzessiv zunimmt (siehe Statistisches Bundesamt 2014). Diese Entwicklungen lassen vermuten, dass durch die Internationalisierung ein Bedeutungszuwachs für die interkulturellen Aspekte innerhalb des Studienbetriebes im Besonderen (Bosse 2014; Otten 2006; Jude/ Ryan 2005) und für die Hochschulforschung im Allgemeinen zu verzeichnen ist (Bauschke-Urban 2010; Teichler 2008).

Im Nachgang zu der steigenden Internationalisierung der Studierendenschaft wird, auch im Zuge des Bologna-Prozesses, zur „Internationalisierung von Lehre und Forschung" geraten (Leenen/ Groß 2009: 185; Bauschke-Urban 2005; Wissenschaftliche Kommission Niedersachsen 2002; Fraunhofer Institut 2000; Wissenschaftsrat 2000)[1]. Hinter der Internationalisierung stehen seit den 1980er Jahren jeweils die Bemühungen, die Strukturen der Hochschule(n) an die weltgesellschaftlichen Globalisierungsbedingungen anzupassen (Knight 2012: 27; Leenen/ Groß 2009; Teichler 1994) und eine sogenannte ‚bolognagerechte Hochschullehre' zu entwickeln (Ertel/ Wehr 2007)[2]. Konkret werden damit die Bemühungen verbunden, die curriculare Ausrichtung der Studiengänge zunehmend interkulturell zu rahmen, den gesamten Studienbetrieb zu internationalisieren (Leszczensky/ Barthelmes 2011; Knight 2004: 11).

Die Entscheidung über die Ausrichtung und den Erfolg von Internationalisierungsprozessen und von interkultureller Hochschulbildung in den Hochschulen fällt aber letztlich im interkulturell interaktiven Zusammenspiel aller Beteiligten im Seminarbetrieb und im studentischen Alltag um den Seminarbetrieb herum. Fraglich ist also, wie sich der Internationalisierungsprozess auf die Studierenden (Petrow 2013) und auf die Lehrenden auswirkt (Williams 2011; Teekens 2000) und

---

1 Entsprechend bietet auch die Hochschulrektorenkonferenz seit 2009 im Rahmen des vom Bundesministerium für Bildung und Forschung (BMBF) geförderten Audits „Internationalisierung der Hochschulen" den Hochschulen als Dienstleister an, „[…] ihr spezifisches internationales Profil herauszuarbeiten und weiterzuentwickeln" (HRK. Siehe unter: http://www.hrk.de/audit/audit/konzept).

2 Für einen umfassenden Einblick in die Risiken und Nebenwirkungen des Bologna-Prozesses siehe Bührmann (2008).

wie auch allgemein seitens der Hochschule mit dem sich veränderten Lehr- und Lernkontext umgegangen werden soll (Leszczensky/ Barthelmes 2011a). Denn letztlich trägt das ganzheitliche internationale und interkulturelle Zusammenspiel innerhalb einer Hochschule den Internationalisierungs- und Bildungsprozess – und dieses Zusammenspiel stellt sich für alle Beteiligten als Aushandlungsherausforderung dar (Hahn 2004).

In den Blick geraten so (a) strukturelle Brüche einer interkulturellen Hochschulbildung in Anbetracht derer es zu Verunsicherungen bei allen Beteiligten und auf allen Ebenen der Hochschule kommen kann, (b) die Erforderlichkeit von Lernsituationsaushandlungen zur Schaffung eines situativen und organisationalen Rahmens, in dem interkulturelle Hochschulbildung möglich wird, und (c) die ineinandergreifenden Aushandlungsräume: Seminare, unterschiedliche Organisationsebenen, private Lebensräume. In welcher Form auch immer: Mit den strukturell auferlegten Aushandlungen kreieren die beteiligten Akteure eine spezifisch ganzheitliche Lebenswelt, von der der interkulturelle Bildungsprozess dann getragen wird und die diesen Prozess zugleich ausmacht. Entsprechend versuchen die Hochschulen auf verschiedenen Ebenen in die Gestaltung dieser sich entwickelnden ‚sozialen Lebenswelt' einzugreifen.

1.1 Die lokale Reaktion der Hochschulen auf die zunehmende Internationalisierung: Hochschulentwicklungspolitische Programme

Häufig werden zur besseren Integration der ausländischen Studierenden in den neuen lokalen Lebenskontext entsprechende Integrations- bzw. lokale Internationalisierungsprogramme eingesetzt. Anvisierte Probleme, deren Auftreten mit der zunehmenden Interkulturalisierung des Hochschulbetriebes zu erwarten sind, begegnet man dann nicht selten über projektförmige Arrangements. Um z. B. die Integration der ausländischen Studierenden zu fördern, hat der Deutsche Akademische Austauschdienst (DAAD) mit Mitteln des Bundesministeriums für Bildung und Forschung das „Programm zur Förderung der Integration ausländischer Studierender" (PROFIN) ins Leben gerufen. Die in diesem Programmbereich geförderten Projekte befassen sich u. a. mit Fragen und Maßnahmen zur Qualifizierung für interkulturelle Kommunikation in Lehre und Beratung (Bosse 2011), mit Fragen zur kollegialen Kompetenzvernetzung und zur interkulturellen Weiterbildung des gesamten Hochschulpersonals (Otten 2011), mit der Vorbereitung ausländischer Studienabsolventen auf den deutschen Arbeitsmarkt und mit der Integration ausländischer Studierender in die Fakultäten (Pehle 2011) sowie mit dem Einsatz von

Diversity Konzepten im Kontext der Hochschule und entsprechenden Maßnahmen zur konstruktiven Nutzung von Vielfalt im Hochschulalltag (v. d. Heide 2011; Iken 2013)[3]. Festzustellen ist, dass im Nachgang zu den Internationalisierungsbemühungen in vielen hochschulpolitischen Stellungnahmen und Projekten (wie z. B. PROFIN) die ‚interkulturelle Öffnung' der Hochschule mit dem übergeordneten Ziel gefordert wird, Integrationshürden zu beseitigen und den Studienerfolg der internationalen und der einheimischen Studierenden gerade unter den zunehmend interkulturellen Studienbedingungen zu sichern (Crowther et al. 2000; Vanderheiden/Mayer 2014).

Parallel zu der angerissenen, politisch forcierten Internationalisierung der Hochschulen wurde unter der Federführung der European Association for International Education (EAIE) ein programmatischer Ansatz zur interkulturellen Öffnung der Hochschulen ausgearbeitet, der mittlerweile ziemlich populär geworden ist: ‚Internationalisation at Home (IaH)' (Crowther et al. 2000). Ihm fühlen sich fast alle nordeuropäischen und dort insbesondere viele der belgischen und niederländischen Hochschulen verpflichtet (Leenen/ Groß 2009: 188). Dieses Programm orientiert eine Vielzahl von Projekten, die darauf ausgerichtet sind, die ‚lokale' internationale und interkulturelle Öffnung der Hochschulen voranzutreiben und das durch die Internationalisierung entstehende interkulturelle Bildungsklima lokal zu nutzen (siehe dazu exemplarisch die Universität Duisburg-Essen[4] oder auch die Maßnahmen an der Westfälischen Wilhelms-Universität Münster[5]). Dabei soll allen (eben auch den einheimischen) Hochschulmitgliedern die Möglichkeit geboten werden, internationale und interkulturelle Erfahrungen im Kontext der Hochschule zu sammeln. In diesem Sinne steht der Diskurs um IaH im Zusammenhang mit den allgemeinen akademischen Internationalisierungsbemühungen um eine diversitätssensible und bildungsgerechte Hochschulpolitik.[6] Denn der Anlass für diese Programme ist in vielen Fällen die unzureichende Integration ausländischer Studierender in den Alltag und die Ablaufroutinen des gesamten Hochschulbetriebes (Heublein et al. 2007). Betont wird auch, dass viele Internationalisierungsbemühungen innerhalb der Hochschule im Wesentlichen wegen eines Mangels an ‚positiver' Interaktion zwischen ausländischen und einheimischen Studierenden scheitern würden (Kimmel/ Volet 2012, Kim 2009; Cathcart/ Hal, 2006; Otten 2003: 14). Die Hochschule müsse sich als vorrangig multikultureller

---

3 Alle Projekte können eingesehen werden unter DAAD (2014). https://www.daad.de/hochschulen/betreuung/profin/10190.de.html.

4 https://www.uni-due.de/international/iah.shtml

5 http://www.uni-muenster.de/international/internationalisierung/athome/index.html

6 Siehe dazu exemplarisch das MIGMENTO-Projekt der Goethe Universität Frankfurt a. M.

Organisationstyp hin zu einem interkulturellen Organisationstyp wandeln, in dem Diversität gewollt und geschätzt wird, verschiedene Kulturen ‚selbstverständlich' nebeneinander existieren und interkultureller Austausch und Kooperation explizit gewollt sind (Leenen/ Groß 2009: 190).

Im Zuge der angedeuteten Interkulturalisierung des Hochschulbetriebes rückte dann auch die interkulturelle Lehre, das Lehren und Lernen in einer zunehmend interkulturellen Hochschule (Knapp/ Schumann 2008; Kammhuber 2000) vermehrt in den Fokus der Hochschulentwicklungsarbeit. Mit der Verbreitung entsprechender Ratgeberliteratur, einer reflexiven Anwendungsdidaktik und der Entwicklung spezifischer didaktischer Verfahren war und ist das Ziel verbunden, Lösungen für die organisationskulturellen Belastungen zu finden (Groß/ Leenen 2009), die mit der Internationalisierung auch im Rahmen der Lehre auftreten können.

1.2 Ratgeberliteratur und reflexive Anwendungsdidaktik

So kam es als Reaktion auf die zunehmende Internationalisierung des Lehrbetriebes zunächst zu einem beträchtlichen Anstieg entsprechender Ratgeberliteratur. Das gesamte Arsenal an Ratgebern zum Umgang mit internationalen Studierenden bzw. mit hochgradig heterogenen Studierendengruppen ist kaum noch wirklich zu überschauen (e.g. Gmainer-Pranzl/Gruber 2012; Esser 2010; Erl/Gymnich 2010; v. Queis 2009; Jude/Ryan 2005. Zur interkulturellen Gruppenarbeit siehe das Handbuch von Fischer et. al 2007). Viele der Ratgeber liefern ein erfahrungsbasiertes Rezeptwissen für die Handhabung entsprechender Probleme. Dabei gehen viele der Autoren davon aus, dass ausländische Studierende Verhaltensweisen und Bildungserfahrungen mitbringen, die in einem erheblichen Maße inkompatibel sind mit den akademischen Standards in Deutschland (v. Queis 2009). Des Weiteren wird argumentiert, dass viele der ausländischen Studierenden für ein wissenschaftliches Studium, wie es in Deutschland gefordert wird, nicht angemessen vorbereitet sind und dass viele der Lehrenden im Umgang mit den zunehmend internationalen und interkulturellen Strukturen im Nachgang zu den Internationalisierungsbemühungen überfordert seien. Vor einem humanistischen Hintergrund fordert z. B. v. Queis, dass die Probleme, die mit diesen Entwicklungen aufkommen, nur angemessen gelöst werden können, wenn alle Teilnehmer/innen die Andersartigkeit des jeweils anderen anerkennen und lernen, aufkommende Konflikte und Phasen des Nichtverstehens auszuhalten (v. Queis 2009). Es werden Empfehlungen für die didaktische Vorgehensweise des Dozenten (dazu auch Behrendt 2006) und die von ihm zu tragende Internationalisierung der Lehre gegeben (Tange/Jensen 2012; Sanderson 2008). Genauso werden die Möglichkeiten zur Verbesserung von

Gruppenarbeiten diskutiert (Wörner 2007), sowie Verfahren fürs Coaching und für die Supervision (Klinkhammer 2007). Angesprochen sind auch Verfahren einer kultursensitiven Beratung in der Arbeit und Begegnung mit ausländischen Studierenden im Kontext der Hochschullehre (Esser 2010). Darüber hinaus findet sich Literatur, die sich explizit mit dem Lehren und Lernen im interkulturellen Kontext befasst (Flechsig 1998) und didaktische Modelle zum Umgang mit heterogenen Gruppen vorschlägt (Flechsig 1998a).

Neben der auf praktische Empfehlungen angelegten Ratgeberliteratur bildet sich derzeit eine stärker reflexiv orientierte Anwendungsdidakitk heraus. Es werden critical incidents herausgestellt (Schumann 2012), an denen exemplarisch vorgeführt wird, vor welchen Problemen Lehrende in der Konfrontation mit internationalen Studierenden stehen und wie ggf. auftretende Probleme gehandhabt werden können (Böss-Ostendorf/ Senft 2011). Matthias Otten und seine Kollegen gehen noch einen Schritt weiter. Mit den von ihnen entwickelten didaktischen Trainingsfilmen bemühen sie sich darum, ein Hinterfragen der gängigen Topoi, Bilder und Ideale einer gelebten ‚Interkulturellen Hochschulwelt' zu provozieren und bei den Beteiligten eigenständige Reflexionen und Lösungsausarbeitungen anzuregen.[7]

1.3 Didaktische Verfahren zur interkulturellen Hochschulbildung

Neben den praxeologischen Handlungsempfehlungen der Ratgeberliteratur hat sich mittlerweile eine wissenschaftlich fundierte Didaktik zur interkulturellen Hochschulbildung etabliert, die sich zum Teil an Konzepten zur interkulturellen Pädagogik ausrichtet und orientiert (Nohl 2010; Auernheimer 2007). Mit ihr wird betont, dass eine konsequente Umsetzung der lokalen Internationalisierungsstrategien nicht ohne die Ausbildung interkultureller Kompetenzen und einer interkulturellen Sensibilität gelingen kann (Schumann 2014; siehe auch Golle/ Hellermann 2003; Thomas 2011; 2003). Hier sei die Bereitstellung didaktischer Verfahrensvorschläge für alle Hochschulangehörigen unabdingbar (der Stand der Diskussion ist gut begründet vorgestellt in Hiller/ Vogler-Lipp 2010 und Weidemann/ Straub/ Nothnagel 2010). Das Erlernen und die Anwendung interkultureller Kompetenzen

7 Siehe dazu das Projekt iCommposer unter der Leitung von Matthias Otten an der TH Köln, einzusehen einzusehen unter: http://www.kopf.ik-bildung.fh-koeln.de/content/e69/e1652/index_ger.html. Der dort vertretende Ansatz weist erhebliche Ähnlichkeiten mit den Untersuchungen auf, die international unter dem Label ‚Scholarship for Teaching and Learning' (SoTL) durchgeführt werden (siehe dazu exemplarisch Becker/ Andrews 2011; Hutchings et al. 2011; Murray 2008; Hatch 2006).

wird dabei als Schlüsselqualifikation angesehen, um diese Handlungsauflagen umsetzen zu können (Hiller 2010). Vorgeschlagen werden u. a. konzeptionelle Verfahren zur Durchführung interkultureller Trainings (Bosse 2010), die Ausbildung studentischer Integrationscoaches (Dietz 2010), sowie eine Reihe interaktiver Verfahren zur Steigerung der Kohäsion in interkulturellen Studierendengruppen, die im Diskurs wiederum unterteilt werden in Kennenlern- Kooperations- und Kommunikationstrainings (siehe dazu exemplarisch Skoczylas 2010; Oberbek 2010; Blaszcyk 2010). Als interaktive Verfahren zur Unterstützung des interkulturellen Lehrens und Lernens wurden auch Verfahren der Gruppendiskussion ausgearbeitet (e.g. Otto 2010), aber auch Gruppen- und Bewegungsspiele thematisiert (Toczyska 2010; Dreke 2010). Pointiert hervorgehoben werden in diesem Diskursfeld auch die Unterschiede zwischen selbstreflexiven (Vogler-Lipp 2010a; Dommasch/ Grigorova/ Zöller 2010), produktionsorientierten (e.g. Gerstenberg 2010; Jutte 2010; Fuchs 2010), analytisch fokussierten (Malchow 2010), meditativen (Köster 2010; 2010a; Nikonorova 2010) und simulativen Verfahren in Form von Rollen- (Melder 2010) und Simulationsspielen (Jenek 2010; Wozniak 2010). Ziel der Maßnahmen ist es, mittels bestimmter didaktischer Konzepte die Klärung von Differenzkonstruktionen und Lernbedürfnissen als Sensibilisierungsmaßnahme für interkulturelle Handlungsproblematiken herbeizuführen, bevor dann im Rahmen dieser Trainings Wahrnehmungsdifferenzierungen und ihre Transferleistungen thematisiert werden, vor deren Hintergrund sich dann Handlungsperspektiven für einen interkulturellen Studienalltag formulieren lassen (Bosse 2014).

Die entsprechenden Vermittlungsmethoden zur Ausbildung interkultureller Kompetenz (geordnet und übersichtlich aufgeführt in Weidemann et al. 2010) reichen von Lehrfilmen (Bauer 2010), Planspielen und Computersimulationen (Strohschneider 2010), über thematisch fokussierte Lehrforschung (Weidemann 2010) bis hin zu einem gezielten Fremdsprachenunterricht (Thielmann 2010). Die didaktisch-methodische Trainingsgestaltung orientiert sich dabei an den Prinzipien einer interkulturellen Lernumgebung (Kammhuber 2010) und an dem humanistischen Ideal der Gleichheit und der Politik der Anerkennung (Taylor 1997).

2 Die forschungsleitende Fragestellung

Die vorgestellten Konzepte stellen Verfahren bereit, mit denen die neuen Herausforderungen einer sich mit der Internationalisierung herausbildenden interkulturellen Lehr-und Lernwelt Hochschule lokal-integrativ angegangen werden können. Den Lehrenden sind so hergeleitet von den fachrelevanten Grundlagentheorien

(Bertels/ Bußmann 2013; Schumann 2012; Küchler 2007; Ertel/ Wehr 2007), situationsneutrale Verfahren des interkulturellen Lernens oder pragmatische Lösungen zu spezifischen Problemen des interkulturellen Hochschulalltags und der interkulturellen Lernsituation (z. B. Macke et al. 2012; Böss-Ostendorf/ Senf 2011) an die Hand gegeben. *Damit bleibt allerdings die einleitend angedeutete und von den Beteiligten auszuhandelnde komplexe lebensweltliche Pragmatik einer interkulturellen Hochschulbildung, von der her die didaktischen Maßnahmen und andere Codes of Conducts in situ erst ihre Bedeutung erhalten, weitgehend unbeachtet.* Hier würden wir unsere Untersuchung ansetzen. Wir möchten mit einer hermeneutisch – ethnographischen – Fallbeschreibung zur lebensweltlichen Pragmatik Interkultureller Hochschulbildung ausloten, inwieweit dem wissenschaftlichen Diskurs zur Interkulturellen Hochschulbildung alternativ eine lebenswelt-pragmatische Grundlagenorientierung vorgeschlagen werden kann. Uns geht es um eine ‚innerinstitutionelle Form' der Hochschulforschung (Auferkorte-Michaelis 2008) im interkulturellen Lehr- und Lernkontext. Dabei betrachten wir den zwischenmenschlichen Raum, in dem interkulturelle Hochschulbildung sich ereignet, als eine unter gegebenen Bedingungen von allen Beteiligten auszuhandelnde ‚Kleine soziale Lebens-Welt', die dann eben diese Hochschulbildung fundiert und die den didaktischen Konzepten im engeren Sinne ihre Bedeutung verleiht. Es geht, so unsere Ausgangsüberlegung, um die lebensweltliche Ko-Konstruktion des Lehrens und Lernens (Schaeper 2008; Gruber/ Mandl/ Renkl 2000).

Mit der Kategorie „Kleine soziale Lebens-Welt" schließen wir an sozialtheoretische Überlegungen von Benita Luckmann und Anne Honer an. Das Konzept der „Kleinen sozialen Lebens-Welt" geht zurück auf Benita Luckmann (1970), und es wurde von Anne Honer zur Grundlegung ihres Konzepts der Lebensweltanalytische Ethnographie (LAE) aufgegriffen (1993). Verankert in der von Alfred Schütz und Thomas Luckmann begründeten mundanphänomenologischen Soziologie und im hier zentralen Konzept der alltäglichen Lebenswelt (1979, 1984), rekurrieren beide, Luckmann und Honer, auf einen fortschreitenden Grundzug moderner Gesellschaften: „In jeder dieser Sinnprovinzen herrschen eigene Relevanzen, Regeln und Routinen, mit prinzipiell auf die jeweiligen Belange beschränkter Geltung." (Honer 1993: 31) Diese Relevanzen, Regeln und Routinen bilden sich interaktiv heraus, gehen als typisch subjektiv gemeinter Sinn in die Perspektiven der Bewohner der jeweiligen Sinnprovinz ein und strukturieren von daher das miteinander Handeln, das Leben der Beteiligten, und entwickeln es weiter[8].

8 Das im Pragmatismus zu verortende Konzept der „Sozialen Welt" von Anselm Strauss (1978) entspricht weitgehend dem mundanphänomenologischen Konzept der „Kleinen sozialen Lebens-Welt". Soeffner und Zifonun heben hervor, dass beide Konzepte

Dieses Konzept der Sinn-Provinzen des Alltags, der Kleinen sozialen Lebens-Welten, eignet sich für eine Untersuchung von Prozessen interkultureller Hochschulbildung, weil mit ihm das Augenmerk auf die sich aus dem recht offenen und zunächst von Verwerfungen gekennzeichneten interkulturellen Interaktionsfeld herausbildenden und dann zugleich auf die diesen Bildungsprozess orientierenden Relevanz- und Wissensstrukturen gerichtet ist. *In den Fokus rückt so die uns leitende Frage, aus welchen interaktiven Zusammenhängen sich welche den Bildungsprozess tragenden gruppen- bzw. lebensweltkonstitutiven und orientierenden Relevanzen herausbilden und wie die sich im Bildungsprozess nutzen lassen.* In dieser Betrachtung wird das Relevanzsystem nicht von außen wie selbstverständlich und bereits in (didaktischen) Konzepten eingelassen vorgegeben, sondern aus dem Zusammenspiel der Perspektiven der zu Untersuchenden – Lehrende, Studierende, Verwaltungspersonal – heraus beschrieben. *So besteht dann über kontrastierende Fallanalysen eine Chance, typisierend und typologisch ausdifferenziert die tatsächlich die interkulturelle Hochschulbildung orientierenden Relevanzen aus dem Zusammenspiel der Akteursperspektiven zu erfassen und von diesen Relevanzen her zu beschreiben, worauf interkulturelle Hochschulbildung hinausläuft bzw. hinauslaufen kann.* Dem liegt die Idee zugrunde, dass es gerade für die interkulturelle Hochschulbildung wenig Sinn macht, diese Bildungswirklichkeit mit vorab entwickelten didaktischen Konzepten zu überziehen. *Stattdessen ist es ratsamer zu schauen, welche Form der Hochschulbildung sich aus welcher Kleinen Lebens-Welt in Anbetracht welcher Problemlagen wie durchsetzt, um so sensibilisiert reflexiv zu verfeinerten Konzepten von interkultureller Hochschulbildung und -didaktik gelangen zu können. In diesem Sinne ist unser lebensweltbezogener Untersuchungsansatz handlungsanalytisch grundlagentheoretisch, aber eben auch praxisorientiert angelegt.*

---

gleichermaßen dem Umstand Rechnung tragen, dass in modernen Gesellschaften der Bestand an gemeinsam geteiltem Wissen schwindet, Fremdheit nicht mehr so sehr ein gesellschaftliches Außen- als vielmehr ein Binnenverhältnis darstellt, das bis in die kleinen sozialen Lebens-Welten bzw. Sozialen-Welten hinein prägend ist. (Soeffner/Zifonun 2008; siehe auch Hitzler 1999) Die Sozialen Welten bilden dann die nach außen durchlässigen Aushandlungsarenen, die die Anschlussfähigkeit in der Gesellschaft enorm befördern (Soeffner 1991). Das so sich herausbildende geteilte Wissen ist dann nicht mehr so stark thematisch, sondern deutlicher methodisch: Es wird vermehrt ein Wissen ausgebildet, das anzeigt, mit welchen interaktiven Verfahren Perspektivendifferenzen ausbalanciert werden können – ein Aspekt, der gerade für die lebensweltliche Analyse interkultureller Hochschulbildung von Bedeutung sein dürfte.

3 Methodologie und Methode

3.1 Das Basisverfahren: Ethnographie

Mit unserer Untersuchung wollen wir also die Eigenheiten interkultureller Hochschulbildung (unter Globalisierungsbedingungen) aus der für sie (jeweils) typischen Lebenswelt heraus beschreiben und verstehen[9]. Diese Kleine soziale Lebens-Welt gibt dann den soziokulturellen Nährboden für eine interkulturelle Bildungswirklichkeit ab. Wir gehen davon aus, dass auch eine interkulturelle Hochschulbildung sich aus ihrem lebensweltlichen Gesamt heraus entwickelt und dass gerade sie erst von dieser Lebenswelt her zu verstehen ist.

Eine dermaßen komplexe, interaktiv verwickelte und soziokulturell divers angelegte Lebenswelt lässt sich aus den Handlungs- und Wissensperspektiven der Beteiligten nur im Rahmen einer Ethnographie adäquat beschreiben.[10] Dabei handelt es sich um einen Ansatz, der innerhalb der Hochschulforschung noch recht neu ist (Pabian 2014; Lucas 2012)[11]. Ausschlaggebend ist hier nicht einfach,

---

9 Auf das auf Alfred Schütz und Thomas Luckmann zurückgehende Lebensweltkonzept haben im Bereich der Hochschulforschung bereits Margret Bülow-Schramm und Detlef Garz zurückgegriffen. Hier ging es stärker um die lebensweltlichen Konstruktionen einzelner Studierender im Verhältnis zur Hochschulwirklichkeit. Die empirische Untersuchung wurde auf der Basis narrativer Interviews vorgenommen: Bülow-Schramm (2008); Bülow-Schramm/ Gartz (2004) Bülow-Schramm/ Gerlof (2004).

10 Breidenstein et al. 2013; Dellwing/Prus 2012; Crang/Cook 2007; Emerson et al. 1995; ; Hamersley/Atkinson 1983; Spradley 1980

11 U. W. wurden bislang für das Themengebiet der *Interkulturellen* Hochschulbildung noch keine umfassenden Ethnographien vorgestellt. Ethnographische Berichte liegen bereits für die schulischen Bildungsprozesse vor: Rabenstein et al. (2013); Helsper/ Klieme (2013); Bishop (2012); de Boer/ Reh (2012); Reh/Labede (2012); Huf/ Friebertshäuser (2012); Friebertshäuser/Langer/Richter (2010); Helsper/ Kramer et al. (2009); Heinzel et al. (2009); Breidenstein (2006); Raufelder (2006); Breidenstein/Kelle (1998). Darüber hinaus hat das European Journal of Higher Education mittlerweile ein Sonderheft zur Ethnographie innerhalb der Hochschule herausgegeben. Die Beiträge gingen aus einer Konferenz hervor, die 2013 in Prag unter dem Titel ‚Ethnographies of Higher Education' stattfand. Die in dem Journal versammelten ethnographischen Analysen u. a. von Trowler (2014); Beach/ Puaca (2014); Robinson/ Blenker (2014) befassen sich u. a. und überwiegend mit den methodologischen und theoretischen Herausforderungen der Ethnographie im Kontext der Hochschule, konzentrieren sich thematisch aber nicht – wie für unsere Untersuchung vorgesehen – auf die *lebensweltlich-interkulturellen* Interaktionsdynamiken in dieser Lehr- und Lernwelt. Für eine Übersicht über einige wichtige Ethnographien im Bereich Hochschule siehe ebenso Pabian (2014) sowie Lucas (2012). Einen ethnographischen Bericht an der Schnittstelle von Hochschul- und Genderforschung legte Agnes S. Münst vor (2002, 2008).

dass es nur dem Ethnographen aus den entsprechenden Positionierungen im Feld heraus gelingen kann, bis in die relevanten Nischen des Feldes hinein brauchbare Beschreibungs- und Transkriptionsdaten zu erheben (Reichertz 1989; Bergmann 1985). Genauso entscheidend ist, dass nur der in das Feldgeschehen involvierte Ethnograph die Möglichkeit hat, eine intime und sensible (pragmatische) Mitspielkompetenz aufzubauen, die ihm dann bei der Auswertung der erhobenen Daten eine an die Akteursperspektive anschließende, adäquate Rekonstruktion der Lebenswelt ‚Interkulturelle Hochschulbildung' gestattet (Hirschauer 2001). Von ihm, dem Feldforscher, wird kontextsensitiv eine methodenplurale Forschungsstrategie zu gestalten sein (Lüders 2000; 1995), mit der eine Rekonstruktion der Lebenswelt ‚interkulturelle Hochschulbildung' dann zwar nicht ‚an sich', aber ‚für uns' anschlussfähig möglich wird (Dammann 1991). Da eine gehaltvolle Entdeckung dieser Lebenswelt nur in einem dialogisch ethnographischen Verfahren vorstellbar ist, hat die szientistische Forschungsrationalität einer dialogischen zu weichen (Dellwing/Prus 2012; Schröer 2002).

3.2 Feldauswahl und Feldzugang

Die ethnographische Rekonstruktion der Lebenswelt Interkulturelle Hochschulbildung unter Globalisierungsbedingungen ist in der gebotenen Sensibilität also nur dann möglich, wenn wir einen tiefen, einen nahezu intimen Einblick auf allen relevanten Ebenen der Lebenswelt der Protagonisten erhalten. Herbert Blumer spricht hier von einer „intimen Bekanntschaft" (1986), über die der Feldforscher zum Feld verfügen muss. Die Chance zu einer entsprechenden Datenerhebung und Kompetenzgewinnung ist also dann gegeben, wenn der Ethnograph das uneingeschränkte Vertrauen der Beteiligten gewinnt und sich dann recht unauffällig und in langen Phasen im Feld bewegen kann. Dann ist eine entsprechend methodenplurale Erhebung von Daten und eine ‚feinnervige' Gewinnung von Mitspielkompetenz für alle relevanten Dimensionen möglich. Von diesen Überlegungen her ist deshalb zuerst die Frage, welche interkulturellen Studiengänge für die angestrebte Untersuchung in Betracht kommen.

Da die Hochschulen mittlerweile in Bezug auf die Internationalisierung einem starken Konkurrenzdruck ausgeliefert sind und unter erheblichem Evaluationsdruck stehen, ist ein vertrauensvoller Zugang zu einem dieser Felder alles andere als selbstverständlich. Entsprechende Zugangsprobleme sind in der sozialwissenschaftlichen Ethnographie natürlich nicht neu. Lau und Wolff haben sogar gezeigt, wie die Beschreibungen von Zugangsproblemen für die Analyse genutzt werden können (1983).Trotzdem muss es das erste Ziel bleiben, einen hinreichend sensiblen

Kontakt zu den Beteiligten in einem relevanten Feld herzustellen. Und da stellt sich für unser Untersuchungsfeld grundsätzlicher die Frage, ob man von außen kommend mit den lebensweltlichen Verstrickungen Interkultureller Hochschulbildung überhaupt hinreichend vertraut werden kann, ob ein tragfähiger Rapport (Girtler 2001: 93-97; Breidenstein et.al. 2013: 60ff) hier überhaupt möglich ist. Eine entsprechende Sensibilität dürfte sich am ehesten einstellen, wenn bereits Kontakt zum Feld besteht oder wenn der Sozialforscher bereits selbst Teil des Feldes ist. Eine entsprechende Nähe zum Feld ist für die ethnographische Forschung nicht unbedingt ein Problem. Die Vorteile liegen auf der Hand: das Vertrauen zu den Protagonisten im Feld ist (in der Regel) gegeben, so dass eine komplexe Datenerhebung möglich ist, und eine Mitspielkompetenz nicht erst vom Nullpunkt her aufgebaut werden muss (bspw. Becker 1963; Adler/Adler 1988; Goffman 1989; verschiedene Beiträge in Poferl/Reichertz 2015). Allerdings dürfen Loyalitäten zum Feld die Analyse nicht behindern. Es müssen Vorkehrungen getroffen werden, die – in Anlehnung an Hirschauer/Ammann (1997) – die Befremdung des eigenen Feldes ermöglichen. (Siehe unten „Supervision")

Wir haben uns von daher dazu entschlossen, die Rekonstruktion der Lebenswelt Interkulturelle Hochschulbildung unter Globalisierungsbedingungen ggf. an der HS Fulda und schwerpunktmäßig im Studiengang ‚Intercultural Communication and European Studies (ICEUS)' durchzuführen. Der Studiengang ICEUS bietet hervorragende Voraussetzungen für eine exemplarische Fallanalyse: Die Mitarbeit von im Studiengang ICEUS lehrenden Kolleg_innen und die der Studiengangskoordinatorin ist gesichert, von der der Verwaltungsangestellten und v. a. von der der Studierenden kann nach den bisherigen Lehrforschungserfahrungen ausgegangen werden. Überdies verfügt die HS Fulda in anderen Fachbereichen über weitere interkulturell aufgestellte Studiengänge (BA ‚Internationale Betriebswirtschaftslehre', MA ‚International Management', MA ‚Systems Design & Productions Management'), sodass auch hier ohne Zugangsprobleme kontrastierende Fallanalysen (Glaser/Strauss 1998: 53-84) durchgeführt werden können. Der Einstieg in die Gewinnung einer Strukturhypothese soll – wie angedeutet – in der Untersuchung des MA-Studiengangs ICEUS erfolgen.

3.3 Feld ICEUS: Ausdifferenzierung des Forschungsgegenstandes und der Fragestellung

Im Master-Studiengang ICEUS bilden die internationalen Studierenden die Mehrheit: ca. ein Drittel der Studierenden sind Deutsche. Die Heterogenität wird durch die beiden disziplinären Kernsäulen Europastudien und Interkulturelle Kommunikation überformt (Hinnenkamp/Platzer 2013). Da die BewerberInnen einen als sozialwissenschaftlich definierten Bachelor mitbringen müssen, ergibt sich auch hier ein breites Spektrum an zu integrierenden Vorwissensstrukturen. ICEUS wurde als 4-semestriger Studiengang im Wintersemester 1999/2000 gegründet und vom DAAD sowie aus Mitteln der EU gefördert. Mittlerweile studiert die 17. Kohorte. In diesem curricular gebundenen Zweisäulenstudiengang geht es immer auch darum, die praktische Interkulturalitätserfahrungen als Ressource aufzugreifen und in das Studium zu integrieren (Fachbereich Sozial- und Kulturwissenschaften 2008:2). Die ICEUS-Studierenden sind über eineinhalb bis zwei Jahre als Gruppe von etwa 30 Mitgliedern zusammen und aufeinander verwiesen. Sie bilden im und um den Fachbereich Sozial- und Kulturwissenschaften gemeinsam mit den Lehrenden und den anderen relevanten Akteuren eine kleine interkulturelle soziale Lebens-Welt heraus.

Der fundierende Aufbau der gemeinsamen Lebenswelt verläuft aber kaum ausbalanciert, er bleibt immer problematisch – darauf verweist unsere gemeinsam mit den Studierenden unsystematisch durchgeführte explorative Lehrforschung (siehe die Beiträge in diesem Band). Von Beginn an ist der Prozess von einschlägigen interkulturellen Disparitäten geprägt, die sich bis jetzt gerade in ihren Folgen für die interkulturelle Hochschulbildung aber nur andeuten lassen[12]:

Der private Lebensbereich: V. a. die internationalen Studierenden stehen vor der Aufgabe, sich in einem ihnen unvertrauten soziokulturellen Rahmen ein privates Umfeld aufbauen zu müssen, in dem sie sich aufgehoben und getragen sehen. Irritiert bis ins alltägliche Detail droht zunächst ein Gefühl des Verlorenseins. Wichtig wird hier die Studiengruppe, die aber ihrerseits von kulturellen Kontrasten geprägt ist. In Frage steht, wie die Studierenden zu einem vertrauensvollen Miteinander kommen (können). Die Form und Tiefe der sich aufbauenden Vertrautheit durch-

12 Darowska und Machold greifen zur Beschreibung von sozialen Hochschulräumen auf das bourdieusche Instrumentarium zurück: Feld, soziale und kulturelle Kapitalausstattung, Habitusniederschlag (2010: 23-32). Für unsere Fragestellung ergibt das nicht so viel Sinn, weil hier in Anbetracht didaktischer Relevanzen und unter dem Aspekt der interkulturellen Verständigung die kommunikative Dynamik im Vordergrund steht. Und die blendet Bourdieu ja sogar für seine „Ökonomie des sprachlichen Tausches“ aus (1990; Schröer 2002b).

dringt dann auch alle Ebenen der ICEUS-Bildungslebenswelt und hat Einfluss auf die Bildungseffekte (Belostocka in diesem Band, Bettmann et al in diesem Band).

Das gemeinsame Studieren: Strukturelle Ungleichheiten betreffen vor allem die Verteilung der Vertrautheit mit dem deutschen Studienbetrieb bei Nichtpassfähigkeit der mitgebrachten (Lern-)Kulturen. Nahezu alle Internationalen haben Probleme mit dem auf Eigenständigkeit und Selbstorganisation angelegten gemeinsamen Studieren. Daraus ergeben sich Probleme der Zusammenarbeit z. B. bei der gemeinsamen Anfertigung von Referaten und bei der Durchführung von interkultureller Gruppenarbeit. Da hier auch oft die Angst vor schlechter Benotung hineinspielt, kann es zu Verwerfungen, ethnischen Segregationen und Rückzügen kommen (Pisaryk in diesem Band; Schröer/Hinnenkamp 2014; Hinnenkamp/Schröer 2012).

Die kommunikative Verständigung: Ein weiteres Problem stellt die mangelnde sprachliche Integration der Gruppe dar, die immer wieder eine Neigung zu Segmentierung und Rückzug unterstützt. Studierende berichten, wie sie bei ihren Bemühungen um eine ausdrucksstarke Verständigung in einer Ihnen nicht so vertrauten Sprache (deutsch und/oder englisch) an ihre Grenzen stoßen. Sie können sich nicht angemessen präsentieren und verlieren den Selbstbezug. In ihrem Selbstbewusstsein beeinträchtigt, neigen sie dann dazu, sich – wenn möglich – an die Mitglieder des eigenen Kultur- und Sprachkreises zu orientieren. Sie unterlaufen so die Interkulturalität der Lerngruppe (Bettmann et al in diesem Band; Belostocka in diesem Band).

Das Bedürfnis, akzeptiert zu werden: Auf allen drei Ebenen des interkulturellen Miteinanderumgehens geht es – v. a. für die internationalen Studierenden – nahezu immer um die Frage des Akzeptiertwerdens (Mall 2000): Inwieweit geht der andere auf mich zu und zeigt Interesse an mir; inwieweit kann ich mich mit meinen Möglichkeiten und Kompetenzen als legitimer Sprecher einbringen (Bourdieu 1990; Schröer 2002b); verfüge ich in der Gruppe über eine kommunikative Macht (Reichertz 2009), die es mir aus meinem kulturellen Anderssein heraus gestattet, Einfluss auf die gemeinsamen (Studien)Situationen zu nehmen etc. Die Akzeptanzfrage durchdringt alle Ebenen des gemeinsamen Studierens und Lebens (eindrücklich Belostocka in diesem Band). Ihre Beantwortung ist für die Gestaltung der interkulturellen studentischen Lebenswelt und für die Qualität der interkulturellen Hochschulbildung richtungsweisend.

Die Gestaltung einer interkulturellen Hochschulbildung hängt nach unserer Erfahrung immer wieder davon ab, *wie* es die Studierenden gemeinsam mit den Lehrenden, den Studiengangskoordinatoren, dem Sekretariat und der Verwaltung schaffen, in Anbetracht der hier nur angedeuteten interkulturellen Disparatheiten des Feldes zumindest relativ stabile ‚geteilte' Relevanzen zu etablieren, die die Erfahrungen der einzelnen anschlussfähig und ein vertrauensbasiertes und eingebundenes Lernen möglich machen. Den Studierenden bietet sich die Chance, am eigenen Leibe unverstellt die Schwierigkeiten interkulturellen Kommunizierens zu erfahren und von vornherein zu lernen, sie aus einer Haltung der wechselseitigen Anerkennung und des dialogischen Aufeinanderzugehens zu bewältigen. Sie können im gemeinsamen Aufbau ihrer Lebenswelt in differenzlogischer interkultureller Verständigung das „Primat der Kommunikation vor dem Konsens" (Mall 2000) erfahren und erkennen (vgl. Auernheimer 2006, auch das Konzept des „dritten Raums des Aussprechens" bei Bhaba 2000, 54ff sowie das einer differenzlogischen – interkulturellen – Verständigung bei Schröer 2002a, 2002c; 2009).

Eine sich so in welcher Form auch immer herausbildende Kleine interkulturelle soziale Lebenswelt wäre dann bereits selbst Teil des interkulturellen Hochschulbildungsprozesses. Es entsteht bei den Studierenden ‚unvermittelt' ein „praktisches Bewusstsein" (Giddens 1984) von Voraussetzungen und kommunikativen Strategien interkultureller Verständigung und interkulturellen Miteinanderarbeitens. Die Herausbildung eines solchen praktischen Bewusstsein kann und sollte dann für die Studierenden die Basis für eine verfeinernde Bildung interkultureller (Wissens-) Kompetenzen sein: Ihre praktischen Erfahrungen beim Aufbau einer kleinen interkulturellen Lebenswelt bilden die Voraussetzung für reflexive Erfahrungsanalysen in den Seminaren, die dann bis zu einer erfahrungsgetränkten Theoriebildung zu interkulturellen Verständigungs-, Lern- und Arbeitsprozessen reichen kann. Zugleich wird es möglich, in entsprechenden Theorieseminaren erfahrungsevozierend zu verfahren. In beiden Fällen einer reflexiven Analyse gründet die Herausbildung eines „diskursiven (Reflexions- und Theorie; N.S.) Bewusstseins" (Giddens 1984) in der praktischen Erfahrung von einer sich bildenden kleinen interkulturellen Lebenswelt. Ein solcher reflexiver Erfahrungsraum entsteht nach unseren Erfahrungen aber erst dann, wenn die Studiengruppe situationsbezogen durch entsprechende improvisatorische Mediation und durch didaktische Anleitung der Lehrenden begleitet wird. Nur so können die einhergehenden praktischen Erfahrungen beim Aufbau einer gemeinsamen kleinen sozialen Lebenswelt zum Ausgangspunkt einer reflexiven und theoriegenerierenden Erfahrungsbildung werden. Nur so vermittelt kann die sich bildende interkulturelle Lebenswelt die interkulturelle Hochschulbildung tragen (Schröer 2010).

Betrachtet man die interkulturelle Hochschulbildung aus dieser Warte, dann verschiebt sich der Blick auf Formen und Gehalt des Kompetenzerwerbs: Es geht jetzt zuerst um die praktische Kompetenz zu interkultureller Verständigung und zu interkulturellem Miteinanderlernen und -arbeiten. Aufbauend ist dann der Erwerb einer reflexiven Kompetenz im Sinne einer Experience Analysis und dann (v. a. bei thematisch auf interkulturelle Kommunikation ausgerichteten Studiengängen) der Erwerb einer entsprechenden theoretischen Kompetenz möglich und angezeigt. Der

Kompetenzerwerb stellt sich so als in den subjektiven lebensweltlichen Erfahrungen verankerter integrierter und dynamischer Bildungsprozess der Studierenden auf drei Ebenen dar, und er verspricht von daher in besonderer Weise Nachhaltigkeit. Diese Sicht auf eine interkulturelle Hochschulbildung schließt konzeptionell an subjekttheoretische Perspektiven auf subjektorientiertes didaktisches Handeln an (Faulstich/Ludwig 2004; Ludwig 2012) und an die von Stefan Kammhuber – mit Bezug auf die auf Klaus Holzkamp zurückgehende Theorie des „situierten Lernens" (1995) – vorgetragenen Überlegungen zum „Interkulturellen Lernen und Lehren an der Hochschule" (2010) an (siehe auch Straub 2010; Schröer 2010). Die von Kammhuber entwickelte „Intercultural Anchored Inquiry" (2000, 2010) wird mit dieser Bezugnahme auf die Kleine interkulturelle soziale Lebenswelt radikalisiert.

Zu diesen Überlegungen zum Kompetenzerwerb in interkultureller Hochschulbildung sind wir zunächst aus unserer alltäglichen Lehrerfahrung, die wir bislang nur explorativ fragmentarisch und unsystematisch in der Lehrforschung gemeinsam mit den Studierenden aufgearbeitet haben, gekommen. Zu klären bleibt für die angestrebte ethnographische Untersuchung, ob sich der Aufbau einer kleinen interkulturellen Lebenswelt für eine interkulturelle Studiengruppe auch empirisch so nachweisen lässt und wie er sich ggf. im Einzelnen gestaltet. Aufbauend kann dann in Erfahrung gebracht und rekonstruiert werden, ob und ggf. wie sich in Bezug auf die sich bildende interkulturelle Lebenswelt spezifische interkulturelle Kompetenzen – didaktisch vermittelt oder auch nicht – praktisch und diskursiv interkulturell herausbilden. *Insgesamt geht es darum, die Lebensweltverankerung von Interkultureller Hochschulbildung und der mit ihr möglichen Formen eines in authentischen Erfahrungen gründenden reflexiven Kompetenzerwerbs zunächst am Fall ICEUS aufzuzeigen und in der Bildung einer Struktur<u>hypothese</u> aus dieser Fallanalyse heraus in einem ersten Zugriff gegenstandstheoretisch zu beschreiben, aus welchen lebensweltlichen Bedingungenrahmen sich für die interkulturelle Hochschulbildung welche ganz eigenen (didaktischen) Möglichkeiten ergeben und zu welchen Lerneffekten bzw. Kompetenzen bei den Studierenden sie führen können* (methodologisch genauer in „Hermeneutisch-ethnographische Datenauswertung").

Für eine Untersuchung der Lebenswelt Interkulturelle Hochschulbildung eignet sich der Studiengang ICEUS deshalb, weil er für eine überschaubare Lerngruppe, die für die Zeit des gemeinsamen 4-semestrigen Studiums eine gemeinsame Lebenswelt bildet, eigentlich alle für die Interkulturelle Hochschulbildung relevanten Diversitäten und Heteronomien in ausgeprägter Form aufweist. Das Feld ist in sich hinreichend differenziert, trotzdem ‚handlich' genug für eine ethnographische Untersuchung und aufgrund der Position des Feldforschers gut einsehbar und rekonstruierbar. Gerade die Teilhabe des Feldforschers als Lehrender im Studiengang ICEUS und die mögliche und angestrebte Einbeziehung weiterer Lehrender und der Studierenden in die Erhebung und Auswertung der Daten eröffnen aus der Einnahme „aktiver Mitgliedschaftsrollen" (Adler/Adler 1987) die Chance zu einer besonders sensiblen Rekonstruktion der Akteursperspektiven und deren Zusammenspiel. *Da die Rekonstruktion der lebensweltlichen Fundierung von interkulturellen Bildungsprozessen ungemein sensibel ist, sie eine enge Verzahnung von Interaktionsfeld und Untersuchungsprozess voraussetzt und von daher von einem nahezu intimen Vertrauen getragen sein muss, sollte diese Chance unbedingt genutzt und die Untersuchung dann auch als eine LAE angelegt werden.*

3.4 Lebensweltanalytische Datenerhebung

Die auf Anne Honer zurückgehende LAE (1993; 2000; 2011) trägt dem Postulat der subjektiven Interpretation (Schütz 1971:39) in besonderer Weise Rechnung. Es geht ihr darum, die zu untersuchende Kleine soziale Lebenswelt – hier die Lebenswelt ICEUS exemplarisch für die interkulturelle Hochschulbildung – in ihren für diese Lebens-Welt typischen Relevanzen, Wissensstrukturen und Handlungsroutinen aus der Binnenperspektive der Beteiligten zu erfassen.[13] Ein lebensweltanalytisch arbeitender Sozialforscher ist von daher gehalten, sich auf sein Feld soweit es ihm vertretbar erscheint mit all seiner Erfahrungsfähigkeit einzulassen. Erst über ein existentielles Engagement gewinnt der Sozialforscher die Chance zur Beschreibung seines Feldes aus einer adäquaten Innensicht, nur so gewinnt er die Chance zu einer sensiblen Übernahme der Akteursperspektive in typischer Auffassungsperspektive (Kellner/Heuberger 1999). Es geht dem lebensweltanalytisch arbeitenden Ethnographen nicht einfach um eine detailgenaue Dokumentation beobachtbaren Verhaltens für ein bestimmtes Feld. Es geht ihm im Kern immer um die Erhebung von Daten, die eine Erfahrung der feldspezifischen subjektiven Sinnsetzungsprozesse ermöglichen, von denen her dann in der handlungsentlasteten Auswertung der ethnographisch erhobenen Daten in reflexiver Einstellung das beobachtete Verhalten als typisch subjektives Handeln in einem bestimmten Feld erkennbar wird (Schröer et al. 2012). Wenn die Sozialforschung im Anschluss an Alfred Schütz das Postulat der subjektiven Interpretation ins Zentrum rückt, dann – so das Credo der LAE – sollte eine sozialwissenschaftliche Feldforschung als beobachtende Teilnahme angelegt sein.

13 Im Kontext dieses Antrags ist es erwähnenswert, dass auch nach dem Ausscheiden Anne Honers im Fachbereich Sozial- und Kulturwissenschaften der Schwerpunkt Ethnographie beibehalten und ausgebaut wurde. So werden auch weiterhin die von Anne Honer begründeten Fuldaer Feldarbeitstage alle zwei Jahre vom Fachbereich Sozial- und Kulturwissenschaften gemeinsam mit der Sektion Wissenssoziologie der DGS ausgerichtet (Hitzler et al. 2016; Poferl/Reichertz 2014; Schröer et al. 2012).

I. d. S. macht dann auch die Einbeziehung autoethnographischer Verfahren Sinn (Chang 2008; Ellis 2004). Aus dieser Haltung heraus verfolgen wir insgesamt eine methodenplurale Forschungsstrategie (Lüders 2000). Wir werden die Verfahren nutzen, die uns ein Verstehen beobachteten Handelns aus der Binnenperspektive der Akteure der ICEUS Lebenswelt gestatten.

Anzustreben ist eine ethnographische Prozessanalyse, in deren Rahmen wir sowohl die Motivation und die Erwartungen an das Studium rekonstruieren können, Einblicke in Bezug darauf gewinnen, wie die Einstiegs- und Kennenlernphase von den relevanten Protagonisten gestaltet wird, wie sich der interkulturelle Seminarbetrieb über die Zeit entwickelt und wie der Studiengang innerhalb des Fachbereiches integriert und verwaltet wird und welche organisationalen Herausforderungen diesbezüglich bewältigt werden müssen (Laufer 2014). Die folgenden Dimensionen bieten sich für eine Orientierung der Untersuchung an:

Kulturelle Herkunftsperspektive – Motivation fürs Studium – Erwartungen aus Studium: Für den Aufbau einer gemeinsamen kleinen Lebenswelt ist die Ausgangsorientierung der Studierenden mitausschlaggebend. Es ist aber nicht ratsam, die Erhebung direkt zu Beginn des Studiums etwa mit entsprechenden qualitativen Interviews zur (lern)kulturellen Orientierung, zur Studienmotivation und zu den Erwartungen an das Studium zu beginnen. Die hierfür erforderliche Vertrauensbasis muss erst aufgebaut, die Vertrautheit mit dem Instrument erst hergestellt und angemessene interkulturelle Gesprächsarrangements müssen erst ausgehandelt werden. Zielführender ist zunächst die Anfertigung von Memos von relevanten informellen Gesprächen, wie sie im Studienalltag überall stattfinden.

Die Einstiegs- und Kennenlernphase: Die Studierenden des Studiengang ICEUS werden in der ersten Woche, nachdem sie in der Regel erst kurz zuvor an ihrem neuen Studienort angekommen sind, über mehrere Orientierungsveranstaltungen eingeführt. Sie lernen also ihre neue private Umgebung, ihren Studienort und ihre Kommilitonen kennen. Die Neuorientierung ist komplex und vielschichtig. Zentral ist hierbei ein zweitägiger Studienempfangsworkshop, zu dem sich alle Studierenden, der Studiengangsleiter und die Studiengangskoordinatorin eigens in einer Schulungsstätte außerhalb der Hochschule zusammenfinden. Die Studierenden übernachten dabei zu dritt oder viert in Mehrbettzimmern. Hier lernen sich die StudiengangsteilnehmerInnen erstmals intensiver kennen. Wichtiger als das offizielle Programm sind meist die informellen Begegnungen, die oft nachhaltige Beziehungswirkung zeigen. Im Rahmen dieses Workshops soll dann auch mit den Studierenden die geplante Untersuchung der ICEUS-Lebenswelt erörtert werden. Hier sollen auch die Grenzen der Untersuchung diskutiert, vorläufig festgelegt und die Bereitschaft der Studierenden zu einer Beteiligung eingeholt werden. Das Verfassen von Memos zu relevanten informellen Gesprächen ist möglich. Später könnten dann auch Interviews mit den Studierenden durchgeführt, aber auch autoethnographische Berichte von den Studierenden angefertigt werden.

Der Seminarbetrieb: Durch alle Phasen des ICEUS-Studiums hindurch trägt die gemeinsame Gestaltung des Seminarbetriebs maßgeblich zur Ausformung von gemeinsamen Relevanzen einer gemeinsamen Lebenswelt bei. Die Lehre und die Kompetenzvermittlung in den Seminaren stehen von vornherein im Zentrum der Aufmerksamkeit für alle Beteiligten. Das kommunikative und interaktive Zusammenspiel aller Beteiligten in den Seminaren ist ungemein vielschichtig und verwickelt. Entscheidend ist zum einen, wie die Studierenden auf die mitteleuropäischen Rahmensetzungen der Dozenten reagieren und wie die Dozenten dann jeweils auf die Reaktionen der Studierenden didaktisch eingehen. In Wechselwirkung entscheidet sich zum anderen wie sich die Studierenden untereinander auf den verschiedenen Arbeitsebenen (seminaristische Großgruppe; (gemeinsame) Referatserarbeitung; Gruppenarbeit etc.) interkulturell arrangieren. Das sich so herausbildende lebensweltliche Seminarklima wird in die anderen Bereiche hineinwirken und sicherlich die Bildungseffekte prägen. Wie sich diese Durchdringung im Einzelnen auch in ihrer didaktischen Anlage darstellt, wird Gegenstand unserer Ethnographie sein. Die ethnographische Erhebung für diesen Bereich muss akribisch vorgenommen werden. Zum Einsatz kommen sollten die Protokollierung beobachtender Teilnahmen, autoethnographische Protokolle, Videoaufzeichnungen (ein Video-Seminarraum steht zur Verfügung), Protokollierung von Feldgesprächen mit den Beteiligten und ethnographische Interviews sowie Gruppendiskussionen.

Einbettung im Fachbereich und in der Hochschulorganisation: Nicht zu unterschätzen ist der Einfluss, den der umgebende Fachbereich, der Kontakt mit Mitgliedern anderer Studiengänge und die Hochschul-organisation im Besonderen auf die Herausbildung einer Lebenswelt des interkulturellen Studiengangs ICEUS besitzen. Hier entscheidet sich, welcher Grad an Akzeptanz und welche Form von Akzeptanz sie als Mitglieder der Hochschulgemeinschaft erfahren. Ähnliches gilt auch für die Hochschulorganisation. Gerade der Kontakt zur Hochschulverwaltung und die mit ihr verbundene Führung in den den Internationalen fremden organisationalen Abläufen entscheidet mit über das Selbstverständnis, mit dem die Studierenden sich in der Hochschule bewegen und an den Bildungsprozessen teilnehmen (Leenen/Groß 2009). Hier sind der Kontakt zu den Sekretariaten, aber vor allem auch die Führung durch die Studiengangskoordination und durch die ProfessorInnen außerhalb der Seminare von Bedeutung. Angebracht sind hier die

Anfertigung von Memos zu Feldgesprächen, die Durchführung von qualitativen Interviews und die Anfertigung von ethnographischen Protokollen der Beteiligten. Hier kommen auch Experteninterviews mit dem International Office in Betracht.

Die private Lebenswelt am Studienort: Der private Lebensbereich macht sozusagen die Peripherie der gesamten Lebenswelt der ICEUS-Studierenden aus. Hier geht es um die Gestaltung der Freizeit, die Pflege von Beziehungen und Kontakten, um die Wohnsituation, um das Zurechtkommen in und mit der städtischen Umgebung und der fremd(kulturell)en Lebensatmosphäre. Gerade auch in diesen diffus strukturierten privaten Lebenswelten entscheidet sich die Grundbefindlichkeit der Studierenden, von denen her subtil Impulse für die Relevanzsetzungen im Studium ausgehen. Eine Erhebung von Daten kann hier, über qualitative Interviews und über autoethnographische Berichte erfolgen. Erfolgreich eingesetzt haben wir hier aber bereits auch Gruppengespräche und -diskussionen.

3.5 Hermeneutisch-ethnographische Datenauswertung

Die Domäne der sozialwissenschaftlichen Ethnographie ist es, für den nicht hintergehbaren interpretativen und dialogischen Datenerhebungsprozess flexible und kontextsensitive Verfahren der Dialoggestaltung, der Datentextproduktion und der Gewinnung von Mitspielkompetenz bereit zu stellen. Ihre Schwäche bestand allzu häufig aber darin, sowohl den Konstruktivismus der Datenerhebung als auch den der empirisch begründeten Theoriebildung, also den der zirkulären Datenauswertung, methodologisch nicht hinreichend reflektiert zu haben. Folge war die Verflachung hin zu einer „naturalistischen Sozialforschung" (Kelle 1994: 30-35). Vor allem die Grounded Theory als eine spezielle Variante der ethnographischen Sozialforschung hat dann Konzepte zur Verfügung gestellt, die eine methodisch kontrollierte Konstruktion empirisch begründeter Theorien über die Auslegung ethnographisch gewonnener Daten zulässt und begründet (Clarke 2012; Breuer 2009; Charmaz 2006; Charmaz/Mitchel 2001; Glaser/Strauss 1998; Strauss/Corbin 1996; Kelle 1994: 283-349; Strauss 1991). In aller Kürze: Ausgehend von einer gegebenen oder erworbenen, in jedem Fall basisorientierenden Sensibilität gewinnt der Ethnograph die konzeptionelle Dichte seiner sich herausbildenden Theorie aus permanenten Vergleichsanalysen von erhobenen Fällen. Der permanente Vergleich wird als theoretical sampling organisiert, also in einem zirkulären Wechselspiel von Erhebung und Auswertung, bei dem über die Auswahl der zu erhebenden und dann zu analysierenden Fälle vom Stand der jeweiligen Theorieentwicklung her entschieden wird. Eine Überprüfung und Ausdifferenzierung der gewonnenen

Konzepte erfolgt bis hin zur theoretischen Sättigung nach dem Prinzip der minimalen und maximalen Kontrastierung. In Umsetzung dieser hier nur angedeuteten Verfahrensprinzipien wird es uns möglich sein, unsere LAE zur Interkulturellen Hochschulbildung als „theoretische Sozialforschung zu betreiben" (Hirschauer 2001: 449; siehe auch: Unterkofler 2014: 46-49; Dellwing/Prus 2012: 152-157).

Die Grounded Theory Prinzipien der Forschungsorganisation sind mittlerweile zum methodologischen und methodischen Gemeingut der Qualitativen Sozialforschung geworden. Im Rahmen der Grounded Theory erfolgt die Interpretation der Daten, die dann im Zuge einer sukzessiven Kodierung (offen – axial – selektiv). Über die Bildung von Kernkategorien werden zum Schluss orientiert am „Paradigmatischen Modell" (Strauss/Corbin 1996: 132-147; Breuer 2009: 84-91) die für spezifische Handlungsfelder und Lebenswelten konstitutiven strukturalen Motivierungen in ihrer sozialen Bedingtheit und in den so gegebenen feldtypischen Handlungsoptionen und Handlungskonsequenzen analytisch beschrieben.

Dieses Ziel verfolgt auch eine Hermeneutische Wissenssoziologie (Hitzler et. a. 1999; Schröer 1994; Soeffner 1989) – mit einem ebenfalls hermeneutischen, aber strikter fallanalytischen Verfahrensansatz. Ziel ist hier zunächst die empiriegetränkte Bildung einer konturenscharfen Hypothese zur Struktur eines Handlungsfeldes (hier die interkulturelle Hochschulbildung in ihrer lebensweltlichen Grundlegung) aus der extensiven Analyse eines Falles heraus (hier der Studiengang ICEUS). Es geht hier um eine in der interpretativen Auseinandersetzung zunächst mit dem Einzelfall ICEUS hypothetisch zu gewinnende ‚Theorievorstellung' davon, unter welchen typischen lebensweltlichen Bedingungen die miteinander im Bildungsprozess Handelnden zur Ausbildung welcher (nicht unbedingt didaktisierten) Bildungsstrategien mit welchem typischen Kompetenzerwerb angeregt und motiviert sind (Schröer 1997; Oevermann 1981; Soeffner 1989a: 66-98). Die gebildete Strukturhypothese (in der Grounded Theory in etwa die Kernkategorie) sollte dann über Kontrastierungen nach dem Prinzip des theoretical samplings überprüft, ausdifferenziert und modifiziert werden, sodass die Adäquanz gesichert ist und sich eine Handlungsstruktur typologisch in ihrer Variabilität darstellen lässt (exemplarisch die beiden Intensivanalysen Schröer 1992, 2002a).

Für die Auswertung der von uns zu erhebenden Daten möchten wir beide hermeneutischen Methoden zum Einsatz bringen. Für die Auswertung von Beobachtungsprotokollen und Interviews bietet sich das Codierverfahren an, während für die Auswertung von audio- und videobasiert erhobenen Handlungsprotokollen dem analytisch etwas feineren Verfahren einer strukturhermeneutischen Fallinterpretation der Vorzug zu geben wäre (hierzu im Bes. Tuma et al. 2013; Corsten et al. 2010; Reichertz/Englert 2010).

Da wir es in der projektierten Untersuchung immer mit Daten zu tun haben werden, die interkulturelle Handlungs- und Verstehensprozesse repräsentieren, werden sich für die wissenschaftliche Auswertung immer auch Fragen nach der Bewältigung der Probleme fremdkulturellen Verstehens stellen (Schröer 2014). Hier können wir auf zwei etwas größer angelegte Untersuchungen zur interkulturellen Kommunikation ausgearbeitete und bewährte Verfahren zurückgreifen: a) das dreischrittige Verfahren zur Auswertung fremdkultureller Daten mithilfe kulturvertrauter Co-Interpreten (Schröer 2007; 2002a) und b) auf das Verfahren zur Ausdeutung fremdkultureller Daten durch eine multikulturelle/multiperspektivische Interpretengruppe (Schröer et al. 2012). Es ist geplant, im Sinne dieser Verfahren, gerade auch die internationalen Studierenden bei der Auswertung entsprechend mit einzubeziehen, was dem egologischen Ansatz LAE in besonderer Weise entspricht.[14]

Kontrastierungen: Zur Absicherung, Überprüfung und Modifizierung der gewonnenen Strukturhypothese sind Kontrastierungen erforderlich. Eine stringente Planung solcher Kontrastierungen ist zum jetzigen Zeitpunkt aber kaum möglich. Die Kontrastierung soll im 3. Jahr der Untersuchung erfolgen und es ist schwierig, schon heute entsprechende Kooperationen verbindlich festzulegen. Überdies wäre eine solche Festlegung auch nicht mit einem an der Grounded Theory orientierten Forschungsdesign vereinbar. Von daher kann vor Abschluss der sich auf den Studiengang ICEUS beziehenden Analyse auch nicht entschieden werden, welche Vergleichsgruppe für eine Kontrastierung in Betracht kommt. Trotzdem haben wir uns bereits jetzt umgesehen, um zu erfahren, ob unsere Untersuchung bei möglichen Kooperationspartnern auf Interesse stößt. Oben haben wir bereits darauf verwiesen, dass die Hochschule Fulda in anderen Fachbereichen über fachlich anders ausgerichtete interkulturelle Studiengänge verfügt, zu denen wir gesicherten Zugang haben. Über die Zusagen in Fulda hinaus können uns zwei KollegInnen, die an zwei unterschiedlichen Hochschulen in der Bundesrepublik lehren und forschen, zu internationalen Studiengängen Zugang verschaffen. Bei diesen Kontrastierungen müssen wir aus arbeitsökonomischen Gründen damit begnügen, qualitativ inhaltsanalytische Interviewanalysen zu führen.

Supervision: In den Ausführungen zur Datenerhebung und Datenauswertung deutet sich an, dass mit der weitgehenden Orientierung an den methodologischen Prinzipien einer LAE die Abgrenzung zwischen Feld und Forscher in Teilen deutlich

14 Deutlich wird mit der beschriebenen Untersuchungsanlage, dass die Untersuchung durchaus Züge einer ‚Kollaborativen Ethnographie' annehmen wird. Diskutiert haben wir dies in Bettmann/Schröer 2016.

zurückgenommen ist. Die LAE radikalisiert mit dem Prinzip des „Existentiellen Engagements“ (Honer) die ohnehin für die Ethnographie i. B. bestehende dialogische Rationalität der Forschung. Eine solche Radikalisierung wird immer dann erforderlich, wenn es bei der Datenerhebung auf eine sensible Rekonstruktion von subjektivem Erleben und Erfahren ankommt – wie hier für die lebensweltlichen Relevanzen des interkulturellen Hochschulbildungsprozesses. Wir sehen für unser Projekt zur LAE keine Alternative. Hinreichend sensible Daten dürften mit den distanten Verfahren der ‚klassischen‘ Ethnographie über eine externe Forschergruppe für Fragen der Lebenswelt in einem internationalen Feld kaum zu erheben sein. In Frage steht somit, wie Probleme des going native bei der Datenauswertung und wie die bei unserem Forschungsdesign zu vermutenden reaktiven Überformungen des Untersuchungsfeldes in Grenzen zu halten sind.

Der Studiengang ICEUS ist zum einen Teil thematisch auf Interkulturelle Kommunikation ausgerichtet, und wir haben dies bereits genutzt, indem wir in Lehrforschungsprojekten und Übungen v. a. im Rahmen der Methodenausbildung (Einführung; interdisziplinäres Forschungsseminar, Ethnography, Experience Analysis etc.) die lebensweltlichen Erfahrungen der Studierenden reflexiv aufgegriffen und zur theoretischen Verdichtung gebracht haben. Von daher ist es uns auch möglich, gemeinsam mit den Studierenden einen Reader mit explorativen Studien herauszugeben (gemeint ist der vorliegende Band). Im Falle eines Zustandekommens der hier zur Förderung beantragten Untersuchung wird sich bei dieser Anlage des Studiums die reaktive Überformung des Untersuchungsfeldes in Grenzen halten. Sie dürfte sogar erheblich geringer ausfallen als bei einer Überformung, ausgelöst durch uns als externe Wissenschaftler in einem außen liegenden Feld (und auch zu einem weniger sensiblen Datenertrag führen).

Wie steht es aber um das going native? Das existentielle Sich-Einlassen auf das Feld ist für die Datenerhebung nach den Prinzipien der LAE in besonderer Weise konstitutiv. Forschungsrelevante subjektive Erfahrungsschichten lassen sich demnach sensibel nur über ein existentielles Engagement erheben (Honer 1993, 2000). Für die Datenauswertung stellt sich dann aber in der Tat das Problem, wie man als existentiell in das Untersuchungsfeld Involvierter die angemessene Distanz gewinnt – sich hinreichend befremdet. Dieses Problem ist zwar für jede ‚einheimische‘ Ethnographie strukturell, stellt sich für die LAE und für unserem Fall noch einmal gesteigert. In einem ‚reinen Sinne‘ zu lösen ist es in einer Ethnographie nicht, das weiß jeder Ethnograph. Und dass mit der Aufsuche eines externen Feldes hier ‚das Kind mit dem Bade ausgeschüttet würde‘, habe ich oben anzudeuten versucht. Es geht also um eine praktische Lösung im Rahmen der LAE. Und die besteht für unser Vorhaben zunächst darin, dass die für die operative Durchführung und

Organisation in erster Linie zuständigen Mitarbeiter von außen dazu stoßen, keine Mitglieder des Fachbereichs sein werden. Darüber hinaus sehen wir in der Hinzuziehung von externen kollegialen Supervisoren die Chance, sowohl Probleme des going native bei der Datenauswertung, aber auch bei der Datenerhebung in Grenzen zu halten. Überdies könnten aus einer supervisorischen Beratung heraus auch Fragen einer übermäßigen reaktiven Überformung des Feldes aufgegriffen und Alternativen erörtert werden. Eine entsprechende Supervision soll von Beginn an eingerichtet werden (siehe Arbeits- und Zeitplan). Wir freuen uns, hierfür zwei sowohl in fachlich-thematischer als auch methodischer Hinsicht ausgesprochen ausgewiesene Kollegen gewonnen zu haben.

4 Arbeits- und Zeitplan

Da jede Ethnographie sich aus einer methodenpluralen und situationsgebunden flexiblen Forschungsstrategie heraus entwickelt, ist eine Vorfestlegung des Ablaufs im strengen Sinne kaum möglich. Als sensibilisierende Heuristik verstanden macht ein solcher Plan allerdings Sinn. Beginnen möchten wir mit der Untersuchung zum Studienjahrbeginn Mitte Oktober 2016, um so eine geschlossene Prozessanalyse gewährleisten zu können.

1.-4. Monat (1. Semester)

Die 1. Phase dient allein der Datenerhebung. Nach einer zweiwöchigen Einführungsphase für die beiden Mitarbeiter_innen (Akklimatisierung im Fachbereich, Vorbesprechung des Erhebungseinstiegs etc.) stehen die Einstiegs- und Kennenlernphase (teilnehmende Beobachtung und beobachtende Teilnahme; empirische Feldnotizen) und dann die ersten Monate des ICEUS-Studiums im Zentrum: private Lebenswelt (empirische Feldnotizen zu Feldgesprächen), Einbettung in Fachbereich und Hochschulorganisation (empirische Feldnotizen zu Feldgesprächen und teilnehmenden Beobachtungen), Seminare (Beobachtungsprotokolle und empirische Feldnotizen). Wenn möglich, fertigen wir auch empirische Feldnotizen zu Feldgesprächen in Bezug auf die (lern)kulturelle Herkunftsperspektive an.

Die Datenerhebung wird in erster Linie von den wissenschaftlichen Mitarbeitern durchgeführt, Erhebungen vom Studienempfangsseminar und vom Seminargeschehen sollten allerdings in Teilen auch von den Seminarleitern angefertigt werden. In dieser Phase wird es für alle Datenproduzenten dann auch darum gehen, erste Erhebungserfahrungen im Feld zu machen und Kooperationen einzuspielen. Bereits in dieser Einstiegsphase soll das Gespräch mit den beiden Supervisoren gesucht werden. Erhebungsnah wird zu erörtern sein, wo Gefahren für eine übermäßige Reaktivität des Feldes liegen und mit welchen Vorkehrungen ihnen begegnet werden kann.

5.-6. Monat (vorlesungsfreie Zeit)

a. Im Zentrum der zweiten Phase steht eine erste Auswertung der Daten. Nach einem ersten Sichten und Ordnen des Materials geht es nun darum, über das offene Codieren hin zu einer ersten Kategorien- und einer ersten Achsenbildung zu kommen und da, wo es das Material hergibt, auch über eine hermeneutische Lesartenbildung und Falltypenbestimmung den Einstieg in die ICEUS-Lebensweltkonstruktion zu umreißen. Die Auswertung sollte zunächst separat für die thematischen Blöcke erfolgen, bevor vorsichtig eine erste lebensweltbezogene Integration versucht wird. Diese Integration sollte hier aber noch sehr dezentral bleiben. Vermieden werden sollte eine kernkategoriale strukturale Vertiefung. Die Auswertung obliegt den wissenschaftlichen Mitarbeitern unter Anleitung des Projektleiters. Einbezogen werden die Lehrenden, die zuvor auch die Daten miterhoben haben.
b. In dieser Phase sollte auch eine intensive Beratung durch die Supervisoren stattfinden. Dabei sind die Projektmitarbeiter gehalten, einen genauen Bericht zum Feldeinstieg und zur ersten Phase der Datenerhebung zu geben. Zugleich können die erhobenen Daten gesichtet und der erste interpretative Zugriff dargelegt werden. Die gemeinsame Analyse dient vor allem den Problemkreisen untersuchungsbedingte Feldüberformung und going native. In der gemeinsamen Analyse sollen bestehende Probleme erkannt und Vorkehrungen für die weitere Untersuchung entwickelt werden.
c. Parallel sollte die Datenerhebung – in der vorlesungsfreien Zeit gemäßigt – fortgeführt werden: um die Lebensweltbildung weiter verfolgen zu können und um den Kontakt zum Feld zu halten.
d. Die dann folgende 2. Datenerhebungsintensivphase sollte zum Abschluss strukturiert werden: Erste Selektionen, Absprachen mit den erhebenden Lehrenden, Einbeziehung der Studierenden.

7.-9. Monat (2. Semester)

In der dritten Arbeitsphase wird die Datenerhebung wieder für alle aufgeführten thematischen Felder intensiviert und entsprechend den Prinzipien des theoretischen Samplings strukturierter als zuvor ausgebaut. Spätestens jetzt können auch die Interviews zur (lern-)kulturellen Hintergrundperspektive und zur Studienmotivation und -erwartung durchgeführt werden. Es sollte jetzt auch neben der Ausarbeitung von empirischen Feldnotizen zur Anfertigung erster Analysenotizen kommen.

Spätestens ab dieser Phase bietet sich eine Arbeitsteilung zwischen den beiden wissenschaftlichen Mitarbeitern an. Sinn machen würde eine Abgrenzung der Zuständigkeit: für die Seminarbeobachtung (Mitarbeiter_in 1) und für die private Lebenswelt und für die Einbettung in Fachbereich und Organisation (Mitarbeiter_in 2), die dann im weiteren Verlauf der Untersuchung durchgehalten wird. Zugleich sollen die Lehrenden einbezogen werden, in erster Linie für die Anfertigung von Beobachtungsprotokollen vom Seminargeschehen, aber auch für die Anfertigung von Feldnotizen aller Art. Geplant ist die gemeinsame Durchführung und Aufzeichnung von Erfahrungsaustauschgesprächen.

Vorbereitet werden kann jetzt auch die Einbeziehung der Studierenden in die Datenerhebung. Das über die ersten beiden Semester reichende Methodenseminar kann mit Gewinn auch für die Studierenden als Lehrforschungsseminar ausgebaut werden. Die Studierenden würden mit den relevanten Erhebungsverfahren (beobachtende Teilnahme; autoethnographische Beobachtung; Interviewführung etc.) vertraut gemacht und könnten so die Erhebung gerade in Bezug auf die Rekonstruktion der Akteursperspektiven dichter gestalten. Dass das gut möglich ist, hat der Antragsteller in den vergangenen Jahren in thematisch ähnlicher Lehrforschung erfahren können (Schröer et al 2016). So wird es schon in dieser Phase zu Erhebungsbeiträgen der Studierenden kommen.

10-12. Monat (vorlesungsfreie Zeit)

a. Im Zentrum der vierten Phase steht wieder die Auswertung der Daten. Nach einem Sichten und Ordnen des neu gewonnenen Materials geht es nun darum, die ICEUS-Lebenswelt konturenschärfer über das – immer noch dezentrale – axiale Codieren und über die hermeneutische Falltypenbestimmung zu umreißen. Die Auswertung obliegt den wissenschaftlichen Mitarbeitern und dem Projektleiter. Erforderlich ist eine Beteiligung der Lehrenden, die zuvor auch die Daten miterhoben haben. Wichtiger aber noch ist die Beteiligung der Studierenden, weil mit ihnen eine nahezu ‚intime' Inbezugsetzung aller relevanten Erfahrungsebenen möglich sein wird. Die Gestaltung der Auswertungsarrangements kann hier noch nicht vorweggenommen werden. Vorab betrachtet bestehen unterschiedliche Optionen, in Bezug auf die erst im Verlaufe der Untersuchungsphase entschieden werden kann. Bei der Suche nach geeigneten Lösungen sollten die Supervisoren zurate gezogen werden.
b. Eine Datenerhebung in der vorlesungsfreien Zeit im Sommer erübrigt sich weitgehend.

c. Die dann folgende dritte Datenerhebungsintensivphase wird zum Abschluss vorstrukturiert.

13.-17. Monat (3. Semester)

Im 3. Semester kommt die Präsensphase des ICEUS-Masterstudiums zum Abschluss. Die Abfassung der Master-Thesis im 4. Semester ist nicht mehr an die Anwesenheit in der Hochschule gebunden, sodass die Lerngruppe in Auflösung begriffen ist. In diesem 3. Semester konsolidiert sich allerdings die ICEUS-Lebenswelt, so dass eine intensive Datenerhebung über die gesamten fünf Monate erforderlich wird. Die Datenerhebung bezieht sich wieder auf die angesprochenen thematischen Felder, wird jetzt aber aus der laufenden Untersuchung heraus strikter theoretisch gesamplet. In dieser Phase sollten Videoaufzeichnungen angefertigt werden. Die Auswertung solcher Videos verspricht eine feinere Rekonstruktion des lebensweltlichen Geschehens in den Seminaren. Der Anfertigung von Analysenotizen sollte in dieser Konsolidierungsphase breiter Raum gegeben werden.

18.-24. Monat (vorlesungsfreie Zeit – Anfertigung der Master-Thesis

Zunächst sollen wieder die neu erhobenen Daten für die letzte ‚ICEUS-Auswertungsphase' geordnet und gesichtet werden. Wieder geht es zunächst darum, die ICEUS-Lebenswelt weiter über das noch dezentrale axiale Codieren und über die hermeneutische Falltypenbestimmung zu umreißen.

Nach Abschluss der Datenerhebung zum Studiengang ICEUS und der dreistufigen dezentralen Datenauswertung (axiales Codieren und Falltypbestimmungen) geht es dann um eine Integration der gewonnenen Ergebnisse hin zu einem Gesamtverständnis zunächst von der ICEUS-Lebenswelt und dann allgemeiner von der lebensweltlichen Dimension einer interkulturellen Hochschulbildung. D. h.: Erst soll das lebensweltliche Geflecht in der typologischen Beschreibung der entwickelten wechselseitigen Orientierungen und Umgangsweisen der ICEUS-Studierenden im privaten, organisationalen und seminaristischen Umfeld konturiert und in Bezug auf die sozio-kulturellen und institutionellen Ausgangsbedingungen, von denen her die Studierenden motiviert wurden, dieses lebensweltliche Geflecht auszuhandeln, verstehbar werden. So wäre eine ethnographische Fallanalyse ‚ICEUS-Lebenswelt' zum Abschluss gekommen. Von da ausgehend wird es möglich sein, hypothetisch allgemeine Rahmenbedingungen und die für die Studierenden resultierenden allgemeinen Problemlagen hochzurechnen, die dann ein Möglichkeitsfeld lebensweltlicher Fundierungen von interkultureller Hochschulbildung auf den oben angesprochenen drei Kompetenzebenen erkennbar werden lassen. So wäre dann eine hier sicherlich noch deutlich hypothetische Kernkategorie oder – wenn man so will – eine Handlungsstruktur (lebensweltliche Bedingungen – Bildungsstrategien – Bildungseffekte) bestimmt, von der her das Feld interkulturelle Hochschulbildung über kontrastierende Fallvergleiche empirisch ‚vermessen' und die Hypothese dabei überarbeitet werden kann.

Diese für die Datenauswertung zentrale Phase soll wieder durch intensive Supervison begleitet sein. Zum einen muss es darum gehen rückblickend die Qualität der Datenerhebung unter dem Aspekt der Reaktivität des Feldes und des going native zu analysieren, und dann wird die Auswertung der Daten im Zentrum stehen: Es wird hier wichtig sein, mit den Supervisoren zu diskutieren, inwieweit der interpretative Ertrag von Verzerrungen und blinden Flecken infolge der Nähe zum Feld geprägt ist und überarbeitet werden muss.

Spätestens bei diesem Stand der Auswertung wird es zu ersten Veröffentlichungen der Ergebnisse kommen. Für die Fuldaer Feldarbeitstage ist die Präsentation methodenbezogener Ergebnisse in einem Schwerpunkt „Ethnographische Strategien zur Erforschung Interkultureller Hochschulbildung" vorgesehen. Nach Abschluss dieser Tagung werden wir uns an die Vorbereitung eines internationalen Workshops, auf dem die Ergebnisse unserer Untersuchung internationalen Fachwissenschaftlern vorgestellt und mit ihnen diskutiert werden sollen, machen.

25.-33. Monat (ein Studienjahr)

Eine strikte Planung der Kontrastierungen aus methodologischen und praktischen Erwägungen heraus ist jetzt noch nicht möglich. Um hier trotzdem schon eine Vorstellung zu geben, wie sie dann aussehen könnte, ist hier ein Plan unter Beteiligung der bereits bestehenden Kooperationen entworfen.

Die Kontrastierungen würden wir dann an zwei Fachbereichen der Hochschule Fulda, die gleichfalls in Bezug auf die Studierendenschaft interkulturell aufgestellt sind, und am Studiengang (…) der Hochschule (…) sowie an zwei internationalen Masterstudiengängen der Hochschule (…) vornehmen (siehe: 2.3.1. Kontrastierung). Dazu würden wir leitfadengestützte qualitative Interviews führen (Witzel 2000, 1985) und die dann hermeneutisch und inhaltsanalytisch auswerten. Zunächst sollten die Erhebungen parallel an den beiden Studiengängen in Fulda, dann parallel die Erhebungen in (…) und (…) vorgenommen werden. Die beiden Mitarbeiter sollten dabei arbeitsteilig vorgehen und die begleitende Beratung durch die Supervisoren suchen. Am Ende dieser ersten Kontrastierungen würden wir eine ausdifferenzierende Überarbeitung unserer Strukturhypothese zur Lebenswelt Interkulturelle Hochschulbildung wagen.

In dieser Zeit werden wir auch einen zweitägigen interkulturellen Workshops zum Thema „Die lebensweltliche Grundlegung Interkultureller Hochschulbildung" durchführen. Neben den unten aufgeführten kooperierenden Kolleg_innen werden Einladungen ergehen an Prof. Dr. Jürgen Bolten, Jena; Prof. Dr. Jutta Berninghausen, Bremen; Dr. Andreas Groß, Köln; Prof. Dr. Stefan Kammhuber, Rapperswil (Schweiz); Prof. Dr. Tom Koole, Groningen; Prof. Dr. Eva Lam, Hongkong; Prof. Dr. Alois Moosmüller, München; Prof. Dr. Matthias Otten, Köln; Prof. Dr. Hanna Pulaczewska, Regensburg/Lodz; Prof. Dr. Ben Rampton, London.

35.-36. Monat

Fertigstellung des Forschungsberichts und Vorbereitung einer Veröffentlichung-Vorbereitung einer Fachtagung zur ‚Interkulturellen Hochschulbildung' mit Unterstützung des DAAD, auf der wir unsere Forschungsergebnisse vorstellen und zur Diskussion stellen wollen.

Literatur

Auferkorte-Michaelis, Nicole (2008). Innerinstitutionelle Hochschulforschung – Balanceakt zwischen nutzenorientierter Forschung und reflektierter Praxis. In: Zimmermann, et al. (Hrsg.), S. 87-96

Adler, Patricia/Adler, Peter (1987). Membership Roles in Field Research. Newbury Park: CA (Sage)

Adler, Patricia/Adler, Peter (1988). Peer Power. Preadolescent Cultur an Identity. New Brunswick: Rudgers University Press

Auernheimer, Georg (2006). Kulturwissen ist zu wenig: Plädoyer für ein erweitertes Verständnis von interkultureller Kompetenz. In: Heinz Antor (Hrsg.). Inter- und transkulturelle Studien. Theoretische Grundlagen und interdisziplinäre Praxis. Heidelberg: Universitätsverlag Winter, S. 145-160

Auernheimer, Georg (2007). Einführung in die interkulturelle Pädagogik. Darmstadt: WBG

Bauschke-Urban, Carola (2005). Internationalisierung der Hochschulen und interkulturelle Kommunikation. In: Kruse, Elke u. a. (Hrsg.). Grenzenloses lernen – lernen über Grenzen? Generierung und Verteilung von Wissen in der Hochschulentwicklung. Münster: Lit Verlag, S. 35-37

Bauschke-Urban, Carola (2010). Transit. Transnationalisierungsprozesse in der Wissenschaft. Wiesbaden: VS Verlag

Bauhaus Universität Weimar (2013). Handbuch zur Förderung interkultureller, interdisziplinärer und internatinale Lehre der Bauhaus Universität Weimar

Bauer, Gerd Ulrich (2010). Lehrfilme. In: Weidemann, Arne et al. (Hrsg.), S. 375-386

Beach, Dennis & Puaca, Goran (2014). Changing higher education by converging policy-packages; education choices and student identities. In: European Journal of Higher Education. Vol 4, Nr. 1, S. 67-79

Becker, Howard S. (1963). The Culture of a Deviant Group: The Jazz Musician. In: Gelder, Ken & Thornton, Sarah (Hrsg.). The subcultures Reader. London und New York: Routledge, S. 55-65

Becker, William E. & Andrews, Moya L. (Ed.) (2011). The Scholarship of Teaching and Learning in Higher Education. Bloomington/Indianapolis: Ind. Uni. Press

Behrendt, Brigitte (2006). Neues Handbuch Hochschullehre. Stuttgart: Raabe Fachverlag für Wissenschaftsinformationen

Belostocka, Anastasia (in diesem Band). Die Kulturschock-Erfahrung in Fulda. Ein autoethnographischer Bericht

Bergmann, Jörg (1985). Flüchtigkeit und methodische Fixierung sozialer Wirklichkeit. In: Bonß, Wolfgang & Hartmann, Heinz (Hrsg.). Entzauberte Wissenschaft. Göttingen: Otto Schwartz Co, S. 299-320

Berninghausen, Jutta (2012). Ausseneinsichten. Interkulturelle Fallbeispiele von deutschen und internationalen Studierenden im Auslandsjahr. Bremen: Kellner

Berninghausen, Jutta (2014). Von Interkulturalität zu Diversity-Management an Hochschulen. In: Moosmüller, Alois & Möller-Kiero, Jana (Hrsg.), S. 311-326

Bertels, Ursula & Bußmann Claudia (2013). Handbuch interkulturelle Didaktik. Münster: Waxmann

Bettmann, Richard & Hinnenkamp, Volker & Laufer, Melissa & Schröer, Norbert (in diesem Band). Interkulturelle Gruppenarbeit als Herausforderung. Vermeidungsstrategien und Chancen

Bettmann, Richard & Schröer, Norbert (2016). Kollaborative Ethnographie oder: Qualitative Sozialforschung als komplexe lebensweltanalytische Teamarbeit. In: Hitzler, Ronald & Kreher, Simone & Poferl, Angelika & Schröer, Norbert (Hrsg.): Old School - New School? Zur Frage der Optimierung ethnographischer Datenerhebung. Essen: Oldib, S. 163-175

Bhabha, Homi (1994). Das theoretische Engagement. In: Bhabha, Homi, Die Verortung der Kultur. Tübingen: Stauffenburg, S. 29-58

Bishop, Russell (2012). Indigenous Methods in Qualitative Educational Research. In: Delamont, Sara (Ed.), S. 126-140

Blaszcyk, Agnieszka (2010). Interkultureller Früchtesalat. In: Hiller, Gundula Gwenn & Vogler-Lipp, Stefanie (Hrsg.), S. 209-212

Blumer, Herbert (1986). Symbolic Interactionism: Perspective and Method. Berkeley, Los Angeles: University of Calofornia Press

Boer, Heike de & Reh, Sabine (Hrsg.) (2012). Beobachtung in der Schule. Beobachten lernen. Wiesbaden: SpringerVS

Bosse, Elke (2014). Kulturelle Diversität in der Hochschuldidaktik. In: Tomberger, Corinna (Hrsg.). Gender- und Diversity-Kompetenzen in Lehre und Beratung. Hildesheim: Universitätsverlag Hildesheim, S. 93-105

Bosse, Elke (2010). Vielfalt erkunden - ein Konzept für ein interkulturelles Training an Hochschulen. In: Hiller, Gundula Gwenn & Vogler-Lipp, Stefanie (Hrsg.), S. 109-134

Böss-Ostendorf, A. & Senft, H. (2011). Einführung in die Hochschul-Lehre. Opladen, Farmington Hill: Barbara Budrich

Bourdieu, Pierre (1990). Was heißt Sprechen? Die Ökonomie des sprachlichen Tausches. Wien: Braumüller

Breidenstein, Georg (2006). Teilnahme am Unterricht. Ethnographische Studien zum Schülerjob. Wiesbaden: VS Verlag

Breidenstein, Georg & Kelle, Helga (1998). Geschlechteralltag in der Schulklasse. Ethnographische Studien zur Gleichaltrigenkultur. Weinheim: Juventa
Breidenstein, Georg & Hirschauer, Stefan & Kalthoff, Herbert & Nieswand, Boris (2013). Ethnografie. Die Praxis der Feldforschung. Konstanz: UTB/ UVK
Breuer, Franz (2009). Reflexive Grounded theory. Eine Einführung für die Forschungspraxis. Wiesbaden: VS Verlag
Bührmann, Andrea D. (2008). Der Bologna-Prozess: seine Risiken und Nebenwirkungen. In: Zimmermann, Karin et al. (Hrsg.), S. 215-230.
Bülow-Schramm, Margret (2008). Hochschule als Lebenswelt für Studierende? Ein Ziel des New Public Management? In: Zimmermann, Karin et al. (Hrsg.), S. 231-250
Bülow-Schramm, Margret & Garz, Detlef (2004). Abschlussbericht über die qualitativ-empirische Untersuchung der Lebenswelten Studierender – Bedeutung von Studienphase und Hochschule an die DFG. Hamburg, Januar 2004.
Bülow-Schramm, Margret & Gerlof, Karsten (2004). Lebensweltliche Konstruktion von Studierenden – Brücken zum Habitus? In: Engler, Steffani & Krais, Beate (Hrsg.). Das kulturelle Kapital und die Macht der Klassenstrukturen. Sozialstrukturelle Verschiebungen und Wandlungsprozesse des Habitus. Reihe Bildungssoziologische Beiträge. Weinheim: Juventa, S. 141-158
Casper-Hehne, Hiltraud (2005). Handlungs- und Beziehungsaspekte in der Wissenschaftskommunikation ausländischer Studierender. In: Casper-Hehne, Hiltraud & Ehlich, Konrad (Hrsg.). Kommunikation in der Wissenschaft. Regensburg: Fachverband Deutsch als Fremdsprache, S. 57-73
Cathcart, A.D.-D.J. & Hall, R. (2006). Reluctant Hosts and Disappointed Guests? Examining Expectations and Enhancing Experiences of Cross Cultural Group Work on Postgraduate Business Programmes. In: International Journal of Management Education No. 5, S. 13-21
Chang, Heewon (2008). Autoethnography as Method. Walnut Creek: Left Coast Press
Charmaz, Kathy (2006). Constructing Grounded Theory. Pracical Guide Through Qualitative Analysis. Los Angeles, London: Sage
Charmaz, Kathy & Mitchel, Richard (2001). Grounded Theory in Ethnography. In: Atkinson, Paul et al. (Hrsg.). Handbook of Ethnography, Los Angelos: Sage:, S.160-174
Clarke, Adele E. (2012). Situationsanalyse. Grounded Theory nach dem Postmodern Turn. Wiesbaden: Springer
Corsten, Michael & Krug, Melanie & Moritz, Christine (Hrsg.) (2010). Vidographie praktizieren. Herangehensweisen, Möglichkeiten, Grenzen. Wiesbaden: VS Verlag
Crang, Mike & Cook, Ian (2007). Doing Ethnography. Los Angeles: Sage
DAAD (2014). Kurzportraits zu den PROFIN-Projekten können eingesehen werden unter: https://www.daad.de/hochschulen/betreuung/profin/10190.de.html
Dammann, Rüdiger (1991). Die dialogische Praxis der Feldforschung. Der ethnographische Blick als Paradigma der Erkenntnisgewinnung. Ffm.: Campus
Darowska, Lucyna & Machold, Claudia (2010). Hochschule als transkultureller Raum unter den Bedingungen von Internationalisierung und Migration – eine Annäherung. In: Darowska, Lucyna & Lüttenberg, Thomas & Machold, Claudia (Hrsg.). Hochschule als transkultureller Raum? Kultur, Bildung und Differenz in der Universität. Bielefeld: transcript, S. 13-38
Deardorff, D.K (2012). The SAGE Handbook of International Higher Education, SAGE Publications: California

Dellwing, Michael & Prus, Robert (2012). Einführung in die interaktionistische Ethnografie. Soziologie im Außendienst. Wiesbaden: Springer VS
Delamont, Sara (Ed.) (2012). Handbook of Qualitative Research in Education. Cheltenham: Elgar
Denzin, Norman K. (Hrsg.) (1978). Studies in Symbolic Interaction, Bd. 1. Greenwich: Jai Press
Dietz, Mary L. & Prus, Robert & Shaffier, William (Hrsg.) (1994). Doing everyday life, Mississuagua, Canada. Copp: Clark Longman
Dietze, Svenja (2010). PeerNet: Ausbildung zum studentischen Integrations-Coach. In: Hiller, Gundula Gwenn & Vogler-Lipp, Stefanie (Hrsg.), S. 159-171
Dommasch, Magdalena & Grigorova, Nadejda & Zöller, Juliane (2010). Frustationstoleranz. In: Hiller, Gundula Gwenn & Vogler-Lipp, Stefanie (Hrsg.), S. 277-282
Dreke, Dayana (2010). Überraschungsball. In: Hiller, Gundula Gwenn & Vogler-Lipp, Stefanie (Hrsg.), S. 235-236
Ellis, Carolyn (2004). Ethnography I. Methodological Novel about Autoethnography. Walnut Creek: Altamira Press
Emerson, Robert M. & Fretz, Rachel I. & Shaw, Linda L. (1995). Writing Ethnographic Fieldnotes. Chicago: University of Chicago Press
Erll, Astrid & Gymnich, Marion (2010). Interkulturelle Kompetenzen – Erfolgreich kommunizieren zwischen den Kulturen. Stuttgart: Klett
Ertel, Helmut & Wehr, Silke (2007). Bolognagerechter Hochschulunterricht. Herausforderungen durch Kompetenzorientierung und Lernerzentrierung. In: Wehr, Silke & Ertel, Helmut (Hrsg.). Aufbruch in der Hochschullehre. Kompetenzen und Lernende im Zentrum. Beiträge aus der hochschuldidaktischen Praxis. Bern u. a.: Haupt, S. 12-28
Esser, Bernard (2010). Kultursensitive Beratung und Dialog. Schwalbach: Wochenschau Verlag
Fachbereich Sozial- und Kulturwissenschaften an der Hochschule Fulda (2008). Reakkreditierungsantrag für den Studiengang ICEUS
Faulstich, Peter & Ludwig, Joachim (Hrsg.) (2004). Expansives Lernen. Hohengehren: Schneider Verlag
Flechsig, Karl-Heinz (1998). Brennpunkte der Hochschuldidaktik. Internes Arbeitspapier des Instituts für interkulturelle Didaktik der Georg-August-Universität Göttingen. Zu finden unter: http://wwwuser.gwdg.de/~kflechs/iikdiaps.htm. (Letzter Zugriff: 12.09.2014)
Flechsig, Karl-Heinz (1998a). Kulturelle Schemata und interkulturelles Lernen. Internes Arbeitspapier des Instituts für interkulturelle Didaktik der Georg-August-Universität Göttingen. Zu finden unter: http://wwwuser.gwdg.de/~kflechs/iikdiaps.htm. (Letzter Zugriff: 12.09.2014)
Flick, Uwe Flick, Uwe & von Kardorf, Ernst & Steinke, Ines (Hrsg.) (2000). Qualitative Forschung. Ein Handbuch. Reinbek bei Hamburg: rowolth
Fraunhofer Institut (2000). Internationalisierungsstrategien in der Wissenschafts-Forschungspolitik: Best Practices im internationalen Vergleich. Studie für das Bundesministerium für Bildung und Forschung (BMBF). Karlsruhe: Fraunhofer Institut
Friebertshäuser, Barbara & Langer, Antje & Richter, Sophia (Hrsg.) (2010). (An)Passungen, Körperlichkeit und Beziehungen in der Schule – ethnographische Studien. Baltmannsweiler: Schneider Hohengehren
Friebertshäuser, B. & Kelle, H. & Boller, H. et al. (Hrsg.) (2012). Feld und Theorie. Herausforderungen erziehungswissenschaftlicher Ethnographie. Opladen u. a.: Barbara Budrich.
Fuchs, Ingrid (2010). Villa Kunterbunt. In: Hiller, Gundula Gwenn & Vogler-Lipp, Stefanie (Hrsg.), S. 298-299.

Gerstenberger, Julia (2010). Schlüsselwörter. In: Hiller, Gundula Gwenn & Vogler-Lipp, Stefanie (Hrsg.), S. 283-285.

Giddens, Anthony (1984). Die Konstitution der Gesellschaft. Franfurt/Main: Campus

Girtler, Roland (2001). Methoden der Feldforschung. Wien, Köln, Weimar: Bölau/UTB

Glaser, Barney G. & Strauss, Anselm L. (1998). Grounded Theory. Strategien qualitativer Forschung. Bern/ Göttingen: Huber

Gmainer-Pranzl, Franz & Gruber, Judith (Hrsg.) (2012). Interkulturalität als Anspruch universitärer Lehre und Forschung. Frankfurt a. M. u. a.: Salzburger interdisziplinäre Diskurse, Band 2

Goffman, Erving (1989). On Fieldwork, Journal of Contemporary Ethnography Jg. 18, H. 2. pp. 125-132

Golle, Karen & Hellermann, Klaus (2003). Lehre effektivieren durch Beratungs- und Kommunikationskompetenzren. Sprechstundenkommunikation als Thema hochschuldidaktischer Weiterbildung. In: Hochschuldidaktische Arbeitspapiere 20, Bochum: S. 103f.

Groß, Andreas (2005). Forschung – Entwicklung – Praxis: Vermittlungsprobleme. In: Leenen, Wolf Rainer & Grosch, Harald & Groß, Andreas (Hrsg.). Bausteine zur interkulturellen Qualifizierung der Polizei. Münster Waxmann, S. 111-164

Gruber, Hans & Mandl, Heinz & Renkl, Alexander (2000). Was lernen wir in Schule und Hochschule? Träges Wissen? In: Mandl, Heinz & Gerstenmaier, Jochen (Hrsg.). Die Kluft zwischen Wissen und Handeln. Empirische und theoretische Lösungsansätze. Göttingen: Hogrefe, S. 139-156

Hammersley, Martyn & Atkinson, Paul (1983). Ethnography. Principles in practice. London, New York: Routledge

Hahn, Karola (2004). Die Internationalisierung der deutschen Hochschulen. Kontext, Kernprozesse, Konzepte und Strategien. Wiesbaden: VS Verlag

Hatch, Thomas (2006). Into the Classroom. San Francisco: Jossey-Bass

Heinzel, Friederike & Thole, Werner & Cloos, Peter & Köngeter, Stefan (Hrsg.) (2009). „Auf unsicherem Terrain". Ethnographische Forschung im Kontext des Bildungs- und Sozialwesens. Wiesbaden: VS Verlag

Helsper, Werner/ Klieme, Eckhard (2013). Quantitative und qualitative Unterrichtsforschung – eine Sondierung. In: Zeitschrift für Pädagogik. 59, (3), 283-290

Helsper, W. & Kramer, R. T. & Hummrich, M. & Busse, S. (2009). Jugend zwischen Familie und Schule. Eine Studie zu pädagogischen Generationsbeziehungen. Wiesbaden: VS Verlag

Heublein, U. & Özkilic, M. & Sommer, D. (2007). Aspekte der Internationalität deutscher Hochschulen; Internationale Erfahrungen deutscher Studierender an ihren heimischen Hochschulen (DAAD 2007)

Hiller, Gundula Gwenn (2014). Kulturelle und sprachliche Diversität in der Hochschule am Beispiel von E-Mail Kommunikation. In: Moosmüller, Alois & Möller-Kiero, Jana (Hrsg.) (2014), S. 233-258

Hiller, Gundula Gwenn & Vogler-Lipp, Stefanie (Hrsg.) (2010). Schlüsselqualifikation Interkulturelle Kompetenz an Hochschulen. Wiesbaden: VS Research

Hinnenkamp, Volker & Schröer, Norbert (2012). Interkulturalität als Ressource und Potenzial im Studienalltag im internationalen Masterstudiengang ICEUS. Vortrag auf der Tagung der LMU München zum Thema „Interkulturalität und kulturelle Diversität" im Goethe-Institut München am 1.12. 2012

Hinnenkamp, Volker & Platzer, Hans (2013). „Einleitung: Interkulturalität und Europäische Integration." In: Hinnenkamp, Volker & Platzer, Hans (Hrsg.). Interkulturalität und Europäische Integration. Stuttgart: Ibidem, 11-52

Hirschauer, Stefan (2001). Ethnographisches Schreiben und die Schweigsamkeit des Sozialen. Zu einer Methodologie der Beschreibung. In: Zeitschrift für Soziologie, Jg. 30, H. 6, 429-451

Hirschauer, Stefan & Amann, Klaus (Hrsg.) (1997). Die Befremdung der eigenen Kultur. Frankfurt a. M.: Suhrkamp

Hitzler, Ronald (1999). „Welten erkunden". Lebenswelt – Milieu – Situation. Terminologische Vorschläge zur theoretischen Verständigung. In: KZfSS, Jg. 36: 56-74

Hitzler, Ronald & Honer, Anne (1988). Der lebensweltliche Forschungsansatz. In: Neue Praxis. H. 6: 496-501

Hitzler, Ronald & Honer, Anne (Hrsg.) (1994). Sozialwissenschaftlichen Hermeneutik. Opladen: Leske & Budrich

Hitzler, Ronald & Reichertz, Jo & Schröer, Norbert (1999). Hermeneutische Wissenssoziologie. Standpunkte zur Theorie der Interpretation. Konstanz: UVK

Hitzler, Ronald & Leuschner, Corinna Iris & Mücher, Frank (2013). Lebensbegleitung im Haus Königsborn. Konzepte und Praktiken in einer Langzeitpflegeeinrichtung für Menschen mit schweren Hirnschädigungen. Weinheim, Basel: Beltz/Juventa

Holzkamp, Klaus (1995). Lernen. Subjektwissenschaftliche Grundlagen. Frankfurt/Main: Campus

Honer, Anne (1993). Die lebensweltliche Ethnographie. Ein explorativ-interpretativer Forschungsansatz am Beispiel von Heimwerker-Wissen. Wiesbaden

Honer, Anne (2000). Lebensweltanalyse in der Ethnographie. In: Flick, Uwe & von Kardorf, Ernst & Steinke, Ines (Hrsg.), S. 194-204

Honer Anne (2011). Kleine Leiblichkeiten. Erkundungen in Lebenswelten. Wiesbaden: VS Verlag

House, Juliane (2003). Misunderstanding in Intercultural University Encounters. In: House, Juliane & Kasper, Gabriele & Ross, Steven (Hrsg.). Misunderstanding in Social Life. London: Pearson, S. 22-56

Huf, C. & Friebertshäuser, B. (2012). Über Felder, Theorien und Horizonte ethnographischer Forschung in der Erziehungswissenschaft – eine Einleitung. In: Friebertshäuser et al. (Hrsg.), S. 9-24

Hutchings, Pat & Huber, Mary Taylor & Ciccone, Anthony (2011). Scholarship of Teaching and Learning Reconsidered. San Francisco: Jossey-Bass

ISB (International Student Barometer) (2012). Die Daten können eingesehen werden unter: http://www.gate germany.de/angebote/expertenwissen/international-student-barometer.html

Iken, Adelheid (2014). Einheit in der Vielfalt oder was bedeutet kulturelle Diversität im Hochschulkontext? In: Moosmüller, Alois & Möller-Kiero, Jana (Hrsg.) (2014), S. 327-338

Isserstedt, W. & Kandulla, M. (2011). Internationalisierung des Studiums – Ausländische Studierende in Deutschland – Deutsche Studierende im Ausland. Ergebnisse der 19. Sozialerhebung des Deutschen Studentenwerks durchgeführt durch HIS Hochschul-Informations-System. Bonn, Berlin: BMBF

Jude, Caroll & Ryan, Janette (2005). Teaching international Students: Improving Learning for All. London:Routledge

Jutte, Claudia (2010). Spiegel der Kulturen. In: Hiller, Gundula Gwenn & Vogler-Lipp, Stefanie (Hrsg.), S. 289-290

Kammhuber, S. (2010). Interkulturelles Lernen und Lehren an der Hochschule. In: Hiller, Gundula Gwenn & Vogler-Lipp, Stefanie (Hrsg.), S. 57-72

Kammhuber, S. (2000). Interkulturelles Lernen und Lehren. Wiesbaden: DUV

Kelle, Udo (1994). Empirisch begründete Theoriebildung. Logik und Methodologie interpretativer Sozialforschung. Weinheim: Deutscher Studien Verlag

Kellner, Hansfried & Heuberger, Frank (1999). Die Einheit der Handlung als methodologisches Problem. Überlegungen zur Adäquanz wissenschaftlicher Modellbildung in der sinnverstehenden Soziologie. In: Hitzler, Ronald & Reichertz, Jo & Schröer, Norbert (Hrsg.). Hermeneutische Wissenssoziologie. Standpunkte zur Theorie der Interpretation. Konstanz: UVK, S. 71-96

Kim, T. (2009). Transnational academic mobility, internationalization and interculturality in higher Education. In: Intercultural Education, 20 (5), 395-405

Kimmel, K. & Volet, S. (2012). "University Students' Perceptions of and Attitudes Towards Culturally Diverse Group Work: Does Context Matter?" In: Journal of Studies in International Education, Vol. 16 No. 2, 157-181

Klinkhammer; Monika (2007). Supervision und Coaching im Kontext der Hochschule. In: Behrend, Brigitte & Voss, Hans-Peter & Wildt, Johannes (Hrsg.). Handbuch Hochschullehre. Berlin: Raabe

Knapp, Annelie & Schumann, Adelheid (2008). Mehrsprachigkeit und Multikulturalität. Bern: Peter Lang

Knight, J. (2012). Concepts, Rationales, and Interpretive Frameworks in the Internationalization of Higher Education. In: Deardorff, D.K. (Ed.), pp. 27-42

Knight, J. (2004). Internationalization Remodeled: Definition, Approaches, and Rationales. In: Journal of Studies in International Education, Vol. 8 No. 1, 5-31

Köster, Anne (2010). Visual Imagery. Methodenkurzdarstellung. In: Hiller, Gundula Gwenn & Vogler-Lipp,Stefanie (Hrsg.), S. 333-336

Köster, Anne (2010a). Ankunft in Delhi. In: Hiller, Gundula Gwenn & Vogler-Lipp, Stefanie (Hrsg.), S. 337-345.

Küchler, Uwe (2007). Interkulturelle Hochschullehre. Internationalisierung am Beispiel der Amerikanistik. Berlin, Münster: Lit Verlag

Lau, Thomas & Wolff, Stephan (1983). Der Einstieg in das Untersuchungsfeld als soziologischer Lernprozeß. In: Kölner Zeitschrift für Soziologie und Sozialpsychologie, H. 3: 417-437

Laufer, Melissa Elise (2014). Gaining Intercultural Competence. Grounded Theory Study Investigating Intercultural Competence in the University Classroom. Fulda (Masterarbeit)

Leenen, Rainer, Groß, Andreas (2009). Internationalisierung aus interkultureller Sicht: Diversitätspotentiale der Hochschule. In: Otten, Matthias & Alexander Scheitza, Alexander & Cnyrim, Andrea (Hg.), S. 185-214

Leszczensky, Michael & Barthelmes, Tanja (Hrsg.) (2011). Herausforderung Internationalisierung. Die Hochschulen auf dem Weg zum Europäischen Hochschulraum. Hannover: HIS Hochschul-Informations-System.

Leszczensky, Michael & Barthelmes, Tanja (2011a). Einleitung. In: Dies. (Hrsg.), S. 1-9

Lucas, Lisa (2012). Ethnographic Journeys in Higher Education. In: Delamont, Sara (Ed.), pp. 170-180

Luckmann, Benita (1970). The Small Life-Worlds of Modern Man. In: Social Research Jg. 37, H. 4: 580-596

Ludwig, Joachim (2012). Bildungstheoretische Zugänge zu Lernen und Lernberatung. In: Ders. (Hrsg.), Lernen und Lernberatung. Alphabetisierung als Herausforderung für die Erwachsenendidaktik. Bielefeld: Bertelsmann, S. 18-42

Lüders, Christian (1995). Von der teilnehmenden Beobachtung zur ethnographischen Beschreibung. In: König, Eckard, Zedler, Peter (Hrsg.). Bilanz qualitativer Forschung Bd. II: Methoden. Weinheim: Deutscher Studien Verlag, S. 311-342

Lüders, Christian (2000). Beobachten im Feld und Ethnographie. In: Flick, Uwe & von Kardorf, Ernst & Steinke, Ines (Hrsg.), S. 384-402

Macke, Gerd & Hanke Ulrike & Viehmann Pauline (2012). Hochschuldidaktik. Lehren-vortragen-prüfen-beraten. Weinheim, Basel: Beltz

Malchow, Erik (2010). Where are you from? In: Hiller, Gundula Gwenn & Vogler-Lipp, Stefanie (Hrsg.), S. 302-304

Mall, Ram Adhar (2000). Interkulturelle Verständigung. Primat der Kommunikation vor dem Konsens. In: Ethik und Sozialwissenschaften 11(3); 337-350

Moosmüller, Alois & Möller-Kiero, Jana (Hrsg.) (2014). Interkulturalität und kulturelle Diversität. München. Waxmann

Moosmüller, Alois & Waibel, Isabella (Hrsg.) (2013). Wissenschaftsmobilität und interkulturelle Kommunikation im deutsch-polnisch-tschechischen Kontext. Marburg: Tectum

Moosmüller, Alois (2013). Hochschulen im Spannungsfeld von Internationalisierung und Interkulturalität. In: Moosmüller,Alois & Waibel, Isabella (Hrsg.), S. 80-93

Murray, Rowena (Ed.) (2008). The Scholarship of Teaching and Learning in Higher Education. Glasgow: Open Uni. Press

Münst, Agnes S. (2002). Wissensvermittlung und Geschlechterkonstruktion in der Hochschullehre. Ein ethnographischer Blick auf natur- und ingenieurwissenschaftliche Studienfächer. Weinheim: Deutscher Studien Verlag

Münst Agnes S. (2008). Hierarchie, Fachkompetenz und Geschlecht in Lehrveranstaltungen: Ethnographie einer ethnographischen Teilnehmenden Beobachtung. In: Zimmermann, et al. (Hrsg.), S. 179-196

Nikonorova, Vera (2010). Lied der Freiheit. In: Hiller, Gundula Gwenn & Vogler-Lipp, Stefanie (Hrsg.), S. 346-350

Nohl, Arnd-Michael (2010). Konzepte interkultureller Pädagogik. Bad Heilbrunn: Klinkhardt & Julius

Oberbeck, Aneta (2010). Gib mir deine Hand und ich sag dir alles. In: Hiller, Gundula Gwenn & Vogler-Lipp, Stefanie (Hrsg.), S. 198-199

Oevermann, Ulrich (1981). Fallrekonstruktion und Strukturgeneralisierung als Beitrag der Objektiven Hermeneutik zur soziologisch-strukturtheoretischen Analyse. MS, Frankfurt a. M.: Utrecht-Papier

Otten, Matthias & Alexander Scheitza, Alexander & Cnyrim, Andrea (Hrsg.) (2009). Interkulturelle Kompetenz im Wandel. Bd. 2. Ausbildung, Training und Beratung. Frankfurt a. M., London

Otten, Matthias (2006). Interkulturelles Handeln in der globalisierten Hochschulbildung. Eine kultursoziologische Studie. Bielefeld: Transcript

Otten, Matthias (2003). Intercultural Learning and Diversity in Higher Education. In: Journal of Studies in International Education, Vol. 7 No. 1, 12-26

Otto, Jana (2010). Leih mir deine Stimme. In: Hiller, Gundula Gwenn & Vogler-Lipp, Stefanie (Hrsg.), S. 263-266.

Pabian, Petr (2014). Ethnographies of higher education: introduction to the special issue. In: European Journal of Higher Education, Vol. 4, Nr. 1, 6-17
Petrow, Nina (2013). Internationalisierung in der Hochschulausbildung. Marburg: Tectum
Pisaryk, Svietlana (in diesem Band). In Rom tu wie…?
Poferl, Angelika & Reichertz, Jo (Hrsg.) (2015). Wege ins Feld. Methodologische Aspekte des Feldzugangs. Essen: Oldib
Rabenstein, K. & Reh, S. & Ricken, N. & Idel, T.-S. (2013). Ethnographie pädagogischer Differenzordnung. Methodologische Probleme einer ethnographischen Erforschung der sozial selektiven Herstellung von Schulerfolg im Unterricht. In: Zeitschrift für Pädagogik. 59 Jg., Heft 5, 668-690
Raufelder, Diana (2006). Die Bedeutung des Lehrer-Schüler-Verhältnisses im Bildungsprozeß – eine Ethnographie. Diss. FU Berlin
Reh, Sabine & Labede, Julia (2012: Kamera-Interaktionen. Videoethnographien im geöffneten Unterreicht. In: Friebertshäuser, Barbara et al. (Hrsg.), S. 89-104
Reichertz, Jo (1989). Hermeneutische Auslegung von Feldprotokollen? Verdrießliches über ein beliebtes Forschungsmittel. In: Aster, R. & Merkens, H. & Repp, M. (Hrsg). Teilnehmende Beobachtung. Frankfurt a. M.: Campus, S. 84-102
Reichertz, Jo (2009). Kommunikationsmacht. Was ist Kommunikation und weshalb vermag sie das? Wiesbaden: VS Verlag
Reichertz, Jo & Schröer, Norbert (1994). Erheben, Auswerten, Darstellen. Konturen einer hermeneutischen Wissenssoziologie. In: Schröer, Norbert (Hrsg.), S. 56-84
Reichertz, Jo Englert, Carina (2010). Einführung in die qualitative Videoanalyse. Eine hermeneutisch wissenssoziologische Fallanalyse. Wiesbaden: VS Verlag
Robinson, Sarah & Blenker, Per (2014). Tensions between rhetoric and practice in entrepreneurship education; an ethnography from Danish higher education. In: European Journal of Higher Education. Vol 4, Nr.1; 80-93.
Sanderson, Gavin (2008). A Foundation for the Internationalization of the Academic Self. In: Journal of Studies in International Education. 12 (3), 276-307
Schaeper, Hildegard (2008). Lehr-/ Lernkulturen und Kompetenzentwicklung: Was Studierende lernen, wie Lehrende lehren und wie beides miteinander zusammenhängt. In: Zimmermann et al. (Hrsg.), S. 197-213
Schimank, Uwe (2008). Hochschule als Institution: Gussform, Arena und Akteur. In: Zimmermann et al. (Hrsg.), S. 157-164
Schröer, Norbert (1992). Der Kampf um Dominanz. Hermeneutische Fallanalyse einer polizeilichen Beschuldigtenvernehmung. Berlin, New York: de Gruyter
Schröer, Norbert (Hrsg.) (1994). Interpretative Sozialforschung. Auf dem Wege zu einer hermeneutischen Wissenssoziologie. Opladen: Westdeutscher Verlag
Schröer, Norbert (1997). Wissenssoziologische Hermeneutik. In: Hitzler, Ronald & Honer, Anne (Hrsg.), S. 109-129
Schröer, Norbert (2002a). Verfehlte Verständigung. Kommunikationssoziologische Fallstudie zur interkulturellen Kommunikation. Konstanz: UVK
Schröer, Norbert (2002b). Was heißt hier Sprechen?. Lässt sich Bourdieus „Ökonomie des sprachlichen Tausches" für eine Theorie kommunikativer Verständigung nutzen?. In: ÖZS, 27 Jg. H.3: 37-52
Schröer, Norbert (2002c). Quasi-ideales Zeichensystem und Perspektivität. Zur intersubjektiven Konstitution sprachlicher Zeichensysteme in der Protosoziologie Thomas Luckmanns. In: Swiss Journal so Sociology 28 (1), 105-118

Schröer, Norbert (2007). Die dialogische Anverwandlung – Zur Ausdeutung fremdkultureller Daten mit Hilfe von ‚kulturvertrauten Co-Interpreten'. In: Dreher, Jochen & Stegmaier, Peter (Hrsg.). Zur Unüberwindlichkeit kultureller Differenz. Grundlagentheoretische Reflexionen. Bielefeld: transcript, S. 211-234

Schröer, Norbert (2009). Interkulturelle Kommunikation. Einführung. Essen: Oldib

Schröer, Norbert (2010). Teaching Intercultural Communication. Improvisation als didaktischer Kern einer interkulturellen Qualifizierung in Hochschulen. Verfügbar unter: http://www.hs-fulda.de/uploads/media/Teaching_Endfassung_Schroeer.pdf

Schröer, Norbert & Hinnenkamp, Volker & Kreher, Simone & Poferl, Angelika (Hrsg.) (2012). Lebenswelt und Ethnographie. Essen: Oldib

Schröer, Norbert & Bettmann, Richard & Leifeld, Ulrich & Sharma, Anandita (2012). Protointerpretative Horizontverschmelzung: Zur Bildung einer ‚gemeinsamen Mitspielkompetenz' in einer multiperspektivischen Interpretengruppe. In: Schröer, Norbert & Hinnenkamp, Volker & Kreher, Simone & Poferl, Angelika (Hrsg.) (2012), 231-242

Schröer, Norbert (2014). Zur interkulturellen Kompetenz der Sozialwissenschaften. In: Baros, Wassillios & Kempf, Wilhelm (Hrsg.). Erkenntnisinteressen, Methodologie und Methoden interkultureller Bildungsforschung. Berlin: regener, S. 65-78

Schröer, Norbert & Hinnenkamp, Volker (2014). Interkultrelle Gruppenarbeit im internationalen Studienalltag. Ansätze einer anwendungsorientierten Ethnographie. In: Hitzler, Ronald & Gothe, Miriam (Hrsg.). Ethnographische Erkundungen. Wiesbaden: Springer, S. 127-140

Schumann, Adelheid (2014). Zur Entwicklung interkultureller Kompetenz an der Hochschule. Die Integration ausländischer Studierender als Herausforderung und Aufgabe. In: Moosmüller, Alois & Möller-Kiero, Jana (Hrsg.) (2014), S. 259-272

Schumann, Adelheid (Hrsg.) (2012). Interkulturelle Kommunikation in der Hochschule. Bielefeld: Transcript

Schütz, Alfred (1971). Zur methodologie der Sozialwissenschaften. In: ders. GA I. ‚Das Problem der sozialen Wirklichkeit. Den Haak: Martinus Nijhoff, S. 3-54

Schütz, Alfred & Luckmann,Thomas (1979 und 1984). Strukturen der Lebenswelt 1 und 2. Frankfurt a. M.: Suhrkamp

Skoczylas, Zuzanna (2010). Was haben wir gemeinsam? In: Hiller, Gundula Gwenn & Vogler-Lipp, Stefanie (Hrsg.), S. 195-197

Soeffner, Hans-Georg (1989). Auslegung des Alltags – Der Alltag der Auslegung. Zur wissenssoziologischen Konzeption einer sozialwissenschaftlichen Hermeneutik. Frankfurt a. M.: Suhrkamp

Soeffner, Hans-Georg (1989a). Prämissen einer Sozialwissenschaftlichen Hermeneutik. In. Ders.: Auslegung des Alltags – Der Alltag der Auslegung. Zur wissenssoziologischen Konzeption einer sozialwissenschaftlichen Hermeneutik. Frankfurt a. M.: Suhrkamp, S. 66-97

Soeffner, Hans-Georg (1991). „Trajectoy" – das geplante Fragment. Die Kritik der empirischen Vernunft bei Anselm Strauss. In Bios, Jg. 4, H. 1: 1-12

Soeffner, Hans-Georg & Zifonun, Darius (2008). Integration und soziale Welten. In: Neckel, Sighard & Soeffner, Hans-Georg (Hrsg.). „Mitten im Abseits". Ethnische Gruppenbeziehungen im sozialen Kontext. Wiesbaden: VS Verlag, S. 115- 129

Spradley, James P. (1980). Participant Observation. New York: Holt, Rinehart & Winston

Statisches Bundesamt (2014). Bildung und Kultur. Studierende an Hochschulen – Vorbericht. Fachserie 11, Reihe 4.1

Straub, Jürgen (2010). Lerntheoretische Grundlagen. In: Weidemann, Arne et al. (Hrsg.), S. 31-98

Strauss, Anselm (1978). „A Social World Perspektive". In: Denzin, Norman K. (Hrsg.), S. 119-128

Strauss, Anselm (1991). Grundlagen qualitativer Sozialforschung. Datenanalyse und Theoriebildung in der empirischen soziologischen Forschung. München: Fink

Strauss, Anselm & Corbin, Juliet (1996). Grundlagen Qualitativer Sozialforschung. Weinheim: Beltz

Strohschneider, Stefan (2010). Planspiele und Computersimulationen. In: Weidemann, Arne et al. (Hrsg.), S. 241-264

Tange, Hanne & Jensen, Iben (2012). Good teachers and deviant learners? The meeting of practices in university level international education. In: Journal of Studies in International Education. Vol 11, Nr. 2, 181-193

Taylor, Charles (1997). Multikulturalismus und die Politik der Anerkennung. Frankfurt a. M.: Fischer

Teekens, Hanneke (2000). Teaching and learning in the international classroom. In: Crowther, Paul & Joris, Michael & Otten, Matthias & Bilsson, Bengt & Teekens, Hanneke & Wächter, Bernt. Internationalisation at Home. A Position Paper. Published by the Europeam Association for International Education (EAIE). Amsterdam: Drukkerij Raddraaier, pp. 29-34

Teichler, Ulrich (2008). Hochschulforschung international. In: Zimmermann, Karin et al. (Hrsg.), S. 65-86

Teichler, Ulrich (2007). Die Internationalisierung der Hochschulen. Frankfurt a. M., New York: Campus

Teichler, Ulrich (1994). Hochschulforschung. Situation und Perspektiven. In: Das Hochschulwesen 1994/4, 169-177

Thielmann, Winfried (2010). Fremdsprachenunterricht. In: Weidemann, Arne et al. (Hrsg.), S. 463-487

Thomas, Alexander (2011). Interkulturelle Handlungskompetenz. Versiert, angemessen und erfolgreich im intenationalen Geschäft. Wiesbaden: Gabler Verlag

Thomas, Alexander (2010). Geleitwort. In: Hiller, Gundula Gwenn & Vogler-Lipp, Stefanie (Hrsg.) (2010), S. 5-7

Thomas, Alexander (2003). Interkulturelle Kompetenz – Grundlagen, Probleme und Konzepte. In: Erwägen Wissen Ethik 14, 1: 137-221

Toczyska, Anna Maria (2010). Kulturskala. In: Hiller, Gundula Gwenn & Vogler-Lipp, Stefanie (Hrsg.), S. 237-240

Trowler, Paul Richard (2014). Practice-focused ethnographies of higher education: method/ological corollaries of a social practice perspective. In: European Journal of Higher Education. Vol 4, Nr. 1, 18-29

Tuma, René, Schnettler, Bernt, Knoblauch, Hubert (2013). Videographie: Einführung in die interpretative Videoanalyse sozialer Situationen. Wiesbaden: Springer VS

Unterkofler, Ursula (2014). „Irgendwann passiert immer was". Gewalt als Risiko der offenen Jugendarbeit. München: Diss.

Verhaag, Bertram (2006). Blue eyed. DVD. ASIN: B000E5LHM6. Studio: Indigo

Vogler-Lipp, Stefanie (2010). Was siehst Du? In: Hiller, Gundula Gwenn & Vogler-Lipp, Stefanie (Hrsg.), S. 267-276

von Queis, Dietrich (2009). Interkulturelle Kompetenz. Praxis-Ratgeber zum Umgang mit internationalen Studierenden. Darmstadt: WBG

Vonderheiden, Elisabeth & Mayer, Claude Hélène (Hrsg.) (2014). Handbuch interkulturelle Öffnung. Göttingen: Vanderhoek & Ruprecht
Weidemann, Arne & Straub, Jürgen & Nothnagel, Steffi (Hrsg.) (2010). Wie lehrt man interkulturelle Kompetenz. Bielefeld: Transcript
Weidemann, Arne (2010). Lehrforschung und Lehrforschungsprojekte. In: Ders. et al. (Hrsg.), S. 489-521
Williams, G.M. (2011). Examaning Classroom Negotiation Strategies of International Teaching Assistants. In: International Journal for the Scholarship of Teaching and Learning, Vol. 5, No. 1, Art. 21
Wissenschaftsrat (2000). Thesen zur zukünftigen Entwicklung des Wissenschaftssystems in Deutschland.Drucksache 4594/00. Bonn: Wissenschaftsrat
Wissenschaftliche Kommission Niedersachsen (2002). Empfehlungen zur Internationalisierung von Forschungund Lehre an den niedersächsischen Hochschulen. Online Unter: http://www.wk.niedersachsen.de/Materialien/Internationalisierung.pdf
Wörner, Alexander (2007). Lernen an der Hochschule. Eine praxisbezogene Anleitung. Wiesbaden: VS Verlag
Wolting, Stephan (2014). „Die Veranstaltungen der ausländischen Dozenten sind ganz anders…". Anderer Stil – falscher Stil – schlechter Stil? Überlegungen zu akademischer Kommunikation in unterschiedlichen kulturellen Kontexten. In: Moosmüller, Alois & Möller-Kiero, Jana (Hrsg.) (2014), S. 291-310
Woźniak, Maja (2010). Assessment-Simulation archivum 2060. In: Hiller, Gundula Gwenn & Vogler-Lipp, Stefanie (Hrsg.), S. 381-400
Zimmermann, Karin & Kamphans, Marion & Metz-Göckel, Sigrid (Hrsg.) (2008). Perspektiven der Hochschulforschung. Wiesbaden: VS Verlag
Zwengel, Almut (2012). Studium interkulturell: Bildungsinländer und Bildungsausländer im Vergleich. Die Hochschule. Journal für Wissenschaft und Bildung, 21, 1, 55-72

Die Autorinnen und Autoren

Belostocka, Anastasija; BA. Kommunikationswissenschaften; MA. Intercultural Communication & European Studies

Bettmann, Richard, Dr. phil; wissenschaftlicher Mitarbeiter an der Fakultät Kultur- und Sozialwissenschaften am Institut für Soziologie der Fernuniversität Hagen.

Gersemann, Ilka; Dipl.-Angl., Studiengangskoordinatorin am Fachbereich Sozial- und Kulturwissenschaften der Hochschule Fulda

Hinnenkamp, Volker; Dr. phil.; Professor für Interkulturelle Kommunikation am Fachbereich Sozial- und Kulturwissenschaften der Hochschule Fulda

Hitzler, Ronald; Dr. rer. pol.; Professor für Allgemeine Soziologie an der Fakultät 12 der Technischen Universität Dortmund

Honer, Anne; Dr. rer. pol.; Professorin für Methoden der empirischen Sozialforschung am Fachbereich Sozial- und Kulturwissenschaften der Hochschule Fulda (verstorben)

Laufer, Melissa; B.A. International Studies, German and Anthropology; M.A. Intercultural Communication & European Studies; doctoral researcher at the Centre for Higher Education Governance Ghent at Ghent University in Belgium

Pisaryk, Sviatlana; BA. Internationale Wirtschaftskommunikation; MA. Intercultural Communication & European Studies

Satola; Agnieszka; Dr. phil.; wissenschaftliche Mitarbeiterin im Projekt: „Interkulturelle Differenzen anders denken" und im Fachbereich Sozial- und Kulturwissenschaften der Hochschule Fulda

Schröer, Norbert; Dr. rer. soc.; Professor für Qualitative Methoden der Empirischen Sozialforschung mit dem Schwerpunkt interkulturelle Kommunikationsforschung am Fachbereich Sozial- und Kulturwissenschaften der Hochschule Fulda

Made in the USA
Las Vegas, NV
12 November 2024

11562118R00148